진리의 정신과 자유의 정신은
사회의 기둥이다.

헨리크 입센

성공의 커다란 비결은
결코 지치지 않는 인간으로
인생을 살아가는 것이다.

알베르트 슈바이처

우리가 서로에게 관심을 갖는다면
사회는 매력적일 것이다.

세바스티앵 샹포르

사회는 믿음에 의해 살고
과학에 의해 발전한다.

헨리 프레데리크 아미엘

알아두면 잘난 척하기 딱 좋은
문화교양사전

초판 1쇄 발행 · 2019년 9월 20일
초판 7쇄 발행 · 2022년 3월 25일

엮은이 · 김대웅
펴낸이 · 이춘원
펴낸곳 · 노마드
기 획 · 강영길
편 집 · 이경미
디자인 · 디자인오투
마케팅 · 강영길

주 소 · 경기도 고양시 일산동구 무궁화로120번길 40-14(정발산동)
전 화 · (031) 911-8017
팩 스 · (031) 911-8018
이메일 · bookvillagekr@hanmail.net
등록일 · 2005년 4월 20일
등록번호 · 제2005-295호

잘못된 책은 구입하신 서점에서 교환해 드립니다.
책값은 뒤표지에 있습니다.

ISBN 979-11-86288-33-7 (03100)

이 도서의 국립중앙도서관 출판예정도서목록(CIP)은 서지정보유통지원시스템 홈
페이지(http://seoji.nl.go.kr)와 국가자료공동목록시스템(http://www.nl.go.kr/
kolisnet)에서 이용하실 수 있습니다.(CIP제어번호: CIP2019033230)

알아두면 잘난 척하기 하기 딱 좋은 문화교양사전

Dictionary of Culture and Bildung to Get High and Mighty

김 대 웅 엮음

nomad
노마드

요즘 TV에서는 각종 정보와 지식을 제공하는 프로그램들이 많다.

퀴즈, 토크, 강연 등의 형식으로 유익하면서도 재미있게 진행되며 시청률 또한 높다. 그뿐만 아니라 교양, 역사 등의 다큐멘터리 전문 채널들도 있으며 여타 채널도 워낙 다양하다. 그만큼 시청자들의 수준이 높아진 걸까? 아무튼 바람직한 현상이다.

사실 우리는 정보와 지식이 홍수처럼 쏟아지는 시대에 살고 있다. 인터넷을 비롯한 온라인 매체들이 쉴 새 없이 온갖 정보와 지식을 쏟아놓고 TV, 신문 등 각종 매스컴이 이에 뒤질세라 새로운 정보와 지식을 바쁘게 전달하고 있어서 오히려 혼란스러울 지경이다.

정보와 지식은 모자라면 불편하고 답답하지만 너무 넘쳐도 탈이다. 자신에게 필요한 것을 골라내기도 힘들고, 넘치는 정보와 지식이 모두 유용한 것도 아니다. 어찌 보면 전혀 쓸모없는 허접스런 것들도 있고, 정확성과 사실성이 모호한 것, 서로 견해와 해석이 엇갈리는 것, 불확실한 것, 이른바 '가짜 뉴스'까지 판쳐서 더욱 혼란스럽게 하고 있다.

그리하여 자신에게 꼭 필요한 것, 자신이 꼭 알고 싶은 지식은 찾아내기 어려운 경우가 많다.

많은 사람들이 관심을 갖는 것, 흥미 있는 것들을 제대로 알고 전달할 수 있다면 이런저런 모임에서 두각을 나타낼 수도 있고 돈독한 인간관계의 자리가 될 수도 있으련만 충분히 화제에 오를 만한 정보와 지식을 찾아내기가 쉽지 않다.

　물론 근처 도서관을 찾아갈 수도 있겠지만 일부러 시간을 내는 것이 만만치 않고, 서점에 간다 해도 교양과 지식 관련된 실용서들은 많지만 대부분 사전(辭典) 또는 사전(事典)의 수준을 크게 넘지 못한다.

　인터넷에서 자신이 원하는 것을 찾아볼 수도 있지만, 역시 상식적이고 파편적인 지식을 알려줄 뿐이다.

　이 책은 독자들의 그러한 아쉬움을 조금이나마 해소시켜주기 위해 기획되었다.

　최근 사회적으로 이슈가 되고 있는 갖가지 담론들과 알아두면 유용하게 활용할 수 있는 현실적이고 실용적인 지식들을 중점적으로 담았다.

　특히 누구나 알고 있을 교과서적 지식이나 일반상식 수준을 넘어서 꼭 알아둬야 할 만한 전문지식들을 구체적으로 자세하고 알기 쉽게 풀이하려고 노력했다.

　모쪼록 이 책이 독자들의 삶에 활기를 주고 윤택하게 해주길 기대한다.

2019년 여름
김대웅

❸ 민족 nation

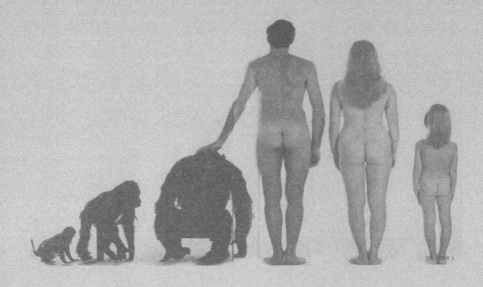

❽ 유전자 gene

❾ 섹스와 사랑 sex & love

1

인간

human

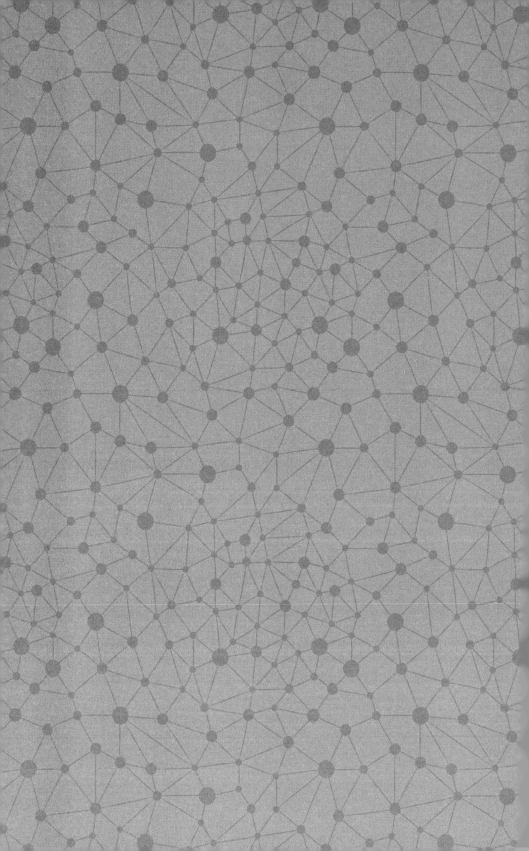

모든 인류는 한 어머니의 후손이다

피부가 검든 희든 저마다 다른 언어를 사용하든, 모든 인류는 한 어머니의 다 같은 후손이다. 모든 인류는 어느 인종을 막론하고 모두 형제자매라고 할 수 있다. 왜 그럴까?

오늘날의 우리들인 현생인류(現生人類)의 생물학적 학명은 호모 사피엔스(Homo Sapience)다. 하지만 호모 사피엔스와 서로 비슷한 시기에 살았던 네안데르탈인(1856년 독일 뒤셀도르프 근교 네안데르탈*Neanderthal* 석회암 동굴에서 발견한 화석 인류), 데니소바인(2008년 7월 시베리아의 알타이산맥에 위치한 데니소바*Denisova* 동굴에서 4만 1000년 전의 손가락뼈와 어금니 화석이 발견되면서 알려졌다.)을 비롯해서 몇몇 아종(亞種)들이 있다.

최근의 연구 결과, 이들도 모두 호모 사피엔스의 직계 조상인 호모 에렉투스(Homo Erectus, 직립원인)에서 분화됐기 때문에 이들을 모두 포함해서 '슬기로운 사람'이라는 뜻의 호모 사피엔스로 부르고 현생인류만의 조상을 '호모 사피엔스 사피엔스'로 부르는 학자들도 있다. 어찌 되었든 여기서는 현생인류의 조상을 보편적으로 통용되고 있는 호모 사피엔스로 표현하겠다.

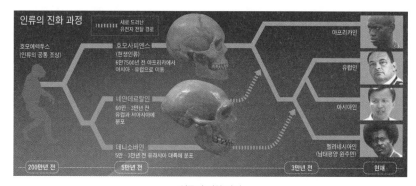

인류의 진화 과정

인류의 기원에 대해, 여러 곳에서 출현했다는 다기원설(多起源說)도 있지만 확실한 근거가 입증된 것은 없다. 따라서 변함없이 현생인류의 조상은 호모 사피엔스라는 것이 정설이다.

호모 사피엔스는 선행 인류인 호모 하빌리스(Homo Habilis)와 그 뒤를 이은 호모 에렉투스를 조상으로 약 30만 년 전에 아프리카에서 출현했다.

뇌용량이 1200~1400CC 정도로 현재의 인류와 별다른 차이가 없을 정도로 지능이 높아졌고 생김새나 형질도 현대인과 큰 차이가 없었다.

아마도 그들의 모습은 현재 아프리카나 아마존 등의 정글과 오지에 살고 있는 토착민이나 원주민과 비슷했을 것이다. 그들은 이전보다 훨씬 세련되고 정교한 도구를 사용하며 아프리카에서 수렵과 채집 생활을 이어갔다.

약 15만~20만 년 전, 그들 가운데 현생인류의 조상이라고 할 수 있는 어머니가 있었던 것이다. 흔히 '미토콘드리아 이브'로 부르는 모든 인류의 어머니였다.

'미토콘드리아(mitochondria)'는 거의 모든 진핵세포에 들어 있으며 세포가 활동하는 데 필요한 에너지를 생산하는 아주 작은 기관이다. 남자의 정자나 여자의 난자에도 당연히 미토콘드리아가 들어 있다.

그런데 남녀가 교접을 하고 수정이 이루어질 때 정자의 머리 부분에 들어 있는 미토콘드리아는 난자에 의해 모두 파괴된다. 따라서 모든 생명체는 암컷(여자)의 미토콘드리아만 남아 딸에서 딸로 이어지는 모계(母系) 유전을 하게 된다. 이러한 특성에 따라 미토콘드리아를 역추적한 결과, 약 15만~20만 년 전에 살았던 모든 인류의 어머니까지 거슬러 올라간 것이며 그 조상 어머니를 '미토콘드리아 이브'라고 부르게 된 것이다.

그렇다면 모든 인류의 조상 아버지는 누구일까?

이는 사실상 역추적이 불가능하다. 다만 한 가지 재미있는 사실은《구약성서》〈창세기〉에 최초의 인류인 아담과 이브가 등장한다. 그리고 이들의 대를 이은 직계후손들의 이름이 열거된다.

이를 역추적해보니 아담은 약 6만 년 전에 살았던 남자로 분석했다. 그리하여 과학으로 밝혀낸 아담이라는 뜻으로 '과학적 아담'이라고 부르지만, 어디까지나 종교적 주장에 근거한 것이어서 과학적으로 검증된 인류의 조상 아버지라고 할 수는 없다. 더욱이 미토콘드리아 이브의 생존 시기와는 너무 멀리 떨어져 있다.

호모 사피엔스는 약 6만~7만 년 전에 아프리카를 떠나 구대륙과 신대륙으로 대이동을 시작했다. 그 시기는 빙하기가 절정에 달했으므로 아프리카도 몹시 춥고 건조했다. 심한 가뭄과 건조한 날씨 때문에 목초지가 거의 사라지자 먼저 초식동물들이 아프리카를 떠났고, 이어서 초식동물을 먹이로 하는 육식동물들이 뒤따랐다.

수렵과 채집, 즉 사냥을 하고 열매 따위의 식물을 채집해서 먹고살았던 호모 사피엔스도 위기를 맞아 다른 동물들처럼 아프리카를 떠날 수밖에 없었다.

원시인류가 출현한 이래 벌거벗고 살았던 인류는 그 무렵인 약 7만 년 전에 비로소 옷을 입기 시작했다.

옷이라고 해봐야 동물의 털이나 가죽을 적당히 잘라서 몸을 감싸는 정도였다. 수치심 때문에 몸을 가린 것이 아니라 혹독한 추위를 견디기 어려워 몸을 감싼 것이다. 아무튼 호모 사피엔스 무리들은 아프리카를 떠났다.

한꺼번에 모두 떠난 것이 아니라 먹거리를 찾아 순차적으로 떠났다. 그들은 모두 인류의 조상 어머니 '미토콘드리아 이브'로부터 수천 세대가 지난 후손들이었다.

하지만 아프리카를 벗어나는 통로가 비좁고 제한적이어서 그 숫자는 많지 않았다. 모두 합쳐 2000여 명으로 추정하고 있다.

이처럼 많지 않은 호모 사피엔스가 아프리카를 떠났기 때문에 '유전자 풀(Gene Pool)'도 다양성이 크게 줄어들었다. 그러니 현재의 모든 인류는 또 그 2000명의 후손들인 셈이다.

현재 유럽에 사는 종족들은 일곱 명의 어머니 후손들이라고 한다. 아프리카를 벗어나 중동을 거쳐 유럽 쪽으로 진출한 호모 사피엔스를 '크로마뇽인(Cro-Magnon人)'이라고 부르는데 그들 가운데 일곱 명의 여성이 오늘날 유럽인들의 두 번째 조상 어머니다.

지금의 남북 아메리카 대륙에 사는 종족들은 불과 세 명의 어머니 후손들이라고 한다.

크로마뇽인. 지질학자 루이 라테가 처음으로 1868년 3월 프랑스 남서쪽 크로마뇽 동굴지구에서 발견해서 붙여진 이름. 영어로는 '크로매그넌'이라 부른다.

시베리아에서 얼어붙은 베링해를 건너 아메리카 대륙으로 진출한 호모 사피엔스 무리 가운데 세 명의 여성이 그들의 두 번째 조상 어머니라고 할 수 있다. 그러고 보면 어떤 인종이든 모든 인류는 한 어머니의 후손들로 같은 혈육들이다. 따질 것도 없이 모두 친척들인 셈이다.

영토 분쟁, 종족 갈등 등으로 벌어지는 전쟁은 형제들끼리 싸우는 것과 다름없다. 인종차별은 누워서 자기 얼굴에 침 뱉는 어리석은 짓이다.

진화의 원동력은 짝짓기다

인류는 약 700만 년 전 침팬지에서 분화된 작은 유인원에 불과했다. 하지만 비약적인 진화를 거듭해서 만물의 영장이 되고 마침내 지구를 지배하게 됐다.

모든 동물이 진화하지만 특히 인류는 몇 차례의 획기적인 진화과정을 통해 모든 동물들의 가장 윗자리에 군림할 수 있었다.

이를테면 두 발로 서서 똑바로 걷는 직립보행, 도구의 사용과 발달, 뇌용량의 획기적인 증가, 수렵과 채집, 사라진 체모(體毛), 언어 사용, 불의 사용, 끊임없는 이동 등이 인류 진화의 핵심 요소들이다.

그렇다면 이러한 핵심적인 진화를 가져온 원동력은 무엇일까? 과연 무엇이 그처럼 획기적인 진화를 이끌었을까?

그 원동력은 인류만의 독특한 짝짓기, 즉 섹스였다.

일반적으로 진화는 어느 종(種)이 생존과 번식을 위해 서식환경과 먹이에 적응해가는 것이다. 예컨대 낱알을 쪼아 먹는 새는 부리가 짧게 진화했고, 물고기를 잡아먹는 두루미와 같은 새는 부리가 길게 진화했다.

초식동물은 풀을 입안에서 오래 씹고 갈 수 있게 어금니가 진화했으며, 육식동물은 날카롭고 큰 송곳니와 악력(입으로 무는 힘)을 갖추게끔 진화했다.

하지만 인류는 동물들과는 달리 독특한 진화과정을 거쳤다. 유인원에서 인류로 가는 첫걸음이었던 직립보행은 생존을 위한 진화였지만 그것으로 말미암아 매우 특별한 진화가 함께 이루어졌다.

인류는 두 발로 똑바로 서서 걷게 되면서 남녀가 서로 마주 볼 수 있었다. 눈에 잘 띄지 않던 남자의 성기가 뚜렷하게 보였으며, 여자는 다른 동물들처럼 후배위(後背位) 자세로 교미할 때 남자의 시선을 끌었던 엉덩이가 안 보이게 되자, 엉덩이 모양과 비슷하게 큰 유방을 갖도록 진화했다. 그리고 여자의 입술은 음부를 옆으로 눕힌 모습과 비슷해졌다.

그뿐만 아니라 여자는 눕고 남자가 여자의 몸 위로 올라 짝짓기를 하는 정상위(正常位)가 가능해졌다. 남녀가 온몸을 밀착시키고 얼굴을 가까이 마주하면서 친밀감과 유대감이 크게 높아졌고 섬세한 애무행위가 성적 충동을 더욱 자극했다. 더불어 뇌용량이 증가하면서 동물들과는 달리 자의식을 갖게 돼 짝짓기에서만 얻을 수 있는 놀라운 '쾌감'을 인지하게 됐다.

이것은 더할 나위 없는 대단한 체험이었다.

모든 동물의 짝짓기는 후손을 얻어 자기 종을 계승하고 보존하기 위한 성본능에서 오는 행위지만, 인류는 쾌감의 체험으로 생식과 분리된 짝짓기, 오직 쾌감을 얻기 위한 상시적인 짝짓기가 가능해졌다. 또한 그에 따라 짝짓기에 대한 관심과 호기심, 성적 욕구가 더욱 높아졌다.

약 180만 년 전, 인류의 직계 조상이라고 할 수 있는 호모 에렉투스는 수렵과 채집으로 먹거리를 해결했다. 여자보다 신체 기능과 체력이 우세했던 남자는 사냥으로 고기를 얻었고, 여자들은 열매나 뿌리, 견과류와 같은 식물성 먹거리를 구했다. 남녀의 역할이 분리돼 서로 떨어져 지내는 시간이 늘어난 것이다.

따라서 남자와 여자가 우연히 만나게 되면 당장 눈에 띄어 반가웠고 상대방의 신체 조건이 한눈에 들어왔다. 그것은 무엇보다 먼저 남자들이 성적 충동을 느끼게 했으며, 성적 특징이 뚜렷한 성숙한 여성과는 곧바로 짝짓기로 이어졌다.

그러나 여자는 아이에게 젖을 먹이고 곁에서 보살피느라 먹거리를 구하는 활동이 매우 어려웠다. 또한 아이를 낳고 나면 자신과 아이의 건강을 위해서도 영양보충이 중요했는데 특히 영양가가 높은 고기가 필요했다. 고기를 자신에게 구해다줄 수 있는 사람은 남자였던 것이다. 그뿐만 아니라 자신과 아이의 보호와 안전을 위해서도 남자의 도움이 필요했다.

여자들은 남자를 자기 곁에 붙잡아놓으려면 그에 대한 보상과 대가를 제공해야 한다는 것을 알았는데 그것은 바로 상시적인 섹스의 제공이었다. 그리하여 여자들은 자신들의 배란기를 감출 수 있도록 진화했다.

동물들의 암컷에게는 매우 제한적인 기간의 배란기가 있다. 따라서 암컷들은 배란기가 되면 냄새나 생식기의 색깔 변화 등의 성적 신호를 나타내고, 수컷들은 그에 이끌려 짝짓기를 했으며, 이는 암컷의 임신과 출산으로 이어진다.

유인원과 큰 차이가 없었던 원시인류도 다르지 않았다. 하지만 인류의 여자들은 남자들이 쾌감을 터득함으로써 성적 욕구가 강하다는 것을 알았으며, 남자를 항상 곁에 있게 하려면 언제나 섹스를 할 수 있게 해줘야 한다는 것을 알고 있었다. 그리하여 배란기가 겉으로 드러나지 않도록 감추는 방향으로 진화한 것이다.

더욱이 인류는 신체에서 대부분의 털이 사라졌다. 인류의 몸에서 털이 사라진 이유에 대해서는 다른 항목에서 자세히 살펴볼 것이다. 아무튼 남자보다 여자가 먼저 털이 사라져 한층 더 뚜렷한 몸매를 드러내면서 남자들의 성적 욕구를 자극했다.

많은 동물들은 약간의 변화가 있는 소리와 몸짓신호 따위로 서로 제한적인 소통을 하지만 인류는 언어를 창조해서 거의 완전한 의사소통이 가능하게 됐다. 언어를 사용할 수 있었기 때문에 남자는 한층 더 적극적으로 여자를 유혹을 할 수 있었으며 여자는 그에 대한 자신의 의사를 분명하게 표현할 수 있었다. 아울러 그것이 인류의 언어를 더욱 완벽하게 발전시키는 계기가 것이다.

수십만 년 전에 인류는 불을 사용할 수 있게 됐다. 그에 따라 고기를 익혀 먹고 조리(調理)를 할 수 있게 되면서 창자의 길이가 짧아지는 등 신체에 변화가 일어났다. 유인원 비슷하게 불룩했던 배가 들어가 더욱 인간다운 신체조건을 갖추게 되고 영양섭취가 좋아져 활동력이 크게 강화됐다.

그뿐 아니라 불의 사용은 인류의 짝짓기 행동에도 큰 변화를 가져왔다. 대체적으로 맹수들을 피해 동굴에서 생활했던 인류는 당연히 밤에는 잠을 잤다. 날이 캄캄해지면 잠을 자야 했고 날이 밝으면 먹거리 구하는 활동을 시작했다. 그런데 불을 사용할 수 있게 되면서 밤에도 대화나 여가활동이 가능해졌다.

특히 밤에도 짝짓기가 가능했다. 서로 은근하게 눈이 맞은 남녀가 슬그머니 동굴을 빠져나와 무리의 눈에 안 띄는 곳에서 은밀한 섹스를 즐길 수 있었다.

이러한 진화적 짝짓기 행태의 변화가 오늘날까지 이어져, 섹스는 보편적으로 밤에 이루어지는 은밀한 사적 행위가 된 것이다.

인류는 한곳에 오래 머물지 않고 끊임없이 먹거리를 찾아 이동하는 생활을 했지만 그들의 발상지인 아프리카를 벗어나는 두 차례의 대이동이 있었다.

한 차례는 약 100만 년 전에 호모 에렉투스가 구대륙으로 진출하는 대이동이었고, 또 한 차례는 약 7만 년 전에 현생인류인 호모 사피엔스가 신대륙인 아메리카 대륙 남쪽 끝까지 수만 년에 걸쳐 지구 전역으로 이동한 것이다.

이러한 이동 과정에서 다른 무리들과도 만날 수 있었다.

그전까지 인류의 짝짓기는 혈연관계에 있는 자기 무리 안에서만 이루어지는 근친상간이었다. 하지만 다른 무리들을 우연히 만나 서로 교류하면서 짝짓기도 이루어져 유전자의 다양성을 갖게 된 것이다. 다양한 유전자를 지닌 후손들이 대를 이어 태어나면서 인류는 더욱 번성할 수 있었다.

이제 인류 진화의 핵심적이고 결정적인 진화는 모두 짝짓기와 밀접한 관계가 있다는 사실을 알았을 것이다. 하지만 그 가운데서도 언어의 사용이 비약적인 인류 진화를 가져왔으며 그 원동력은 인류의 짝짓기 행태였다는 견해를 펴는 학자들도 적잖다.

이를테면 일본의 저명한 동물행동학자인 다케우치 구미코(竹內久美子) 박사는 "인류의 진화는 근본적으로 생식과 분리해서 생각할 수 없다."고 했다.

그녀는 "특히 인간의 언어능력은 남자의 바람기(外道)를 북돋우는 수단 또는 바람기를 막기 위한 수단으로 서로 영향을 주고받으며 발전해왔다고 본다."는 견해를 밝히고 있다.

인간과 유전자가 90퍼센트 이상 같은 침팬지나 고릴라와 비교해보면 수컷(남자)의 고환 크기에 차이가 있다. 고환이 가장 큰 침팬지는 짝짓기 행태가 난교(亂交)이며, 고환 크기가 가장 작은 고릴라는 우두머리 수컷이 암컷들과의 짝짓기를 독점한다. 인간은 그 중간이라고 한다.

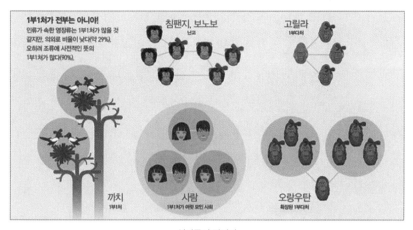

영장류의 짝짓기

말하면 생물학적으로 고환 크기가 클수록 정자 생산이 왕성해서 많은 짝짓기를 한다.

인간의 고환은 침팬지만큼 크지는 않지만 고릴라만큼 작지도 않아서 일부일처에 만족하지 못한다. 또한 수컷과 암컷의 몸집 크기도 짝짓기와 관련이 있다.

수컷과 암컷의 몸집 크기가 비슷하면 대부분 일부일처이며, 수컷의 몸집이 클수록 일부다처로 여러 암컷들과 짝짓기를 많이 한다.

인간은 남자가 여자보다 키와 몸집이 평균적으로 15~20퍼센트 정도 크다. 따라서 남자들은 난혼은 아니지만 본능적으로 외도의 성향이 있다. 그뿐 아니라 자신의 유전자를 되도록 많이 퍼뜨리려는 본능까지 있어서 남자들은 일찍부터 바람을 피우며 여러 여자들을 유혹했다는 것이다.

그런데 그것과 언어의 발달이 무슨 관계가 있을까?

초기인류의 남자들은 사냥이 끝나면 남는 시간을 여자들을 유혹하는 데 썼는데, 그러자면 능숙한 말솜씨가 필수적이라는 것이다. 따라서 다케우치 박사는, 남자들은 설득력이 뛰어나다고 지적한다.

O human · 人間

그와 반대로 여자들은 자기 곁에 머물러 있으며 고기를 가져다주고 자신과 아이를 보호하는 남자가 바람피우는 것을 최대한 막아야 했다. 그러자면 남자의 외도 여부를 알아내기 위한 긴밀한 정보교환이 필요했으므로 이웃 여자들과 수다를 떨었다. 즉 남자의 능숙한 말솜씨와 여자의 수다가 각각 언어능력을 크게 끌어올렸다는 것이다. 아울러 다른 자연선택과 마찬가지로 뛰어난 언어능력은 당연히 후손들에게 유전돼 이어졌다는 것이 다케우치 박사의 주장이다.

설득력 있는 주장이다.

인류 진화의 핵심적인 요소들이 모두 인간의 짝짓기와 관련돼 있지만 인간의 언어능력이 인류의 발전에 결정적으로 기여한 것은 틀림없다. 더욱이 언어능력을 획기적으로 발전시킨 계기가 짝짓기였기에, 인류 진화의 원동력은 짝짓기라는 주장은 상당한 설득력이 있다.

인류의 진화는 호모 사피엔스에서 끝나는 것일까

모든 생명체는 진화한다.

진화는 서식환경에 적응하기 위해 몸체의 외형에만 변화가 일어나는 것은 아니다. 진화는 몸속에서도 일어난다. 먹거리에 따라 육식동물은 송곳니가 더욱 진화하고, 초식동물은 풀을 씹기 좋게 어금니가 진화하고, 그에 따라 소화기관들도 진화한다. 진화는 계획적이고 의도적인 행위가 아니라 무의식적으로 이루어지는 자연선택이다.

인류는 뇌용량이 침팬지 수준의 약 400CC에서 1400CC가 넘도록 진화했다. 그와 함께 지능이 크게 높아져 오늘날의 현생인류인 호모 사피엔스 또는 '호모 사피엔스 사피엔스'가 지구를 지배하기에 이르렀다.

더욱이 현생인류는 높은 지능으로 문명과 문화를 창조하고, 자연과 환경을 의도적으로 개조하고, 온갖 먹거리를 다양하게 만들어냈다. 그렇다면 호모 사피엔스에게는 더 이상의 진화가 필요 없을까? 그리고 인류의 진화는 끝난 것일까? 아니면 자연선택인 진화가 계속해서 이어질까?

이는 도저히 알 수 없다. 왜냐하면 자연선택에 의한 진화는 짧은 기간에 가시적으로 일어나는 것이 아니라 수천수만 년, 어쩌면 수십만 년을 두고 아주 서서히 진행되기 때문이다.

그러나 요즘 우리가 흔히 말하는 진화는 반드시 자연선택적 진화만을 의미하지는 않는다. 지능이 뛰어난 인간들에 의해 인위적이고 의도적으로 비약적인 변화를 이루어내는 것도 진화라고 말한다.

예컨대 자연선택에 따른 인간의 평균수명은 원시인류였을 때 유인원들의 평균수명과 크게 다르지 않은 30세 정도였다. 하지만 초기인류인 호모 에렉투스에 이르러 두 손이 자유로워져 불을 사용할 줄 알게 되면서, 음식을 조리해 먹고 맹수에게 공격당할 위험성이 크게 줄어들면서 평균수명이 40세 가까이 늘어났다.

그러다가 1만여 년 전에 농경을 시작하고 정착생활을 하면서 주로 농경의 수확물인 곡식을 많이 먹게 되자 오히려 평균수명이 줄어들었다는 견해도 있다.

어찌 됐든 우리나라 조선시대에 이르러서도 평균수명은 대략 50세 안팎에 불과했다. 조선의 임금들의 평균수명이 47세였다는 것만 보더라도 잘 알 수 있을 것이다.

그럼 현재는 어떠한가? 우리나라를 비롯한 대다수의 선진국들도 평균수명이 70대 후반에서 80대 초반에 이를 만큼 크게 늘어나 장수시대를 맞고 있다.

이러한 현상이 자연선택에 의한 진화일까? 결코 아니다. 인간들이 의식적 의도적으로 끊임없이 의술을 발전시키고 약품을 개발해온 것이 주요 원인이다. 이를테면 물실분명의 획기적인 발달이나 발전도 진화라고 말하는 것이다.

다시 말해 자연선택과는 전혀 무관한, 자연선택을 극복한 인위적인 진화라고 할 수 있으며 수만 년이 걸리는 자연적인 진화와는 달리 충분히 가시적이다.

　그러면 또 의문을 갖게 된다. 인위적인 진화도 진화라면 대체 인간은 어디까지 진화할 수 있을까?

　인간의 인위적 진화를 이끄는 것은 역시 인간이 만들어낸 '과학'이다. 오늘날의 과학은 도대체 어디까지 발전할지 짐작조차 할 수 없다.

　인간이 쏘아 올린 우주탐사선이 목성과 토성 가까이까지 접근해서 생생한 모습을 보여주고 있는가 하면, 수억 킬로미터 떨어진 우주의 아주 작은 혜성까지 정확히 맞히는 세상이다. 따라서 현생인류의 미래에 자연적이든 인위적이든, 물론 가상이지만 획기적인 진화가 일어날 가능성이 전혀 없는 것은 아니다.

　지구는 지금까지 모두 다섯 차례의 대멸종을 겪었다. 약 6500만 년 전의 마지막 다섯 번째 대멸종은 거대한 혜성의 충돌로 공룡까지 멸종했다. 다행히 숲쥐만 한 작은 포유류들이 땅속의 굴에 숨어 살며 대재앙을 피할 수 있었다. 또한 그 덕분에 인류도 탄생할 수 있었다.

　그러한 대멸종은 자연발생적인 것이어서 언제 또 지구가 혜성이나 소행성과 충돌할지 모른다. 이미 오래전부터 우주과학자들이 그와 같은 대재앙에 대비하고 있지만 그 결과는 지구와 충돌하는 소행성이나 혜성의 크기에 달려 있다. 만약 그런 경우가 발생한다면 살아남은 생명체들의 진화가 불가피할 것이다.

　인위적인 재앙도 예상할 수 있다. 앞다투어 경쟁을 벌이고 있는 핵개발은 인류에게 대단히 위협적이다. 만약 어느 핵 보유국에서 의도적이든 실수이든 핵폭탄을 터뜨리고, 그에 대한 핵 보유국들의 연쇄반응으로 핵전쟁이 일어난다면 인류는 거의 멸망할지도 모른다. 그러면 새로운 진화가 일어날 것이다.

하지만 이러한 경우들은 어디까지나 가상이며 실현 가능성은 그다지 높지 않다. 그럼에도 호모 사피엔스의 미래를 크게 바꿔놓을 수 있는 과학과 기술은 지금 이 시간에도 경이적인 발달을 거듭하고 있어서, 어떤 형태로든 큰 변화가 올 것은 분명하다.

《사피엔스》《호모 데우스》 등의 세계적인 베스트셀러로 잘 알려진 이스라엘의 역사학자 유발 하라리(Yuval Harari) 교수는 저서 《사피엔스》에서 호모 사피엔스의 종말을 가져올 다음과 같은 근거들을 제시하고 있다.

첫째, 유전공학이다.

유전적 생명체인 인간들이 진화론과 같은 자연선택의 법칙을 깨고 지적 설계의 법칙으로 가고 있다는 것이다. 인간이 신(神)의 역할을 하고 있다는 얘기다. 그가 쓴 《호모 데우스》의 데우스(Deus)는 '신(神)'을 뜻하는 것으로 '호모 데우스'는 '신이 된 인간'을 의미한다.

유전공학의 발전은 이미 개 양 염소와 같은 동물들의 복제를 가능하게 했으며 인간의 복제도 충분히 가능한 수준에 도달해 있다. 이미 인간의 유전자를 완전히 파악하고 게놈(Genom) 지도까지 완성한 만큼 언제든지 복제인간을 만들 수 있지만 그에 따른 엄청난 파장과 윤리 문제로 금기시되고 있는 실정이다.

최근 중국의 젊은 과학자가 유전자 편집과 교정을 통해, AIDS를 일으키는 HIV 바이러스를 제거한 특수 유전자를 지닌 쌍둥이를 태어나게 한 사실이 세계적인 이슈가 되면서 큰 윤리적 논란을 일으켰다. 중국 당국 또한 과학계의 윤리 마지노선을 훼손했다며 분개하고 있다.

1975년 노벨생리의학상을 수상한 생리학자 데이비드 볼티모어(David Baltimore)는 의학적으로 불필요하고 무책임한 실험이었다며, 에이즈 예방 목적이라고 하지만 결국 다른 목적의 유전자 편집을 초래할 수 있다고 큰 우려를 나타냈다.

지금은 유전자 조작이 금기시되고 있지만 언제 불순한 의도를 가진 개인이나 집단이 복제인간을 탄생시킬지 모른다. 만약 복제인간을 무제한적으로 만들어낸다면 어떤 상황이 벌어질까? 유발 하라리는 생명공학의 발전이 현생인류를 완전히 멸종시키지는 않겠지만 더 이상 호모 사피엔스가 아니도록 변화시킬 수도 있다고 했다.

둘째, 사이보그 공학이다.

사이보그(cyborg)란 유기물과 무기물의 결합을 일컫는다. 유기물인 인간과 무기물인 기계를 결합하여 초능력을 지닌 새로운 인간으로 개조하는 것이다.

1970년대 중반, 우리나라에서도 방영돼 큰 인기를 끌었던 미국의 드라마 시리즈 〈6백만 불의 사나이〉를 기억하는 사람들이 있을 것이다. 인간의 신체 기관들과 기계를 결합시킨 초능력 인간의 활약을 그린 드라마로 그 비용이 6백만 달러가 들어 제목이 〈6백만 불의 사나이〉다. 당시는 꿈에 불과했지만 지금은 현실이 돼가고 있다.

지난날의 SF 영화나 소설들은 한결같이 외계인을 등장시켰지만 요즘은 블록버스터 영화를 비롯해 청소년과 신세대들이 즐기는 각종 컴퓨터 게임 등에 사이보그가 넘쳐난다.

유발 하라리는 컴퓨터와 인간 육체의 합성으로 인조인간이 탄생할 것을 예상했다.

1974년부터 1978년까지 방영된
〈6백만 불의 사나이〉 포스터

인공신경과 생체 칩의 형태로 개발된 컴퓨터를 육체에 이식하여, 인간보다 훨씬 뛰어난 지적 능력과 아이언맨(Iron Man)의 강철 같은 신체 기능을 지닌 합성인간 인조인간의 탄생이 얼마든지 가능하다는 것이다. 만약 미래에 그런 사이보그가 대량으로 생산된다면 호모 사피엔스는 과연 어떻게 될지 아무도 모른다.

셋째, 비유기물 공학이다.

인간의 뇌 전체를 컴퓨터 안에서 재창조해서 유기체(생명체)가 아니라 완전히 무생물적 존재를 제작할 수 있다는 것이다. 생물학에서 말하는 생명은 없지만 인간처럼 생각하고 살아서 움직이는 무기물이 대량으로 탄생한다면 호모 사피엔스의 미래는 상상조차 하기 힘들다.

자연선택적 진화를 우리가 전혀 느낄 수 없듯이, 인간이 창조한 과학기술이 인위적으로 인간 자체를 어떻게 진화시킬지 감히 짐작도 할 수 없다. 그럼에도 어떤 인위적 진화가 이루어질 것은 분명하다.

따라서 유발 하라리는 이미 만물을 창조하는 조물주 신(神)이 된 인간이 자신들의 미래를 위해 어떤 진지한 고민을 해야 하는지, 그 지향점을 제시하고 있다. 그것은 '우리가 어떤 존재가 되고 싶은가?'가 아니라 '우리는 무엇을 원하고 싶은가?'라는 것이다.

충분히 공감한다. 과학기술의 눈부신 발달로 만물을 창조할 수 있는 신적인 존재가 돼버린 인간은 자연선택적 진화에 의지하지 않고 얼마든지 인위적으로 미래를 설계할 수 있는 능력이 있다. 그렇다면 우리의 미래가 어떻게 되기를 원하는가? 그에 따라 호모 사피엔스는 진화할 것이다. 다만 그 바탕은 과학기술에 앞서 인간의 품성인 참다운 '인간성'이 돼야 할 것이다.

이기적 유전자와 이타적 유전자

　야생동물들의 생태를 다룬 TV 다큐멘터리를 보면 사자나 늑대, 들개 등은 서로 협동해서 사냥감을 잡는다. 사자 무리는 서로 신호를 주고받지 않더라도 암묵적으로 흩어져서 사냥할 동물을 포위함으로써 사냥에 성공한다. 늑대나 들개는 무리를 지어 빠르게 도망치는 사냥감이 지칠 때까지 줄기차게 뒤쫓는다. 그 과정에서 가장 빠르게 사냥감을 뒤쫓는 선두가 지치면 뒤따르던 무리 가운데 한 마리가 선두로 나선다. 협동작전을 펼치는 것이다.

　하지만 이들이 사냥감을 포획해서 먹을 때는 조금의 양보도 없다. 서로 밀치고 으르렁거리며 저마다 좋은 위치에서 다른 녀석들보다 많이 먹으려고 한다. 어미와 새끼도 먹잇감을 놓고 싸우고, 수컷과 암컷도 싸우지만 힘센 수컷이 먹잇감을 먼저 차지한다.

　그러고 보면 동물들에게는 양보, 희생, 헌신과 같은 이타적인 행동은 찾아볼 수 없다. 먹잇감을 사냥할 때 협동하는 것은 생존을 좌우하는 먹이 확보를 위한 본능적인 행동이며, 어미가 어린 새끼에게 먹이를 가져다주는 것은 자기 종의 번식을 위한 모성본능일 뿐이다.

모든 생명체는 어떡해서든 생존하고 번식하려는 본능을 지니고 있다. 무리지어 사는 동물이라도 무리의 다른 개체들이 어찌 되든 자기부터 살려고 한다. 살아야 번식도 할 수 있다. 이처럼 다른 개체보다 자신이 생존과 번식에 우선하는 것은 그러한 유전자를 물려받았기 때문이다. 한마디로 말하면 '이기적 유전자(Selfish Gene)'다.

영국의 저명한 진화생물학자인 리처드 도킨스(Richard Dawkins)는 그의 명저 《이기적 유전자The Selfish Gene》(1976)에서 "인간을 포함한 모든 생명체는 유전자에 의해 창조된 생존 기계이며 자기의 유전자를 후세에 남기려는 이기적 행동을 수행하는 존재다."라고, 이기적 유전자에 대해 생물학적으로 정의했다. 바꿔 말하면 자기 유전자의 '자기 복제'가 최상의 가치라는 것이다.

도킨스의 생물학적 정의, 즉 자기 유전자를 후세에 남기려는 이기적 행동뿐 아니라 이기적 유전자를 좀 더 넓게 해석하면, 생존과 번식에서 자기를 다른 개체보다 이롭게 하고 유리하게 하려는 행동은 모두 이기적 유전자를 지니고 있기 때문이라고 말할 수 있다.

인간도 당연히 생명체이며 동물이다. 동물의 분류에서 포유강(綱)-영장목(目)-사람과(科)-사람속(屬)-사람종(種)으로 분류되는 동물이다. 그러면 인간도 다른 동물들처럼 이기적 유전자만 지니고 있는 것일까?

그렇지 않다. 인간이 이기적 유전자만 지니고 있었다면, 다른 고등동물의 수준을 벗어나지 못했을 것이며 만물의 영장으로 지구를 지

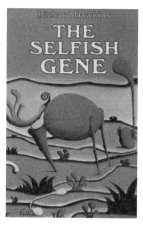

"생물 개체는 이기적인 유전자를 운반하는 도구에 불과하다."는 도킨스의 주장을 담은 《이기적 유전자》 초판 표지

배하지 못했을 것이다. 무엇인가 인간만 지닌 특성이 있을 것이다. 그렇다면 그 특성 또는 인간만의 본성은 무엇일까?

저명한 생물학자인 미국 코네티컷 대학의 피터 터친(Peter Turchin) 교수는 그의 저서 《초협력사회*Ultrasociety*》에서 그것은 낯선 사람들과도 협력할 줄 아는 능력이 있었기 때문이라고 지적했다.

물론 무리지어 사는 동물들은 그 행동이 본능이라고 하더라도 먹잇감을 공격할 때는 서로 협력한다. 개미나 꿀벌 등도 서로 협력함으로써 집단의 생존을 지키고 이어간다. 이처럼 일부 동물들에게도 사회성이 있는 것이 사실이다.

하지만 동물의 사회성, 즉 협력은 자기 무리, 즉 제한된 공간에서 제한된 개체들 사이에서 이루어지는 것이다. 다른 무리, 다른 개체가 접근하면 적대감을 드러내며 즉각적으로 공격하는 등 철저히 배타적이다.

그러나 인간은 작은 마을, 도시, 국가 또는 그 이상의 큰 무리를 짓고 낯선 사람들과도 협력할 줄 아는 능력을 지녔다고 터친 교수는 지적한다. 그리고 이것을 '초협력사회(超協力社會)'라고 했다.

협력이나 협동은 인류만의 특성이며 이러한 이타적인 행동이 인류의 번영을 가져왔다는 견해는 터친 교수만의 주장은 아니다. 많은 인류학자와 진화생물학자들이 이미 제시한 견해이기도 하다.

그렇다면 인간의 특성인 협력이나 협동은 어디에서 온 것일까? 어찌 보면 이러한 특성 또한 이기적 유전자에서 기인한 것이 아닐까? 다만 '나' 혼자가 아니라 '우리'라는 사회성이 있지만 결국 그것도 자기 또는 자기들을 이롭게 하려는 이기적 유전자의 발현이 아닐까?

당연히 일리 있는 얘기다. 그렇지만 모든 동물들 가운데 유일하게 인간에게는 '나'뿐 아니라 남들도 이롭게 하려는 배려, 양보, 희생, 헌신, 봉사와 같은 협동심과 이타심이 있다는 것도 부인할 수 없다. 그것은 인간은 '이타적 유전자'도 지니고 있다는 증거가 아닐까?

아울러 이타적 유전자를 지니고 있다면 인류의 먼 조상인 호모 에렉투스에서부터 유전자가 이어져온 것일까? 아니면 언제부터 왜 어떻게 발현하게 된 것일까? 이러한 의문에 대해 피터 터친 교수는 그의 《초협력사회》에서 비교적 설득력 있게 설명하고 있다.

인류는 약 200만 년 전의 호모 에렉투스부터 약 20만~30만 년 전에 아프리카에 출현한 현생인류인 호모 사피엔스에 이르기까지 수렵과 채집으로 생존하며 일정한 주거지 없이 이동생활을 했다. 따라서 많아야 수십 명의 혈연관계로 이루어진 자기 무리 안에서 생존을 위한 소규모 협력이 있었을 뿐, 핏줄이나 언어가 다른 낯선 인류의 무리들과 협력하는 경우는 없었다는 것이다.

그러나 약 1만~1만 2000년 전, 인류가 정착생활과 노동력이 집약되는 농경사회를 열면서 초사회성이 나타나게 됐다는 것이다. 농경사회의 정착생활은 도시를 탄생시켰으며, 더 나아가 씨족-부족-민족이라는 거대한 집단으로 발전했고, 마침내 국가를 탄생시켰다.

이들 거대한 집단은 자신들의 역량을 과시하기 위해 신전을 비롯한 거대한 석조 기념물들을 세웠는데, 그 과정에서 인간끼리의 협력이 절대적으로 필요하게 됐다는 것이다. 또한 결과적으로 협력이 얼마나 놀라운 힘을 발휘하는지 경험하게 됐다는 것이다. 여기에 더욱 위력을 발휘한 것이 전쟁이라고, 터친 교수는 주장하고 있다.

그리고 집단끼리의 전쟁은 '나'뿐 아니라 '우리'의 이익을 도모하기 위한 생물학적·이기적 유전자의 발현을 넘어서서 '파괴적 창조'를 가져오는 문명의 동력이며, 집단 간의 전쟁이나 경쟁은 협력의 규모와 긴밀성에 따라 좌우된다는 것이다.

개체 대 개체, 즉 개인과 개인 간에는 자신의 유전자를 퍼뜨리려는 이기적 유전자가 유리하지만, 집단 대 집단의 경쟁에서는 이타주의 집단이 훨씬 유리하다는 사실이 전쟁 등을 통해 밝혀진 것이다. 특히 농경사회 이후 인간끼리의 관계가 집단화되면서 생존을 위해서도 이타주의가 이기주의보다 유리하다는 것을 깨닫게 된 것이다.

그리하여 인간끼리의 협력이 인류 진화의 가장 획기적인 요소가 된 것은 부인할 수 없는 사실이다.

오늘날 인간은 서로 협력하고 협동하지 않으면 그 무엇도 이루기 어렵다. 축구, 야구, 배구, 농구 등과 같은 스포츠 종목들은 협동과 협력을 기본으로 하는 단체경기다. 아무리 기량이 뛰어난 선수라도 혼자서는 결코 이길 수 없는 것이 단체경기다. 이러한 스포츠 종목들도 우리에게 협동과 협력의 중요성을 다시 한 번 일깨워준다.

이타주의는 곧 이타적 유전자의 발현이다. 모든 동물 가운데 오직 인간에게만 이타적 유전자가 있는 것이다. 다만 이기적 유전자가 생존과 번식을 위해 조상들로부터 물려받은 선천적 유전자라면, 이타적 유전자는 뛰어난 지능으로 습득한 후천적 유전자라고 할 수 있다.

인간의 몸은 결함투성이다

대학병원과 같은 대형 종합병원에 가보면 어디든지 초만원이다. 환자와 환자의 가족이나 보호자, 문병객들이 장터처럼 넘쳐난다. 도대체 왜 그렇게 아픈 사람, 다친 사람들이 많은 걸까?

짐작건대 인간의 질병은 수만 가지는 될 것이다. 게다가 질병은 아니지만 각종 사고, 부주의, 폭력 등에 의한 외상(外傷) 환자들도 수없이 많다. 어디 그뿐인가? 질병도 아니고 외상도 아니지만 왠지 무기력하고, 온몸이 찌뿌듯하고, 정신이 혼미하거나 망각이 심하고, 식욕이 없고, 먹지 않아도 자꾸 살이 찌고, 아무리 먹어도 마르는 등 정상적인 활동에 지장을 주는 장애요소들이 헤아릴 수 없이 많다.

인간은 왜 이렇게 결함이 많은 걸까?

과연 우리의 조상인 원시인류와 초기인류도 그랬을까? 그들도 수많은 질병에 시달렸을까? 결론부터 말하면 그건 아니다. 더욱이 그들에게는 동물들과 같은 자연치유능력까지 있었다.

동물들은 가만 내버려둬도 저절로 빨리 상처가 아무는 능력, 전염병을 제외한 웬만한 질병은 스스로 이겨내는 면역력과 치유능력이 있다.

우리의 원시조상들도 그랬을 것이다. 아니, 그보다 질병 자체가 오늘날처럼 수없이 많은 것도 아니었다.

그러면 현대인들은 왜 이렇게 온갖 질병에 시달리는 걸까?

생물학자인 미국 뉴욕 시립대학의 네이선 렌츠(Nathan H. Lents) 교수는 그가 쓴 《몸 오류보고서*Human Errors*》에서 몸에 있는 수많은 설계 결함은 그것도 몸의 일부이며 위대한 생존투쟁의 상처이며 처절한 진화의 산물이라고 말한다.

구체적인 증거들로, 인간에게는 거꾸로 달린 망막이 있고 꼬리뼈가 있으며 손목에는 많은 뼈가 있다. 그리고 다른 동물들은 비타민이나 영양소를 스스로 몸에서 만들어내지만 인간은 음식을 통해 얻어야 한다고 지적한다. 또한 신경은 괴상한 경로로 뻗어 있고, 뇌는 자신을 속여 편향된 선입견을 갖게 하는가 하면, 과학의 도움 없이는 아이를 낳지 못하는 여성들도 많다는 것이다.

도대체 인간의 몸은 왜 이렇게 불완전할까?

네이선 렌츠 교수는 그 원인을 인류의 진화에서 찾고 있다.

첫째, 몸은 과거의 원시인류가 살던 환경에 맞게 진화해서 지금 우리가 살고 있는 환경에는 맞지 않는다는 것이다. 가령 비만 때문에 다이어트를 해도 쉽게 살이 빠지지 않는 경우를 들 수 있다는 것이다. 원시인류들이 살았던 수백만 년 전에는 먹을 것이 부족해서 섭취한 지방이나 영양분을 오래 저장하는 것이 유리했지만 오늘날에는 적합하지 않다는 것이다.

둘째, 불완전한 적응을 지적하고 있다. 원래 네발로 걷다가 두 발로 직립보행을 하게 되면서 그에 맞게 진화했지만 해부학적으로 아직 완전하게 적응하지 못했다는 것이다. 예컨대 두 다리가 몸무게를 떠안자 다리근육뿐 아니라 다리뼈들도 역할을 분담하게 됐는데, 그 때문에 뼈를 붙잡아두는 십자인대의 손상이 잦고 걸핏하면 발목이 접질린다는 것이다.

셋째, 진화의 한계에서 비롯된 결함들을 지적한다. 우리는 먼 조상들로 부터 몹시 비효율적이며 변화가 불가능한 신체 구조를 물려받았다는 것이다. 이를테면 음식물과 공기를 한꺼번에 통과시키는 좁은 목구멍이나 감기에 잘 걸리는 이유 등을 지적한다.

동물들은 콧구멍과 연결돼 얼굴뼈 안에 있는 빈 공간인 부비동이 코보다 낮은 위치에 있어서 감기에 잘 안 걸리는데, 인간은 중력과 반대로 아래에서 위로 점액 배출 시스템이 돼 있어서 감기에 잘 걸린다는 것이다.

이러한 네이선 렌츠 교수의 견해는 충분히 설득력이 있다.

모든 생명체는 그들의 생존에 적응하도록 진화한다. 인간도 원시인류에서부터 그러한 진화과정을 거쳐 오늘날 현대인에 이르렀다.

그러나 일반적으로 생존과 번식에 기여하는 우월한 유전자들이 계승되는 과정에서 역할과 기능이 떨어지는 열등한 유전자들이 함께 이어지면서 갖가지 결함을 드러낼 수 있다. 더욱이 지능이 뛰어난 인간은 문명과 과학을 창조하면서 자연친화적인 진화를 거스르는 숱한 부작용과 후유증을 낳고 있다.

특히 우리는 생명을 유지하는 에너지의 근원이 되는 먹거리에서 진화의 속도를 완전히 벗어났다. 가장 기본적인 먹거리인 농작물은 화학비료와 농약으로 재배하고, 각종 화학물질을 첨가한 가공식품을 먹고 있으며, 건강에 문제가 많은 패스트푸드와 설탕과 화학조미료 등을 무차별적으로 먹는다. 그뿐만 아니라 건강에 치명적인 흡연과 음주를 즐긴다.

자연친화적 진화와는 너무나 동떨어져 너무 빠른 속도로 앞서가는 것이다. 그 때문에 원시조상들로부터 물려받은 유전자로 이루어진 인체가 미처 적응을 하지 못해 갖가지 후유증과 부작용이 나타나는 것이 수많은 질병들이다. 그에 따라 한때 구석기시대 원시인들처럼 최소한으로 가공한 '거친 음식'을 먹자는 캠페인이 유행하기도 했지만 흐지부지 사라지고 말았다.

또한 인간들에 의한 자연생태계의 파괴, 미세먼지, 오염된 물 등도 숱한 질병을 초래하고, 각종 약물의 남용과 오용 그리고 그에 따른 내성이 또 다른 질병을 가져오는가 하면, 각종 바이러스도 내성이 강화되고 돌연변이를 일으켜 치료를 어렵게 하고 있다.

모두 원시조상들로서는 상상도 못할 충격적인 변화들이다. 더욱이 원시조상들은 다른 동물들처럼 전염병이나 죽음에 이를 만한 상처를 제외하고는 자연치유능력과 자가치유능력을 지니고 있었다. 하지만 현대인들은 면역력이 크게 떨어져 조금만 아파도 병원과 약물에 의존하면서 악순환을 반복한다. 이러한 상황에서 온갖 새로운 질병과 희귀병 등이 더욱 늘어나면 늘어났지 줄어들 가능성은 거의 없다.

온실에서 최적의 조건을 제공하며 키운 화초보다 야생의 들꽃이 더 꿋꿋하게 잘 자란다. 집 안에서 좋은 사료를 먹이며 정성껏 키우는 개나 고양이보다 야생에서 거칠게 살아가는 들개와 들고양이가 더 질병이 없고 건강하다. 원시인류와 현대인의 차이가 이와 같다.

그렇다면 우리는 어떡해야 할까?

그나마 건강을 유지할 수 있는 최선의 방법, 가장 손쉬운 방법은 낮에는 열심히 움직이고 밤에는 무조건 푹 자는 것이다.

현대인들은 좀처럼 움직이지 않는다. 우선 앉아 있는 시간이 너무 길다. 걷는 것도 인색하다. 가까운 거리도 무엇인가 타고 간다.

최근 외국 학자들의 연구에 따르면 오래 앉아 있는 것이 흡연보다 더 건강에 해롭다고 한다.

원시조상들도 낮에는 먹거리를 찾아 쉴 새 없이 움직였을 것이다. 여자가 남자보다 오래 살고 농촌 사람이 도시인보다 평균적으로 오래 사는 것은 잠시도 쉬지 않고 움직이기 때문이다. 그리고 날이 어두워지면 누워서 푹 잔다.

밤을 잊은 현대인들이 많다.

예로부터 잘 먹고 잘 자고 잘 싸면 건강하다고 했다. 아울러 규칙적인 생활 패턴을 유지하면 웬만한 질병은 충분히 예방할 수 있다. 생활여건이 많이 움직이기 어렵다면 규칙적으로 부지런히 운동이라도 해야 한다. 그것이 건강했던 우리의 원시조상을 따라잡는 가장 손쉬운 방법이기도 하다.

창조론과 진화론

미국은 다인종, 다민족으로 이루어진 국가로 종교의 자유가 보장된 나라다. 하지만 영국의 청교도들과 프로테스탄트(protestant)들이 이주해서 건국의 기본 세력이 됐던 만큼, 개신교 신자들이 절대다수를 차지하고 있는 나라이기도 하다.

미국의 화폐에는 'In God We Trust'라는 문구가 있다. '우리는 하나님을 믿는다.'는 뜻이다. 이 문구는 1956년에 지정된, 미국을 상징하는 공식 표어이기도 하다. 청교도와 프로테스탄트들이 영국에서 참다운 신앙의 자유를 찾아 신대륙으로 이주해왔듯이, 그만큼 미국은 대다수 국민들이 기독교를 신봉하는 국가다.

그 때문인지 미국에 사는 다수의 기독교 신자들이 인류의 기원과 관련해서 '창조론(Creationism)'을 신봉한다. 미국 기독교 신자의 절반 가까이가 여

20달러짜리 지폐 속의 문구. 1864년 미국 동전에 처음으로 등장했으며, 1956년 미국의 공식적인 나라 표어로 지정되었다. 미국 플로리다주의 표어이기도 하다.

전히 창조론을 믿고 있다는 통계도 있다. 미국의 43대 대통령인 조지 W. 부시(아들 부시)도 창조론 옹호자였다.

'창조론'이란 쉽게 얘기하면 이 세상의 모든 물질과 생명체가 무(無)의 상태에서 하나님(God)에 의해 창조됐다는 이론이다. 창조론자들은 "태초에 하나님이 천지를 창조하시니라."(창세기 1:1)를 믿고, 하나님이 6일 동안 모든 물질과 생명체를 창조하면서 인간도 창조했다고 믿는다.

성경의 말씀은 상징과 비유로 가득하지만, 창조론자들 중에는 성경의 내용을 글자 그대로 믿고 해석하는 기독교 근본주의자들이 많다. 따라서 그들은 조물주인 하나님의 천지창조와 인류 탄생의 역사가 약 1만 년 전이라고 주장한다. 심지어 6000년 전이라고 주장하는 창조론자들도 있다.

그러면 화석 등을 통해 존재가 분명하게 검증된 수백만 년 전부터 수만 년 전까지 살았던 인류의 조상들은 누구란 말인가? 국내의 어느 목사가 그들은 하나님에게 선택된 인간이 아니어서 참다운 인간이 아니라는 억지 주장을 편 글을 읽은 적이 있다.

어찌 됐든 미국은 20세기에 들어와서도 창조론을 굳게 믿어, 1925년 테네시주에서는 모든 공립학교에서 인류의 기원에 대해 성경에서 벗어난 주장은 가르칠 수 없다는 '버틀러 조례(The Butler Act)'를 공포하기도 했다. 그리하여 과학에 근거한 다윈의 '진화론'을 믿는 사람들과 큰 충돌을 빚기도 해서, 테네시주의 어느 고등학교 생물교사가 학생들에게 진화론을 가르치다가 고발당하는 일도 있었다. 큰 관심을 끌었던 재판에서 그 생물교사는 결국 유죄가 인정돼 벌금형을 선고받았다.

창조론자들은 인간의 조상이 침팬지라는 사실을 전혀 믿지 않았으며, 미국의 여러 주에서는 '인간이 하등동물에서 진화했다는 이론을 학생들에게 가르칠 수 없다.'는 법이 공포되기도 했다. 그리하여 1980년대 후반에 이

존 스콥스(John Scopes). 테네시주에서는 일찍이 다윈의 진화론을 가르치지 못하는 반진화론법(Anti-Evolution Law, 버틀러법Butler law)이 있었는데, 1925년 7월 21일 데이튼(Dayton)의 공립학교 교사 존 스콥스가 금기시된 진화론을 가르쳐 법정에 서게 되었다. 소위 '원숭이 재판(The monkey trial)'이라 불리는 이 재판에서 결국 그는 패소해 벌금 100달러를 물었다.

르기까지 끊임없이 인간의 근원에 대한 공방이 벌어지는 가운데서도 창조론이 우세했다.

그 뒤 종교와 정치를 분리해야 한다는 주장이 갈수록 우세해지면서 미국 헌법이 수정되는 진통을 겪고 나서야, 미국의 공립학교에서 창조론을 가르치는 것은 법에 위배되며 학생들의 권리를 침해한 것이라는 판결이 나오기에 이르렀다. 그러자 당황한 창조론자들이 새롭게 들고 나온 것이 '지적 설계론(Intelligent Design Theory)'이다.

'지적 설계론'이란 간단히 말해서 어떤 대상이 의도적인 존재인지 우연한 존재인지를 가리는 이론이다. 위기에 몰린 창조론자들이 그들의 창조론에 그들 나름으로 과학적 요소들을 더한 것이다.

이를테면 "모든 생명체가 단일한 자연법칙에 따라 존재하고 있다면 인류를 짐승이나 단세포생물과 어떻게 구분할 것인가?" 하며 진화론을 공격했고, 인간의 자유의지, 윤리, 예술 같은 숭고한 가치들이 무기물에서 진화해가는 과정에서 우연히 태어났다는 것이 말이 되느냐고 따졌다.

그들은 인간은 말할 것도 없고 동물에 이르기까지 그처럼 정교하고 정밀한 생명체는 우연히 존재할 수 없다고 주장했다. 예컨대 시계(時計)처럼 정밀하고 정교한 기계는 우연히 탄생할 수 없으며 누군가 그것을 설계하고 만들어내는 기술자가 있어야 한다는 것이다. 따라서 생명체는 우연히 탄생할 수 없으며 누군가 의도적으로 설계하고 만들어내야 하는데 그 기술자가 바로 조물주인 신이라는 주장이다.

결국 이러한 주장은 창조론을 위장한 것이어서 과학에 근거한 진화론과 충돌이 불가피했다. 마침내 이들의 충돌이 법정 공방으로 비화한 것이 전 세계에서 큰 관심을 끌었던 이른바 2005년의 '도버 재판(Dover Trial)'이다. '원숭이 재판'이 이루어진 지 꼭 80년 뒤의 일이다.

도버는 미국 펜실베이니아주에 있는 인구 약 2만 명의 소도시다. 이 도시의 주민들도 지적 설계론과 진화론을 놓고 큰 갈등을 겪고 있어서, 이곳의 하나뿐인 고등학교에서 교재로 사용하는 생물교과서가 문제가 됐다. 이 학교에서는 미국 전역에서 교재로 쓰고 있는 진화론이 실린 생물교과서를 채택하고 있었다.

그러자 창조론자들이 주축이 된 교육위원회에서 지적 설계론도 생물교과서에 포함해야 한다는 강력한 주장을 펼쳤고, 이에 학부모들이 반발하면서 법정 다툼으로 비화된 것이다.

지적 설계론자들은 진화론이 신의 뜻에 어긋나기 때문에 잘못됐다고 주장하면서 변호사를 내세웠는데, 그는 당시 부시 대통령이 지명한 인물이었다. 당연히 진화론을 지지하는 학부모들은 재판이 불리할 것으로 예상했다. 그러나 6주간의 재판이 진행된 끝에 판사는 다음과 같은 판결을 내렸다.

"지적 설계론은 과학이 아닙니다. 종교적 의도에서 만들어졌으므로 도

버 고등학교에서 지적 설계론을 가르치는 것은 헌법의 수정조항에 위배되는 위헌입니다."

진화론을 지지하는 학부모들은 환호했다. 이 도버 재판 이후 창조론이든 지적 설계론이든 인간을 하나님이 창조했다는 주장은 크게 위축됐

'도버 재판'의 담당 판사 존 존스 3세(John E. Jones Ⅲ)

다. 이 재판을 놓고 당시의 언론들은 '신과 과학의 전쟁'이니 '종교와 과학의 전쟁'이니 하며 대서특필했다.

생명체는 우연한 존재가 아니라 신이 분명한 의도를 가지고 창조했다는 지적 설계론에는 한 가지 함정이 있다. 모든 생명체, 특히 인간처럼 정밀하고 정교한 지적 생명체가 창조될 때부터 완벽했던 것은 아니다.

수십억 년 전, 지구에 처음으로 탄생한 생명체는 단세포생물이었다. 그 것이 진화하면서 다세포생물이 등장했고, 암컷과 수컷으로 분화하여 짝짓기를 통해 번식했다. 또한 진화과정을 통해 바닷속에 살다가 뭍으로 나오거나 물과 뭍을 오가거나 여전히 물속에 사는 생명체들도 있었다.

혜성과의 충돌로 대멸종을 겪었지만 굴속에 살던 작은 포유류가 살아남았고, 그들이 진화하고 분화하면서 다양한 포유류가 등장했으며, 원숭이와 유인원을 거쳐 마침내 두 발로 걷는 인류가 탄생했다.

그 사이에 수억 년에 이르는 숱한 진화과정이 있었다.

인류는 누군가에 의해 어느 한순간에 마치 정교한 시계처럼 완벽하게 만들어진 것이 아니다.

2018년 세상을 떠난 영국의 세계적인 물리학자 스티븐 호킹 박사는 "당신이 원한다면 자연법칙이 신의 역할이라고 말할 수 있겠지만, 그것은 신이라는 존재의 정의 그 이상의 것이다."라고 말했다.

누군가 말했듯이 "창조론(지적 설계론)은 과학이 아니며 진화론은 종교가 아니다."라는 말이 설득력이 있다.

종교와 과학은 영역이 서로 크게 다르다. 종교를 과학적으로 검증할 수 없고 과학을 종교적으로 검증할 수 없다. 종교와 과학은 결코 비교대상이 될 수 없다.

인간의 섹스도 진화할까

　자연선택인 진화는 생존을 위해 서식환경을 비롯한 여러 조건들에 적응해가는 것인데, 인간의 성행동인 섹스도 진화하는 걸까? 아니면 생식기 구조나 위치가 차츰 바뀌는 걸까? 물론 그런 것은 아니다. 하지만 인간의 섹스는 꾸준히 진화해온 것이 사실이다.

　동물이나 다름없었던 호미니드(Hominid, 사람科; 사람, 고릴라, 침팬지, 오랑우탄 등의 대형 유인원을 포함하는 영장류의 한 과이다. '대형 유인원류*great apes*'라고도 부른다.) 시기에는 번식을 위한 짝짓기에서, 초기인류에 이르러서는 다른 동물들은 거의 느끼지 못하는 섹스를 통한 쾌감을 발견했다. 또한 초기인류의 여성들은 자신의 배란기를 감추는 진화를 함으로써 쾌감을 터득한 남성들이 여성의 발정기와 상관없이 지속적으로 섹스할 수 있도록 진화했다.

　1만여 년 전, 이동생활을 끝내고 정착생활을 시작하면서 일부일처제가 탄생해서 한 남자와 한 여자의 배타적이고 독점적인 섹스가 실행됐다. 하지만 제도적으로 통제되고 규범화된 그러한 섹스 형태는 남성중심사회에서 필연적으로 매춘과 간통을 초래했다. 그것은 오늘날에도 사회문제가 되고 있다.

그러나 성행동으로서 인간 섹스의 핵심은 뭐니 뭐니 해도 '쾌감 추구'로 그것을 알게 된 이래 지금까지 변함없이 섹스의 절대적인 목적이 되고 있다. 쾌감을 좀 더 얻기 위해 다양한 체위들이 만들어졌으며 간통과 매춘은 어쩔 수 없는 자연적인 사회현상으로 고착된 지 이미 오래다.

그렇다면 이제 더 이상 섹스의 진화는 없을 것인가? 현재도 온갖 방법으로 쾌락을 얻고 있는데 과연 진화가 필요할까? 이를 알려면 현대인들이 섹스를 통해 얻고자 하는 가장 큰 목적인 쾌락의 본질부터 먼저 알아야 한다.

쾌락 추구는 결코 그 한계가 있을 수 없는 인간의 욕망이다. 그야말로 '욕망이라는 이름의 기관차'나 다름없다. 결국 인간은 지금보다 더 큰 쾌락을 추구해나갈 것이다.

뛰어난 지능과 경이적인 과학기술을 이룩한 인간은 이제 무엇이든 못할 것이 없고 안 되는 것도 없는 신적 능력을 갖추고 있다. 아울러 항상 새로운 것에 도전하는 강한 의지를 가지고 있다. 더욱 큰 쾌감을 얻을 수 있는 새로운 방법들을 찾아내거나 만들어낼 것이 틀림없다.

그러한 조짐들은 이미 가시적으로 나타나고 있다. 예컨대 가상현실(VR, virtual reality)을 통한 색다른 쾌감 추구, 섹스돌(sex doll), 섹스로봇(sex robot) 등의 출현이 그것이다. 진짜 여성의 그것과 똑같은 크기와 촉감의 가슴과 엉덩이에 빼어난 미모와 생식기까지 갖춘 여자인형이 탄생한 지는 이미 오래됐으며, 서양이나 일본의 많은 남성들이 애용하고 있다.

섹스로봇은 거기서 한 단계 더 발전한 섹스 대용물이다. 인공지능(AI, artificial intelligence)까지 갖추어서 이용하는 남성들이 얻고자 하는 최고의 성적 쾌감을 제공할 수 있는 기능을 수행한다. 다만 아직 섹스돌이나 섹스로봇은 거의 모두 여성이다.

그러면 여성들은 어떻게 직접 섹스를 하지 않고도 만족스런 쾌감을 얻을 수 있을까? 조금도 걱정할 필요가 없다. 남자 성기 대용품부터 온갖 성보조기구들을 아주 손쉽게 구할 수 있다. 매우 정교하게 실물과 거의 똑같이 만들어진 남자 성기 모조품은 크기와 굵기 등이 다양해서 여성이 원하는 사이즈를 마음대로 선택할 수 있고, 자동으로 작동하는 것들이 많아서 실질적인 섹스에서 얻는 쾌감보다 훨씬 더 큰 쾌감을 얻을 수 있다.

하지만 그러한 섹스 행태는 시기적인 유행일 뿐 영속성이 있을 수 없다. 성적 쾌감의 극대치는 오르가슴(orgasm)이다. 과학기술이 만들어낸 갖가지 섹스 대용품들을 통해서 순간적으로 오르가슴을 체험할 수는 있겠지만 제한적이고 변화가 없어 한동안 사용하면 싫증이 나기 때문이다.

희열이 넘치는 진정한 오르가슴은 인간과 인간, 즉 남자와 여자의 육체 접촉을 통해서만 얻을 수 있다. 섹스를 갈망하며 애원하는 간절한 눈빛, 체온, 강렬한 포옹, 딥키스, 스킨십, 오럴, 관능적인 몸부림, 신음과 비명 등 성적 흥분과 희열이 고조돼 생리적으로 절정에 이르게 함으로써 오르가슴을 느끼게 하는 성행동은 오직 인간만이 가능하다. 어떠한 성적 대용품도 그것을 결코 대신할 수 없다.

결과적으로 쾌락 추구를 위한 섹스의 형태, 풍조, 관습은 시대에 따라 바뀔 수 있다. 그것도 진화라면 진화다. 하지만 섹스의 본질 자체는 앞으로도 달라지지 않을 것이다.

그러나 섹스와 관련해서 한 가지 큰 문제가 사회적 이슈로 떠오르고 있다. 한마디로 요약하면 섹스를 기피하는 현상이 점점 확산되고 있다는 것이다. 그 이유는 여러 가지가 있다.

무엇보다 혼자 살겠다는 개인주의의 독신가구가 가파르게 늘어나고 있으며, 미래가 불확실한 시대 상황과 경제 불안 등이 연애와 결혼을 어렵게 하는 것이 한 가지 이유가 될 것이다. 가까운 일본의 경우만 하더라도, 국가 기관의 조사에서 40대 미만 가운데 미혼여성의 44퍼센트, 미혼남성의 42퍼센트가 전혀 성 경험이 없는 것으로 나타났다. 또한 18~34세 여성의 60퍼센트, 남성의 70퍼센트가 싱글(single)인 것으로 밝혀졌다.

이들은 생계 유지에 쫓겨 이성과 교제할 시간도 없고 경제적 여유도 없다. 성적 욕구는 각종 성적 대용품이나 성보조기구, 포르노 등을 통해 해소하기 때문에 결혼이나 섹스에 대한 절박함이 없다고 했다. 그 밖에도 호스티스 바, 패티시 클럽, 러브호텔 등 섹스를 대체할 수 있는 것들이 많아서 굳이 이성을 사귈 필요가 없다는 것이다.

남자들의 경우는 달라진 사회환경이 또 하나의 이유다. 남녀평등을 넘어 여성의 지위와 사회 진출이 오히려 남성들을 앞지르고, 여성들이 우월적 지위에서 주도적 역할을 하고 강력하게 자신들의 주장을 성취하면서 상대적으로 남자들이 크게 위축되고 있는 현실이다. 그에 따라 《남자란 무엇인가》《남자의 위기》《남자의 종말》과 같은 남자의 미래를 걱정하는 서적들이 쏟아져 나오고 있다.

이러한 현실에서 이성혐오 현상이 심화되고 섹스를 기피하는 현상마저 확산되고 있다면 남녀 섹스의 본능적인 가치와 인간으로서의 쾌락 추구조차 차츰 설 자리를 잃어가는 게 아닌가 하는 큰 의구심을 자아낸다.

긴 세월이 흐르고 나면, 진화는커녕 인간이 동물의 세계에서도 흔치 않은 '암수한몸'으로 퇴화하는 것이 아닐까 하는 지나친 우려까지 하게 된다.

수명과 신체의 크기는 어떤 관계가 있을까

인간은 모두 한 어머니의 후손이지만 인종, 종족, 민족에 따라 피부색에 차이가 있듯이 평균적인 신체의 크기에도 차이가 있다. 그들 인류 집단이 오랫동안 살아온 지역의 기후와 환경과 먹거리 등에서 차이가 있었기 때문이다.

주로 네발로 걷는 동물들의 신체 크기는 곧 몸집의 크기를 가리킨다. 하지만 똑바로 서서 두 발로 걷는 인간은 키가 신체 크기를 대표한다. 물론 남보다 뚱뚱한 사람, 마른 사람, 체격이 큰 사람 등 몸집 크기도 비교의 대상이 되기는 하지만 키의 대표성을 앞서지는 못한다.

프랑스의 사회학자 니콜라 에르팽(Nicolas Herpin)은 그가 쓴 《키는 권력이다》에서 "오늘날 성차별과 인종차별이 불법화되고, 몸무게로 인한 차별과 차별적 표현이 금기시된 서양에서도 키는 여전히 차별의 영역에 놓여 있다."고 했다.

사실 낯선 사람과 마주칠 때 가장 먼저 눈에 들어오는 것이 그 사람의 키다. 그리고 그 사람의 키가 자신보다 월등하게 크다면 은근히 위축된다. 그뿐 아니라 키에 대한 차별은 여성의 외모 못지않게 사회의 보편적인 현상

이다. 실제로 키가 큰 사람이 작은 사
람보다 절대적으로 유리하다.

키 작은 아이들은 열등감을 갖기 쉽다.

미국의 사회학자 솔 펠드맨(Saul
Feldman)은 이러한 키에 대한 차별과 편
견을 가리켜 '하이티즘(Heightism)'이라
는 신조어를 만들었다.

큰 키가 작은 키보다 유리하고 많은 프리미엄을 갖게 되는 것에는 그럴
만한 생리학적 이유와 사회학적 이유가 있다.

무리지어 사는 동물의 세계에서 큰 몸집은 곧 힘과 우량한 유전자를 지
녔음을 나타내는 것이다. 그에 따라 무리 안에서 서열이 정해지고 가장 몸
집이 큰 수컷이 우두머리가 되어 무리 전체를 지배하며 암컷들과의 짝짓
기를 독점하거나 우선권을 갖는다. 그 결과 가장 많은 후손을 남기게 되고,
그의 후손들도 우량한 유전자를 물려받아 자기 종의 번식을 이어간다.

종의 진화 역시 몸집 큰 성체들이 이끈다. 서식환경이 불리하고 불편할
때 그것을 먼저 몸으로 경험하는 것이 몸집 큰 성체들이기 때문이다. 몸집
이 큰 만큼 불리함과 불편함 등의 장애요소들을 더 많이 느끼는 것은 당연
하다. 그에 따라 자기 종 안에서 더 빨리 진화하고 더 먼저 적응함으로써 생
존에 유리한 조건을 갖춘다.

미국의 생물학자인 존 타일러 보너(John Tyler Bonner) 교수도 저서《크기의
과학》에서 "크기가 증가하면 형태와 구조가 변하고 그에 따라 기능도 바뀐
다. 이것은 곧바로 진화상의 혁신으로 이어진다. '크기'라는 하드웨어에 맞
춰 모든 기능, 즉 소프트웨어도 변할 수밖에 없다."고 했다.

실제적으로 몸집의 크기에 따라 힘, 신체 표면적, 세포 분화의 정도, 신
체 활동 속도, 개체 수 등이 결정된다는 것이다. 몸집이 크면 그만큼 힘이

세고 같은 면적에서 살 수 있는 개체 수도 달라진다는 것이다.

인간도 동물로서 예외가 아니다.

키는 유전성이 크다. 키가 크다는 것은 선조들이 우량한 유전자를 지녔으며, 그에 따라 우월한 위치에서 더 많은 생식 기회를 가졌다는 증거이기도 하다.

선조들의 우량한 유전자를 물려받아 큰 키를 갖게 된 남자들은 그것이 여자들에게 성적 매력으로 어필함으로써 키 작은 남자들보다 더 많은 성적 기회를 갖게 돼 많은 후손을 남긴다. 서양의 여러 통계들에서 키 큰 남자들의 생식능력이 우수해서 가계도가 풍부하다는 것을 입증하고 있다.

그뿐만 아니라 키가 큰 남자들은 선천적으로 우량한 유전자를 물려받아 평균적으로 생리기능이 우수하고 면역력이 뛰어나 잔병이 적고 건강하다. 경우에 따라서 키가 크기 때문에 그만큼 키 작은 남자들보다 각종 사고의 위험성이 크지만 평균적으로 키 작은 남자보다 오래 산다.

니콜라 에르팽은 '2001년 프랑스 부부생활 환경조사'에서 30~39세의 남자 가운데 키가 크거나 중간 키에서는 75퍼센트가 배우자가 있지만, 170센티미터 이하에서는 배우자가 있는 비율이 33퍼센트에 불과한 것으로 나타났다고 했다. 영국 역시 통계수치가 그와 비슷하다는 것이다.

또한 20세기 미국 대통령선거에서 최종적으로 맞붙은 후보들 가운데 키가 작은 남성이 승리한 경우는 단 한 번뿐이라고 했다. 미국 하버드 대학 연구진의 조사에서도 미국 주요 기업 CEO의 60퍼센트 이상이 180센티미터가 넘는 것으로 밝혀졌다.

영국 에식스 대학 연구팀이 3600명의 젊은 남녀를 대상으로 84회에 걸쳐 집단미팅(스피드 데이트)을 실시한 결과, 남자의 키가 1인치 클 때마다 미팅 성공확률이 5퍼센트씩 높아지는 것으로 나타났다. 여성들이 그만큼 키가 큰 남자를 선호한다는 사실을 입증한 것이다.

에르팽은 여성들이 키 큰 남성을 선호하는 것은 유전적 본능에서 오는 성적 매력에 이끌리기도 하지만, 키가 큰 남자들이 키 작은 남자들보다 상대적으로 우세해서 벌어들일 수 있는 재화와 사회적 위세를 감안했을 때 불확실한 미래에 대비해 보험에 들려는 것이라고 했다.

그것은 여러 조사 통계들에서도 입증되고 있다. 미국, 영국, 프랑스의 조사에서 키가 1인치 더 클수록 연평균 임금에서 789달러가 늘어나고, 키가 182센티미터의 노동자는 165센티미터의 노동자보다 연간 약 5500달러를 더 번다는 것이다.

이러한 차별은 키 그 자체보다 키 차이가 빈부격차와 교육문제 등에 큰 차별적 요인이 되고 있다는 것이 문제다. 예컨대 유럽의 주요 국가들 가운데 남자들의 평균 키가 네 번째로 큰 스웨덴의 경우, 키가 5센티미터 커지면 자살 위험이 9퍼센트 낮아지는 것으로 나타났다. 키와 자살률의 관계는 서민층과 빈곤층의 평균 키가 더 작다는 것과 무관하지 않다는 것이다.

키가 작은 남자들은 희롱의 대상이 되기 십상이고, 각급 학교에서 만연하고 있는 '집단 괴롭힘(bullying)'을 당하는 것도 대부분 키 작은 학생들이다. 또한 실제의 삶에서 건강, 취업, 임금, 결혼, 자녀 양육 등에서 불평등과 차별을 받는 것이 사실이다. 키 차이가 경제 자원의 분배에 차이를 가져오고, 키가 작은 남자들은 거의 모든 분야에서 같은 조건의 키가 큰 남자에 비해 크게 불리하다.

그 때문에 미국의 몇몇 주와 캐나다에서는 인권과 차별금지 차원에서 '키 차별 금지법'을 제정하기도 했지만, 여성들에 대한 외모지상주의가 쉽게 사라지지 않는 것처럼 그 실효성이 얼마나 성과를 거두고 있는지는 알 수 없다.

우리나라를 비롯한 동양 남자들의 키는 서양 남자들과 비교해 평균적으로 몹시 작은 편이다. 하지만 큰 키가 모든 면에서 절대적으로 유리하다는 것을 잘 알고 있기 때문에, 특히 키에 무척 민감한 우리나라에서는 어릴 때부터 키 성장에 큰 관심을 갖고 부모들이 앞장서 온갖 노력을 아끼지 않고 있다. 그러한 영향인지 유전적 요인에도 불구하고 요즘 신세대들은 평균 키가 많이 커진 것이 사실이다.

결론적으로 수명과 신체의 크기는 선천적, 후천적으로 밀접한 관련이 있다. 신체를 대표하는 키가 큰 사람들은 확률적으로 우량한 유전자를 지녀 건강할 뿐 아니라 경제적으로나 사회적으로 유리하기 때문에 우월감과 자신감이 넘쳐 스트레스가 적다. 그러한 이유들로 키가 큰 사람이 키 작은 사람보다 평균적으로 오래 산다.

2

남자와
여자

여자는 왜 남자보다 털이 적을까

인류는 영장류의 유인원이었으며 침팬지에서 분화됐다는 것은 기정사실이다. 그런데 원숭이를 비롯한 영장류나 유인원은 모두 온몸이 털로 덮여 있지만 인류만 털이 없다.

물론 완전히 없는 것은 아니고 몇몇 부위에는 남아 있으며 약간의 잔털들이 있지만, 인류의 먼 조상인 영장류나 유인원과 비교하면 맨살의 벌거숭이로 털이 전혀 없는 것과 다름없다.

도대체 인류의 몸에서 왜 털이 사라졌을까? 더욱이 여자는 남자보다 털이 훨씬 적다. 그 까닭은 무엇일까?

오직 인류만의 특별한 진화여서 진화생물학자나 인류학자들이 큰 관심을 갖고 그에 대한 갖가지 가설을 제시했지만 아직까지 지배적인 정설은 없다. 하지만 그나마 설득력이 있는 몇몇 가설들을 통해 그 수수께끼 같은 궁금증을 풀어본다.

먼저 인류의 몸에 털이 없는 것은 털이 사라진 것이 아니라 유인원에서 분화될 때부터 아예 없었다는 주장이 있으며 돌연변이설도 있다. 애초부터 털이 없어진 것이 침팬지에서 분화된 원인이라는 주장에는 반대 의견도 만만치 않다.

돌연변이설은 호미니드의 어떤 개체가 우연한 돌연변이로 털 없이 태어났고 그의 후손들이 번성하면서 인류의 몸에서 털이 사라졌다는 주장인데, 돌연변이가 어느 한 개체에서 나타났는지 한 무리의 집단에서 나타났는지는 분명하게 밝히지 못하고 있다.

그런가 하면 인류가 옷을 입기 시작하면서 신체의 보온이 가능해져 털이 차츰 사라졌다는 견해가 있지만, 인류가 옷을 입기 시작한 것은 약 7만 년 전이다. 진화의 속도로 보면 과연 그 짧은 기간에 털이 거의 완전히 사라질 수 있는지는 의문이다. 또한 왜 여자가 남자보다 털이 적은지 자신 있게 대답하지 못한다.

한편 기생충설이 있다. 털이 많은 유인원은 자연히 털 밑에 온갖 기생충이 기생한다. 원숭이나 유인원은 털 골라주기(grooming)를 통해 같은 무리의 기생충을 잡아주고 유대를 강화하지만, 인류는 그 대신 털을 없애는 쪽으로 진화했다는 것이다. 그에 따라 차츰 기생충이 기생할 공간인 털이 적어지고, 털이 적은 후손들이 번성하면서 털이 사라지게 진화했다는 주장이다.

수생설(水生說)도 있다. 인류는 뭍에서 생활하는 유인원에서 분화된 이후 오랫동안 물속에서 생활하다가 차츰 뭍으로 올라오게 됐다는 것이다. 그 때문에 신체도 유선형이며 자연히 털이 사라졌다는 주장이다. 그 대신에 피하지방층을 진화시켜 보온을 했다는 것이다. 이 수생설에는 적잖은 지지층이 있다.

인류의 몸에서 털이 사라진 것은 대뇌피질과 관련이 있다는 견해도 있다. 대뇌피질은 뇌 속의 대뇌를 둘러싸고 있는 신경조직이다. 유인원이 온몸에 털이 많아도 얼굴이나 손바닥 발바닥 등 민감한 부분에는 털이 없다. 민감하다는 것은 감각을 통해 많은 정보를 받아들인다는 것이다.

인간은 다른 어떤 동물보다 대
뇌피질이 크게 발달해 있다. 그
만큼 대뇌피질이 넓다는 것이다.
대뇌피질이 넓어지려면 온몸의
피부가 민감해져야 하기 때문에
차츰 털이 사라지게 됐다는 주장

《털 없는 원숭이》 전체 표지

이다. 공감은 가지만 역시 왜 여자가 남자보다 털이 적은가에 해답이 되기
는 어려워 보인다.

그러한 여러 견해들 가운데서 가장 설득력을 지닌 것이 영국의 저명한
동물생태학자 데즈먼드 모리스(Desmond Morris)가 제시한 인간의 '지구력(持
久力)'이다. 그는 저서《털 없는 원숭이The Naked Ape》(1967)에서 인류의 몸에
서 털이 사라진 여러 견해들을 지적하면서, 인간의 지구력이 그 이유라는
견해를 밝혀 상당한 지지를 받았다.

지구력이란 끈질기게 버티는 능력이라고 할 수 있다.

인류가 수렵채집 생활을 시작하면서 자신보다 훨씬 빠른 사냥감을 포획
하려면 끝까지 포기하지 않고 끈질기게 뒤쫓는 것, 즉 지구력이 최선의 전
략이었다. 그 과정에서 다른 포유류에서는 볼 수 없는 땀샘과 땀을 배출하
는 땀구멍을 진화시켰고, 몸에서 땀을 원만하게 배출하기 위해 장애가 되
는 털이 차츰 사라지게 됐다는 것이다.

매우 설득력 있는 주장이다. 하지만 문제가 있다. 지구력이 필요했던 사
냥꾼 남자보다 여자가 더 털이 적은 것은 어떻게 설명할 수 있을까? 더욱이
진화과정에서 남자보다 여자가 먼저 털이 사라졌기 때문에 털이 더 적다
는 주장도 있다.

이에 대해 지구력 지지자들은 남자들은 목표한 사냥감을 뒤쫓으면서 나

뭇가지나 가시덩굴 등 갖가지 장애물에 긁히고 찢기기 때문에 몸을 보호하기 위해 가슴과 팔다리 등에 여자보다 털이 더 많이 남아 있게 됐다고 주장한다. 일리는 있지만 만족스런 주장은 아니다.

진화론을 내놓은 찰스 다윈은 털이 없는 여자가 남자들에게 더 매력적으로 보여 더 많은 짝짓기 기회를 가졌으며, 더 많은 후손을 남기면서 털이 더욱 사라지게 됐다는 성선택이론을 제시했다.

하지만 일반적으로 동물의 세계에서는 수컷이 과시하고 암컷이 선택한다. 수컷은 공작새 꼬리와 같은 화려한 표시, 뿔, 벼슬, 갈기, 색깔 등을 암컷에게 과시한다.

따라서 털 없는 여자가 남자에게 더 많이 선택됐다는 것은 그와 맞지 않거니와 이미 털이 많이 없어진 상태를 전제로 하고 있어서 설득력이 떨어진다.

지금도 그렇지만 사실 여자가 남자보다 더 많이 일한다. 남자는 과격한 노동을 하지만 그날의 목표를 달성하면 끝난다. 그러나 여자는 거의 온종일 일한다. 결과적으로 노동시간이 더 길고 노동량이 남자보다 훨씬 많다. 지구력도 여자가 더 강하다. 여자들은 지구력이 강하고 참을성이 많아서 남자보다 훨씬 긴 시간을 일한다. 농촌 여성들을 보면 충분히 납득이 갈 것이다.

초기인류도 그랬을 것이다. 남자는 사냥이 성공하면 나머지 시간은 여가시간이었다. 여자들은 임신과 출산, 수유, 육아, 조리, 채집 등으로 쉴 틈이 없었다. 그에 따라 남자처럼 한꺼번에 땀을 쏟지는 않지만 거의 온종일 조금씩이라도 지속적으로 땀을 흘렸다.

그런 과정에서 남자보다 털이 먼저 사라졌고 더 많이 사라지게 됐을 것이다. 어떤 이유로든 남녀 모두 털이 사라졌지만 그것이 여자가 남자보다 털이 적은 이유의 하나가 될 것이다.

생명체에게 지방(脂肪)은 필수영양소다. 특히 지방이 많은 동물은 곰처럼 동면하는 동물과 물에 사는 동물이다.

인간은 다른 영장류보다 무려 열 배가 넘는 지방질을 가지고 있다고 한다. 그것이 인류가 어느 시기에 오랫동안 물에서 살았다는 증거라고 말하는 학자들도 있다.

더욱이 땅에 사는 동물들은 지방질이 내부에 있지만 인간은 피부 밑에 있으며, 여자는 남자보다 훨씬 두꺼운 피하지방층을 가지고 있다. 여자들은 땀을 지속적으로 흘리면서 땀구멍을 통해 지방이 섞여 나오면서 털을 한층 더 빨리 사라지게 했을 것이다.

몸의 털은 없었던 것이라기보다 있었던 것이 퇴화한 것이다. 그렇더라도 몇몇 부위에는 여자도 여전히 털이 남아 있으며 그래야 할 기능이 있다. 머리칼은 강한 햇볕과 자외선을 차단해주고 뇌의 충격을 줄여준다.

겨드랑이 털은 성호르몬인 페로몬을 분비함으로써 남자를 유혹해서 성적인 기회를 촉진하는 기능이 있다. 은밀한 부위의 음모는 남자를 유혹하는 시각적 효과와 함께 성행위에서 강한 마찰을 완화해주고, 돌발적인 외부의 충격도 줄여주는 중요한 기능을 하기 때문에 남아 있는 것이다.

목표지향과 방향지향

　남자와 여자의 쇼핑 패턴에는 큰 차이가 있다. 예컨대 남자가 넥타이를 사려고 백화점에 갔다면, 그는 곧바로 넥타이 판매점으로 가서 자기 마음에 드는 넥타이를 골라 구입하고 나면 곧바로 백화점을 나온다. 하지만 여자는 다르다.

　여자가 스카프를 사려고 백화점에 갔다면, 스카프를 파는 여러 매장을 모조리 둘러보며 신중하게 선택한다. 그리고 곧바로 나오는 것이 아니다. 의류매장도 둘러보며 마음에 들거나 싸게 파는 옷이 있는지 살펴본다. 그뿐이 아니다. 식품매장도 둘러본다. 혹시 깜짝 세일을 하는 식품이 있는지 살펴본다.

　그러한 패턴의 차이 때문에 부부가 함께 백화점에 갔을 때 남편은 일찌감치 매장에서 나와 계산대 앞에서 아내가 나오기를 마냥 기다리는 경우를 자주 볼 수 있다.

　이러한 쇼핑 패턴의 차이는 어디에서 기인한 것일까?

　그 까닭은 인류의 진화과정과 관련이 있다. 약 200만 년 전, 인류는 호모 에렉투스에 이르러 곧게 일어서서 두 발로 걷기 시작하면서 마침내 인류로서의 제 모습을 갖췄다.

그들은 수렵과 채집으로 먹거리를 해결했다. 남자들은 사냥을 해서 고기를 확보했고 여자들은 열매와 뿌리와 견과류 따위의 식물성 먹거리를 확보했다. 사냥에 나선 남자들은 멧돼지나 토끼 따위의 사냥감을 발견하면 그 목표물을 놓치지 않고 줄기차게 뒤쫓아 기어코 포획해야만 했다. 다른 것은 거들떠보지도 않고 오직 목표물에만 집중한 것이다.

그와 달리 여자들은 식물성 먹거리를 찾아내려면 어느 곳에 열매나 견과류가 많은지 사방을 잘 살펴봐야 했으며, 이곳저곳을 찾아다녀야 했다. 그리하여 한번 열매나 견과류가 풍부한 장소를 찾아내면 그 장소를 기억해둬야 지속적으로 먹거리를 얻을 수 있었다. 결론적으로 말하면 남자는 목표지향적이고 여자는 방향지향적인 습성을 갖게 된 것이다.

인간의 사고방식이나 행동, 습성 등은 저마다 지닌 성격과 개성에 따라 다르다. 하지만 우리의 먼 조상으로부터 유전자를 물려받아 프로그래밍된 보편적인 습성은 남녀의 역할만 다를 뿐 변하지 않는다.

먼 조상으로부터 사냥꾼 유전자를 물려받은 남자들은 한번 어떤 목표를 세우면 다른 것에는 한눈팔지 않고 오직 그 목표에만 집중하는 목표지향성 습성을 갖게 됐고, 채집성 유전자를 물려받은 여자들은 한 가지 목표보다 주변의 온갖 것들을 두루 살피는 방향지향성 습성이 체질화된 것이다.

서양에서도 쇼핑을 할 때 남자는 꼭 필요하다면 1달러짜리를 2달러를 주고도 사고, 여자는 필요가 없어도 2달러짜리를 1달러에 팔면 무조건 산다고 한다. 역시 남자는 사냥꾼 유전자에 따라 어떤 목표를 반드시 달성하려는 본성이 있고, 여자는 열매나 견과류가 많은 곳을 발견하면 당장 먹지 않더라도 무조건 채집해서 모아두려는 본성이 있기 때문이다.

조금 지나간 일이다. 언젠가 남녀 기혼자들이 출연해서 남자와 여자, 남편과 아내의 장단점을 지적하는 TV 예능 프로그램을 우연히 시청하고 있었는데, 우리나라 여성과 결혼한 젊은 영국 남성이 "아내가 하는 말은 무조건 옳다."고 해서 웃음을 자아내는 대목이 있었다.

"아내가 하는 말은 무조건 옳다."

물론 모두 그런 것은 아니겠지만 충분히 타당성 있는 얘기다. 여자들의 방향지향성과 기억력은 우리의 생존에 필요한 여러 가지 경우와 그것에 대처하는 탁월한 능력을 갖게 했다. 쉬운 예로 아내들은 김장철이 가까워지면 김장 때 사용할 고춧가루나 젓갈 등을 미리 준비하고, 장 담글 때가 되면 미리 콩을 사둔다.

따라서 여성들은 준비성, 조심성, 다양성 등에서 남자들보다 훨씬 뛰어나다. 아내가 사소한 것까지 지적하는 것이 목표지향적인 남편들에게는 부질없는 잔소리로 들리지만, 따지고 보면 거의 모두 남자들의 생존에 꼭 필요한 조언과 충고인 경우가 많은 것이 사실이다.

그러면 목표지향적인 남편은 무용지물일까? 때로는 무모하고 과장된 행동이나 근거 없이 낙관적 판단을 하는 경우가 많지만, 여자들보다 집중력과 추진력 등이 뛰어나고 성취욕이 강해서 어떡해서든 자신의 목표를 성취하려고 한다. 따라서 부부의 이러한 체질적 특성들이 서로 존중되고 조화를 이룰 때 그 가정은 행복하다.

남자의 폭력과 여자 잔소리의 역사

요즈음 날이 갈수록 무차별적인 폭력이 만연하고 있다. 젊은 청년들이 폐지를 줍는 70대 노인을 폭행해서 숨지게 한 사건도 있었고, 역시 젊은이가 70대의 아파트 경비원을 폭행해서 의식불명에 빠뜨리기도 했다. 그런가 하면 다문화가정의 중학생이 또래들로부터 폭행을 당하다가 아파트 아래로 떨어져서 숨지는 사건도 있었다.

청소년들 사이에서는 폭력이 유행병처럼 번져가고 있는 듯하다. 째려본다고 공연히 폭행하고, 어깨를 건드렸다고 폭행하고, 사소한 시비로 친구와 선후배가 폭행하고, 부부나 연인 사이에서도 폭력사건이 다반사로 일어나고 있다.

왜 이처럼 사회가 폭력 사회가 되고 있을까? 그 까닭은 여러 가지가 있겠지만 아무래도 사회적 불안이나 불확실성과 무관하지 않은 듯싶다. 그에 따라 사회가 갈수록 각박해지고 살벌해지면서 '말보다 주먹이 앞선다.'는 옛말처럼 다짜고짜 주먹을 휘두르는 것 같다.

특히 젊은이들은 '3포(연애, 결혼, 출산 포기) 세대'니 '5포(내 집 마련과 인간관계 추가 포기) 세대'니, 취업을 비롯해서 아무것도 뜻대로 되는 일이 없다보니 저마다 온갖 스트레스와 분노와 울분이 가득 쌓여, 무엇인가 자기 마음에 안 들면 욱하는 감정을 억제하지 못하고 주먹이 먼저 나가는 것 같다.

'폭력'은 사전적으로 '남을 거칠고 사납게 제압할 때 쓰는 물리적인 수단이나 힘'이라고 풀이하고 있다. 법적으로는 '법에서 허용하지 않는 힘의 행사'를 폭력으로 규정하고 있다.

하지만 실제 폭력의 범위는 대단히 넓다. 성폭력, 가정폭력, 데이트 폭력, 언어폭력, 학교폭력 등이 넘쳐난다. 어떤 의미에서 전쟁이나 테러도 폭력이고 이른바 '갑질'도 폭력이다. 온라인에서 어떤 특정한 상대를 일방적으로 매도하는 무차별적인 사이버 폭력도 사회적 이슈가 되고 있다.

스포츠에서도 엄밀히 따지면 폭력을 기반으로 하는 종목들이 많다. 스포츠는 정해진 규칙에 따라 진행되지만 격투기, 복싱, 태권도를 비롯한 무술, 레슬링, 유도 등 체급경기는 거의 모두 경기방식이 폭력을 기반으로 한다.

우리는 그러한 합법화된 폭력행위를 보며 긴장하며 즐긴다.

그렇다면 폭력은 인간의 본능일까? 일반적으로 폭력은 주로 남자들에 의해 자행된다. 그러면 폭력은 남자의 본능적인 행위일까? 굳이 본능이라고 말한다면 생존을 위한 본능이다.

모든 동물에게는 생존을 위한 본능과 번식을 위한 본능이 있다. 그러나 남성들의 폭력에는 유전적 요인이 더 크게 작용한다.

동물들의 세계는 힘이 지배하며 원시인류도 다를 바 없었다. 생활 형태는 근본적으로 모계사회였지만 함께 사는 원시인류 한 무리에는 서열이 있었으며 동물들과 다름없이 가장 크고 힘이 센 남자가 우두머리 수컷이었다. 그가 무리를 지배하려면 동물들처럼 힘을 사용해야만 했다. 아직 소통할 언어가 없었으니까 힘, 즉 폭력으로 무리를 지배하는 것이 당연했다.

우두머리 수컷이 죽을 때까지 우월적 지위에 있는 것은 아니다. 나이가 들고 쇠약해져 힘이 떨어지면 힘이 넘치는 젊은 수컷들의 도전을 받는다. 그 가운데 가장 힘이 센 젊은 수컷이 우두머리 수컷을 폭력으로 제압하고 왕좌에 오른다. 그리하여 폭력은 본능이라기보다 유전적 본성으로서 후대에 이어졌다.

원시인류의 무리는 자신들이 먹거리를 확보하고 있는 영역에 낯선 무리가 나타나면 먹거리를 지키기 위해 강한 적개심을 드러내며 폭력으로 맞서 쫓아냈다. 패배하면 자신의 무리가 정처 없이 쫓겨나야 했으니까 폭력은 절대적이고 유일한 생존수단이었다. 이러한 폭력성 역시 후대에 변함없이 유전됐다.

인간다운 모습을 갖추기 시작한 초기인류는 남자는 수렵, 여자는 채집을 통해 먹거리를 해결했다. 남자들의 사냥이란 목표로 삼은 짐승을 끝까지 뒤쫓아 마침내 죽이는 것이다. 사냥은 그 자체가 폭력적인 행위다. 남자의 폭력성은 유전자에 각인될 수밖에 없었다.

오늘날의 폭력은 상대방과 참다운 소통을 외면한 야만적인 행위이며 오직 자신을 우선하는 야비한 이기적 행위다. 의사소통 수단이 다양하고 갈등과 대립을 해결하는 사회적 수단도 다양한 시대에, 야만인처럼 폭력을 행사한다는 것은 이기적인 행동일 뿐 아니라 자신을 더없이 수치스럽게 하는 행동이다.

'야만인'이란 사전적으로 '미개하여 문화 수준이 뒤떨어지는 사람'을 일컫는다. 그런 부끄러운 소리를 듣고 싶은 남자는 없을 것이다. 하지만 누가 자신을 야만인이라고 비웃으면 틀림없이 상대방에게 주먹부터 휘두를 것이다. 그래서 야만인은 야만인이다.

여자의 수다에 대해 알아보자. 여자는 남자보다 말이 많다는 것이 상식이다. 여자는 왜 남자보다 말이 많을까? 이에 대한 근본적인 원인을 찾으려면 역시 초기인류의 수렵채집 생활로 거슬러 올라가야 한다.

짐승을 잡아 고기를 얻는 사냥은 초기인류 남자들에게 가장 중요한 생업이었다. 고기를 먹어야 힘이 생기고 건강을 유지할 수 있기 때문이다. 하지만 사람보다 훨씬 빠른 짐승을 잡는 것은 무척 어려운 일이었다. 더욱이 대부분의 짐승들은 청각이 매우 뛰어나서 아주 작은 소리에도 잽싸게 도망치기 때문에 목표로 삼은 사냥감에 접근할 때는 말은커녕 숨소리조차 죽여야 했다. 사냥감을 뒤쫓을 때도 말을 하지 않고 손짓과 몸짓으로 사냥꾼들끼리 의사소통을 해야 했다.

그러나 사냥에 성공해서 고기를 분배할 때는 사냥에 참여했던 사냥꾼들이 불평이 없도록 공평하고 합리적으로 나눠야 했다. 이 과정에는 모두 납득할 수 있는 설득력이 필요하다. 또한 남자들은 사냥이 끝난 뒤의 여가시간을 주로 짝짓기할 여자를 유혹하는 데 썼는데, 그러자면 여자가 남자의 성적 요구를 받아줄 만한 설득력이 있어야 했다. 이러한 사냥꾼 습성이 오랜 세월 동안 이어지면서 남자는 말을 적게 하는 대신 행동을 많이 하고, 한마디 말을 하더라도 설득력을 지니게 되어 후대의 남자들에게 이어졌다.

반면에 열매, 뿌리, 견과류 등의 먹거리를 채집하던 초기인류의 여자들에게 가장 중요한 것은 정보교환이었다. 서로의 경험을 통해 어느 장소에 가면 채집할 먹거리들이 많다, 그 장소로 가려면 이렇게 저렇게 가야 한다는 등의 자세하고 많은 말을 해야만 했다.

그뿐만 아니라 자기 곁에서 고기를 가져다주고 신변을 보호해주는 남자가 행여 다른 여자와도 짝짓기(외도)를 했는지, 다른 여자들을 유혹하지는 않는지 항상 신경을 곤두세우고 지켜봐야 했다. 그러자면 여자들끼리 정보교환이 절대적으로 필요했다.

그런데 정보교환은 한두 마디의 말로 이루어지지 않는다. 되도록 자세한 설명이 있어야 하고, 그 앞뒤의 정황과 가능성과 의심에 이르기까지 많은 말을 해야 한다. 말하자면 여자들의 '수다' 습성은 그렇게 생겨난 것이다.

남자들의 사냥은 현실적인 실제상황이며 성공하든 실패하든 현실에서 끝난다. 하지만 여자들의 채집은 다르다. 채집하기 좋은 장소가 갑자기 사라지는 것도 움직이는 것도 아니다. 과거의 경험이 현실적으로도 유효하다.

따라서 여자들이 말을 할 때는 무엇보다 남자들보다 훨씬 말이 많으며 수다스럽게 된다. 또한 자질구레한 지엽적인 말과 섬세하고 사소한 것도 그냥 지나치지 않는다. 그뿐만 아니라 과거의 일을 잘 기억하고 오해와 의심, 가정(假定)과 예측이 많다는 것이다.

여자들의 이러한 언어 습성은 오늘날까지 유전되고 있는 것이다. 그리하여 부부나 연인 사이를 비롯해서 남녀가 갈등하고 대립하게 되면, 여자는 수다 떨듯 말을 퍼부어 남자를 제압하려 하고, 남자가 기억하지 못하는 사소한 것까지 지적하며 본론과 관계없는 지엽적인 말들을 쏟아놓는다. 덧붙여 남자의 과거 행실을 들먹이고, 오해하고 의심하고 일방적으로 예측해 자기 생각대로 단정해버린다.

이에 남자는 여자에게 변명하고 설득하려고 하지만 말로써는 당해낼 수 없다. 더욱이 별것 아닌 사소한 행동을 지적하고, 오해를 진실처럼 얘기하고, 멋대로 추정하고, 바람직하지 못했던 과거의 행실까지 들먹이면 말솜씨가 부족한 남자는 더 이상 참지 못하고 여자를 향해 주먹을 날린다. 남자의 폭력과 여자의 수다는 결코 무관하지 않은 것이다.

여자의 평균수명이 남자보다 긴 이유

2017년 통계에 따르면 우리나라 국민의 평균수명은 남자 79.7세, 여자 85.7세, 평균 82.7세로 여자가 평균 6년 정도 수명이 더 길다. 우리나라뿐 아니라 세계 어느 나라 어느 민족이든 여자의 수명이 남자보다 평균 5~6년 더 길다. 왜 여자가 남자보다 평균수명이 길까?

여자의 평균수명이 남자보다 긴 것은 분명한 사실이기 때문에 수많은

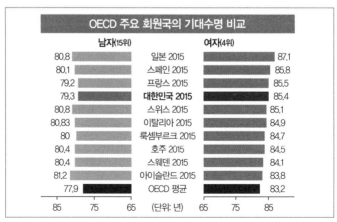

OECD 주요 회원국 평균치를 웃도는 한국인의 기대수명(2015). 출생자가 출생 직후부터 생존할 것으로 기대되는 평균 생존 연수를 기대수명이라 한다.

학자들이 저마다 수많은 가설들을 제시하고 있어서 일일이 거론하기도 힘들다. 따라서 그 이유를 생물학적, 사회적, 문화적인 세 갈래로 나눠 복합적으로 살펴볼 필요가 있다.

그 이유 중에서도 생물학적 요인이 가장 근본적인 이유일 것이다. 물론 그에 따른 가설들도 많은데, 인간의 염색체에서 그 이유를 찾는 학자들이 많다.

인간의 염색체는 여자가 XX염색체, 남자가 XY염색체로 구성돼 있다. X염색체는 같은 X염색체와 상호보완 기능이 있다. 예컨대 한쪽 X에 이상이 생기면 다른 X가 즉시 보완해주고, 문제가 심각하면 대체기능까지 있다. 마치 쌍발 비행기의 한쪽 엔진이 고장 나면 다른 엔진 하나로도 비행을 할 수 있는 것과 같다. 하지만 남자의 XY염색체에서 Y염색체는 전혀 그러한 기능이 없다. 말하자면 예비부품이 없는 것이다. 그 때문에 남자는 여자보다 생존기능이 훨씬 취약해서 여자보다 오래 살기 어렵다는 것이다.

그리고 여자에서 여자로, 즉 모계로만 유전되는 미토콘드리아의 기능이 여자에게 유리하게 작용한다. 미토콘드리아는 모든 진핵세포에 들어 있는 활력체로서 산소를 이용해서 우리가 흡수한 영양분을 분해시켜 에너지로 전환시키는 중요한 역할을 한다.

미토콘드리아에 어떤 이상이나 돌연변이가 생기면 남자는 건강이 크게 손상되지만 여자는 해로운 요소들을 스스로 제거하는 기능이 있어서 질병을 막아주고 면역력을 강화시킨다. 각종 뇌질환이나 당뇨, 비만 등 많은 질환들이 미토콘드리아 이상과 돌연변이에서 발생한다. 모계로만 유전되기 때문에 여자의 수명 연장에 큰 영향을 미친다.

그다음은 남녀 호르몬의 차이다. 남성 호르몬인 테스토스테론은 단기적으로는 신체를 강화시키지만 나이가 들면 심장질환, 고혈압, 동맥경화, 각종 암을 유발한다. 또한 감정적으로 공격성과 투지 등을 촉발시키는 위험성이 있다.

반면에 여자들은 테스토스테론으로부터 자유롭다. 그뿐 아니라 여성 호르몬 에스트로겐은 심장을 보호해주며, 좋은 콜레스테롤 수치는 높이고 나쁜 콜레스테롤 수치는 낮춘다. 따라서 동맥경화와 같은 심장질환이 발생할 가능성이 남자보다 훨씬 적다.

뇌의 기능도 여자에게 유리하게 작용한다. 남자는 분석과 판단, 언어를 활용할 때 좌뇌 한쪽을 사용하지만 여자는 좌뇌와 우뇌를 모두 사용하기 때문에 남자보다 뇌손상 가능성이 한결 낮다.

남자보다 풍부한 여자의 피하지방층도 여자의 건강에 크게 기여한다. 체온 유지와 활동에 남자보다 에너지를 덜 쓰게 해서 생존 가능성을 높여준다. 산소를 운반하는 적혈구 수도 남자의 80퍼센트 수준이어서 남자보다 산소를 덜 쓰고도 정상적인 활동을 할 수 있다.

사회적 요인을 보자. 언어의 활용에서 남자는 되도록 말을 적게 하기 때문에 불만이나 스트레스가 많이 쌓인다. 또한 불쑥 거친 말을 하거나 격한 감정을 표출하고 충동적이어서 충돌할 위험성이 크다. 하지만 여자는 남자보다 몇 배 더 많은 말을 함으로써 솔직한 감정을 표출하고 건강 지식이나 정보도 교환한다.

그리하여 여자는 남자보다 스트레스도 적고 자신의 건강 이상에 효율적으로 대처하지만, 남자는 아파도 아프다는 말을 잘 안 하기 때문에 하찮은 병도 중병으로 키우는 경우가 많다.

또한 남자는 갖가지 범죄를 일으킬 가능성이 여자와 비교할 수 없을 정도로 높다. 당연히 범죄를 저지르다가 큰 상처를 입거나 죽을 확률도 여자보다 훨씬 높을 수밖에 없다. 자살률도 남자가 여자보다 두 배 이상 높다.

전쟁이나 대형사고가 나면 남자들이 여자와는 비교할 수 없을 만큼 많이 죽는다. 특히 전쟁은 수많은 젊은 남자들을 희생시킨다.

그뿐만 아니라 남자의 중노동은 노년의 건강에 결정적으로 악영향을 미친다. 더욱이 남자는 여자보다 훨씬 조심성이 부족하면서도 대담하고 무모해서 위험을 자초하는 경우가 무척 많다. 그러다 보니 많이 다치거나 많이 죽는다.

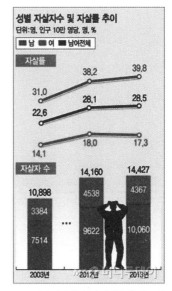

성별 자살자 수 및 자살률 추이(2013)

아울러 평균적으로 남자가 여자보다 신체가 큰데, 몸집이 크면 에너지 소모도 많기 마련이다.

그다음 문화적 요인으로는 남자의 생활방식에 문제가 있다. 과도한 음주와 흡연이 수명을 단축시키고, 특히 지나친 음주가 각종 충돌과 사고를 야기해 위험에 쉽게 노출된다. 또한 남자에게는 건강을 과신하는 습성이 있다. 부질없이 자신은 건강하고 정상적이라고 여기며 건강검진을 소홀히 하고, 병원에 가기를 싫어해서 각종 질환을 예방할 기회를 놓친다.

이제 더 이상 설명하지 않아도 여자가 평균적으로 남자보다 왜 오래 사는지 충분히 짐작할 것이다. 하지만 여자가 오래 사는 이유 가운데 결코 빼놓을 수 없는 것은 여자의 집요한 생존본능이다.

남자는 번식력이 강하지만 여자는 생존력이 남자보다 매우 강하다. 아이를 낳고 키우면서 끝까지 아이를 보호하려는 모성애도 생존본능에서 나오는 것이며, 어떠한 극한 상황에서도 결코 포기하지 않고 악착같이 살려는 의지가 남자보다 몇 배 강하다. 어쩌면 그러한 생존본능과 강한 생명력이 여자로 하여금 남자보다 오래 살게 하는지 모른다.

부부는 왜 닮을까

흔히 부부는 일심동체라고 한다. 부부는 한마음, 한뜻, 한 몸이라는 것이다. 또 부부는 유유상종이라고도 한다. 비슷한 남녀가 만나 서로 믿고 사귀고 따른다는 의미다.

물론 남녀가 서로 다른 환경에서 성장했으며 핏줄도 다르다. 어찌 보면 남남이지만 무엇인가 서로 끌리는 감정이 있어서 사귀고 사랑하고 결혼한다. 그런데 가정을 이루고 함께 살아가면서 부부는 서로 닮는다. 생각과 사고방식, 행동, 성격 심지어 생김새까지 닮는다고 한다. 남자와 여자, 성장과정과 환경이 전혀 다른 남남인데 부부는 왜 닮을까?

그 원인과 이유에 대해 심리학자, 사회학자, 인류학자 등의 꾸준한 연구가 이루어져왔다. 그리고 여러 견해들이 제시됐는데 먼저 유전적 요인을 지적하는 학자들이 있다.

누구나 자신의 유전자를 후손에게 물려주려는 본능이 있기 때문에 무의식적으로 자신과 비슷한 아이를 낳을 수 있는 이성을 배우자로 선택한다는 것이다.

일리가 있는 주장이다. 사람은 누구나 자기 자신을 제일 아끼고 애착심을 갖는다. '자기애'라는 본성 때문이다. 따라서 자신과 매우 비슷한 사람에게 본능적으로 끌린다. 자기 자신과 생김새, 성격, 행동 등이 비슷한 사람을 최대한 긍정적으로 보려 한다는 것이다.

이는 연인을 선택할 때도 마찬가지다. 여러 면에서 자신과 매우 비슷한 이성과 결혼해서 부부가 되는 경우가 많다는 것이다. 이러한 경향은 외국의 여러 연구들에서도 증명된 바 있다. 서로 비슷한 사람끼리 결혼했으니까 부부가 닮을 수밖에 없다.

더욱이 성장 환경이나 배경, 생활방식이 비슷한 남녀가 결혼하면 서로 공통점이 많고 가치관이나 신념 등도 비슷하기 때문에 부부관계가 원만하고 안정적이라고 한다. 사실 그러한 견해가 아니더라도 경제 수준이나 교육 수준 등이 비슷한 남녀가 결혼하는 것이 이상적이라는 것은 이미 많은 전문가들의 조언이기도 하다.

그러나 반드시 자신과 비슷한 이성과 결혼하는 것은 아니다. 오히려 자신과 정반대의 이성과 결혼하는 것이 이상적이라는 주장도 있다. 이를테면 적극적인 남자와 소극적인 여자, 외형적인 남자와 내성적인 여자, 마른 체형의 남자와 풍만한 여자, 키 큰 남자와 키 작은 여자 등 생김새나 성격이 다른 남녀가 결혼하면 서로 조화를 이루어, 살아가는 과정에서 시행착오나 실패가 적고 부부관계가 원만하며 생물학적으로도 다양하고 우량한 유전자를 후손에게 전달할 수 있다는 것이다.

이런 조건이 아니더라도 오랫동안 부부생활을 하다 보면 서로 닮아간다. 습성이나 식성이 닮고 말투와 어조 등의 표현방식도 닮고 체형도 닮아간다. 오랜 세월을 함께 살면서 먹는 음식도 거의 같고, 어떤 상황에 대해 비슷한 감정을 갖게 되고, 서로 무의식적으로 모방하기 때문이다.

또한 학자들은 부부가 함께 오래 살면 공통으로 겪는 일들이 많아 희로

애락의 감정 표현이 비슷해지면서
주름살도 비슷해져 닮아 보인다는
것이다. 그뿐 아니라 나이가 들면서
턱이나 볼 등의 고유한 특징이 사라
져 유전적 유사성이 눈에 더 잘 띄기

서로 닮아가는 노년의 부부

때문에 부부의 얼굴이 비슷해 보인다는 것이다.

게다가 같은 음식을 먹고 라이프스타일도 비슷해지면 신체의 면역체계
도 비슷해져 서로 닮게 된다고 한다. 어찌 되었든 부부가 서로 닮는 것은 결
코 흉이 될 수 없다. 오히려 부부생활이 원만했다는 증거이며 삶의 훈장이
기도 하다.

최근 영국의 리버풀 대학교 연구진은 '부부가 오래 살면 살수록 닮아간
다.'는 비과학적 사실을 과학적 사실로 밝혀냈다. 얼마나 자주 웃느냐 찡그
리느냐에 따라 얼굴의 특정 근육과 주름이 당기고 펴지면서 결정되는데,
오래 살수록 부부의 감정 표현이 비슷해지면서 근육과 주름의 움직임이
같아져 얼굴 표정이나 인상이 닮아간다는 것이다. 즉 결혼생활을 하면서
부부가 서로 웃고 즐긴다면 둘 다 좋은 인상을 갖게 되고, 서로 싸우거나 인
상을 많이 쓰면 결국 주름이 많이 느는 얼굴 형태로 바뀌게 된다.

미국의 저명한 인류학자 마거릿 미드(Margaret Mead)는 여성들에게 결혼은
한 번이 아니라 세 번 하는 것이 이상적이라고 했다.

첫 번째 결혼은 만족스런 성(性)생활 상대, 두 번째는 자녀들의 교육을 책
임질 만한 상대, 세 번째는 진정한 친구가 될 수 있는 상대라고 했다.

하지만 이는 그녀의 말마따나 이상적인 결혼일 뿐 실제로는 거의 불가
능한 일이다. 물론 그녀는 자신의 주장처럼 세 번 결혼하고 세 번 이혼했다.

그뿐만 아니라 그녀의 전 남편들과 그의 새로운 아내들과도 친하게 지냈다고 한다. 1978년 78세로 세상을 떠난 그녀의 인생이 과연 행복했는지는 알 수 없다.

우리나라에도 네 번 결혼하고 네 번 이혼한 원로 여배우가 있다. 현재 혼자 살고 있는 그녀에게 남자에 대해 물었을 때 이렇게 대답했다.

"살아보니까 대단한 남자는 없더라. 나이 많은 남자하고도 살아보고 나보다 훨씬 어린 남자하고도 살아봤지만, 남자는 항상 부족하고 불안한 존재더라……."

결국 남자는 모두 똑같다는 얘기다. 모두 각자 다른 장점과 단점을 가지고 있기 마련이다. 하기는 여자의 경우도 다를 바 없다. 다만 배우자의 단점과 자신의 단점을 어떻게 수용하느냐에 결혼생활의 성패가 달려 있다. 그러한 단점들이 도저히 용납할 수 없는 치명적인 단점이 아니라면 서로 긍정적인 마인드로 잘 조절하고 개선해나가는 것이 원만한 부부생활의 지혜다.

요즘 혼자 살겠다는 독신주의와 비혼(非婚) 풍조가 만연한 것을 예외로 한다면 '헌 신짝도 짝이 있다.'는 옛말이 맞다.

결혼할 뜻이 있는 남녀라면 누구나 결혼할 수 있다.

어떤 이성을 배우자로 만나더라도 결혼은 일생에 한 번으로 충분하다. 부부는 서로 맞춰가며 살아가는 것이다. 부부가 서로 닮아간다면 그것도 행복이다.

매춘의 역사와 결혼의 탄생

성(性)을 팔고 사는 매춘, 즉 성매매는 '인류의 가장 오래된 직업'이라고 말할 만큼 그 역사가 대단히 길다. 난교(亂交)에 가까운 성생활을 했을 것으로 짐작되는 선사시대를 제외하더라도 인류의 정착생활과 매춘은 함께해 왔다고 해도 지나친 말이 아니다. 그러한 근거들은 역사시대에 들어와 곧바로 나타난다.

약 6000년 전에 이미 문화를 형성했던 바빌로니아에서는 모든 여자들이 적어도 일생에 한 번은 신전 앞뜰에 앉아 있다가 지나가는 남자들과 성관계를 하는 것이 의무였다. 여자의 선택은 남자의 몫이어서, 못생겼거나 나이 많은 여자는 몇 년씩 그곳에 나가 남자가 자기와 성관계를 해주기를 기다려야 했다.

남자들은 성관계를 하고 나면 액수와 관계없이 신전에 돈을 바쳐야 했다. 돈을 바치지 않으면 불경죄로 처벌을 받았다. 결과적으로 돈을 주고 여자와 성관계를 했으니 매춘이었다.

《구약성서》〈창세기〉에도 매춘이 등장한다.

야곱의 아들 유다가 아내가 죽은 뒤 신전 앞에서 다말(Tamar)이라는 매춘

오라스 베르네의 〈유다와 다말〉(1788). 유다의 장남인 엘(Er)과 차남 오난(Onan)이 죽어 막내 셀라(Shelah)가 형사취수제에 따라 다말과 혼인하기로 되어 있었다. 다말은 시아버지 유다가 이를 기피하자 유다를 속여 그를 통해 쌍둥이 베레스(Perez)와 세라(Zerah)를 낳았다.(창세기 38:12~30)

부를 만나 성매매를 했는데 나중에 알고 보니 자신의 큰며느리였다. 큰아들이 갑자기 세상을 떠나고 작은아들도 죽자, 친정으로 쫓아버렸던 큰며느리가 복수심에 변장을 하고 시아버지와 대가를 받기로 약속하고 성관계를 맺어 임신까지 했던 것이다.

고대 그리스에서는 남자들이 성적인 즐거움을 마음껏 누릴 수 있도록 정식으로 공창(公娼)을 세우고 매춘부를 두었다. 그녀들은 남자를 유혹하기 위해 인류 최초로 광고까지 했다. 고대 로마에서는 검투사들이 상대방을 잔혹하게 죽일 때까지 대결하는 경기장 앞에 창녀들이 기다리다가 흥분해서 나오는 남자들을 유혹했다.

심지어 매춘을 즐긴 황후도 있었다. 클라우디우스 1세의 부인인 메살리나(Valeria Messalina) 황후는 황제가 잠들면 변장을 하고 하녀와 함께 궁전을 빠져나와 매춘굴로 향했다. 그녀는 가명을 쓰면서 여느 매춘부보다 열심히 일했으며 화대도 꼬박꼬박 모았다. 날이 밝으면 마지못해 아쉬운 듯 궁전으로 돌아갔다는 기록이 있다.

중세 유럽에서는 금욕을 내세우는 기독교 교회가 직접 집창촌을 만들어 놓고 돈을 벌었는데 신부들이 단골손님이었다고 한다.

수없이 벌어졌던 크고 작은 전쟁에는 어느 곳이나 매춘부들이 따라다녔는데 현지의 매춘부들과 치열하게 고객 쟁탈전을 벌여야 했다. 종교전쟁이었던 십자군 전쟁에도 어김없이 매춘부들이 따라갔다.

매춘의 역사를 제대로 살피려면 책 한 권으로는 도저히 불가능하다. 세상에 매춘이 생겨난 이래 끊임없이 통제되기도 했지만 어떠한 경우에도 결코 매춘은 사라지지 않았다. 매춘에는 '사는 사람이 있으니까 파는 사람이 있다.'는 영원한 경제논리가 작용하기 때문이다.

그럼 일부일처를 전제로 하는 '결혼'은 어떻게 탄생했을까?

대외적으로 공개선언을 함으로써 부부의 배타적인 성관계 등을 법으로 보호받는 제도인 결혼은 남녀의 사랑으로 이루어진다. 서로 사랑하는 남녀가 죽을 때까지 함께하기 위해 법적 구속력이 있는 결혼을 하는 것이다. 하지만 역사적으로 반드시 그런 것은 아니다.

국가 간의 이해관계에 따른 정략결혼이 수없이 많았으며, 우리나라만 하더라도 양가 부모의 일방적 결정에 따라 남녀가 얼굴도 못 본 채 결혼해야만 했다. 그런가 하면 어렸을 때 부모끼리 정혼(定婚)해서 열 살도 안 된 어린 나이에 결혼하는 경우도 많았다. 요즘에는 사랑보다 조건을 우선하는 중매결혼이 성행하기도 한다.

인류학자나 역사가들은 전 세계 어느 문화권을 막론하고 오랫동안 일부다처제의 결혼 형태가 80퍼센트가 넘었다고 한다. 오늘날도 아랍 국가들 가운데는 여전히 일부다처제를 유지하고 있는 나라들이 많다. 제도화된 일부일처제의 결혼이 반드시 남녀의 사랑을 전제로 하는 것은 아니라는 사실을 알 수 있을 것이다.

그래서 독일의 역사학자 에두아르트 푹스(Eduard Fuchs)는 그의 역저 《풍속의 역사》에서 "일부일처제는 어느 시대에도 개인적인 성적 사랑의 결과와는 아무런 관계가 없다."고 단호하게 말한다.

그는 인류가 이동생활을 끝내고 농경으로 정착생활을 시작하면서 토지

《가족, 사유재산, 국가의 기원》 표지

를 비롯한 사유재산이 크게 늘어났는데 그 것을 남에게 주지 않고 자신의 핏줄을 이 어받은 적자(아들)에게 상속하려고 했던 것이 일부일처제 결혼이 탄생하게 된 시원 이라고 주장했다.

이 같은 주장은 푹스뿐이 아니다. 오히 려 푹스보다 앞서 미국의 저명한 인류학 자이자 민속학자인 루이스 모건(Lewis H. Morgan)과 독일의 사상가 프리드리히 엥겔 스(Friedrich Engels)도 《가족, 사유재산, 국가

의 기원》에서 똑같은 견해를 밝힌 바 있다. 오직 자신의 핏줄인 아들에게만 재산 상속을 하려면 한 명의 여자를 아내로 맞는 것이 효과적이었다. 아내 가 두 명이 넘으면 재산 상속에서 분쟁이 생길 것이 뻔하기 때문이다.

그 대신 한 명의 여자는 다른 남자의 접근이 전혀 없었고 철저하게 순결 해야만 했다. 더불어 결혼한 뒤에도 철저하게 정조를 지켜야 온전히 자신 의 혈통을 이을 수 있다는 판단이었다.

문제는 남자에게 있었다. 더욱이 남성우월사회가 오랫동안 지속되면서 모든 규범들이 남자들에 의해 만들어져 여자들을 한층 더 억압했을 뿐 아 니라, 여자는 오직 아이를 낳는 도구로 전락시킨 것이다.

이를테면 고대 그리스는 여자가 남자의 혈통을 이어갈 자식을 낳는 것을 일부일처제의 유일한 목적이라고 공적으로 인정했다. 따라서 그들은 결혼이 사랑의 결과라든가, 일부일처제가 결혼의 가장 이상적인 형태라고 생각하지 않았다는 것이다. 푹스 역시 남녀의 사랑에 의한 자연적이고 순리적인 결혼 이 아니라, 그 기원이 남자들의 독점적인 경제적 이익의 추구가 목적이었기

때문에 결코 최선의 가족 형태가 될 수 없다고 지적했다.

그러나 근래에 이르기까지 남성우월사회가 동양에서 더욱 가혹하게 이어지면서 우리나라도 전통적으로 여자의 혼전 순결, 결혼한 뒤의 정절과 아들 선호사상이 절대적인 덕목으로 강요됐다.

서양에서도 겨우 20세기에 들어서야 여성해방운동이 확산되고 피임약이 개발되면서 여성들이 억압과 구속의 굴레에서 차츰 벗어나기 시작했다. 물론 오늘날에는 남녀평등이 상당히 정착됐으며 여성들의 의식도 크게 달라졌다. 그에 따라 일부일처제라는 결혼제도도 큰 변화를 맞고 있다.

결혼제도는 마침내 사라질 것인가

앞서 남자들의 독점적 경제 이득 추구와 남성우월사회에서 남자들에 의해 제도화된 가족 형태나 사랑이 배제된 여러 형태의 결혼을 지적한 바 있다. 그렇다고 해서 본능에 이끌린 남녀의 진정한 사랑이 없었던 것은 아니어서, 부모와 주변의 강력한 만류에도 불구하고 기어코 사랑으로 부부의 인연을 맺는 경우도 있다. 더욱이 19세기 유럽에서 낭만주의 사조가 확산되면서 사정이 크게 달라졌다.

남녀가 운명적으로 한눈에 이끌려 서로 사귀고 연애하면서 뜨거운 열정과 사랑을 영원히 이어가기 위해 결혼에 이르는 것은 행복한 일이었다. 더구나 일부일처의 결혼은 법적으로 보호받고 여러 혜택들이 주어지면서 가장 자연스러운 결혼의 관습으로 자리 잡게 됐다.

하지만 사랑이 전제조건이 되는 일부일처의 결혼에 전혀 문제가 없는 것은 아니었다. 전통적인 남성중심사회에서 아내는 남편에게 종속되고 구속될 수밖에 없었으며 또 다른 문제에 부딪혔다.

에두아르트 푹스는 《풍속의 역사》에서 일부일처제의 가족제도에서 야기되는 문제점으로 남자들의 간통과 매춘을 지적했다. 한 명의 여자로는 만족하지 못하는 남자들의 본능적인 성적 욕구로 말미암아 간통과 매춘은 어쩔 수 없는 사회현상이 됐다.

피해자는 당연히 오직 한 남자에게 종속된 기혼여성이었다. 이혼을 하지 않는 한 남편의 간통과 매춘에 속수무책일 수밖에 없었다. 더구나 20세기 전반에 이르기까지 이혼은 결코 쉬운 일이 아니었으며, 이혼하면 더 많은 불이익과 후유증으로 고통받는 것도 여자였다. 그리하여 많은 여성들이 남편에 대한 복수심으로 자신들도 간통을 피하지 않으면서 간통은 또 다른 사회현상으로 확산됐다.

결과적으로 일부일처의 결혼제도는 불합리적이고 여성들에게 불리한 제도라는 인식이 갈수록 높아졌다. 또한 남녀평등사상이 차츰 자리 잡고 여성들의 사회 진출이 활발해지면서 결혼을 점점 뒤로 미루는 만혼 풍조가 성행하기 시작했다.

극단적 자본주의와 사회주의가 아닌 '제3의 길'을 주장한 영국의 사회학자 앤서니 기든스(Anthony Giddens)는 저서 《현대사회의 성, 사랑, 에로티시즘》에서 사랑의 변화과정을 열정적 사랑→낭만적 사랑→합류적 사랑으로 구분하며, 현대사회의 사랑은 '합류적 사랑(Confluent love)'이라고 했다.

합류적 사랑이란 두 개의 서로 다른 물줄기가 합류하는 것 같은 사랑이라는 의미다. 낭만적 사랑이 남녀가 성장배경이나 신분이 아무리 달라도 일심동체가 되는 사랑이라면, 합류적 사랑은 서로 다른 성장배경과 서로 다른 의식을 지닌 남녀가 사랑하고 결혼하더라도 각자 자신의 정체성과 가치관을 유지하는 사랑이다.

합류적 사랑을 긍정적으로 보면 서로 장점을 살려 상생(win-win)하는 바람직한 효과가 있지만, 부정적으로 보면 서로 자신의 주장을 고집하고 타협을 수용하지 않으면서 부부 갈등과 불화가 증폭될 가능성이 높다. 그에 따라 요즘은 결혼 전에 사랑보다 '조건'을 우선하는 풍조가 만연하게 된 것이다.

더욱이 요즘의 젊은 여성들은 과거에 비해 지위가 향상되었고 고등교육을 받아 의식수준이 크게 높아져 정체성과 가치관이 분명하다. 또한 저출산 가정에서 부모의 전폭적인 지원을 받으며 성장하면서 자존심과 자부심도 무척 강해서 자기주장을 여간해서는 굽히지 않는다.

따라서 요즘 젊은 여성들은 사랑이든 조건이든, 어떤 계기로 결혼을 하더라도 남자가 외도를 하거나 자신의 가치관과 어긋나고 자신의 주장이 수용되지 않으면 서슴없이 이혼한다. 이혼이 갈수록 늘어나고 있는 이유 중 하나다.

그녀들은 결혼은 필수가 아니라 선택이라고 말한다. 그런 젊은 여성이 약 50퍼센트에 이른다. 또한 여성의 혼전 순결도 강요되거나 인습에 따를 이유가 없다며 성적 자기결정권을 내세운다. 자신의 의지로 결정할 수 있다는 것이다.

요즘의 만혼 풍조에는 남녀 모두 그들 나름의 이유가 있지만 결혼이 주는 구속감과 책임감을 피하려는 까닭도 있다. 그뿐만 아니라 아예 결혼하지 않고 혼자서 자유롭게 살겠다는 독신주의가 가파르게 증가하며 가족해체현상이 심화되고 있다.

그 대신 '동거'를 선택하는 남녀가 크게 늘어나고 있다. 결혼은 제도적이며 많은 구속력이 있지만 동거는 아무런 책임감이 없어서 자유로울 뿐 아니라, 서로 합의하여 계약동거를 할 수도 있으며 언제든지 부담 없이 헤어질 수도 있다.

서양에서는 이미 오래전에 동거가 활성화돼서 결혼하지 않고 동거하는 커플이 크게 늘어나 결혼 가정보다 동거 가정이 더 많은 나라들도 있으며, 결혼을 선언하지 않고 평생 동거를 하는 커플들도 적잖다.

유럽에서는 동거 커플에게 법적 보장과 더불어 결혼 가정과 똑같은 복지 혜택을 부여하는 나라들이 많다. 우리나라는 아직 제도적으로나 정서적으로 불편한 조건들이 많지만 남녀의 동거 형태가 더욱 활성화되고 독신주의도 크게 증가할 것이다.

동거하거나 혼자 사는 여성들에게 당면한 문제 가운데 하나가 아이를 갖는 것이다. 가임기를 넘기게 되면 출산 가능성이 떨어져서 자칫하면 평생 외로울 수 있다.

그러한 우려에서 독신으로 살지만 아이를 갖고 싶다는 여성들이 늘어나면서 인공수정이 부각되고 있는 것이 사실이다. 앞으로 동거 커플이 더욱 늘어나면 그에 따른 법 개정이 불가피하고 그들에게 우호적으로 바뀔 가능성은 충분하다. 동거 커플도 법적으로 보장된 자녀를 가질 수 있는 가능성이 높아지는 것이다. 그렇게 되면 전통적인 일부일처의 결혼제도는 그 의미와 존재가치가 희박해질 수밖에 없다.

물론 일부일처 결혼제도가 쉽게 사라질 수는 없다. 수천 년을 이어온 통과의례의 관습이 폐지될 때 따르는 대혼란과 엄청난 후유증은 상상을 넘어선다. 그리하여 요즘 연속결혼(serial marriage, 축차혼逐次婚)이 늘어나고 있는 추세이다.

요즘도 사랑을 전제로 한 일부일처제 결혼예식의 성혼선언문에서 '백년해로'가 빠짐없이 들어간다. 하지만 아무리 사랑하는 부부라도 이런저런 이유로 불화를 빚다가 이혼하기도 있고, 뜻하지 않게 배우자 어느 한쪽과 사별하기도 한다.

또한 장수시대를 맞아 결혼에 묶여 갖가지 고통을 견디면서 수십 년을 함께 산다는 것은 지겹기도 하다. 그래서 노년에 이혼을 결행하는 황혼이혼이 늘어나고 있다. 그런가 하면 별거하거나 졸혼(卒婚)을 하는 경우도 있다. 일부일처의 가족 형태를 억지로라도 유지하며 실질적으로는 남남처럼 서로 떨어져 사는 것이다.

이혼과 재혼도 크게 늘어나고 있다. 말하자면 연속결혼은 전의 배우자와 합법적으로 분명하게 이혼한 뒤 다른 배우자와 재혼하고, 또 그러한 절차를 거쳐 세 번째 결혼을 하는 등 일부일처제를 유지하는 것이다.

유발 하라리 교수도 이렇게 말하고 있다.

"가족 구조, 결혼, 자녀와 부모의 관계도 변할 것이다. 오늘날 사람들은 여전히 '죽음이 우리를 갈라놓을 때까지' 결혼을 유지할 것이라 생각하고, 인생의 많은 부분을 아이를 낳고 기르는 데 집중한다. 수명이 150년인 사람을 상상해보자. 40세에 결혼한 여인은 110년을 더 살게 된다. 그녀의 결혼생활이 110년간 지속될 것으로 예상하는 게 과연 현실적일까? 가톨릭 근본주의자들조차 확답을 내리길 주저할지 모른다. 그래서 인생의 시기별로 결혼을 거듭하는 연속결혼 추세가 강화될 가능성이 높다. 40세에 아이 둘을 낳은 그녀가 120세가 되었을 때를 생각해보라. 아이를 기르면서 보낸 시간은 먼 기억이 되고, 그녀의 삶 속에서 사소한 에피소드가 된다. 이런 조건하에서 어떤 형태의 부모-자녀 관계가 전개될지 말하는 것은 어려운 일이다."

어찌 됐든 일부일처의 결혼제도에 모순점과 문제점이 드러나면서 결혼제도와 가족 형태에 어떤 식으로든 변화가 올 것은 틀림없다. 하지만 그러한 변화가 반드시 일부일처 결혼의 종식을 의미하는 것은 아니다.

학자들 가운데는 결혼제도와 가족 형태가 변하는 것은 피할 수는 없겠지만, 마침내는 다시 일부일처제로 회귀할 것이라고 주장하는 이들도 있다. 에두아르트 푹스도 그런 학자 중 한 사람이다.

가장 많은 후손을 남긴 남녀

　조금 오래됐지만 외국의 어느 연구팀이 흥미 있는 실험을 했다. 수컷 쥐 성체를 잔뜩 굶긴 뒤 한쪽에는 쥐가 좋아하는 먹이를, 다른 쪽에는 암컷 쥐를 놓고 수컷 쥐를 풀어주며 어느 쪽으로 먼저 가는지 살펴보는 실험이었다.

　예상과는 달리 수컷 쥐는 암컷 쥐에게 먼저 갔다. 생존을 위한 식(食)본능보다 후손을 남기려는 성본능이 앞섰던 것이다.

　미국의 한 TV 방송에서 남자들의 행동에 대한 현장조사 프로그램을 방영한 적이 있었다. 아주 예쁘고 몸매가 빼어난 젊은 여성을 거리에 내보내 지나가는 남성들에게 자연스럽게 접근해서 "저어, 오늘 당신하고 같이 있고 싶거든요. 저를 어디든지 데려가주세요." 하며 진지하게 하소연하면 TV 카메라가 남자들의 반응을 살펴보는 것이다.

　꽤 많은 남자에게 실험했는데(물론 남자들의 얼굴은 모자이크 처리를 했다.) 놀랍게도 미녀의 하소연을 거절한 남자는 단 한 명도 없었다. 급한 일이나 약속이 있는 남자들은 "지금은 급한 일이 있는데 두 시간 뒤에 만나면 안 될까요?" 하는 식으로 오히려 미녀에게 하소연했다. 모두 성적인 기대감 때문에 좋은 기회를 놓치지 않으려는 심리를 드러낸 것이다.

수컷(남자)은 어떡해서든지 자신의 유전자를 많이 퍼뜨리려는 본능이 있다. 그래서 남자들은 결혼 여부에 상관없이 여자들, 특히 가임기의 젊은 여성들을 기웃거리는 게 다반사다.

오늘날 지구상에서는 하루 약 1억 회의 섹스가 벌어진다고 한다. 그 가운데 임신을 위한 성관계는 1퍼센트도 안 되고 쾌락을 위한 성관계가 99퍼센트를 넘는다고 한다. 이처럼 지금은 성(性)과 출산이 거의 분리된 시대지만, 남자들이 젊은 여성에게 관심을 갖는 것은 바로 자신의 유전자를 퍼뜨리려는 유전적 본능을 지니고 있기 때문이다.

또한 그러한 심리에서 남자들은 자신의 성적 능력을 과장하려는 경향이 강하다. 미국 프로농구의 레전드 월트 체임벌린은 무려 2만 번이 넘는 성관계를 했다고 자랑했다. 2만 번이라면 하루도 빠짐없이 매일 성관계를 해도 무려 60년 가까이 걸린다. 그는 63세에 세상을 떠났으니까 그의 자랑은 그야말로 역대급 허풍이다.

몇 년 전, 중국의 한 고위관리는 5년 안에 1000명의 여성과 성관계를 하겠다는 목표를 세우고 실행에 옮겼다. 하지만 136번째 성관계를 갖다가 체포돼 사형선고를 받았다.

실제 1000명 이상의 여성과 성관계를 했던 남성도 있다. 미국의 성인잡지 《플레이보이》를 창간한 휴 헤프너다. 그는 생전에 스스로 1000명 이상의 여성과 잠자리를 했다고 고백했다.

미국의 한 조사에 따르면 미국 남성들은 평생 평균 18명의 여성, 여성들은 5명의 남성과 성관계를 하는 것으로 조사됐다. 자신들의 성관계에 대해서 남자들은 과장하고 여자들은 축소하려는 경향이 있으니까 얼마나 신빙성이 있는지 모르겠지만, 이혼이 빈번한 미국이라는 사실을 감안한다면 전혀 근거 없는 통계는 아닐 것이다.

아무리 성과 출산이 분리된 시대라고 하더라도 남녀의 성관계가 많을수록 그만큼 후손을 남길 가능성도 높아진다. 그렇다면 역사상 가장 많은 후손을 남긴 남자는 누구이며 여자는 누구일까?

비공식적으로는 몽골의 칭기즈 칸일지도 모른다. 그는 아시아 거의 전역과 유럽의 일부까지 정복하면서 수많은 여성들과 성관계를 했다. 확실하지는 않지만 현재에도 그의 유전자를 지닌 후손들이 전 세계에 약 1600만 명이 있다는 둥 세계 인류의 약 6퍼센트에 달한다는 둥 여러 설들이 있다.

하지만 역사의 기록으로 남아 있는 인물이 있다. 가장 많은 후손을 남긴 남자는 1672년부터 모로코를 무려 55년 동안이나 통치했던 이스마일 이븐 샤리프(Ismail Ibn Sharif)이다. 이슬람교의 창시자 마호메트의 직계 후손(그래서 이름에 샤리프가 붙었다.)이라면서 권위와 정통성을 내세우고, 철권통치를 통해 수많은 정복전쟁을 이끌면서 모로코의 국력을 크게 신장시켰던 황제. 그는 4명의 왕비와 500여 명의 첩(후궁)을 거느리고 아들 525명과 딸 342명을 낳았다고 한다. 또는 그가 남긴 후손이 888명이라고도 하고 1000명이 넘는다는 기록도 있다.

실제로 남자 한 명이 그렇게 많은 후손을 남길 수 있을지 의아해하는 사람들도 있지만, 100명 안팎의 여자와 지속적으로

매일 밤 여성과 성관계를 했다는 이스마일 이븐 샤리프

성관계를 한다면 충분히 가능하다고 한다. 어찌 됐든 이스마일 황제는 대단한 정력의 소유자였다. 나라를 다스리는 황제가 아니라 여자를 다스리는 밤의 황제였다는 표현이 더 어울릴 성싶다.

그렇다면 가장 많은 후손을 남긴 여성은 누구일까?

《기네스북》에 따르면 18세기 러시아 여성으로 모두 69명의 자녀를 낳았다고 한다. 이름은 알 수 없고 표도르 바실리에프라는 남성의 부인으로만 알려져 있다. 그런데 한 명의 여자가 과연 69명의 아이를 낳을 수 있을까?

여자가 임신하고 출산할 수 있는 기간은 길어봤자 30년 정도이다. 30년 동안 69명을 출산했다면 매년 두세 명의 아이를 낳았다는 얘기인데, 그게 가능할까? 하지만 의심할 것 없다. 그 여성은 충분히 가능했다.

그녀는 27번 임신했는데 두 쌍둥이 16번, 세 쌍둥이 7번, 네 쌍둥이를 4번 낳았다고 한다. 출산할 때마다 빠짐없이 매번 2~4쌍둥이를 낳은 것이다. 체질이 특이했는지는 모르지만 그녀에게 붙여진 칭호처럼 '다산의 여왕'이 아닐 수 없다.

지금 우리나라는 저출산 문제가 매우 심각하다. 최근 합계출산율이 사상 처음으로 1.0명 아래로 떨어졌다. '합계출산율'이란 한 명의 여성이 가임기간(15~49세) 동안에 낳을 것으로 예상되는 출생아 수를 말한다. 이대로라면 우리나라 인구가 급격하게 감소할 것은 불을 보듯 뻔하다.

그렇지 않아도 우리나라는 이미 고령사회에 들어서 있다. 출생아는 크게 줄어들고 평균수명은 크게 증가해 65세 이상의 노인 인구가 가파르게 늘어나고 있기 때문이다.

지금의 추세라면 일할 수 있는 젊은 세대는 점점 줄어들고 노동력과 생산력이 떨어지는 노인들만 더욱 늘어나 머지않아 노인 국가가 될 것이다.

그 결과는 매우 우울하다. 국제 경쟁력이 떨어짐은 물론, 젊은 세대들이 떠맡아야 하는 노인 인구가 늘어나 젊은이들도 큰 부담과 고통에 시달리게 된다. 중요하지 않은 국가정책이 없겠지만 지금은 무엇보다 젊은 세대들이 아이를 낳고 싶은 환경을 만들어주는 것이 시급하다.

이성혐오의 본질은 무엇인가

어찌 된 일인지 이성혐오가 갈수록 더욱 치열해지고 있다. 거의 모든 생물은 암컷과 수컷이라는 양성으로 이루어져 있다. 인간도 다를 바 없다. 남녀는 생물학적인 성적 차이와 성역할에 차이가 있다. 그러한 남녀의 성역할이 서로를 보완하고 상생할 때 우리의 삶이 완전해지는 것은 당연하다.

그런데 서로 존중은커녕 상대방 성(性)을 멸종시키려는 듯 남녀 전쟁이 한창이다. 혐오에 혐오로 맞서는 혐오 전쟁이 하늘을 찌를 듯이 팽팽하게 맞서며 점점 더 확전되고 있는 실정이다.

남성들은 여성들을 향해 김치녀, 된장녀, 돼지녀, 맘충(개념 없는 벌레 같은 엄마), 삼일한(여자는 3일에 한 번씩 맞아야 한다.), 한여또(한국 여자가 또 문제를 일으켰다.), 심지어 느그마(너희 엄마) 등으로 여성인 엄마까지 폭언으로 비하하고 경멸한다.

여성들도 물러서지 않고 한남충(벌레 같은 한국 남자), 꽁치남(돈 안 쓰는 치졸한 남자), 애비충(여성에게 육아를 떠넘기는 벌레 같은 남자), 숨쉴한(한국 남자는 숨 쉴 때마다 맞아야 한다.), 심지어 어린 남자아이를 유충, 아빠를 느개비, 한남또(한국 남자가 또 문제를 일으켰다.) 등으로 맞서고 있다.

더욱이 남녀가 개인 대 개인뿐만 아니라 일베, 워마드, 메갈 등의 이성혐오 단체를 만들어 집단적으로 상대방을 맹렬하게 공격하고 있다.

성인의 80퍼센트 가까이가 이성혐오 표현을 알고 있으며 매우 심각한 상황이라고 입을 모으고 있다. 실제로 남성의 약 40퍼센트, 여성의 약 60퍼센트가 성차별적 혐오를 경험한 것으로 나타났으며 서로 생존에 해로운 존재로 여기는 양극화가 갈수록 심화되고 있다. 도대체 왜 이런 어처구니없는 극단적인 이성혐오 현상이 확산되고 있는 걸까?

이성혐오 현상이 확산된 표면적인 이유는 그다지 복잡하지 않다. 여성들에게 성적 수치감을 주는 이른바 '몰카'가 거의 모두 남성들에 의해 자행되고, 성폭력 사건 등에서 가해자인 남성들의 법적 처벌이 가벼워서 오히려 피해 여성이 2차 피해를 당하는 법적 불이익을 겪는 실정에서 여성증오 범죄, 특히 특별한 이유 없이 낯선 여성을 살해하는 사건이 발생하면서 여성들의 남성혐오가 공개적으로 촉발된 것이다.

더욱이 미국에서 처음 시작된 '#Me Too' 캠페인이 큰 역할을 했다. 권력 있는 남성들의 여성에 대한 무차별적 성폭력이 할리우드에서 점화돼 큰 파란을 일으키며 삽시간에 국내에도 불길이 번졌다.

수많은 여성들이 연극영화의 연출자와 감독, 정치인, 법조인, 교수, 문인 등 거의 모든 분야에서 우월적 지위에 있는 남성들에게 추잡한 성폭력을 당했다는 폭로가 쏟아지면서 여성들의 남성혐오가 사회적 이슈가 됐으며, 당연히 피해 여성들에 대한 동정 여론이 확산됐다.

그에 따라 사회에서 여전한 남성중심 문화에 균열이 생기고 남성들이 크게 위축됐다. 그렇지 않아도 사회적으로 여성들의 진출이 활발하고 가정생활도 주로 여성이 주도하면서 기세가 꺾였을 뿐 아니라 취업난과 조기퇴직 등으로 어쩔 수 없이 여성에게 의존하는 남성들이 늘어나면서 '찌질이'로 전락한 것이다.

그다음, 인터넷의 발달과 소셜 미디어의 활성화가 이성혐오를 부추기는데 크게 한몫했다. TV와 라디오, 신문 등의 보도에 의존했던 과거에는 직접적인 참여가 어려웠고 매스컴의 보도는 공익성에 무게를 두어 자극적이지 않게 필터링이 됐었다.

하지만 인터넷과 소셜 미디어는 누구나 직접 참여할 수 있고 익명성이 보장된 만큼 마음껏 자기주장을 개진할 수 있다. 그러자 진정성보다는 자극적이고 과장된 주장들이 누리꾼들의 관심을 끌면서 빠른 속도로 확산됐는데, 사회적 이슈가 된 이성혐오가 대세를 이루게 됐다. 또한 밤낮 없는 이성 간의 공방전이 펼쳐지면서 갈수록 거칠어지고 직설적으로 노골화됐다.

그리하여 1차전은 남성들이 크게 수세에 몰렸지만 여성들의 끊임없는 맹렬한 공격은 남성들을 결집시키는 역효과를 가져왔다. 특히 성희롱이나 성추행 등의 성폭력에 여성들이 과민반응을 보이며 무분별한 폭로전을 펼치면서 억울하게 피해를 보게 된 남성들이 늘어나 '미투'에 맞선 '힘투'가 등장했다.

또한 극단성을 지닌 '일베' 등이 여성에 대해 과격한 혐오를 쏟아놓으면서 그야말로 남녀 전쟁, 혐오 전쟁으로 확산된 것이다. 하지만 분명한 것은 결코 승자가 있을 수 없는 무모한 전쟁이라는 사실이다.

그럴수록 여성들은 더욱 강경하게 집단행동을 펼쳤다. 가슴까지 노출한 윗몸을 드러내며, 남성들은 윗몸을 다 벗어도 되는데 여성들은 왜 안 되느냐 하며 시위했다.

이른바 '탈(脫)코르셋 운동'까지 등장했다. 여성의 몸매를 잡아주는 보정용 속옷인 코르셋을 상징으로 내세워 여성에 대한 외모지상주의와 성의 상품화를 척결하겠다는 캠페인이 탈코르셋 운동이다. 말하자면 남성들이 요구하는 '여성다움'에서 탈피하겠다는 캠페인으로, 화장이나 다이어트를 하지 않고 머리도 자연스런 생머리를 유지하며 시력이 나쁘면 당당하게 안경을 쓰는 등 꾸미지 않은 여성 본래의 모습을 감추지 않겠다는 것이다.

그러나 이러한 여성들의 극단적인 남성혐오와 과격한 행동은 성차별을 없애고 여성들을 존중하려는 페미니즘을 넘어서서 급진적 여성주의 경향을 보이며 올바른 여성성마저 혼란하게 만든다는 우려를 낳기도 했다.

급기야 사람들은 이성혐오 현상이 너무 심각하다고 우려하고 있다. 그렇다면 어떡해야 극단적인 이성혐오를 막아낼 수 있을까? 그러기 위해서는 확산되는 이성혐오의 본질부터 파악해야 한다.

무엇보다 시대의 변화가 본질의 키워드다. 우리는 매우 오랫동안 가부장적인 봉건사회와 남성중심사회를 살아왔다. 남성들은 시대가 크게 바뀌어 남녀평등과 여성의 지위가 향상된 시대를 살고 있지만 여전히 전통적인 남성 우월의식을 완전히 버리지 못하고 있다.

이런 현실에서 아주 많은 분야에서 여성들이 약진하면서 남성들은 상대적으로 박탈감을 갖게 됐다. 심지어 남성들이 역차별당하는 경우도 늘어나고 있다. 그럼에도 불구하고 여성들은 자신들의 권익을 내세우며 한층 더 당당해지고 남성들보다 우위에 서려는 분위기가 팽배하면서 이성 간의 충돌이 불가피해진 것이다.

남성들은 여성들의 활발한 사회 진출로 말미암아 일자리를 빼앗겨 취업난이 더욱 심각해지고, 가정을 비롯한 여러 분야에서 여성들에게 주도권을 빼앗기면서 위기의식을 느끼게 됐으며, 남성성마저 잃어버린다는 위기감까지 느끼게 됐다. 그에 따라 여성에 대한 적대감이 갈수록 커지면서 자신들의 불만을 여성혐오로 표출한 것이다.

건국대학교 '몸문화연구소' 10여 명의 인문학자와 작가 등이 함께 펴낸

《감정 있습니까?》에서도 남성성의 위기가 여성혐오를 초래했다고 지적하고 있다. 여전히 가부장 의식과 우월의식을 버리지 못한 시대 상황에서 여성혐오가 탄생했다는 것이다.

건국대 영문학과 김종갑 교수는 여성을 혐오함으로써 자신을 긍정하고 합리화시키려고 하며, 자신을 긍정하지 못하는 남성일수록 여성을 혐오하는 경향이 있다고 했다. 따라서 남성성이 위기에 놓일수록 여성혐오가 더욱 기승을 부리고, 혐오가 정작 여성을 향한다기보다 여성을 혐오하는 남성들의 자폐증적 감정에 가깝다는 것이다.

요즘 자기주장을 당당하게 내세우는 여성들이 가만히 당하고만 있을 수는 없지 않은가. 그에 따라 노골적으로 남성을 혐오하며 마침내 양성 간에 극단적인 이성혐오가 확산되고 있는 것이 현실이다.

결국 이러한 이성혐오 현상은 시대가 빠르게 변하는 과도기 현상으로 봐야 한다. 남성들이 완전히 남성 우월적인 가부장 의식에서 벗어나고 남녀평등이 정착되면 자연히 소멸될 것이다. 머지않아 그러한 시대가 올 때까지 남성과 여성 모두 상대방의 입장을 좀 더 이해하고 한 걸음씩 물러서는 지혜가 필요하다.

여성의 적은 남성들이 아니라 남성중심주의다. 남성의 적은 여성들이 아니라 여전히 버리지 못하고 있는 가부장적인 낡은 의식이다.

부질없는 혐오 전쟁은 남성이든 여성이든 자기 자신을 스스로 비좁은 우리 안에 가둬놓고 발버둥치는 것과 다름없다. 멀리 달(月)을 보지 못하고 달을 가리키는 손가락에 시비를 거는 것과 다름없다.

인간에게 살인본능이 있을까

모든 동물 종(種) 가운데 인간처럼 같은 종을 많이 죽이는 동물은 없을 것이다. 인간 사회에서 살인은 결코 특이한 현상이 아니라 어찌 보면 보편적 현상이다. 굳이 대량학살이 버젓이 이루어지는 전쟁이나 종족 분쟁, 테러 등을 거론하지 않더라도 우리의 일상에서 살인은 결코 낯설지 않다.

영화나 소설에서 살인은 단골 소재라고 해도 과언이 아니다. 사람들은 그러한 가상적 살인쯤은 아무렇지도 않게 생각하며 충분히 있을 수 있는 일이라고 생각한다. 그런 가상이 아니라도 실제로 국내외 어디서나 그 이유가 우발적이든 의도적이든 하루도 빠짐없이 수많은 살인행위가 일어난다. 그렇다면 인간에게 혹시 살인본능이 있는 것은 아닐까?

우리는 어떤 특정한 인물에게 원한이 있거나 몹시 화가 났을 때, 곧잘 "그 자식 내가 죽이고 말 거야." "너, 죽고 싶어?"를 입버릇처럼 말한다. 이처럼 무의식적으로 튀어나오는 살인의 암시가 우리의 뇌에 내재돼 있는 것은 살인본능의 발현이 아닐까?

이러한 의문에 접근하려면 잠시 인류의 역사를 거슬러 올라갈 필요가 있다.

인류가 동물들과 다름없이 살아가던 시기에 자기들 무리의 영역에 같은 종의 침입자가 있으면 필사적으로 맞서 쫓아내야 했다. 그것은 무리의 생존과 직접적으로 관련된 먹이를 확보하기 위해 피할 수 없는 생존본능이었다. 이러한 생존본능은 원시인류와 초기인류로 진화하는 과정에서도 변함없이 이어졌다.

인류라는 종은 개체 수가 많은 종은 아니었다. 이동생활을 하다가 아주 드물게 우연히 같은 인류 종의 무리와 조우하면 역시 먹거리의 보전을 위한 생존본능으로 치열하게 싸웠으며 여러 명이 죽은 쪽이 도주해야 싸움은 끝이 났다. 그뿐만 아니라 다른 무리의 위치를 알아내면 여자를 탈취하기 위해 기습적으로 공격을 감행해 상대편 무리를 죽이고 여자를 빼앗았다. 그것 역시 번식을 위한 본능적인 행동이었다.

어떠한 이유로 싸움이 벌어졌든 자기 무리나 상대편 무리에서 죽은 자의 시신은 먹어치웠다. 먹거리가 항상 부족했기 때문이다. 더욱이 부족사회에 이르러서 상대편의 시체를 먹는 것은 상대방을 제압할 수 있다는 자신들의 능력을 과시하고 상대방에게 겁을 주기 위한 당당한 행위이기도 했다.

식인(食人, cannibalism), 즉 사람이 사람을 먹는 괴이한 행태는 근대에 이르기까지 오랫동안 동서양의 여러 종족과 문화권에서 '식인 풍습'으로 남아 있다. 이는 두 가지로 나누어볼 수 있다.

하나는 생존을 위한 식인이고 다른 하나는 의례적(儀禮的)인 식인이다.

사냥은 성공하기 어려울 뿐만 아니라 불규칙하게 이루어졌기 때문에, 육류를 섭취하기가 어려웠던 시기에 식인은 생존을 위한 단백질 섭취에 큰 도움을 줬다. 또한 그러한 과정에서 의식(儀式)이 생겨났다.

예컨대 시체의 특정한 부위나 기관을 먹는 것은 죽은 자가 가지고 있던 재능을 획득하기 위한 것이었다. 아울러 경이로운 능력, 즉 어떤 마법(魔法)을 얻을 목적으로 누군가를 의도적으로 살해해서 인육을 먹기도 했다. 중세에 이르러서

1500년 후반 남아메리카 투피족의 식인 풍습

도 인육을 먹지는 않더라도 사람을 죽여 자신들이 추앙하는 신에게 바치는 제물로 이용하는 제례의식이 여러 부족사회에서 성행했다.

이와 같은 여러 관점에서 볼 때 살인은 인간의 타고난 본능이라기보다 생존본능에 더 가깝다고 할 수 있다. 어찌 되었든 인간의 살인행위는 농경을 시작하면서 이동생활을 끝내고 전혀 새로운 정착생활을 하면서도 변함 없이 널리 자행됐다.

《구약성서》에서 모세의 십계명에 '살인하지 말라.'는 계명이 들어 있는 것을 보면 고대사회에서도 살인이 빈번하게 자행됐음을 짐작할 수 있다. 역시 《구약성서》 〈창세기〉에 따르면 인간의 조상인 아담과 이브가 카인과 아벨이라는 두 아들을 낳는다.

카인은 농사를 지었고 동생 아벨은 양치기 목동으로 살아갔다. 카인은 하나님께 자신이 농사지은 수확물을 바쳤는데 하나님은 카인의 제물보다 양치기 아벨의 정성스런 제물을 더 좋아했다. 그 때문에 몹시 화가 난 카인이 동생 아벨을 돌로 쳐서 죽인다. 《구약성서》에서 카인은 인간이 낳은 최초의 인간이자 최초의 살인자가 됐고, 동생 아벨은 최초의 살인에 의한 사

망자가 됐다.

이는 그 사실 여부를 떠나 인간에게는 태초부터 살인본능이 있었으며 고대사회에서도 살인이 빈번했다는 사실을 암시하고 있다. 인류가 정착생활을 시작하고 도시화가 이루어지면서 많은 인간들이 모여 살았기에, 오히려 살인은 다양한 동기에 의해 크게 증가했다.

이를테면 재산 다툼, 간음, 질투와 시기, 도둑질 등 생존본능이 아닌 갖가지 갈등들이 살인으로 이어졌다. 그러한 증거로 모세의 십계명에 '살인하지 말라.'뿐 아니라 '간음하지 말라.' '도적질하지 말라.' '이웃집을 탐내지 말라.' 등이 담겨 있는 것을 보면 잘 알 수 있다.

동서양의 구별 없이 징역형이 등장하기 전까지 범죄자는 무조건 처형했는데 그것도 일종의 살인이다. 처형방법도 갈수록 잔혹해져서, 목을 베어 죽이거나 목을 매달아 죽이는 것은 기본이었다.

고대 중국의 한나라를 세운 유방의 황후였던 여태후는 유방이 죽자 그가 총애해서 자식까지 낳았던 후궁의 팔다리를 잘라 돼지우리와 오물통 등에 넣어 고통스럽게 죽도록 했으며 그 자식까지 죽였다. 엄청난 질투심이었다.

죄인의 목과 팔다리를 다섯 개의 수레에 각각 묶어놓고 수레를 끌어 찢어 죽이는 거열형(車裂刑), 능지처참, 부관참시도 있었다. 능지처참은 죄인을 기둥이나 형틀에 묶어놓고 몸통에서 가장 먼 발가락과 손가락부터 조금씩 잘라내며 큰 고통을 주어 천천히 죽게 하는 잔혹한 형벌이다. 죽을 때까지 무려 오륙천 번의 칼질을 당하고 마침내 숨이 끊어지면 목을 베었다.

부관참시는 이미 죽은 사람의 여죄가 드러났을 때 땅에 묻힌 시신을 관에서 꺼내 다시 능지처참하는 형벌이었다.

고대 로마에서는 원형경기장에서 검투사들이 상대방이 죽을 때까지 싸

우는 경기가 벌어졌
고, 황제와 로마 시민
들은 그것을 지켜보
며 즐거워했다. 심지
어 검투사와 맹수를
대결시켜 긴장감과
흥분감을 만끽하기도
했다.

단두대에서 공개 처형당한 프랑스의 루이 16세

중세 서양에서는 단두대(斷頭臺, guillotine)에서 사형수의 목을 자르는 형벌이 있기 전까지 살아 있는 사람을 불에 태워 죽이는 화형이 보편적으로 행해졌다. 프랑스의 구국소녀 잔 다르크도 화형을 당했다.

그러고 보면 인간에게는 살인본능은 물론 죽어가는 모습을 보고 즐기는 악랄한 본성이 있는지도 모른다.

현대사회는 다양하고 복잡할 뿐 아니라 필연적으로 온갖 혼란과 갈등이 만연해 있는 만큼 살인행위도 헤아릴 수 없이 다양한 동기와 형태로 이루어지고 있다. 이를테면 강탈이나 보복, 특정 인물의 제거를 목적으로 하는 의도적 살인, 특별한 동기는 없지만 사소한 시비가 발단이 된 우발적 살인이나 충동적 살인 등이 매우 흔하다. 존속살인, 애정 살인, 묻지 마 살인, 사이코패스(psychopath)나 소시오패스(sociopath)의 정신질환적 연쇄살인 등도 끊이지 않고 있다.

살인행위는 일반적으로 남성들에 의해 자행되지만 여성들도 무과한 것은 아니다. 남자들은 완력이나 흉기로 상대를 제압하고 살해하지만, 완력이 떨어지는 여자들은 주로 약물을 이용하거나 청부살인을 하는 경우가 많다. 더욱이 여자가 질투나 원한 등의 극단적인 감정으로 살인을 저지를 때는 남자들의 경우보다 훨씬 잔혹하다.

국제적인 범죄 과학수사 전문가이자 법의학자이며 생물학자인 마르크 베네케(Mark Beneke)가 수많은 특정 살인의 사례들을 다룬 여러 저서들을 보면, 살인이 본능인지 사악한 본성인지 아니면 환경에 의한 후천적 행동인지 그 경계를 가늠하기 어려울 정도다.

인간은 지금도 경쟁적으로 가공할 만한 기능을 가진 살인무기들을 수없이 만들어내고 있다. 이 최첨단 무기들은 한결같이 한순간에 대량으로 학살할 수 있는 무기들이다.

아무튼 인간에게 어떤 형태로든 살인본능이 있다는 것은 부인하기 어렵다. 그것이 인간의 유전적 본능인지 성악설을 지지할 만한 본성인지 분명한 판단은 결코 쉽지 않다.

3

민족

nation

인종, 종족, 민족의 개념과 구분

　지구상에는 약 200만~300만 개의 서로 다른 고유한 종(種)이 있다. '종'이란 고유하고 분명한 생태적 특징 등의 공통적 특징이 있고, 생식적으로 상호 교배가 가능하고, 다른 종과는 교배가 격리돼 유전자 교류가 없으며, 서로 생김새나 성질 따위가 유사한 자연적 유연(類緣: 친족과 외척을 아울러 이르는 말) 관계에 있는 생물들로 구성된 생물학적 분류 단위다.

　그러한 종의 개념에 따라 분류방법도 외형이나 형태의 표현형적·유전적·계통적 3가지로 나누기도 하고, 실제적·형태적·유전적·임성적(稔性的: 후손이나 열매를 맺을 수 있는 성질)·생물학적 개념 등의 5가지로 나누기도 한다.

　인류는 종의 개념에서 생물학적으로 호모 사피엔스 또는 호모 사피엔스 사피엔스, 즉 현생인류로 단 하나뿐인 유일한 종이다. 따라서 사람의 종류를 뜻하는 '인종(人種)'이라는 표현은 적합한 표현이 아니다. 하지만 국어사전에는 인종을 '지구상의 인류를 골격, 피부색, 모발, 혈액형 등 신체적 형질에 의해 구분한 종류'라고 풀이되어 있다.

　약 20만~30만 년 전, 아프리카에서 기원한 호모 사피엔스(현생인류)는 약

6만~7만 년 전에 아프리카를 벗어나 오랫동안 이동하며 오늘날의 전 세계로 진출했다. 이러한 대이동 과정에서 인류의 아종(亞種)이라고 할 수 있는 네안데르탈인이나 데니소바인 등과 조우하며 혼혈이 이루어졌다.

또한 그들이 이동해서 오랫동안 머물렀던 서식지의 기후, 환경, 먹거리 등에 따라 생김새, 피부, 머리, 눈동자 색깔, 골격, 체형, 키, 체모, 혈액형 등에서 저마다 차이가 생겨났다. 후천적인 조건들에 의해 지리적, 형태적, 사회적, 문화적인 갖가지 차이점을 지니게 된 것이다.

그에 따라 19세기에 들어와서 인류학자와 생물학자들을 중심으로 생물학적 종(species)이 아닌 인종(race)으로서 구분하는 시도가 본격화되고 다양한 견해들이 제시됐다. 예컨대 피부색에 따른 구분, 유전적 차이에 따른 구분, 지리적 구분, 사회문화적 구분 등이 그것이다. 이 밖에도 형태적(생김새, 피부색, 머리색, 눈동자색 등), 계측적(키, 머리 모양, 혈액형, 지문 등), 안면지수(얼굴의 폭과 높이의 비율), 편두지수(偏頭指數; 두개골 형태 등)로 구분하는 방법도 제시됐다.

그 가운데 비교적 설득력이 있는 구분은 인류를 피부색으로 구분해서 코카소이드(Caucasoid; 백인종), 몽골로이드(Mongoloid; 황인종), 니그로이드(Negroid; 흑인종)의 3가지로 구분하는 것이다.

또한 카포이드(Capoid; 아프리카 토착민), 니그로이드, 코카소이드, 몽골로이드, 오스트랄로이드(Australoid; 오세아니아 여러 섬과 남인도, 동남아 등의 원주민) 등 5가지로 구분하는 학자들도 있다. 어떤 경우는 카포이드 대신에 말레이인(Malay; 말레이 군도를 중심으로 하여 그 부근의 섬에 사는 민족)을 넣기도 한다.

이러한 인종 분류가 정설은 아니지만 지금까지 꾸준히 지지를 받고 있다. 다만 흑인종을 일컫는 니그로이드의 니그로(Negro)가 인종차별적 요소가 담겨 있다는 판단에서 다른 표현으로 바꾸려는 움직임이 있다.

그런가 하면 지리적으로 인종을 9가지로 나누는 학자들도 있다. 유럽인, 아시아인, 아프리카인, 인도인, 아메리카 인디언, 오스트레일리아인, 폴리네시아인, 미크로네시아인, 멜라니아인으로 구분하는 것이다.

사실 현생인류(호모 사피엔스)가 아프리카를 벗어날 때 그 개체 수는 몇천 명에 불과해 근친상간으로 개체 수가 늘어나면서 유전자의 병목현상이 생겼다. 그 때문에 현생인류는 유전자의 다양성이 부족하고 인류의 아종들과의 교배로 혼혈이 많아져, 인종의 분류 자체가 별다른 가치나 의미가 없다는 주장도 만만치 않다.

더욱이 오늘날은 전 세계가 한 울타리 안에 있는 글로벌 시대일 뿐 아니라 다른 인종들과의 국제결혼도 흔하게 이루어진다. 그런 만큼 인종 구분은 한층 더 그 의미를 잃어가고 있다.

우리나라도 다문화가정이 갈수록 크게 늘어나고 있다. 다문화가정에서 태어난 혼혈아들은 어떤 인종으로 분류할 것인가.

'종족(種族, tribe)'은 인종의 하위 개념으로, 혈통이 같고 같은 주거환경에서 언어와 종교 등의 문화적·지리적 동질성을 지니고 오랫동안 함께 살아온 사회집단을 종족이라고 말한다.

이를테면 인종의 한 분류인 백인종에는 아리안족, 게르만족, 앵글로색슨족, 켈트족, 슬라브족 등 수많은 종족이 포함된다.

황인종도 인구수가 세계 최대인 중국의 한족(漢族)을 비롯해서 몽골족, 흉노족, 돌궐족, 거란족, 만주족(여진족, 말갈족, 선비족) 등 수많은 종족들이 역사적으로 명멸했다. 한민족도 북방의 예족(濊族)과 맥족(貊族), 남방의 한족(韓族)이 합쳐 형성됐다.

이처럼 인종은 불과 몇 종류에 불과하지만, 유엔(UN) 보고서에 따르면 종족은 1만여 개나 되는 것으로 알려졌다. 이들이 사용하는 언어만 하더라도 7000여 개에 이른다.

일반적으로 씨족사회가 모여 부족사회가 되고 다시 부족사회가 모여 종족이 되는 경우가 흔하다. 그 때문에 종족을 뜻하는 영어 tribe는 부족을 뜻하기도 한다. 조상·언어·문화 등의 동질성을 지닌 규모가 큰 사회집단은 종족, 규모가 작으면 부족으로 부르는 경우가 많다. 이를테면 원(元)나라를 세웠던 몽골족은 여러 유목민 부족들이 모여 형성한 종족이다.

종족은 그들 주변의 규모가 큰 다른 종족에 흡수되거나 동화되기도 한다. 또한 집단의 규모가 작더라도 종족의 정체성을 내세우며 자신들을 지배하려는 규모가 큰 다른 종족들과 맞서기도 한다.

지금도 러시아의 체첸족(나흐족), 중국 신장(新疆)의 위구르족과 티베트의 장족(藏族), 중동의 쿠르드족 등이 끊임없이 독립투쟁을 벌이고 있으며, 아프리카의 수많은 작은 종족들은 종족들 간의 갈등으로 내란이 끊이지 않고 있다.

종족과 민족은 서로 차이가 있지만 보편적으로 혼용되는 경우도 많다. 중국에는 엄밀히 따져서 한족과는 조상이 다르고 문화가 다른 55개의 작은 종족들이 있지만 중국은 공식적으로 그들을 소수민족(小數民族)으로 부른다. 아무튼 종족은 그 사용범위가 매우 넓다고 할 수 있다.

'민족(民族)'은 일정한 지역에서 오랫동안 공동생활을 하면서 언어와 문화 등의 공통성과 동질성을 지니고 역사적으로 형성된 사회집단을 말한다. 영어로는 nation 또는 ethnic group이라고 하는데 개념적으로 약간의 차이가 있다. nation은 현대적인 개념으로 국가 형성에 중점을 두고, ethnic group은 종족과 같이 혈통과 혈연의 공통성에 중점을 둔다.

또한 종족이 신체적이나 생물학적 특징에 기초한다면 민족은 사회조직, 언어, 종교, 생활양식, 경제 형태 등 문화적 특징에 바탕을 두는 개념이라고 학자들은 말한다.

좀 더 구체적으로 얘기하면, 혈통이 같은 종족이 오랫동안 일정한 지역에서 공동생활을 해왔는지, 그들의 조상들이 근원적으로 농경·유목·기마 등 어떠한 경제생활을 했으며 그러한 전통이 이어져왔는지, 언어·종교·풍속·풍습 등 문화적으로 공통성을 지니고 서로 소통해온 사회집단인가 하는 것에 기초한 것이 '민족'이다.

어떤 종족이나 그 종족의 일부가 공통성과 동질성을 지니고 서로 뭉쳐 가시적인 공동체를 구성하고, 공동의 목표를 가진 체계적인 조직으로 결집함으로써 자신들만의 정체성을 나타내면 민족의 성격이 더욱 뚜렷해지고 민족성을 갖게 된다.

그러한 공동체, 공동의 목표를 가진 체계적인 조직을 대표하는 것이 곧 국가(國家, nation)이다. 중국의 경우를 보자. 몽골족은 원나라를 세워 중국을 비롯해서 광대한 영토를 차지했으며, 중국의 중원을 정복한 거란족은 요(遼)나라를, 만주족(여진족)은 금(金)나라와 청(淸)나라를 세웠다. 하지만 중국의 북방에서 막강한 세력을 지녔던 흉노족은 국가를 세우지 못해 마침내 소멸하고 다른 민족에 동화되고 말았다.

물론 어느 하나의 민족이 하나의 국가를 세우는 것은 아니다. 지구상에 종족과 민족은 헤아릴 수 없이 많아도 국가는 그 숫자가 200개가 조금 넘을 뿐이다. 여러 민족이 모여 하나의 국가를 형성하는 다민족 국가들이 있으며, 하나의 민족이 흩어져 여러 나라의 구성원이 되기도 한다.

러시아에는 무려 190개의 민족이 있다고 한다. 미국은 대표적인 다민족

국가다. 다민족 국가에서는 민족과 국가를 엄격히 구분한다.

그뿐만 아니라 전쟁이나 전염병, 자연재해, 식민화 정책 등으로 하나의 민족이 분열되기도 하고 다른 민족에 흡수되고 동화돼 민족으로서의 존재가 사라지거나 희박해지기도 한다.

어느 인종이나 종족에 속해 있는 혈연적·문화적 공동체가 '민족'을 내세우게 된 것은 그들 스스로의 자각에 의해 공동체의 단결과 결집으로 더욱 강화되고, 자신들의 정체성과 공통의 목표 등으로 민족성 또는 민족의식을 지니게 되면서 한층 더 민족들의 색채가 분명해졌다.

그에 따라 자기 민족의 고유한 정체성을 긍지로 내세워 더욱 민족의 단결을 도모하기도 한다. 우리나라가 단일민족이라는 긍지를 널리 자랑하는 것도 그 까닭이다. 또한 지나치게 자기 민족의 보호와 권익을 최우선하는 민족주의(nationalism)가 성행하는 계기가 되기도 했다.

한민족은 단일민족이 아니다

한민족은 단일민족이라고 자랑스럽게 내세운다. 그것을 굳이 부인할 이 유는 없다. 하지만 엄밀히 따지자면 단일민족이라고 말하기 어렵다.

우리나라의 고대사를 연구하는 여러 사학자들의 공통된 견해에 따르면 한민족은 북방계와 남방계가 합쳐져 형성된 민족이다.

북방계와 남방계는 그 기원이 서로 다르다.

북방계는 지금의 중국 요동 지역에 살았던 예맥족(예족과 맥족을 통틀어 이르는 말)이 주류이다. 말하자면 이들이 북방계의 조상이자 한민족의 원류 라고 할 수 있다. 우리가 먼 과거를 얘기할 때 '옛날에~' '예전에~' 하는 것은 예족이 살았던 시기에 비유할 정도로 오래전 얘기를 하는 것이라고 한다.

예맥족의 기원을 좀 더 거슬러 올라가면, 약 1만 5000년 전에 몽골초원 에서 태동해서 8000여 년 전 따뜻한 남쪽으로 차츰 이동했다. 몽골초원에 서 남쪽으로 내려가면 드넓은 만주 지역이었다. 동쪽은 동해안, 서쪽은 중 국의 요동과 요서에 이르는 드넓은 땅이다.

한반도에서 볼 때 만주 한가운데의 넓은 땅에는 예맥족이 자리 잡았으 며, 서쪽은 거란계 부족이, 동쪽은 여진계 부족이 차지했다.

드넓고 비옥한 중부 지역을 차지한 예맥족의 일부는 한반도 북부까지 진출했다. 드디어 북방계 한민족의 모태가 형성되는 순간이었다.

역시 한반도에서 바라볼 때 예족은 만주 중부 지역의 동쪽에, 맥족은 중부 지역의 서쪽에 터전을 잡았으며 규모는 예족이 훨씬 더 컸다. 그들은 서로 인접해 있었으며 경계는 강이나 큰 내(川) 또는 가로막힌 산이었을 것이다. 예족은 농경, 맥족은 목축이 주업이었다. 쉽게 말하면 예족은 농경부족이었고 맥족은 목축을 하는 기마부족이었다.

그런데 이 지역에는 예맥족뿐만 아니라 거란계, 여진계, 몽골계, 돌궐, 말갈, 흉노 등 여러 부족들이 서로 뒤섞여 살았다. 그 시기에는 국가가 없었으므로 국경도 없어서 자연스럽게 여러 부족들이 교류하며 남녀가 짝을 맺었다.

인류는 모두 한 어머니의 후손들이지만 뿔뿔이 흩어져 살면서 저마다 정착한 지역의 기후와 환경, 먹거리 등에 따라 그것에 적응하기 위한 유전자 변이가 이루어졌다. 피부색이 달라지고 체형과 체질이 달라졌으며 부족과 민족을 형성하면서 혈통이 달라졌다. 줄여 말하면 거란계, 여진계, 몽골계, 흉노계 등은 예맥족과 형성 기원과 혈통이 다른 부족들이다.

예맥족 남녀와 이들 여러 부족 남녀가 짝을 맺으면서 적잖은 혼혈의 후손들이 태어났으며 예맥족의 세력이 점차 커지면서 흡수되고 동화됐다. 그들뿐 아니라 요동과 요서 지역에 살던 중국의 일부 한족들도 예맥족의 남녀와 짝을 맺어 혼혈의 범주가 더욱 다양해졌다.

상고사(上古史)에 단군신화와 고조선 건국신화가 있다. 역사적 사실 여부는 차치하더라도 이 두 신화는 그 뿌리가 서로 같다고 할 수 있다.

그 내용은 하늘나라 천제(天帝)의 아들 환웅(桓雄)이 3000여 명의 무리를 이끌고 태백산 꼭대기 신단수(神檀樹) 아래로 내려와 신시(神市)를 열고 백성들을 다스리며 웅녀(熊女)와 혼인해서 단군왕검(檀君王儉)을 낳았다. 단군이 평양성에 도읍을 정하고 나라를 열어 '조선(朝鮮)'이라고 칭했다는 것이 두 신화의 골자다.

그렇다면 환웅과 그의 무리들은 누구일까? 천제의 아들이라는 것은 신화적 요소일 뿐이다. 역사적 사실에 근거한 사학자들의 견해에는 다소 차이가 있다. 일부 학자들은 시베리아 문화권에서 남쪽으로 내려온 부족이라고 주장한다.

또 다른 일부 학자들은 중국 황허강 유역 '양사오 문화권(仰韶文化圈)'에서 청동기 문화를 가진 부족이 북상한 것이라고 주장하고 있다. 아무튼 환웅은 청동기 문화를 지닌 집단의 우두머리로 3000여 명을 이끌고 예맥족의 거주 지역에 들어온 외부세력이라는 견해가 지배적이다.

다시 말하면 환웅과 그의 집단은 순수한 예맥족이 아니다. 하지만 그들은 당시로서는 최첨단의 청동기 문화를 지니고 있었으므로 3000여 명이라는 적은 인원으로도 예맥족 사회의 지배계급이 돼서 나라를 세웠다. 중요한 것은 환웅의 집단이 어디서 왔든 예맥족과는 다른 부족으로, 그들과 또한 차례 혼혈이 이루어졌다는 것이다.

시간적 차이는 있지만 예맥족의 일부는 차츰 남하해서 한반도의 한강 이북까지 내려왔다.

그렇다면 한반도, 특히 한강 이남에는 아무도 살지 않았을까? 그렇지 않다. 그곳에도 많은 사람들이 살고 있었다. 그들이

■ 중국 주요 신석기문화 지역

홍산문화
몽골
요하
적봉
조양 · 심양
대릉하
북경
양소문화 · 제남
대문구문화
서안 · 정주
마가빈문화 · 상해
굴가령문화
하모도문화

한민족의 남방계인 한족(韓族)이다.

한족은 북방계와는 그 뿌리가 다르다.

약 6만~7만 년 전, 아프리카를 벗어난 현생인류인 호모 사피엔스의 이동경로는 크게 세 갈래로 나눌 수 있다. 북서쪽으로 이동해서 유럽으로 진출한 무리, 북동쪽으로 이동해서 중앙아시아와 시베리아를 거쳐 아메리카 대륙까지 이동한 무리, 남동쪽으로 이동해서 해안을 따라 동남아시아·인도네시아·호주까지 진출한 무리가 그것이다.

한민족 북방계인 예맥족은 시베리아와 중국 북부 지역으로 진출한 무리가 몽골을 거쳐 차츰 남하해, 지금의 중국 요동과 만주 지역으로 진출하면서 형성된 부족이다. 그러나 남방계는 인도와 남아시아로 진출했던 무리 가운데 중국 남동부의 해안을 따라 북상했던 무리에 속한다.

이들은 남아시아를 거치며 크게 나눠볼 때 아시아 5개 종족의 시원(始原)이 됐다.

빙하기가 절정이었던 1만 8000여 년 전에는 중국 대륙, 일본, 한반도는 서로 붙어 있었다. 그들 가운데 한 무리가 중국 대륙 남동부 쪽으로 이동하다가 육지 또는 얼어붙은 바다를 이용해서 일본과 한반도 남부 지역으로 진출했다.

일본의 규슈에서 약 3만 년 전 인류 진출의 흔적이 발견돼 그러한 사실을 뒷받침해주고 있다.

다시 말하면 아시아 5개 종족 가운데 어느 종족의 일부가 한반도 남부에 진출해서 정착하면서 그들과 분리되어 독자적으로 부족을 형성한 것이 한족(韓族)이다. 최근에는 베트남족과 한족의 유전자가 매우 비슷하다는 연구 결과가 나오기도 했다. 이처럼 예맥족과 한족은 근원적으로 뿌리가 서로 다른 것이다.

하지만 점진적으로 남하하는 예맥족과 한족은 서로 뒤섞이게 되면서 혼혈이 이루어졌고, 마침내 예맥족과 한족이 합쳐져 한민족(韓民族)이 형성된 것이다.

지금까지 설명한 내용만 참고하더라도 한민족은 순수한 단일민족이라고 보기 어렵다. 사실 민족의 DNA를 분석해보면 약 20퍼센트의 다양한 유전자가 섞여 있다고 한다.

하기는 세계의 어느 민족도 순수한 단일민족은 없다고 한다. 아니, 인류의 이동과 끊임없이 이어졌던 정복전쟁만으로도 단일민족은 유지될 수가 없다. 민족이 약 80퍼센트의 동질성을 지니고 있는 것만으로도 대단하다고 한다. 80퍼센트 정도의 동질성이 있으면 단일민족을 주장해도 큰 무리가 없다는 것이다.

게다가 근래에 와서 우리나라도 국제결혼이 보편화되면서 다문화가정이 크게 늘어나고 있는 만큼 단일민족이라는 긍지는 그다지 의미가 없어 보인다.

한자(漢字)는 우리 민족이 만들었다

인류의 최고 발명품으로 손꼽히는 문자의 기원에 대해서는 여러 학설들이 있다. 이미 약 1만 년 전에 어떤 특정한 의미를 나타내는 그림문자가 있었으며, 농경생활을 하면서 생산량이 증가하자 다른 지역과 거래하는 과정에서 물량이나 값을 표시하는 여러 형태의 특정한 표기를 사용했는데 그것이 차츰 상형문자나 쐐기문자 등으로 정형화됐다는 것이다.

하지만 사회의 구성원들이 모두 인지할 수 있고 공유할 수 있는 문자다운 문자는 기원전 3000년경 고대 메소포타미아 지역에 살던 수메르(Sumer)인이 발명한 수메르 문자가 최초라고 한다.

동양에서는 중국의 갑골문자(甲骨文字)가 가장 오래된 것으로 알려져 있다. 갑골문자는 고대 중국 은(殷)나라에서 거북의 등딱지에 점복(占卜)을 기록하는 데 사용한 상형문자다. 기원전 1400년경에 형성된 것으로 보고 있으며 중국의 문자인 한자(漢字)의 기원으로 인정받고 있다.

중국에서는 갑골문자보다 약 1000년 앞서 각종 동물 뼈에 새겼던 골각문자(骨刻文字)가 있었다는 주장도 있지만, 골각문자든 갑골문자든 모두 중국 동북부의 산둥성(山東省)이 발상지로 그 뿌리가 같다. 아마도 골각문자가 차츰 발전해서 갑골문자가 됐을 것이다.

더욱이 한자는 한글처럼 표음문자가 아니라 글자 하나하나가 각기 다른 뜻을 나타내는 표의문자로 글자 수가 엄청나기 때문에 어느 한 사람이 만들었다고 볼 수 없다. 그러면 한자의 근원인 갑골문자는 어떤 집단이 만들어냈을까?

갑골문자가 우리 민족의 뿌리인 동이족이 창제했다는 주장을 처음 펼친 사람은 전국한자교육총연합회의 고(故) 진태하 이사장으로 알려졌다. 그는 동이족 한자 창제설을 중국에도 소개해 큰 파장을 일으킨 바 있다.

고대 중국의 중원을 지배했던 한족(漢族)은 변두리에 자리 잡고 있는 모든 종족들을 야만인이라 여겨, 오랑캐를 뜻하는 각기 다른 이름으로 부르면서 멸시하였다. 그중 중원의 동북쪽인 산둥성 북부 요동반도와 만주 지역에 거주하는 종족들을 동이족(東夷族)이라고 불렀다. '동이'는 동쪽에 사는 오랑캐라는 뜻이다.(서쪽의 오랑캐는 서융西戎, 남쪽의 오랑캐는 남만南蠻, 북쪽의 오랑캐는 북적北狄이라 불렀다.)

이 지역에서는 선사시대부터 크고 작은 여러 종족들이 등장하고 사라지기를 반복했는데 대표적인 종족이 고조선을 세웠던 예족과 맥족, 즉 우리 민족이었다. 중국의 역사학자들에 따르면 이들은 요동반도와 만주 등지에 집단 거주하며 이미 8000여 년 전에 '다윈커우(大汶口) 문화' 시대를 열었다는 것이다.

이어서 산둥성, 산시성(山西省; 중국 타이항산맥 서쪽에 있는 성), 산시성(陝西省; 중국 중서부에 있는 성), 허난성(河南省)에 이르기까지 광활한 지역에서 한 걸음 더 발전한 양사오(仰韶) 문화와 룽산(龍山) 문화를 이룩했다는 것이다. 그런데 이들 놀라운 문화의 주체가 바로 동이족이라고 했다. 이러한 사실은 중국의 역사학자들뿐 아니라 고대사를 기록한 문헌에서도 분명하게 밝히고 있다.

그런데 갑골문자가 발견된 곳이 산둥성과 맞붙어 있는 허난성으로 동이족이 집단거주하며 룽산 문화를 향유하고 맹활약하던 지역이었다. 따라서 고 진태하 이사장은 갑골문자는 당연히 황허강 이북의 북방민족인 동이족이 처음으로 만들었을 것이 확실하고, 동이족의 주체는 한민족이라는 주장을 폈다.

그러면 동이족이 곧 한민족이 틀림없을까?

고대 중국은 동북 지방에 거주하는 모든 족속들을 동이족으로 부르며 오랑캐라고 경멸했다. 하지만 후한(後漢) 시대의 중국 사서들에는 동이족은 동북 지방에 거주하는 '큰 활을 잘 쏘는 종족'으로 기술했다.

'동이'의 '이(夷)'자가 오랑캐를 뜻하기도 하지만 글자를 풀어보면 큰 대(大)자와 활 궁(弓)자가 합쳐진 것으로, 그 당시 중국 동북 지역에서 큰 활을 가장 잘 쏘는 종족이 바로 한민족이었으므로 충분한 당위성이 있다.

또한 그는 "고대에서 동이 지역은 한반도를 지칭한 것이 아니라 지금의 산둥성을 중심으로 한 그 일대였음을 먼저 올바로 인식해야 민족의 상고사를 바로 알 수 있다."면서 "한민족의 발상지가 중국 헤이룽강·쑹화강·랴오허강을 중심으로 한 만주와 요동 지역이며, 한반도로 진입하기 이전에 이미 황허강 유역으로 진출해 한자를 비롯한 황허 문명의 주역으로 활약했음을 깨달아야 한다."고 강조했다.

아울러 우리 민족이 한자를 만들었다는 여러 근거들도 제시했다. 예컨대 집을 뜻하는 한자 '가(家)'는 '지붕 아래 돼지가 사는 곳'이라는 뜻이다. 지붕 아래 돼지가 살다니, 중국 학자들조차 '가'자의 뜻을 이해하지 못하고 있다.

수천 년 전, 한민족이 중국 동북 지역에서 집단거주할 때 사람들이 잠을 자는 곳까지 기어드는 뱀이 큰 골칫거리였다. 그런데 뱀의 천적이 돼지라는 걸 알게 된 동이족이 집안에 돼지를 키웠기 때문에 '집 가(家)'자가 태어나게 됐다는 것이다.

또한 '그러할 연(然)'자는 고기(肉)+개(犬)+불(火)로 구성된 글자다. 즉 '개고기는 불에 그슬려 먹어야 맛이 있기 때문에, 그렇게 하는 것이 당연하다'는 뜻으로 쓰인 것이다. 개고기를 그슬려서 먹는 민족은 동이족밖에 없었으므로 이것 역시 동이족 한자 창제의 근거가 될 수 있다는 것이다.

그러한 여러 근거들로 고 진태하 이사장은 생전에 한자를 '고한글'로 불러야 하며, 국제적으로는 '동방문자(東方文字)'로 불러야 한다고 주장했다. 당연히 중국에서는 큰 파장이 일었지만 이에 대해 아직 뚜렷한 반론을 제시하지 않고 있다.

물론 한자의 한민족 창제설이 아직 공인된 것도 아니고 자부심 강한 중국이 인정하지도 않겠지만, 우리 민족이 한자를 창제했다는 견해가 결코 근거 없고 터무니없는 억지주장은 아닌 듯하다.

민족과 국가

　민족, 국가 그리고 민족과 국가의 함수관계를 간단명료하게 단언적으로 정의한다는 것은 매우 어려운 일이다. 아니, 아예 불가능할지도 모른다. 민족과 국가에 대한 사전적 정의는 매우 단순하고 간단하다.

　하지만 그 실체는 더없이 복잡하고 복합적이다. 철학적·사상적·이념적·정치적·사회학적·인류학적 고찰이 필요하며, 시대의 변화에 따라 학자나 전문가들이 갖는 개념과 관점과 견해가 저마다 달라서 그 어느 것도 확고한 정설(定說)이 될 수 없기 때문이다.

　특히 우리나라는 단일민족이면서 남북이 분단된 상태로 남과 북에 서로 다른 정치체제가 존재한다. 민족의 관점에서 보면 하나의 민족이지만 통치 형태는 두 개의 국가로 봐야 한다. 그에 따라 민족과 국가 중 한쪽이 강조되기도 하고, 오랫동안 국가와 민족을 의식적·무의식적으로 혼동하고 혼용하며 동일시하는 경우가 매우 많았다. 일례로 〈애국가〉를 보자.

　　동해물과 백두산이 마르고 닳도록
　　하느님이 보우하사 우리나라 만세

무궁화 삼천리 화려강산

대한 사람 대한으로 길이 보전하세

누구나 다 알고 있는 우리나라 국가(國歌) 1절이다. 백두산과 삼천리는 남북을 합친 한반도 전체를 아우르며 민족적 의미가 강하다. 그러면 '우리나라'와 마지막 소절의 '대한 사람 대한으로……'는 우리에게 당연히 남한의 대한민국이다. 그렇다면 조국이나 모국이라고 할 때, 그 나라는 어디인가? 또한 애국심은 나라 사랑인가, 민족 사랑인가?

이처럼 우리는 민족과 국가를 동일시하며 오랫동안 혼동하고 혼용해왔기 때문에 더욱 국가와 민족의 개념을 정의하기가 어렵다.

외국 학자들도 그에 대해 잘 알고 있다. 세계적으로 유래를 찾기 어려운 단일민족이어서 민족과 국가를 밀접하고 동일한 관계로 연관지어 왔다는 것이다.

예컨대 3·1운동은 일제의 침탈로 수난을 겪고 있는 한민족을 해방시키고 일제에게 빼앗긴 나라를 되찾자는 두 가지 목표가 함께 담겨 있다. 이러한 우리의 특수한 상황을 감안해서 민족과 국가에 대한 다양하고 복잡한 설명보다 그것이 우리나라에서 어떻게 쓰여왔는지를 중점적으로 살펴보려고 한다. 그러기 위해서는 먼저 민족과 국가의 기본 개념부터 간단히 정리할 필요가 있다.

민족은 국어사전에서 '일정한 지역에서 오랜 세월 동안 공동생활을 하면서 언어와 문화상의 공통성에 기초하여 역사적으로 형성된 사회집단'으로 풀이하고 있다. 역사와 언어와 문화를 강조하고 있는 것이다. 다시 말하면 자연적으로 형성된 공동체로서 혈연·역사·문화·종교에 이르기까지 공통성을 지닌, 특히 혈연이 중시되는 집단으로 국가보다 오래 이어지는 영속성을 지닌 집단이 민족이다.

따라서 민족은 공통된 의식과 그들이 추구하려는 지향성이 있으며 유대감과 결속력이 강하다. 하지만 하나의 민족이 하나의 국가를 이루는 것은 아니다. 물론 국민의 절대다수가 특정한 민족인 나라들도 많지만 하나의 국가에 여러 민족이 혼합돼 있기도 하고, 하나의 민족이 여러 국가로 나뉘어 있기도 한다.

또한 민족은 자연적으로 형성된 공동체여서 구속력이나 단호한 통제력이 작용할 수 없다. 가령 미국과 같은 다민족, 혼혈 국가는 수많은 인종과 민족들이 국가라는 강력하고 동일한 테두리 안에서 각각 분리된 개체로서 서로 동등한 권리를 갖고 있다.

국가는 민족의 개념과는 달리 일정한 영토를 보유하며 그 영토 안에 사는 사람들로 구성되고 주권을 가진 집단이다. 국가를 이루는 개개인의 구성원이 곧 국민이다.

국가는 법적인 공동체로서 통치조직이 있으며 동일한 법률과 동일한 정치체제에 복종하는 개개인의 집합체이기도 하다.

따라서 국민들은 국가의 주인으로서 주권을 가지며, 국가의 법률에서 정하는 권리와 의무를 갖는다. 쉽게 구별하면 국가는 통치체제가 있으며 강한 구속력이 있다는 것이 민족과 크게 다른 점이다.

사실 국가라는 조직적인 공동체가 이미 수천 년 전에 탄생했지만 굳이 오랜 전통과 역사를 지닌 민족과 개념적으로 분리해서 생각할 필요성이 없었다. 그러나 19세기에 이르러 유럽의 여러 나라들에서는 매우 복잡하고 미묘한 정치적 갈등과 대립이 커지면서 국가의 위기 극복과 존립을 강구하는 과정에서 민족이 대두되기 시작했다.

더욱이 유럽 각국의 첨예한 갈등과 대립이 폭발해서 마침내 나폴레옹전쟁을 비롯한 크고 작은 전쟁들이 잇달아 일어났고, 각국의 이해(利害)에 따라 서로 뭉치고 갈라서는 합종연횡(合縱連橫)으로 유럽 전체가 전쟁의 소용돌이에 휘말렸다. 결국 이러한 크고 작은 분쟁들의 확산은 제1차 세계대전으로 이어졌다.

4년 동안 지속된 제1차 세계대전은 유럽을 초토화시켰다. 그뿐만 아니라 독일제국과 오스만제국을 비롯한 여러 나라가 붕괴되거나 해체됐다. 그와 함께 졸지에 나라를 잃은 국민들이 넘쳐났으며 국경(國境)도 조정이 되면서 큰 혼란이 일어났다.

이런 대혼란 속에서 '국가'보다 영속성을 지닌 '민족'이 크게 부각됐다. 민족, 민족주의, 민족자결주의가 회오리처럼 유럽을 휩쓸었던 것이다. 특히 독일의 히틀러는 이러한 민족 열풍을 교묘하게 이용해서 민족주의를 내세우며 게르만족의 우수성을 강조했다. 민족이 국가를 압도하게 된 것이다. 하지만 이는 제2차 세계대전이 일어나는 계기가 됐다.

제2차 세계대전은 히틀러가 이끄는 나치 독일에 맞서 유럽의 여러 나라와 미국, 소련이 연합국으로 참여했던 인류 최대의 참혹한 전쟁이었다. 결국 전쟁은 연합국의 승리로 끝나면서 국가의 가치가 민족을 누르고 앞으로 나서게 됐다. 더욱이 전 세계 거의 모든 국가들이 참여한 국제연합(UN)이 창설되면서 자연히 민족은 크게 움츠러들 수밖에 없었다.

그러나 지금도 중국의 위구르족과 티베트족, 중동의 쿠르드족 등 여러 민족이 민족의 전통성을 내세우며 독립투쟁을 벌이고 있으며, 이스라엘과 아랍 국가들은 민족과 종교의 갈등과 대립으로 끊임없이 전쟁을 벌이며 첨예하게 맞서고 있다.

우리나라는 국민의 절대다수가 한민족으로 구성된 단일민족이다. 이는 너무 당연한 사실이어서 1897년 대한제국이 탄생할 때까지도 민족이라는 개념은 거의 거론되지 않았다.

그러나 일제의 침탈로 국가가 위기에 빠지면서 국가 수호의 과제와 함께 민족이 크게 떠오르게 됐다. 당시 애국적인 인사들은 앞다투어 국민이 단결해서 일제에 맞설 것을 호소하는 과정에서 '국가정신'과 '민족정신'을 외쳐, 국가와 민족을 동일한 실체로 인식하게 됐다.

하지만 단일민족이며 대한제국이 유일한 민족국가여서 민족과 국가를 동일시하거나 혼용하는 것에 아무런 문제가 없었다. 문제는 광복 후였다. 36년간의 일제강점기에서 벗어나 광복을 맞게 됐지만 남쪽에는 미국, 북쪽에는 소련이 절대적인 영향력을 행사하면서 38선을 경계로 남북이 갈라지는 비운을 맞아야 했다.

무엇보다 독립 국가를 이끌어갈 정부 수립부터 심각한 혼란을 겪어야만 했다.

남한에서는 이승만의 주도로 유일한 합법 정부를 내세우며 단독 정부를 수립하려고 하자, 민족주의자들이 크게 반발하며 민족의 통합을 강력하게 호소했다. 마침내 동일시해오던 '국가'와 '민족'이 분리되는 혼란에 빠지게 된 것이다.

미소공동위원회, 좌우 합작, 남북 협상 등이 열렸지만 모두 실패했다. 결국 엄청난 격동 끝에 1948년에 이르러 남한에는 이승만이 주도한 대한민국 정부가, 북한에는 김일성의 조선민주주의인민공화국 정부가 들어섰다.

1950년 동족상잔의 엄청난 비극이었던 6·25전쟁이 일어났고, 지금까지 70년 가까이 남북 분단 상태가 지속되면서 남북통일이 민족의 염원이 되고 있는 것이다.

통일의 염원과 관련해서 한 가지 덧붙이면, 북한은 언제나 민족을 내세우며 민족통일을 목표로 하고 있다. 그에 비해 남한에서는 보수주의자들은 국가를, 진보주의자들은 민족을 앞세우는 이념적 편향을 보이고 있다. 예컨대 보수는 1948년 8월 15일 대한민국정부 수립을, 진보는 민족이 하나였던 1919년 4월 11일 상해임시정부 수립을 건국기념일로 주장하고 있다.

하지만 민족의 통일이든 국가의 통일이든 단일민족인 우리로서는 가는 길과 가는 방법은 달라도 결과적으로 같은 목표를 향해 나아가고 있는 것이다.

민주주의와 자유민주주의는 어떻게 다른가

우리나라에서는 최근 몇 년 동안 민주주의와 자유민주주의 차이점에 대한 논란이 이어지면서 뜨거운 사회적 담론이 됐다. 2011년 각급 학교의 새 교과서 집필과정에서 비롯된 논란은 최근 정치권에서 헌법 개정과 관련, 기존 헌법에서 표현하고 있는 자유민주주의에서 '자유'를 삭제하자는 주장이 크게 대두되어 그것을 고수해야 한다는 주장과 맞물려 논란이 증폭되고 있는 것이다.

어떻게 보면 민주주의와 자유민주주의의 차이점은 간단히 설명할 수 있을 것 같지만 실제로는 매우 까다롭고 복잡하다. 예컨대 '민주주의'만 하더라도 자유민주주의, 사회민주주의, 사회주의적 민주주의, 인민민주주의, 보수적 민주주의, 진보적 민주주의, 급진적 민주주의 등 여러 형태가 있으며 그 본질과 개념이 제각기 다르다.

또한 그에 대한 전통적인 해석이나 활용에서 유럽이나 미국 등 서구 사회와 사회주의 국가들이 서로 차이가 있으며, 특히 남북이 분단된 상태에서 대치해온 우리나라의 경우는 더욱 다르다. 그뿐만 아니라 이념적 갈등이 첨예한 현실에서 서로 아전인수격의 해석과 주장이 팽배해서 그 장단점을 함부로 거론하기조차 어렵다.

하지만 최대한으로 객관적 관점을 유지하며 민주주의와 자유민주주의의 차이점을 되도록 간단하고 알기 쉽게 설명하려는 것이 이 항목의 의도라고 할 수 있다.

하나의 국가가 성립되려면 무엇보다 먼저 영토와 국민이 있어야 한다. 그다음 국가를 어떤 방법으로 운영할 것이며 운영 주체는 누구인가를 분명히 밝히는 구체적인 정치체제가 있어야 한다.

이를테면 민주주의, 사회주의 등이 국가가 지향하는 이념적 목표이며 정치형태가 될 것이다. 아울러 세습왕조가 통치하는 왕정국가나 종교가 정치형태보다 우선하는 신정국가(神政國家)가 아니라면, 국가의 구성원인 국민이 주권을 가진 운영 주체가 되는 것은 당연하다.

국민에게 주권이 있다는 것이 민주주의의 기본 개념이다. 따라서 정치형태가 민주주의 국가든 사회주의 국가든 모두 원칙적으로 민주주의를 앞세운다.

북한의 정식 명칭은 조선민주주의인민공화국(The People's Republic of Korea, DPRK)이다. 중국도 정식 국호가 중화인민공화국이다. 인민(人民, people)은 국민과 다소 개념 차이는 있지만 포괄적 개념으로 보면 같다고 할 수 있다.

민주주의에 대해서는 이미 초등학교 때 배우고 귀가 아프게 들어왔기 때문에 상세한 설명이 필요 없을 것이므로 민주주의의 핵심요소들만 짚어보자.

첫째, 국민이 주권을 가진 정치형태로서 인간의 존엄성 실현, 자유, 평등을 지향한다. 둘째, 다수결 원칙으로 의사를 결정한다. 정치적 결정도 다수결 원칙에 따라 전체 국민에 의해 행사한다. 셋째, 입법, 사법, 행정의 삼권

분립을 분명히 확립한다. 넷째, 국민은 국가의 주체로서 최상위 법인 헌법을 비롯한 각종 법률이 규정하는 범주 안에서 언론, 출판, 종교, 집회, 결사 (結社) 등의 자유가 보장되며 국가 존립을 위한 권리와 의무가 있다. 더불어 사유재산과 자유로운 경제활동이 보장되는 자본주의 시장경제가 기본적인 경제형태다.

그러나 사회주의 국가들이나 공산주의자들의 민주주의에 대한 개념과 정의는 크게 다르다. 민주주의가 곧 자본주의로 인식되듯이, 사회주의는 생산수단의 공유가 원칙인 공산주의와 대부분의 경우 동일시된다. 따라서 공산주의 국가나 공산주의자들은 전통적인 민주주의 개념을 적당히 인용하면서 자신들의 지향점에 맞춘 '인민민주주의'의 정치형태를 민주주의로 내세운다.

사회주의의 종주국이었던 구소련은 마르크스주의에 따라 계급투쟁이 없는 노동자들이 주체가 되는 프롤레타리아의 독재를 추구해왔다. 혁명을 통해 자본주의가 붕괴되고 자본가들이 도태된 시대가 오면 노동자를 대표하는 노동당 또는 공산당 일당독재제가 강력한 국가를 만들고 인민들의 삶을 향상시킬 수 있다는 것이다.

그런데 세계대전 이후 제국주의 국가들이 무너지고 여러 사회주의 국가들이 등장했는데 이들 국가의 구성원으로 약소민족들이 많이 포함돼 있었다. 이들은 반제국주의 깃발을 내걸고 저항했기 때문에 충분히 시회주의 공산국가의 구성원이 될 수 있다고 판단하게 됐다.

또한 농민들도 자본가로 볼 수 있는 지주들의 억압을 받았으니까 구성원의 자격이 있다고 판단하면서 노동자 중심의 사회주의 국가로서의 명분이 약해지자, 그 대안으로 노동자·농민·약소민족 등을 모두 아우르는 인민민주주의를 표방하는 정당들이 등장하게 됐다. 북한의 조선노동당이나 중국의 공산당도 그러한 추세 속에서 탄생했다.

하지만 여전히 공산당 또는 노동당 일당독재제를 견지함으로써 일당독재의 사회주의와 인민민주주의에는 별다른 차이가 없었다. 형식적으로는 몇몇의 위성정당들이 있었지만 그 기능은 매우 미약했다.

그러나 사회주의 국가들도 민주주의(인민민주주의)를 표방하자 진정한 민주주의 국가들은 당황과 혼란 속에서 무엇인가 확실한 차이점을 부각시킬 필요성이 있었다. 그에 따라 등장한 것이 '자유민주주의'다.

더욱이 그 무렵 우리나라는 남북이 분단되며 남한에는 민주주의 정부가, 북한에는 공산주의 정부가 들어섰다. 남한의 민주주의 정부는 UN의 감시 아래 선거를 치러 한반도 전역을 영토로 하고 한민족을 구성원으로 하는 대한민국의 유일한 합법정부로 UN의 승인을 받았다.

그리하여 남북통일과 민족통일이 대한민국의 지상목표가 되었고, 그러자면 북한의 공산정권을 타도해야만 했다. 또한 그러기 위해서 국민들이 목표를 향해 일치단결할 수 있는 '반공(反共)'을 국시로 내걸었다.

한편 북한의 공산정권도 인민민주주의를 표방하였으므로, 국민들의 혼란을 피하고 남북의 통치이념을 확실히 구별하기 위해 인민민주주의에 대한 방어 개념으로 '자유민주주의'를 채택했던 것이다.

그뿐만 아니라 냉전시대 공산주의 중국(중공)과 맞서고 있는 당시의 중화민국(대만)을 '자유중국'으로, 월남전 당시 남쪽의 민주정권을 '자유월남'으로 부르는 등 공산주의에 대한 방어 개념으로 '자유'를 적극 활용했다.

자유민주주의는 자유주의와 민주주의를 결합한 것이다. 자유주의 역시 그 개념과 정의를 설명하기 쉽지 않지만, 간단하게 정의하면 집단에 의한 통제보다 개인의 의지와 자발성을 우선하고 국가와 사회제도도 개인의 자유를 보장해야 한다는 철학 사조라고 할 수 있다.

물론 민주주의의 기본 이념에도 인간의 존엄성과 자유가 포함돼 있다. 하지만 민주주의의 자유와 자유주의의 자유에는 본질적인 차이가 있다. 민주주의는 국민 다수에 의해 의사결정을 하는 집단주의라고 할 수 있고, 자유주의는 개인의 권리 보호를 최우선으로 하는 개인주의다.

긍정적으로 보면 자유민주주의는 민주주의와 함께 개인의 자유를 더욱 보장하는 정치형태처럼 보이지만 민주적인 다수의 동의로 개인의 자유를 억압하는 경우도 있고, 자유주의에서 정의하는 자유(liberal)와 아무런 구속 없이 자기 뜻대로 행동하는 자유(free)를 혼동해서 별 의미 없이 사용하는 경우도 많다.

일반적으로 경제 분야에서 자주 쓰이는 '신자유주의'도 있다. 경제의 흐름에 국가가 개입해서 시장을 자유화하고, 여러 경제적 갈등을 시장 자체의 자연적인 동향에 따라 조절하고 해결해서 경제를 활성화해야 한다는 경제이론이다. 하지만 현대사회의 불평등을 심화시켰다는 비난을 받았다.

우리나라의 자유민주주의는 숱한 우여곡절을 겪었다. 무엇보다 첨예하게 대치하고 있는 북한의 인민민주주의에 대한 방어 개념으로 활용한 것에서 본질을 벗어나 운용 범주가 좁아질 수밖에 없었다. 예컨대 민주주의와 대치되는 개념은 독재다. 그런데 민주주의에 반하는 체제는 공산주의로 설정돼 '반공'을 내세웠다는 것이다.

북한이 인민민주주의를 표방하며 "조선민주주의인민공화국의 주권은 노동자, 농민, 군인, 근로 인텔리를 비롯한 근로인민에게 있다."고 명문화했지만, 사상이나 이념의 자유를 허용하지 않는 노동당 독재체제여서 북한 인민들의 주권은 전혀 보장되지 않았다. 북한의 인민민주주의는 자유가 없는 민주주의가 된 것이다.

그 때문에 우리나라의 자유민주주의는 큰 효과를 발휘하며 더욱 탄력을 받게 됐다. 하지만 오랫동안 지속된 비민주적인 군사독재가 자유민주주의를 체제 유지를 위한 방어수단으로 이용하면서, 그 본질에서 크게 벗어나 정치적 반대 세력의 탄압 수단으로 전락하고 말았다.

그 이후로 보수정권과 진보정권이 뒤바뀔 때마다 자유민주주의에 대한 논란이 증폭됐다. 보수정권은 여전히 북한과 대치하고 있는 상황에서 자유민주주의를 북한식 전체주의의 대립 개념으로 활용하려고 했다.

하지만 진보정권과 진보주의자들은 그에 맞서 '반공'을 민족통일 염원의 걸림돌로 인식하며 자유민주주의에서 '자유'를 삭제해야 한다는 주장을 강하게 내세웠다. 더욱이 그들은 '민주주의'에 당연히 자유가 포함돼 있으므로 삭제해도 전혀 문제될 것이 없다고 했다.

결국 논란의 쟁점은 보수세력과 진보세력의 관점 차이에서 오는 것이다. 보수세력은 북한이 변함없이 세습 독재체제를 유지하면서 민주주의와 어긋난 이른바 주체사상을 통치이념으로 강화하고 있어서 그들의 통일에 대한 진정성이 의심스럽고 여전히 경계해야 할 대상으로 보는 것이다. 따라서 우리의 '자유'가 시사하는 의미와 가치가 상당하므로 굳이 자유를 삭제할 이유가 없다는 것이다.

그에 맞서 진보세력은 자유민주주의가 표방하는 것은 냉전시대의 산물인 '반공'이며 그것을 구실로 반대 세력을 탄압하는 데 악용해왔다는 것이다. 또한 '반공'은 시대 상황에 맞지 않는 민족통일의 걸림돌일 뿐이며 '자유'를 삭제해도 민주주의 운용에는 아무런 지장이 없다는 것이다.

극단주의와 포퓰리즘

근래의 세계적인 이슈 가운데 빼놓을 수 없는 것이 극단주의와 포퓰리즘(populism)이다. 물론 우리나라도 예외가 아니다.

극단주의자들이 결집하여 정치세력화를 꾀하고, 정치가들은 무분별하고 근시안적인 포퓰리즘으로 권력을 잡으려고 하기 때문에 세계적인 이슈가 되고 있는 것이다.

극단주의는 어떤 특정한 이념에 극단적으로 치우친 상태로 그것을 맹목적으로 추종하는 경향을 말한다. 이러한 극단주의는 이데올로기, 정치, 종교를 비롯해서 사회의 모든 분야에서 볼 수 있는 현상이기도 하다. 어떤 특정한 이념에는 사회에서 인정되는 평균적 통념이 있기 마련인데, 그것에서 지나치게 벗어나 무비판적인 독단과 독선에 빠지는 것이 문제가 된다.

이를테면 그 성격은 조금 다르지만 급진주의나 종교의 근본주의, 원리주의, 테러리즘 등이 극단주의에 속한다. 또한 지나치게 원리원칙에 얽매여 융통성이 결여된 교조주의(敎條主義)도 극단주의와 다르지 않다. 요즘 사회문제가 되고 있는 극좌와 극우도 극단주의라고 할 수 있으며, 우리나라를 혐오하는 일본의 혐한주의도 극단주의로 볼 수밖에 없다.

극단주의자들은 자신이 추종하는 특정한 이념에 완전히 매몰돼 다른 이념이나 견해, 사회적 통념 등을 배척하고 적대시하며 공격적으로 맞선다. 아울러 자신의 일방적인 주장이나 편견을 남들에게 동조할 것을 강요하는가 하면, 어떤 형태로든 행동으로 표출해서 사회적 갈등을 일으킨다.

더욱이 이들은 감정에 치우쳐 특정한 이념을 맹목적으로 따르기 때문에 대부분 확고한 신념이나 정체성이 부족하고 자신의 주장에 합리성이나 논리성이 결여돼 있어서, 자신의 주관적인 판단보다 남들의 주장이나 견해에 의존하는 경향이 강하다.

따라서 극단주의자들에게는 자신들의 극단적인 행동을 합리화하기 위해 집단화하려는 뚜렷한 특징이 있다. 그리하여 소속감과 자신의 존재감을 느끼면서 개인으로서는 부족했던 집단정체성을 만들어나가는 것도 빼놓을 수 없는 특징이다. 또한 자신들의 집단을 세력화하여 집단 시위를 벌이고 반대 세력을 공격하는 등 적극적으로 행동한다. 대부분의 테러 행위들이 조직적이고 집단적인 행동이다.

심리학자들에 따르면 이들의 집단은 매우 폐쇄적이며 규범이나 규율이 엄격하고 상명하복의 수직적 위계질서를 가지고 있으며 자신들의 신조(信條)에 집착하는 특성이 있다고 한다.

그들은 획일화된 사고와 가치관을 공유하고 남들에게 강요한다. 또한 구성원들은 대체적으로 자기애에 빠져 있으며 과시적이고 오만하며 우월감을 드러내는 것도 특성이라고 한다.

민주사회의 특성은 다양성이다. 누구나 어떤 상황이나 현상에 대한 자신의 주장과 견해가 있으며 표현의 자유가 있다. 그럼에도 타인들의 주장은 모조리 배척하고 오직 자신들의 주장만이 옳고 정의이며 최선이라고 외치는 것은 지나치게 자기중심적이고 편견이며 독선이다. 편협한 극단주의가 판칠수록 사회는 혼란에 빠질 수밖에 없다.

기원전 5세기, 고대 그리스의 양대 세력은 아테네와 스파르타였다. 이들은 오랜 세월에 걸쳐 패권 다툼을 벌였는데, 가장 대표적인 전쟁이 역사적인 펠로폰네소스 전쟁이었다.

아테네는 무려 17년이나 이어지고 있는 이 전쟁을 끝내기 위해 병력을 총동원했다. 뛰어난 전략가로 평가받고 있는 알키비아데스(Alcibiades)가 역사상 최대의 선단을 꾸리고 총지휘를 맡았다. 스파르타는 위기에 몰렸고 누가 보더라도 아테네의 승리로 전쟁이 끝날 것이 틀림없었다. 그런데 운명의 장난이랄까, 전혀 뜻하지 않은 상황이 벌어졌다.

아테네 해군의 총사령관 알키비아데스가 신성모독을 했다는 뜬금없는 풍문이 아테네에 퍼졌던 것이다. 당시 신성모독은 최고의 죄악이었다. 성

라파엘로의 〈아테네 학당〉. 그림 왼쪽에 투구를 쓴 인물이 알키비아데스다. 소크라테스의 제자이기도 한 그는 펠로폰네소스 전쟁에서 아테네를 패배로 이끌었다.

난 아테네 시민들이 전쟁터로 향하던 알키비아데스를 당장 소환했다. 아테네로 돌아가면 사형당할 것이 자명했으므로 그는 아테네로 돌아가는 도중에 스파르타로 망명했다.

위기에서 절호의 기회를 맞게 된 스파르타는 알키비아데스가 일러주는 전략을 적극 활용해서 아테네의 대선단(大船團)을 완전히 붕괴시켰다. 이 전쟁에서 참패한 아테네는 결국 멸망의 위기를 맞고 말았다. 대중의 맹목성과 대중에게서 버림받은 엘리트의 조합이 빚어낸 비극이었다.

이상은 2005년에 《문화일보》에 실린 이신우 논설위원의 칼럼 〈대중은 항상 옳은가〉의 내용을 거의 그대로 인용한 것이다. 대중에 영합하고 인기에 영합하는 포퓰리즘이 저지르기 쉬운 위험성을 잘 말해주는 역사적 사실을 밝힌 것이다.

포퓰리즘(populism)은 케임브리지 사전에 따르면 '보통 사람들의 요구와 바람을 대변하려는 정치사상과 활동'으로 풀이하고 있다. populism은 라틴어의 populus에서 유래한 단어로 인민, 대중, 민중을 뜻한다고 한다. 지배층이자 기득권층인 엘리트(귀족)보다 절대다수의 대중(인민)을 위하고 그들에게 이익이 되는 정책을 펴려는 정치사상이라고 할 수 있다.

그러고 보면 이념적으로 만민 평등을 주창하는 민주주의와 일맥상통하는 부분이 있다. 하지만 인민에게 최고의 가치를 두었으나 인민들이 엘리트의 부패와 권력 남용 등으로 배신당했다는 주장이 제기된다는 점, 현재의 엘리트(지배계층)를 인민들을 위한 새로운 지도자로 바꿔야 한다는 요구 등이 포퓰리즘의 배경이 된다는 점에서 사회주의와 비슷하다는 견해를 가진 전문가들이 적잖다.

아무튼 민주주의와 일맥상통한다면 인류가 만들어낸 정치체제 가운데 가장 훌륭하다는 평가를 받는 민주주의의 결함이 포퓰리즘이기도 하다.

더욱이 민주주의의 발상지인 고대 그리스에서 포퓰리즘이 하나의 정치이념으로 자리 잡았고, 그 때문에 아테네가 멸망의 길을 걸어야 했다는 것은 아이러니가 아닐 수 없다.

근래에 와서 민주주의와 사회주의 체제가 치열하게 대립하며 냉전이 이어지는 동안, 민주주의 국가에서는 포퓰리즘의 사회주의적 요소 때문에, 사회주의 국가에서는 민주주의적 요소 때문에 오랫동안 외면당했던 포퓰리즘은 19세기 말에 와서 다시 대두하기 시작했다.

하지만 포퓰리즘이 지니고 있는 순수성과 본질보다 부분적인 일부 요소만을 지나치게 부각시킨 기형적인 형태로 재등장한 것이다. 정치적 신념조차 모호한 정치인들이 오직 선거에서 많은 표를 얻어 승리하려는 얄팍한 대중영합주의와 인기영합주의로 변질된 것이다.

대중영합주의와 인기영합주의에는 반드시 몇 가지 문제가 뒤따른다.

첫째, 국가 발전을 위한 합리적이고 장기적인 비전을 제시하기보다 당장 대중들에게 인기를 얻으려는 무계획적이고 단기적이며 가시적인 선심성 정책들을 남발한다. 이를테면 노동자와 농민 등 상대적 약자들의 지위 향상과 처우 개선, 무상의료, 무상교육, 무상급식 등 대중들이 좋아할 각종 복지정책을 쏟아놓는 것이다.

둘째, 포퓰리즘의 근본적 특징을 이용해서 대중을 선동하는 것이다. 국가의 주권은 국민에게 있으며 국민이 나라의 주인공인데, 무능하고 부패한 기득권 세력이 국민들을 억압하고 주인 행세를 한다며 적(敵)을 설정해놓고 그들을 향한 적대감을 부추긴다. 그 주요 대상은 집권층, 엘리트, 부자 등 서민들보다 많은 것을 가진 자들이다. 한마디로 표현하면 양극화 전략이다.

포퓰리즘의 대명사로 불리는 아르헨티나의 정치가 후안 페론. 선심성 복지정책으로 빈민층으로부터 구국의 영웅이라는 칭송을 받았으나, 한편으로는 나라를 망치는 망국적 포퓰리즘을 상징하는 인물로 평가가 극명하게 갈린다.

　이러한 대중영합주의는 노동자와 농민 등 억압받는 민중의 혁명을 부르짖는 사회주의, 민주주의로 위장한 사회주의와 별 차이가 없다. 아무튼 대중들의 격렬한 분노 표출과 열렬한 지지를 얻어 당선되고 집권하게 되면, 한동안 인기를 얻지만 곧 갖가지 난제들에 부딪히게 되는 것이 인기영합주의다.

　먼저 자신들이 설정했던 적대세력을 어떤 형식으로든 처단해야 대중들의 지지를 유지할 수 있다. 하지만 오랫동안 군림했던 기득권 세력도 만만치 않다. 그리하여 국가 발전보다 치열한 정치적 공방전에 휩쓸려 국가와 사회가 큰 혼란에 빠진다.

　그다음 구체적인 대책 없이 마구 쏟아놓았던 숱한 복지정책들을 실행하려면 엄청난 예산이 필요하다. 그 막대한 자금을 어떻게 조달할 것인가? 결론은 간단하다. 결국 세금을 올려야 한다.

　또한 많이 가진 자들로 하여금 많이 내놓게 해야 한다. 그를 위해 온갖 규제로 옥죄면서 재산 축적과정을 철저히 추적하고 불법적인 행위들을 노출시켜 처벌하거나 부당한 이득을 내놓게 해야 한다. 그 때문에 국가와 사회는 더욱 혼란과 갈등에 빠지게 된다.

　그 좋은 본보기가 정치적으로 불안정한 중남미의 여러 나라들과 그리스를 비롯한 유럽의 일부 국가들이다. 포퓰리즘을 교묘하게 이용해서 집권한 정치세력이 적대세력과 치열하게 투쟁하면서 큰 혼란을 일으키고, 권력을 유지하기 위해 서민복지를 파격적으로 무리하게 확대해 나가다가

IMF 등으로부터 큰 빚을 지게 되고, 마침내 모라토리엄(moratorium), 즉 '국가 부도 사태'를 맞았던 것이다.

극단주의는 사회가 혼란스럽고 불안해서 주체성과 방향성을 잃고 우왕좌왕할 때 확산돼 혼란을 더욱 가중시키는 속성이 있다. 대중영합주의로서의 포퓰리즘은 앞서 소개한 고대 그리스 아테네의 경우처럼 즉흥적이고 맹목적인 대중의 판단에 휩쓸리거나 대중을 그릇되게 유도하는 거짓 선동의 우려가 크다.

그 어느 것도 막힘이 없어야 할 국가 발전에 기여하지 못한다. 위정자들은 확고한 국가관과 가치관을 가지고, 대중의 인기와 상관없이 꿋꿋한 신념으로 국가와 민족을 이끄는 용기가 있어야 한다.

유대인은 왜 그렇게 미움을 살까

1948년 유대인들의 민족국가 이스라엘이 건국되기 전까지 유대인들은 나라가 없이 전 세계에 흩어져 살았다. 이를 디아스포라(Diaspora; 흩어진 사람들이라는 뜻)라고 한다. 3000여 년 전에 고대 이스라엘왕국이 멸망하면서 그들이 살던 땅과 나라를 모두 잃었기 때문이다.

그들은 자신들이 정착한 국가에서 소수의 타민족이라는 이유로 정당한 대우를 받지 못했으며, 때로는 차별과 멸시와 미움을 받아야 했다. 그러나 유대인들이 세계적으로, 특히 유럽에서 적대감과 증오의 대상이 되고 미움을 받게 된 근원에는 매우 긴 역사가 깔려 있다.

유대교·기독교·이슬람교는 유일신을 믿는 일신교(一神敎)로, 인류 최초로 신(하나님)의 계시를 받았다는 아브라함을 자기들 종교의 최고 조상으로 숭상한다. 뿌리가 같은 종교인 것이다. 따라서 《구약성서》는 세 종교 공통의 경전이며 예루살렘은 공통의 성지다.

다만 유일신을 유대교는 야훼, 기독교는 하나님 또는 하느님, 7세기에 탄생한 이슬람교는 알라로 부른다. 또한 기독교는 예수 그리스도를 하나님의 대리자이자 아들로 숭배하며 복음을 믿고 따르지만, 유대교는 그들의 율법을 철저히 지키며 모세를 교조로 숭상한다. 율법에는 우리가 잘 아는 《탈무드》를 비롯해서 여러 개가 있다.

《구약성서》에 따르면 모세(Moses)는 이집트에서 핍박받던 유대민족을 탈출시켜 새로운 땅 가나안으로 이끌었으며, 시나이산에서 하나님으로부터 받은 율법을 그들에게 전한 인물이다.

기독교는 기원후 예수의 제자들에 의해 창시돼 예수를 인정하지 않는 유대교로부터 분리됐다. 더욱이 유대인들이 디아스포라를 겪을 때, 유럽에서 가혹하게 핍박받던 기독교도들은 로마제국의 콘스탄티누스 대제가 종교의 자유를 선언하며 기독교를 공인(313)하고 국교로 삼으면서 새 생명을 찾게 됐다. 그뿐만 아니라 기독교의 교세가 유럽 전역에서 빠르게 성장하는 계기가 됐다.

로마에서 기독교가 공인되자 교리(敎理)에 견해차가 있는 여러 종파들이 분열하며 목소리를 높였다. 그러자 콘스탄티누스 황제는 여러 견해들을 수렴하여 기독교 교리의 핵심인 삼위일체를 확립했다. 삼위일체란 성부(聖父), 성자(聖子), 성령(聖靈)은 하나라는 것이다.

성부는 하나님(하느님), 성자는 예수, 성령은 하나님이 행사하는 영적인 힘, 신자들이 영적 생활을 하도록 이끄는 근본적인 힘을 뜻한다. 그래서 지금도 가톨릭 신자들은 기도할 때 삼위일체를 뜻하는 성호를 긋고 "성부와 성자와 성령의 이름으로 아멘."이라는 성호경을 읊조린다.

로마제국의 기독교 공인은 곧 유대교와 유대인의 박해를 알리는 서막이었다. 예수를 인정하지 않는 유대교가 삼위일체를 부정하자 콘스탄티누스 황제는 자국에 해롭다고 판단하여, 유대인과 기독교도의 결혼을 금지하는 등 여러 방법으로 압박을 가하기 시작한 것이다.

그런데 공교롭게도 예수가 복음을 전파하던 1세기 초의 가나안 지역은 로마제국이 통치하고 있었으며, 예수를 혹세무민의 죄목으로 골고다 (Golgotha; '해골'이라는 뜻. 라틴어로는 갈보리Calvary라고 한다.) 언덕에서 십자가에 못 박아 처형하도록 명령한 것도 당시 로마 총독 본디오 빌라도(Pontius Pilatus)였다.

로마제국이 기독교를 공인하고 국교로 삼자 예수를 죽음으로 몰았던 로마인들은 무척 난처했고, 크게 확장된 유럽의 기독교도들이나 여러 국가들도 로마를 비난하기가 어렵게 됐다.

그러자 그들은 곧 비난의 화살을 유대인들에게로 돌렸다. 예수의 거처를 돈을 받고 유대의 대제사장들과 원로들에게 팔아넘겨 마침내 처형당한 배신자 유다(Judas Iscariot)가 그들의 선조이며, 유대인들이 예수 죽음의 장본인들이라고 몰아붙였다. 유대인들은 예수를 팔아먹고 예수를 죽게 한 죄인들이기 때문에 미워해야 한다는 유럽인들의 집단의식이 점점 확산된 것이다.

이후 나라 없이 세계 곳곳으로 흩어져야 했던 유대인들은 그들 민족의 근거지에서 지리적으로 가까운 유럽의 여러 나라들에 가장 많이 정착했다. 하지만 종교적인 이유로 증오와 미움의 표적이 된 유대인들은 그들이 정착한 국가에서 농토를 마련할 수 없었으며 관리가 될 수도 없었다.

농업이 대다수 국민들의 생업이던 시대에 농토를 얻을 수 없다는 것은 생계에 큰 위협이 됐다. 그리하여 마땅한 직업을 가질 수 없었던 유대인들은 그 당시 무척 천시했던 고리대금업에 종사함으로써 살길을 찾았다. 요즘으로 말하면 가난한 사람들에게 급전을 빌려주고 고액의 이자를 받는 사채업자였다.

그 당시 기독교는 고리대금을 금지했기 때문에 기독교를 믿지 않는 유대인들이 발붙일 수 있었으나, 그래서 그들은 한층 더 미움을 받게 됐다.

더욱이 대부분의 유대인들은 자신들의 종교인 유대교를 신봉했는데, 신에게 선택돼 계율을 받은 민족이라는 자부심과 선민의식이 무척 강했다. 다른 민족이나 종교에 대해서는 철저하게 배타적이었으며 우월감을 지닌 자기들끼리 똘똘 뭉쳤다.

하지만 이미 유럽 전역에서 절대적인 영향력을 갖게 된 기독교는, 하나님은 모든 사람들의 하나님으로서 누구라도 예수의 가르침과 신성을 따르면 구원을 받을 수 있다는 관용과 포용력을 공식화함으로써 유대인들의 선민의식과 선천적인 우월의식을 무력화했다. 또한 유대교는 율법을 어기면 엄격하게 처벌했지만 기독교는 누구든지 용서받을 수 있도록 함으로써 유대인들을 더욱 고립시켰다.

더구나 유대인 고리대금업자들은 피도 눈물도 없었으며 돈을 빌린 사람들에게 수단방법을 가리지 않고 악착같이 돈을 받아냈다. 그러면서도 절대로 돈을 쓰지 않는 수전노였다. '수전노(守錢奴)'란 돈을 지키는 노예, 즉 돈을 모을 줄만 알고 쓸 줄 모르는 매우 인색한 사람, 지독한 구두쇠를 말하는 것이다.

이러한 유대인들의 생활철학은 그들의 생존에는 큰 도움이 됐지만 유럽인들에게 적개심과 증오심을 갖게 했다. 결국 유럽 여러 나라의 통치자들

은 유대인들이 악랄하게 벌어서 쌓아놓은 막대한 재산을 빼앗을 생각을 하게 된 것이다.

찰스 디킨스의 소설 〈크리스마스 캐럴〉에 나오는 수전노의 대명사 스크루지(Scrooge) 영감도 유대인으로 묘사되어 있다.

예컨대 12세기에서 13세기 초에 이르기까지 네 차례에 걸쳐 100년 넘게 이어졌던 '십자군 전쟁'이 대표적이다.

그 당시 예루살렘을 장악하고 있던 이슬람교도들은 기독교도들의 성지 순례를 방해하고 심하게 박해했다. 그러자 교황이 유럽의 군주와 제후들에게 예루살렘 탈환을 호소하면서 신앙심이 투철했던 기독교도들이 군대를 조직하고 전의를 불태우며 원정에 나섰던 것이 십자군 전쟁이다.

그들은 국고와 세금징수 등으로 원정 비용을 마련했지만 크게 부족하자 유대인 금융업자들에게 큰돈을 빌렸다. 하지만 원정에서 돌아와서는 돈을 빌린 흔적을 없애려고 유대인들을 죽였다.

수많은 전쟁을 이끌며 거의 평생을 전쟁터에서 보낸 사자왕(獅子王)으로 불렸던 영국의 리처드 1세도 왕으로 즉위하자마자 십자군 원정 비용을 마련하려고 유대인들의 재산을 몰수하고 탄압했다.

한 걸음 더 나아가, 유럽의 군주와 제후들은 유대인 탄압과 박해를 합리화하기 위해 갖가지 충격적인 사건이 발생할 때마다 그 배후를 유대인으로 몰아갔다.

프랑스는 앞장서서 "유대인은 프랑스의 적이다. 매점매석을 하고 신을 살해한 민족이다."라며 반유대주의를 조장했다.

특히 로마 가톨릭교회의 선동으로 반유대주의가 더욱 확산되면서, 유럽에서 유대인들은 아주 나쁜 이미지로 굳어졌고 점점 더 고립될 수밖에 없었다.

세계적인 대문호 영국의 셰익스피어도 그의 〈베니스의 상인〉에서 샤일록이라는 인정사정없는 유대인 고리대금업자를 등장시켰다.

이처럼 유대인들의 돈에 대한 집착이 이해관계가 얽혀 있는 많은 유럽인들의 증오심을 자극하고 비난을 멈추지 않게 했다. 그럼에도 유대인들을 보호해줄 자신들의 나라도 없었고 정치적으로 영향력 있는 조직도 없었다. 그들은 유럽에서 힘없는 약자일 뿐이었다.

근대에 이르러서도 반유대주의는 수그러들지 않았다. 당시 유행처럼 확산된 유럽 각국의 민족주의, 국수주의, 반유대주의가 결합하면서 오히려 유대인에 대한 적개심과 증오심은 한층 더 강화됐다.

그 와중에 엄청난 재산을 모은 유대인 자본가들이 생겨났다. 예컨대 유대인인 로스차일드(Rothschild) 가문은 대를 이어 어마어마한 축재를 함으로써 유럽 전역의 금융을 좌우할 정도였다. 더욱이 산업혁명이 일어나면서 농업이 크게 쇠퇴하고 공업 분야가 각광을 받으면서 유럽의 금융시장은 거의 유대인 자본가들이 장악하게 됐다.

오죽하면 나폴레옹까지 나서서 "돈주머니를 쥔 쪽이 아무래도 돈을 쓰는 쪽보다 유리하다. 돈에는 조국이 없다. 금융재벌은 무엇이 애국이고 무엇이 고상함인지 따지지 않는다."고 말하여, 유럽인들을 유대인에 대한 적개심과 증오를 넘어 분노하게 했다. 그렇게 유대인은 유럽인들에게 모든 악의 근원으로 매도됐다.

이러한 유대인들에 대한 증오와 분노를 교묘하게 이용한 인물이 바로 독일의 아돌프 히틀러였다. 철저한 민족주의자이자 반유대주의자였던 히틀러는 독일이 제1차 세계대전에서 패배하면서 승전국들에게 엄청난 보상을 해줘야 하고, 경제 파탄으로 공황 상태에 빠지자 패전의 책임을 그럴듯한 이유를 붙여 유대인들에게 돌렸다.

대중연설 능력이 뛰어났던 히틀러는 연설할 때마다 유대인을 비난하고, 독일인들의 최대 구성원인 게르만족의 우월성을 강조해 청중들을 흥분시켰다. 한층 더 증오심이 고조된 독일인들은 닥치는 대로 유대인의 재산을 약탈

영화 〈25시〉에서, 순수 아리안족 혈통조사를 받는 루마니아의 산골 폰타나의 농부 요한 모리츠 (앤서니 퀸 분)

하고, 종교시설을 파괴하며, 유대인들의 각종 공동체를 공격했다.

그에 따라 전쟁 패배의 분명한 책임과 고통은 갈수록 희석되고, 오히려 히틀러가 강조한 게르만족의 조상인 '순수한 아리아인'으로서의 긍지와 자부심이 크게 고조됐다. 그리하여 독일인들은 더욱 단결하고 마침내 제2차 세계대전을 일으킬 수 있는 저력을 갖추게 됐지만, 그럴수록 유대인들은 고립되고 마치 인류의 적인 것처럼 걷잡을 수 없는 증오의 대상이 됐다.

히틀러가 반유대주의자가 된 계기에 대해서는 여러 얘기가 있다. 원래 히틀러는 화가가 되려고 했는데 그의 재능을 노골적으로 폄하해서 화가를 포기하게 했던 교수가 유대인이었기 때문에 그 뒤부터 유대인들을 철저하게 미워했다는 얘기도 있다.

아무튼 히틀러는 마침내 제2차 세계대전을 일으켰고, 전쟁기간에 가공할 만한 유대인 말살정책을 실행했다. 그 당시 유럽에는 약 900만 명의 유대인이 있었는데 그 가운데 무려 약 600만 명이 학살당했다. 지금 이스라엘의 전 인구와 맞먹는 숫자다.

간단히 요약하면, 예수를 부정하는 등 기독교와 달랐던 유대인들의 종교관, 그들의 선민의식과 우월감, 독점적인 금융업, 거대한 자본 등이 유대인 증오의 결정적인 요인이 됐다. 유럽에서 견고하게 자리 잡은 그러한 반유대주의의 집단의식을 교묘히 악용한 히틀러에 의해 대학살의 참혹한 비극을 맞게 됐다고 볼 수 있다.

한편 유대인들은 반유대주의가 기승을 부리며 확산되자 시온주의 (Zionism) 운동을 펼쳤다. 19세기 후반 오스트리아에 거주하던 유대인 기자에 의해 시온주의 또는 유대주의라는 이름으로 전개된 이 운동은 전 세계에 흩어져 살고 있는 유대인들이 그들 조상의 땅이었던 팔레스타인에 유대인의 민족국가 건설을 목표로 한 민족주의 운동이다.

이 운동은 제2차 세계대전이 끝난 뒤 히틀러의 유대인 대학살에 분노한 세계인들의 동정과 영국 등의 지지를 얻어 1948년 이스라엘 건국으로 결실을 맺었다. 그럼에도 불구하고 팔레스타인과의 영토분쟁과 종교적 갈등으로 지금까지도 분쟁의 소용돌이에서 벗어나지 못하고 있다.

외계에 지적 생명체가 존재할까

푸른 하늘을 쳐다보며 '저 하늘의 끝은 어디일까?' 공상을 하던 어린 시절이 있었을 것이다. 우주공상물인 〈E.T.〉〈스타트랙〉 등이 큰 인기를 끌었으며, 많은 사람들에게 큰 감동을 준 생텍쥐페리의 소설 《어린 왕자》의 주인공도 외계의 소행성에서 온 소년이다.

자주 출몰하는 UFO(미확인 비행물체)는 대부분 그 실체가 밝혀졌지만 여전히 외계에 대한 우리의 호기심을 자극하고 있다. 또한 인간의 능력으로 해냈다고 보기 어려운 불가사의한 조형물들, 예컨대 피라미드나 남미 페루의 사막에 있는 거대한 나스카(Nazca) 지상화 등에 대해서도 외계인들이 만들었다는 주장이 끊이지 않는다.

불가사의한 것은, 나스카 지상화는 그 거대한 그림들과 선(線), 삼각형 도형의 크기를 측정하려면 현대적인 측량기구의 도움 없이는 도저히 불가능하다는 것이다. 삼각형 도형의 연결 길이만 하더라도 무려 8킬로미터에 달한다고 한다. 인간의 기술로는 도저히 불가능하기 때문에 외계인들의 작품이라는 주장이 끊이지 않고 아직까지 미스터리로 남아 있다.

위성 채널 중에는 고대인들이 남긴 갖가지 유적과 유물의 기이한 그림

나스카 지상화는 페루의 나스카강과 인헤니오강에 둘러싸인 건조한 분지 모양의 고원의 지표면에 그려진 기하학 도형과 동식물의 그림이다. 1994년 유네스코 세계문화유산으로 등재되었다.

이나 석물(石物) 따위를 추적하며 외계인의 존재 사실 또는 그들이 남긴 흔적이라는 주장을 시리즈로 방영하는 다큐멘터리 프로그램이 있다. 심지어 우리가 말하는 신(神)이나 하나님도 외계인이라고 주장하는 사람들도 있다.

그렇다면 외계에는 과연 지적 생명체가 존재할까?

영국의 세계적인 물리학자 스티븐 호킹(Stephen Hawking) 박사는 "외계에는 지적 생명체가 있다."고 단언했다. 그뿐 아니라 거의 모든 우주과학자들이 외계에 지적 생명체가 있다고 생각한다.

'지적 생명체'란 지구의 인간들처럼 뛰어난 지능을 갖고 있어 이성적으로 생각하고 판단하고 결정하고 계획할 수 있는 생명체를 말한다.

사실 우주의 크기는 가늠할 수 없을 정도로 상상을 초월하고, 그 수를 헤아릴 수 없을 만큼 엄청나게 많은 항성과 행성들이 존재한다.

그 엄청난 행성들 가운데 기후를 비롯한 갖가지 환경이 지구와 비슷하다고 판단되는 행성만 하더라도 헤아릴 수 없이 많다. 그들 가운데 지구처럼 지적 생명체가 존재할 수 있다고 판단하는 것은 지극히 당연하다. 물론 추측이긴 하지만 누구도 그러한 사실을 부인하기 어렵다.

하지만 외계에 지적 생명체가 존재한다고 하더라도 지구인들과 우연히 조우하거나 의도적인 접촉에 대해서는 수많은 문제들이 제기되고 있다. 무엇보다 행성 사이의 거리가 너무 멀다. 우주 공간은 그 크기가 무한대다. 태양계를 벗어나면 아무리 가까운 행성도 빛의 속도로 수백수천, 아니 수만 광년 또는 그 이상 가야 한다. 우리의 과학으로는 상상조차 할 수 없으며 도저히 갈 수 없는 거리다.

은하계만 하더라도 약 1000억 개의 행성이 있으며 그 가운데 500억 개는 지구와 같은 암석형 행성이다. 특히 지구와 비교적 가까운 거리에 있으며 여러 가지 환경조건이 지구와 비슷해서 생명체가 존재할 만한 은하계의 우주 공간을 골디락스 존(Goldilocks Zone) 또는 해비테이블 존(Habitable Zone)이라고 한다.

이 골디락스 존에도 무려 5억 개의 행성이 있다. 지구에서는 이 구역에 지속적으로 규칙적인 전파를 30년 넘게 보내고 있지만 아직 반응이 없으며, 우주에서 오는 그 어떤 의미 있는 전파조차 포착되지 않고 있다.

우주의 지적 생명체와 관련해서 또 한 가지 깊이 있게 생각해볼 문제가 있다.

우주의 나이는 측정방법에 따라 여러 가지 견해차가 있지만 가장 보편적인 통설은 약 137억 년이다. 그리고 정확히 헤아리기도 어려운 수많은 항성과 행성의 나이는 저마다 다르다.

이를테면 지구의 나이는 약 46억 년이다. 우주에는 지구보다 먼저 탄생한 별들도 수없이 많고 지구보다 늦게 태어난 새로운 별들도 많다. 지구보다 수억 년 먼저 태어난 별들 가운데 지적 생명체가 존재하는 행성들이 있다면 우리와는 비교할 수 없을 정도로 앞선 문명과 과학기술 등을 가지고 있을 것이다.

우리는 100년 뒤에 우리의 과학이 얼마나 놀라운 발전을 할지 감히 예상조차 하지 못한다. 그런데 수억 년 앞선 문명과 과학을 가진 행성과 지적 생명체가 있다면 왜 그들이 아직까지 지구에 오지 못했을까?

또한 외계에 지적 생명체가 있다면 그들의 모습이 인간의 생김새와 똑같거나 비슷할까? 아니면 SF영화에서 보듯이 괴이한 모습일까? 이에 대해 그 누구도 확실한 답을 내놓지 못하고 있다. 하기는 그들을 본 적이 없으니까 당연히 그들의 생김새에 대해 누구도 자신 있게 말하지 못할 것이다.

다만 외계에 지적 생명체가 있다고 하더라도 그들이 살고 있는 행성의 대기, 중력, 산소 등의 환경이 지구와는 다를 수 있기 때문에 전봇대처럼 키가 몹시 크고 비쩍 마른 외계인, 게처럼 몸이 납작하고 옆으로 퍼져 키보다 몸통이 더 큰 외계인이 있을 수 있다는 가설을 내세우는 학자들이 적잖다. 아무튼 지구인과 외계인은 그 모습이 다를 것이라는 주장이 우세하다.

과학이 더욱 눈부시게 발달해서 지구인과 외계의 지적 생명체가 우연히 만날 수 있게 되더라도, 서로 판이하게 다른 서식환경에서 살아온 생명체이기 때문에 전혀 새로운 바이러스의 감염 등 예측과 대처가 불가능한 전염병으로 자칫하면 모두 멸종의 위기에 직면하게 될지도 모른다.

우리는 외계 지적 생명체를 흔히 '외계인'이라고 말한다. 인간과 대등하다는 판단에서 '사람 인(人)'자를 붙였을 것이다. 그렇다고 치더라도 우리는 그들의 의식과 행동, 이성과 감성에 대해 전혀 모른다. 그들이 인간에게 우호적이라는 보장은 전혀 없다.

또한 그들과의 소통은 언어, 신호, 기호 등 무엇으로 이루어질지 짐작조차 할 수 없다. 그들에게 언어가 있다 하더라도 우리와는 전혀 다를 것은 틀림없는 사실이다. 과연 몸짓이나 손짓 따위로 소통이 될지 그것조차 전혀 알 수 없다. 인간끼리도 도무지 소통이 안 되면 상대방을 가리켜 외계인 같다고 하는 것이 그 까닭이다.

거의 대부분의 우주과학자들이 외계의 어디엔가 틀림없이 지적 생명체가 존재한다고 말하지만, 어쩌면 지적 생명체가 없을 가능성이 높다고 주장하는 전문가들도 있다. 지구보다 수억 년 앞선 어느 행성에 지적 생명체가 존재하고 상상할 수 없을 정도로 고도의 문명을 지녔다면, 왜 아직까지 자신들의 존재를 알리지 않는 것일까?

물론 그들 중에는 자신들의 존재를 알리고 싶지 않은 지적 생명체도 있을 수 있고, 굳이 지구의 인간 문명과 소통할 필요를 못 느끼는 지적 생명체도 있을 수 있겠지만, 그 수많은 별들이 모두 그럴까? 어느 하나의 별이라도 지구와 접촉하고 싶어 하지 않았을까?

그러한 이유들로 외계에 지적 생명체가 존재하지 않을 가능성도 높다는 것이다. 그뿐만 아니라 우리보다 수억 년 앞선 외계 문명이 있었다고 하더라도 이미 멸망했을 가능성도 높다는 것이다.

지구에 지금까지 다섯 차례의 대멸종이 있었듯이 모든 생명체는 여러 이유들로 언제든지 멸종할 수 있다는 주장도 상당한 타당성이 있다. 또한 외계의 지적 생명체가 상상할 수 없을 정도로 발달한 고도의 문명을 지녔더라도, 오히려 그 문명이 발단이 돼 핵폭발, 환경오염, 자원 고갈 등으로 멸종했을 수도 있다.

문제는 또 있다. 지적 생명체의 기준이나 조건은 무엇인가? 우리는 우리의 기준과 조건, 즉 인간과 같은 존재를 지적 생명체라고 말하고 있다. 하지만 우리보다 수억 년이 앞선 고도의 문명을 지닌 외계인이 있다면 그들이 지구에 살고 있는 인간을 지적 생명체라고 말할까? 어쩌면 그들은 인간과 같은 존재를 원숭이쯤으로 생각하고 있을지 모른다.

그 밖에도 외계에 존재하는 지적 생명체와 우리의 의사소통 방식이 전혀 다르거나, 그들이 천문학이나 우주 탐사에는 전혀 관심이 없거나, 행성 사이의 거리가 관측과 여행이 불가능할 정도로 너무 멀어서 왕래하고 싶어도 도저히 불가능할 수도 있다.

은하계만 하더라도 지름이 약 10만 광년(1광년은 빛이 초속 30만 킬로미터의 속도로 1년 동안 나아가는 거리다.)이다. 우리 은하와 가장 가까이 있다는 안드로메다 은하(andromeda galaxy)와의 거리는 무려 250만 광년이나 떨어져 있다. 현대의 과학으로 빛의 속도를 능가할 수 없다는 것이 정설이다. 그러한 외계의 행성에 지적 생명체가 존재한들 우리와 무슨 관계가 있겠는가.

하지만 외계에 지적 생명체가 존재하지 않을 가능성이 높다는 것에는 선뜻 동의하기 어렵다. 외계의 어디엔가 틀림없이 지적 생명체가 존재할 것이다. 그것도 한두 개의 행성이 아니라 아주 많은 행성들에 존재할 것이다.

우주에는 별들의 집단인 은하와 같은 은하계가 무려 2000억 개나 존재한다. 그들 은하계에 지적 생명체가 존재하는 행성이 하나씩만 있다고 하더라도 그 숫자는 그야말로 천문학적이다.

지구에 존재하는 생명체의 근원이 수십억 년 전 수많은 혜성들과 끊임없이 충돌할 때, 그 혜성들에 들어 있거나 묻어 있는 유기물질에서 비롯됐다고 주장하는 학자들이 있다. 그것이 사실이라면 외계에 지적 생명체가 있을 가능성은 더욱 높아진다.

그러나 그들을 찾아내려는 우리의 온갖 노력에는 분명한 한계가 있다. 따라서 스티븐 호킹 박사의 견해를 다시 한 번 새겨볼 필요가 있다.

"외계에 지적 생명체들이 있다. 하지만 우리가 좀 더 발전할 때까지 외계 생명체의 존재에 대한 답을 조심할 필요가 있다."

또한 TV 다큐멘터리 〈코스모스〉로 우리에게 잘 알려진 미국의 천체물리학자이자 외계생물학자인 칼 세이건(Carl E. Sagan) 교수는 화성을 예로 들어 "화성에 생명체가 존재한다면, 화성은 화성인의 것이다."라고 했다. 외계의 어느 행성에 지적 생명체가 존재한다면 그것은 그 행성에 살고 있는 그들의 것이지 결코 지구인의 것이 될 수 없다.

유령, 귀신, 도깨비, 좀비의 실체

우리가 사는 세상에는 동서양을 가릴 것 없이 실체를 확인할 수 없는 많은 허상(虛像)들이 존재한다. 이를테면 귀신, 유령, 도깨비, 요정, 좀비, 강시 등이 그것이다. 이러한 허상들은 누구도 그 실체를 입증하지 못했지만 역사 이래 엄연히 우리의 삶 속에 자리 잡고 있다. 이와 같은 허상들은 초자연적 능력, 시공(時空)을 초월하는 초능력으로 때로는 삶에 상당한 영향력을 발휘한다.

과학적으로는 인간들이 숭배하는 다양한 신(神)들도 실체가 없는 허상일 뿐이다. 사이비 종교에서 교주가 자신을 현신(現身)한 신이라고 주장하는 것은 신의 실체적 존재가 보이지 않는 것을 교묘히 이용한 사기행각에 불과하다.

그 역사적 기원은 아주 멀리까지 거슬러 올라가야 한다.

인류는 지능이 발달하면서 자의식과 인지력을 갖게 됐지만 원시시대부터 홍수·가뭄·지진·화산 폭발처럼 인간의 능력으로 감당할 수 없는 자연재앙, 이해할 수 없는 갖가지 기이한 현상, 신기한 현상들을 경험하면서 자연과 사물에 대한 경외감을 갖게 됐다.

그에 따라 인간이 해낼 수 없는 초자연적이고 초능력을 지닌 어떤 대상이 인간에게 큰 도움을 주기를 기대하고 기원했다. 한 사회나 개인이 동물이나 자연물을 숭배하는 토테미즘(totemism)이나, 사물과 생명이 없는 대상에게 혼(魂)이나 영(靈)을 부여해서 숭배하는 애니미즘(animism)이 탄생하게 됐다. 그것이 종교 탄생의 기원이기도 하다.

바꿔 말하면 앞에서 지적한 다양한 허상들은 혼(넋, 얼), 영혼, 혼백 등과 밀접한 관계가 있는 것이다. '혼'이란 어떤 기(氣) 또는 기운으로 에너지와 같은 것이다. 눈에는 보이지 않지만 죽음과 무관하게 그 자체의 실체를 존속시킬 수 있는 능력, 즉 초월성이 있다고 보는 무형의 실체를 말한다.

우리가 흔히 말하는 '영혼(靈魂)'은 몸에 깃들어 있어 생명을 부여하고 마음을 움직인다고 여기는 눈에 보이지 않는 존재다. 인간뿐 아니라 다른 생물과 무생물에도 깃들어 있다고 생각하는 무형의 존재이기도 하다. 여러 정통 종교에서도 영혼의 존재를 믿는다. '혼백(魂魄)'은 일반적으로 죽은 사람의 혼(넋)을 말한다.

그리하여 인간들은 불가항력적인 상황이나 기이하고 신비로운 현상들이 자신들의 곁에서 일어날 때마다 눈에 보이지는 않지만 분명히 존재한다고 믿는 혼, 영, 영혼과 결부시켜 다양한 허상들을 만들어낸 것이다. 그 몇 가지 예를 들어보자.

우리의 삶과 가장 밀접한 허상은 '귀신'이다. '귀신 곡할 노릇' '귀신도 모르게' '귀신 씻나락 까먹는 소리' 등, 귀신과 관련된 속담이나 비유가 수없이 많은 것을 보면 잘 알 수 있을 것이다. 귀신은 초인간적이고 초자연적인 능력을 발휘하는 존재로서 그 개념은 매우 다양하다.

귀신은 우리의 삶에서 신앙적 존재가 되기도 하고 신비로운 체험의 대상이 되기도 한다. 보편적으로 나쁜 존재로서 인간들로 하여금 두려움을 갖게 하며, 무엇인가 사무친 원한이 있어서 복수심이 강하다는 특징이 있다.

예컨대 어떤 공동체나 가문 또는 개인을 저주하며 그들이 원하는 것을 모조리 방해하고 불행하게 하거나 질병을 퍼뜨려 고통을 겪게 하기도 한다. 또는 억울하게 누명을 쓰고 죽었다거나, 누군가의 훼방으로 사랑하는 사람과 인연을 맺지 못하고 상사병을 앓다가 죽었다거나, 시어머니의 가혹한 학대를 견디지 못하고 자결했다거나, 아무튼 원한을 품은 채 죽어서 귀신으로 나타나는 경우가 많다.

그래서 처녀귀신, 총각귀신, 마을귀신, 집안귀신 따위를 비롯해서 부엌귀신, 마당귀신, 안방귀신 등 다양한 귀신들이 있다. 이들 귀신은 눈에 보인다는 귀신이 있고 보이지 않는 귀신이 있다. 눈에 안 보이는 귀신들 가운데는 복을 주는 착한 귀신들도 있다. 새해를 맞거나 명절 때는 이들 귀신에게 집안이 잘되도록 해달라고 복을 비는 고사를 지내기도 한다.

하지만 눈에 보인다는 귀신들은 대개 생전에 자신을 괴롭힌 당사자들이나 그 주변에 나타나 놀라움과 두려움을 갖게 하면서, 비록 죽었지만 자신이 편안한 영면을 할 수 있는 그 무엇인가를 알게 또는 모르게 요구한다.

이러한 귀신들은 주로 으스스한 밤이나 비가 내리는 밤에 어둠 속에서 소복을 입고 머리를 산발한 모습으로 나타나 공포감을 더해줘 겁에 질려 도망치는 경우가 많다. 당사자나 대담한 사람이 용기 있게 맞서서 귀신의 하소연을 들어주고 원한을 풀어주면 그 뒤부터는 나타나지 않는다.

또는 무속인(무당)을 찾아가 자초지종을 얘기하고 부적을 받거나 굿을 해서 귀신을 달래주면 사라지기도 한다. 굿에는 여러 귀신들을 달래주고 복을 비는 도당굿과 같은 큰 굿도 있고 집안의 행운을 비는 고사(告祀)도 있다. 귀신을 막는 것을 '벽사(辟邪)'라고 하는데 인습적이고 토속적인 여러 방법들이 있다.

서양에서 귀신과 같은 개념은 '유령(幽靈, ghost)'이다. 유령은 일반적으로 죽은 사람의 넋을 말한다. 살아 있는 사람의 넋과 그 사람의 꿈이나 환상에 나타나는 환영(幻靈, illusion)이 결합해서 어떤 영혼이 나타나는 것이다. 유령도 귀신처럼 원한이 있어서 그 한을 풀려고 나타난다. 마치 흑백영화의 스크린에 비치듯 아련한 모습이어서 공포감과 두려움을 느끼게 한다.

보편적으로 그가 살던 집에 나타나고 원한이 풀릴 때까지 계속해서 나타나기 때문에 그런 집을 '유령의 집'이라고 한다. 원한이 풀리지 않으면 집 주인이 아무리 바뀌어도 계속해서 나타난다.

전설처럼 전해지는 '도깨비'는 흔히 험악하게 생겼으며 큰 뿔이 한 개, 다리도 한 개여서 어린이들에게는 두려운 존재다. 하지만 귀신과는 달리 착하고 정의로운 존재다. 부지깽이, 절굿공이, 솥, 깨어진 그릇 등 주로 여성들이 사용하고 손때가 묻은 물건들이 변신해서 도깨비가 되며 들판이나 산길 등 호젓한 곳에 사는 것으로 묘사된다.

도깨비도 초능력을 지녀서 신출귀몰하며 변화무쌍하고 빠르다. 도깨비에게는 몇 가지 특징이 있는데, 대부분의 경우 도깨비는 남자다. 절대로 사람을 죽이지는 않으며 심술궂고 장난을 좋아한다.

도깨비는 좀 미련하게 묘사돼서 사람들의 꾀에 잘 속아 넘어가기도 한다. 그래서 친근감이 있다. 그뿐만 아니라 춤, 노래, 놀이, 여자 등을 좋아하는 인간적인 면이 있다. 특히 도덕과 윤리를 가지고 있어서 정직하고 약속을 잘 지키며 정의롭다.

서양에 도깨비는 없지만 '요정(妖精, fairy)'이 있다. 어린이들에게 친근한 존재이며 어린이들을 도와줘 동화에 많이 등장한다. 꽃이나 나무 등 모든 사물에 요정이 있으며, 요정의 모습은 아름답고 작아서 10센티미터 정도에 불과한 요정도 있다. 또한 사람보다 오래 살지만 영혼은 없어서 죽으면 끝이다. 서양의 어느 나라에든 빠짐없이 그들이 묘사하는 다양한 이름의 요정들이 있다.

요정과 똑같다고 할 수는 없지만 우리에게는 '신령(神靈)'이 있어서 요정 과 비슷한 역할을 한다. 신령은 자연이 신격화된 것으로 산신령, 천지신령 등 초자연적인 존재다. 우리의 풍습과 인습으로 숭배되는 모든 신이 신령 으로 주로 무속인들이 숭배하는 대상이다. 무속인들은 신령에게 인생사의 온갖 복을 빌고 불행을 물리쳐주기를 기원한다.

또 다른 허상으로 강시, 좀비, 뱀파이어 등이 있다.

'강시(殭屍)'는 뻣뻣한 몸을 이상한 몸짓으로 움직이는 시체다. 중국의 옛 풍습에서 유래한 것으로 보인다. 객지에서 죽은 사람은 그 시체를 고향에 묻지 않으면 혼백이 구천을 떠돈다는 인습에 따른 것인데, 전쟁에서 많은 사람들이 죽었을 때 시체들을 한꺼번에 그들의 고향으로 옮겼다고 한다.

여럿의 시신을 일렬로 세워 소매 사이에 긴 대나무 막대기를 끼워 운반 하는 과정에서 대나무에서 삐걱거리는 소리도 나고, 대나무 탄력에 의해 시체들이 흔들렸다. 시신들을 밤에 옮겼는데 음산하고 캄캄한 밤에 그런 해괴한 모습을 힐끗 보면 마치 시신들이 살아서 움직이는 것처럼 보인 것 이 강시가 등장하게 된 유래라는 것이다. 강시는 사람의 피를 빨아먹고, 강 시에게 물린 사람도 강시가 된다.

서양에는 강시와 비슷한 '좀비(zombie)'가 있다. 좀비 역시 움직이는 시체 로 카리브해의 아이티에서 발생했다고 한다. 아이티는 스페인 군대에게 정복당했는데 그들이 옮겨온 전염병으로 수많은 사람이 죽었다고 한다. 그러자 스페인 당국은 부족한 노동력을 충당하기 위해 아프리카의 흑인 노예들을 아이티로 데려왔고, 이때 아프리카의 토속 종교인 부두교도 함께 들어왔다.

부두교 인형

스페인은 아이티를 정복하면서 가톨릭도 전파했다. 부두교(voodoo; 서아프리카 말로 '영혼'이라는 뜻)의 의식과 예수의 부활을 교리로 하는 가톨릭이 결부되면서 죽은 시체들이 움직이는 좀비를 탄생시켰다는 것이다. 전염병으로 죽은 시체들이 주술에 따라 일어나서 비틀비틀 걸으면서 살아 있는 사람들을 공격한다.

'뱀파이어(vampire)'는 19세기 초 유럽에서 출판된 공포소설에 처음 등장했다. '프랑켄슈타인' '드라큘라'도 마찬가지다. '드라큘라'는 루마니아에 실존했던 귀족인데 성격이 포악하고 잔인해서 수많은 사람들을 죽여 흡혈귀라는 악명으로 유명했다. 그가 실제로 사람의 피를 빨아먹은 것은 아니지만, 흡혈귀가 부각되면서 그것을 소재로 한《뱀파이어》《프랑켄슈타인》등의 소설이 등장한 것이다.

이들의 특징은 한결같이 미남이며 연미복을 입고 망토를 걸친 중세 유럽의 귀족 모습을 하고 있다는 것이다. 하지만 크고 날카로운 송곳니로 사람들의 피를 빨아먹으며, 물린 사람도 역시 흡혈귀가 된다.

이들 흡혈귀들은 영혼이 없어서 거울에 비치지 않고, 심장에 말뚝을 박으면 죽는다. 십자가나 마늘 따위에도 약하다. 강시, 좀비, 뱀파이어 등은 영화의 단골 소재로 워낙 많은 영화들이 만들어져 우리에게 익숙할 뿐 아니라 실존했던 존재라고 착각하기도 한다.

귀신이나 유령이 과학문명이 크게 발달한 오늘날에도 사라지지 않는 것은 우리의 삶 속에서 오랜 세월을 이어오면서 실상과 허상에 대한 구분이 모호해진 영향이 크다.

더욱이 심리적 압박이 심한 시대를 살아가면서 온갖 스트레스를 받고 트라우마나 한(恨)이 깊어지면서 몸과 마음의 건강 상태에 따라 환상이나 환청, 망상 등에 시달리다 보면 마치 귀신이나 유령이 자기 앞에 나타난 듯한 착시현상을 경험하게 되는 것이다.

그러한 경험은 공포감과 두려움에서 벗어나려는 충동을 일으켜 무속인이나 무당 등을 찾게 한다. 그들은 귀신을 쫓아야 한다며 비싼 값을 받고 부적 따위를 주는가 하면 굿을 하도록 유도한다. 그리하여 요란한 굿판을 겪고 나면 귀신이 사라진 것 같고 심리적으로도 안정되는 것은 일종의 위약 효과에 불과하다.

또는 자신이 이해할 수 없는 괴이한 현상이나 환상, 망상 등을 스스로 합리화시키려는 심리가 작용해서 허상을 실상으로 왜곡하기도 한다. 하지만 분명한 것은 귀신이나 유령 따위는 결코 실체가 없는 허상이라는 사실이다.

4

인간의
마음

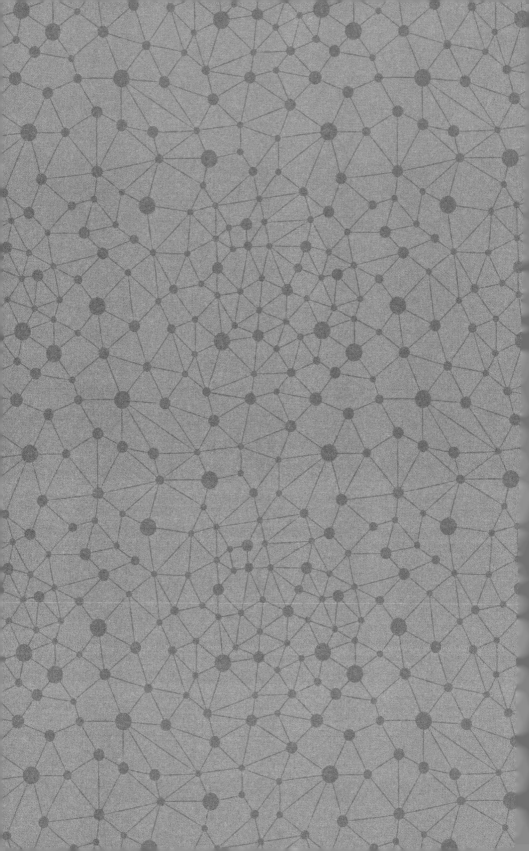

인간은 왜 인정받고 싶어 할까

1980년 12월 8일 밤 11시경, 뉴욕 맨해튼의 고급 아파트 앞에서 불현듯 적막을 깨며 다섯 발의 총성이 울리며 한 중년 남성이 쓰러졌다. 그는 급히 병원으로 옮겨졌지만 이미 숨을 거둔 상태였다.

그는 1960년대 한 시대를 풍미하던 영국의 유명한 록밴드 '비틀즈'의 리더였던 존 레논(John H. Lennon)이었다. 아내 오노 요코와 함께 귀가하다가 기습적인 총격으로 쓰러진 것이다. 미국은 말할 것도 없고 전 세계가 경악하며 충격에 빠졌다.

존 레논은 1968년 오노 요코를 만난 뒤 이듬해인 1969년 비틀즈를 탈퇴했고, 오노 요코와 함께 여전히 맹렬하게 음악 활동을 펼치고 있던 세계적인 스타였다.

살인범은 마크 데이비드 채프먼(Mark David Chapman)으로 현장에서 별다른 저항 없이 붙잡혔다. 총격 살인 후 채프먼은 소설 《호밀밭의 파수꾼》을 읽으면서 경찰이 도착하기를 기다렸다고 한다.

그는 아마추어 기타리스트이자 존 레논의 열렬한 팬이었다. 그의 변호사는 채프먼이 정신분열증을 앓고 있다며 무죄를 주장했지만, 판결을 앞

《호밀밭의 파수꾼》을 들고 있는
마크 데이비드 채프먼

두고 채프먼은 태연하게 자신이 존 레논을 죽였다고 자랑스럽게 털어놓으며 스스로 유죄를 인정했다. 결국 그는 종신형을 선고받았다.

왜 그랬을까? 그는 "유죄를 인정하고 형량을 흥정해라." 하는 신의 목소리를 들었다는 등 정신이상자 같은 소리를 지껄이기도 했지만, 결국 그는 세계적인 스타를 죽임으로써 자신도 세계적으로 큰 관심을 끌고 싶었던 것이다.

실제로 채프먼처럼 할리우드의 유명 스타를 죽여 세상의 관심을 끌려고 한 사례들이 있다. 우리나라에서도 인터넷이나 SNS를 통해 터무니없지만 그럴듯한 가짜 뉴스를 올려 검색순위 1위에 오르면서 관심은 끄는 경우가 매우 흔하다. 그래서 그런 인간들을 '관종(關種)'이라고 부른다. '관심을 끌려는 종자'의 줄임말이다.

이렇게 충격적이거나 어이없는 짓으로 남들의 관심을 끌려고 하는 심리는 무얼까? 한마디로 남들이 자신을 인정해주지 않으니까 그런 짓을 해서라도 많은 사람들의 관심을 끌어 인정받고 싶은 욕구 때문이다.

'인정욕구'란 인정을 받고 싶은 심리적 욕구 또는 의식적 욕구로 인간뿐 아니라 동물들에게도 있다. 같은 무리 안에서도 서로 싸우고 힘을 겨루는 것은 자신의 힘을 인정받아 서열에서 우위에 서려는 것이다. 동물들도 그러한데 뛰어난 지능까지 겸비한 인간의 인정욕구는 인간의 삶을 지배한다고 해도 과언이 아니다.

인간의 인정욕구는 거의 한계가 없다. 나이 많은 사람은 자신보다 어린 사람에게 인정받고 싶어 하고, 부모는 자식들에게, 자식 또한 부모에게 인정받고 싶어 한다. 선생님도 학생들에게, 학생들도 선생님에게 인정받으려고 노력한다.

권력을 가진 자는 그 권력이 크든 작든 자신의 권력과 권위를 인정받으려 하고, 가진 것이 많은 자는 자기보다 가진 것이 적은 자들에게 인정받으려 하기 때문에 이른바 '갑질' 따위의 횡포를 부린다.

이러한 인정욕구의 근원은 생존본능에서 비롯된다. 어떡해서든 자신의 생명을 유지하려면 어쩔 수 없이 갖가지 욕구와 마주하게 된다. 그러한 욕구들은 자연적인 욕구(생리적 욕구)와 심리적 욕구(의식적 욕구)의 두 가지로 나눠볼 수 있다.

자연적 욕구는 식욕, 성욕, 수면욕과 같은 생리적인 욕구들이다. 배가 고프면 무엇인가 먹고 싶어지고, 졸리면 잠을 자고 싶은 욕구가 저절로 생긴다. 심리적 욕구 또는 의식적 욕구는 생존을 위한 본능은 아니어서 구속력이나 강제력은 없지만, 역시 자신의 생존을 위해 자신이 원하는 것을 해내려는 욕구라고 할 수 있다.

학생들은 더 좋은 점수를 받으려 하고, 스포츠 선수들은 더 좋은 기록을 세우려 하며, 직장인들은 자신의 능력을 인정받아 승진하고 싶어 한다. 나름대로 뚜렷한 인생목표를 가진 사람들은 반드시 그것을 성취해서 인정받으려 한다. 그리하여 남들로부터 인정을 받으면 남다른 자부심이 생기고 삶의 보람과 행복감을 느낀다.

그렇다면 본능이라고 할 수 없는 이러한 심리적이고 의식적인 인정욕구는 왜 생기는 것일까?

이를 철학적으로 접근하면 대단히 복잡하고 어렵다. 단순하게 표현해보면 '결핍'에서 비롯되는 것이라고 할 수 있다. 자신이 느끼는 결핍감을 채워 남들로부터 인정받고 싶은 것이다. 또한 이러한 결핍감에는 자신이 상대방보다 부족하다는 상대적 결핍감도 있다. 따라서 인정욕구에는 정해진 기준이나 표준이 있을 수 없다.

이를테면 아주 사소한 인정욕구도 있다. 젊은 여성이 남자친구를 사귀면서 친구에게서 "아주 괜찮은 남자다." "잘생기고 멋있다." "정말 너하고 잘 어울린다."라고 인정받고 싶고, 직장에서 동료하고 싸웠을 때도 자기편을 들어주기 바라는 것도 인정욕구다.

하지만 무엇보다 중요한 것은, '인정'은 자기 자신이 스스로 인정하는 것이 아니라 남들로부터 인정을 받고 남들이 인정해줘야 한다는 것이다. 다시 말하면 남들로부터 인정을 받으려면 어쩔 수 없이 남들과 자신을 비교하거나 치열한 다툼을 벌여야 하고 경쟁을 해야만 하는 사회적 관계가 형성된다.

따라서 인정욕구에는 필연적으로 고통과 괴로움이 뒤따르며 승부욕이 필요하다고 학자들은 말한다. 즉 승부욕을 통해 자신의 인정욕구를 해소하면 고통과 괴로움도 극복되지만, 그와 반대로 승부욕을 발휘해도 뜻을 이루지 못하면 좌절감과 함께 더욱 큰 고통과 괴로움을 느끼게 된다는 것이다.

그뿐 아니라 사회적 조건에서 자신이 원하는 것을 모두 성취하기 어려울 수도 있으며, 남들과 서로 다른 욕구 때문에 갈등하고 충돌할 수도 있다는 것이다. 그리하여 자신의 욕구가 남들에게 인정받지 못하고 자신도 남들을 욕구를 인정하지 않으면 고통과 괴로움은 더욱 커질 수밖에 없다는 것이다.

자신을 인정받기 위한 노력을 승부욕이라고 한다면, 긍정적인 승부욕은 자신의 능력을 발휘하게 하고 좋은 결과를 가져오지만, 부정적인 승부욕은 자신이 남들보다 우위에 서려고 하고, 우월적인 위치에 서면 그것을 과시하듯 남들의 위에 군림하려 한다고 학자들은 말한다.

철학자인 이정은 교수는 "일상생활에서 나타나는 고통과 행복은 이렇듯 인정욕구에 의해 좌우되므로 삶을 깊이 있게 들여다보면 인간의 모든 행동은 인정욕구를 충족시키려는 노력의 연속임을 알 수 있다."고 했다.

삶에는 자의든 타의든 온갖 고통과 괴로움이 수반된다. 더욱이 그러한 고통과 괴로움의 대부분은 인정욕구를 충족시키려는 욕망에서 오는 것이다. 인정욕구가 충족되면 당연히 행복하다.

인정욕구를 요약하면 타인들로부터 "너는 쓸모 있고 가치 있는 인간이다."라는 말을 듣고 싶은 욕구라고 정리할 수 있다. 흔히 하는 말로 자신을 알아주기 바라는 욕구다. 하지만 그것은 강요한다고 해서 성취되는 것이 아니며 집요하게 노력한다고 해서 반드시 이루어지는 것도 아니다.

남들에게 억지로 인정을 받으려고 하면 오히려 부정적인 결과와 많은 부작용이 생긴다. 욕구가 지나쳐 욕심이 되고 나아가 탐욕이 되면 다른 사람의 인정을 받을 가능성은 더욱 줄어든다. "내가 누군지 알아?" 하며 스스로 자신을 과시하려 할수록 남들에게 무시당하고 비웃음거리만 된다. 그러면 어떻해야 남들에게 인정받을 수 있을까?

첫째는 뛰어난 능력과 역량을 긍정적으로 발휘하는 것이다. 하지만 능력과 역량이 부족하더라도 인정받을 수 있다. 예컨대 꼭 해야 할 일이지만 남들이 싫어하는 궂은일에 앞장서거나, 많은 사람들의 편의를 위해 봉사하거나, 어려운 처지에 놓인 사람을 돕는 의로운 일을 묵묵히 해나간다면 가만히 있어도 남들이 알아준다. 땅값이 뛰어 하루아침에 벼락부자가 된 졸부보다 훨씬 더 '쓸모 있고 가치 있는 사람'으로 인정받는다.

이정은 교수는 "욕구와 욕망을 충족시켜 궁극적으로 실현하고자 하는

목적이 무엇인가를 문제 삼을 때, 그 귀착점은 인간성의 실현이다."라고
했다.

남들로부터 인정받고 싶다면 진정한 '인간성의 실현'이 그를 위한 갖가
지 노력의 밑바탕이 돼야 한다.

은둔형 외톨이와 외로운 늑대

어떠한 이유로든 사회에 적응하지 못한 오늘날의 젊은 세대들이 체념적 심리상태에서 선택하는 극단적인 행동은 대체로 자살, 은둔형 외톨이, 외로운 늑대 등으로 나타난다. 자살은 예외라고 할 수 있겠지만 비활동적인 '은둔형 외톨이'와 활동적인 '외로운 늑대'는 갈수록 증가하면서 하나의 사회적 증상 또는 사회적 현상으로서 많은 문제를 일으키고 있다.

우리에게 낯설지 않은 '은둔형 외톨이'라는 용어는 이미 1970년대 일본에서 처음으로 등장했다. 그들의 용어로 '히키코모리(引き籠もり)'가 그것이다. '뒤로 물러서다'는 뜻이지만 '방에 틀어박히다'라는 의미로 더 많이 쓰이며 우리나라에서는 '은둔형 외톨이'로 대체됐다.

이 당시의 일본 사회는 경제적으로 크게 팽창하면서 치열한 경쟁에서 밀려나 낙오되거나 상대적 빈곤감으로 투지와 의욕을 상실한 젊은이들이 심각한 좌절감에 빠져 스스로 사회에서 이탈하는 히키코모리가 생겨나기 시작했다. 더욱이 1990년대에 들어 일본 경제가 크게 침체되면서 이들이 급격한 증가 추세를 나타내 당면한 사회문제로 대두됐다.

이들의 전형적인 특징은 모든 사회활동이나 인간관계를 거부하거나 포기하고 집 안에만 틀어박혀 있다는 것이다. 아무런 경제활동을 하지 않으니 자연히 부모에게 의존하지만 가족과의 의사소통도 기피하며 자기 방에 틀어박혀 밤과 낮이 뒤바뀐 생활을 한다. 낮에는 잠을 자니까 가족과 소통할 기회마저 스스로 차단하는 것이다. 그러면 이들이 방에서 혼자 무엇을 할까?

보편적으로 이들은 인터넷을 비롯한 소셜 미디어에 매달리거나 컴퓨터 게임, 만화 따위로 대부분의 시간을 보낸다. 근래에는 SNS 등에 몰입해서 부정적이고 비판적인 자기주장을 펼치거나 갖가지 댓글에 끼어들어 비생산적으로 사회와 소통하기도 한다.

스스로 자신을 사회로부터 격리시키는 은둔형 외톨이는 청소년기나 사회활동을 시작하려는 시기에 좌절감과 무력감을 느끼면서 크게 늘어난다. 가장 큰 원인은 역시 경쟁 사회에 대한 두려움이다.

청소년들은 학교에서 집단 따돌림을 당했을 경우가 많다. 아무리 노력해도 취업을 못하거나 학교, 직장, 소속된 조직에서 심각한 고립감을 느낄 때 스스로 모든 활동을 포기하고 집에서 은둔하는 외톨이가 되는 것이다.

그 밖의 원인으로는 부모의 이혼이나 지나친 간섭 등으로 가족관계에서 상처를 입었거나 지나치게 부모에게 의존하며 자립심을 키우지 못하고 자신감이 위축됐을 때 자학적 심리상태의 은둔형 외톨이가 되는 경우가 많다고 전문가들은 지적한다.

일본에서는 일반적으로 은둔형 외톨이 상태가 6개월 이상 지속됐을 때 히키코모리로 판단한다. 그런 상태가 10년 넘게 지속되는 경우도 석잖아 일종의 정신질환으로 진단되는 경우가 많다. 생활수단을 전적으로 부모에게 의존하기 때문에 이들을 '기생충 싱글'이라고 부르기도 한다.

은둔형 외톨이 상태가 오래 지속될수록 우울증, 히스테리, 공황장애, 망상, 돌발적인 폭력성을 드러내는 사례가 많고 공포심과 경계심이 강해져서 우발적이고 충동적인 범죄를 저지르기도 하기 때문에 정신이상 증세로 진단되는 것이다.

최근 일본에서는 중년층 은둔형 외톨이들이 크게 늘어나 또다시 사회적 이슈가 되고 있다. 20대에 은둔형 외톨이가 되어 중년에 이르도록 그 상태를 지속하는 사람들이 많기 때문이다.

또는 직장생활을 하다가 너무 힘들어 스스로 퇴직하고 집 안에만 틀어박혀 있는 중년들이 크게 늘어나고 있는 것이다. 현재 일본에는 35~54세 사이의 혼자 사는 싱글족이 약 450만 명 정도이며, 그 가운데 은둔형 외톨이가 100만 명 가까이 되는 것으로 추산하고 있다.

우리나라에서는 1990년대 후반 IMF 금융 위기 이후 자발적, 비자발적 은둔형 외톨이가 가파르게 늘어났다. 갑작스런 경제 위기에 대응하지도 적응하지도 못해 일어난 현상이었다. 연령층이나 남녀의 특별한 구별이 없었다.

하지만 경제침체가 오늘날까지 오랜 기간 지속되면서 사회 혼란과 온갖 갈등이 증폭되고, 불확실한 미래에 대한 불안 등이 은둔형 외톨이의 증가를 부추겼다. 특히 치열한 경쟁이 심화되고 젊은 세대들이 심각한 취업난으로 큰 고통을 겪으면서 은둔형 외톨이가 하나의 사회적 증상, 사회적 현상으로 자리 잡게 됐다.

흔히 말하는 3포 세대, 5포 세대, 나아가 모든 것을 포기해야 하는 N포 세대(포기한 사람들의 세대를 말하는 신조어이다. 처음 3포세대로 시작되어 'N가지를 포기한 세대'로 확장되었다. 일본에서는 '사토리さとり 세대'라고 부른다.)가 되면서 많은 젊은 세대들이 체념하고 좌절하고 자포자기 상태에 빠져 의욕

을 잃고 아무런 노력도 하지 않는 은둔형 외톨이가 된 것이다.

더욱이 지금의 젊은 세대들의 부모들은 비약적인 경제성장이 결실을 맺어가던 시대를 경험하면서 비교적 여유 있는 경제력을 갖추게 됐다. 따라서 자녀를 적게 낳아 집중적으로 투자하고 지원하면서 어린 시절부터 대학에 이르기까지 과잉보호로 일관했다.

그것은 결과적으로 자녀들에게 무엇이든 자신이 원하는 것은 성취할 수 있다는 자만심을 갖게 했으며, 자립심과 자신감은 결여되어 지나치게 부모에게 의존하는 성향을 갖게 했다.

그러한 젊은 세대들이 장기간의 경제침체로 경쟁이 더욱 치열해지고, 자신의 기대와는 달리 원하는 것을 거의 성취하기 어려우며, 취업난을 겪으면서 미래마저 불확실하고 불안하자 상실감과 좌절감에 빠져 아예 모든 것을 포기하고 은둔형 외톨이가 된 것이다. 그뿐만 아니라 나 혼자 살겠다는 '나홀로족'의 빠른 증가와 맞물려 은둔형 외톨이들이 갈수록 늘어나고 있는 현실이다.

은둔형 외톨이가 이처럼 심각한 사회현상이 되면서 2005년에는 실정에 부합한 은둔형 외톨이의 개념이 정의되기도 했다.

- •최소한 사회적 접촉 없이 3개월 이상 은둔 상태에 있을 때
- •진학, 취업 등 사회참여 활동을 할 수 없거나 하지 않을 때
- •친구가 한 명 또는 아예 없을 때
- •자신의 은둔 상태에 대한 불안감과 초조감을 느끼는 청소년

급변하는 혼란스럽고 불합리한 사회에 적응하지 못하는 은둔형 외톨이와 함께 '외로운 늑대'도 크게 늘어나고 있다. 외로운 늑대(Lone Wolf)는 원래 1990년대 미국의 극단적인 백인우월주의자들이 갖가지 인종차별적 폭력

행위를 자행하면서 자신들을 '외로운 늑대'로 표현하면서 등장했다.

2000년대에 들어 미국에서 주로 이슬람계 청년 이민자들이 정체성 혼란을 겪고 인종차별과 종교적 갈등 등으로 테러와 같은 파급력이 큰 폭력행위들을 저질러 외면할 수 없는 사회문제로 대두됐다. 특히 이들은 어떤 테러 조직이나 집단에 소속되지 않고 대부분 혼자서 테러를 저지르거나 불특정 다수에 대한 무차별적 폭력을 자행하는 데에 따라 '외로운 늑대'라는 표현이 다시 등장해서 그들을 지칭하는 용어가 됐다.

은둔형 외톨이가 비활동적이라면 외로운 늑대는 활동적이다. 앞에서 지적했듯 은둔형 외톨이가 우울증, 히스테리 발작 등의 병적인 증세와 충동적인 분노 표출로 외로운 늑대가 되는 경우도 적잖다.

우리나라에서는 총기 소지가 법적으로 금지돼 있어 외로운 늑대들의 테러나 불특정 다수에게 총을 난사하는 충격적인 범죄행위는 거의 없다. 하지만 각종 충동 범죄, 우발적 범죄, 묻지 마 범죄가 늘어나면서 심각한 사회문제가 되고 있다.

그러한 사례들을 일일이 제시하지 않아도 누구나 잘 알고 있을 것이다. 또한 사이코패스와 같은 정신이상자들에 의해 자행되는 것보다 보통사람들이 그런 어처구니없고 끔찍한 범죄를 저지르는 것도 잘 알고 있을 것이다. 도대체 왜 그러한 외로운 늑대들이 늘어나는 걸까?

가장 큰 이유는 '분노'가 핵심적인 요인이다.

미국을 비롯한 서양의 외로운 늑대들에게도 강한 분노가 있지만 대부분 우리의 분노와는 성격이 다르다. 우리의 외로운 늑대들은 자신이 사회에 적응하지 못하고 패배자가 된 책임을 사회와 남들의 탓으로 돌린다.

그에 따라 은둔형 외톨이거나 그와 비슷한 생활을 하면서 불합리한 사회상황, 남들과의 경쟁에서 밀려 낙오된 좌절감과 패배감, 만족스럽지 못한 자신의 현실에 대한 온갖 불만 등이 극심한 스트레스가 돼 겹겹이 쌓이면서, 어느 순간 참아왔던 분노가 하찮은 상황에서도 자기도 모르게 충동적으로 표출되는 것이다. 아울러 스트레스가 크고 불만이 많을수록 과격해져서 화를 내거나 폭력을 행사하는 수준을 넘어서 살인까지 저지르게 되는 것이다.

은둔형 외톨이든 외로운 늑대든 모두 비생산적이고 바람직하지 못하다. 은둔형 외톨이는 무기력으로 자신을 파멸시키고, 외로운 늑대는 과격한 행동으로 자신을 파멸시킨다.

그 때문인지 한동안 '힐링(healing)'이 크게 부각되기도 했지만 성인이라면 스스로 자신을 책임질 수 있어야 한다. 냉철하게 자신의 현실을 점검하고 의식적으로 많은 사람들과 접촉하는 대인관계를 강화해서 남들의 의견을 수용하고 소통하려는 적극적인 노력이 있어야 자신의 병적인 상태를 개선해 나갈 수 있다.

결정장애는 정신질환일까

요즘 젊은 세대들은 한결같이 총명하고 자기표현력이 뛰어나다. 다만 한 가지 아쉬운 점이 있다면 나약하고 결단력이 부족해서 우유부단하다는 것이 많은 전문가들의 지적이다. 좀 더 전문적으로 말하면 '결정장애'가 있다는 것이다.

우리뿐 아니라 신세대들의 세계적인 현상인 듯하다. 2012년, 독일의 젊은 저널리스트인 올리버 예게스(Oliver Jeges)는 독일의 유력한 일간지에 게재한 칼럼에서, 1990년대에 학창시절을 보낸 젊은 세대들을 가리켜 '결정장애 세대(Generation Maybe)'로 표현했다. 무엇이든 할 수 있지만 어떤 것에도 만족하지 못하고 방향 없이 우물쭈물 갈팡질팡하는 세대라는 것이다.

그는 계속해서 결정장애 세대는 어딘지 붕 떠 있는 것 같고, 제자리걸음만 반복하고 있는 것 같고, 스스로 아무것도 제대로 결정하지 못할 것 같은 느낌, 무엇이 옳고 무엇이 그른지 판단할 수 없는 느낌 등에 사로잡혀 있는 세대라고 지적했다. 그의 《결정장애 세대》는 국내에서도 번역돼 책으로 나왔다.

보통 무엇을 생각하고 행동할 때, 보편적으로 자신이 처리해야 할 어떤 사안에 대해 생각→판단→선택→결정의 단계를 거친다. 그런데 이 과정에서 선택과 결정이 원만하지 못하거나 지나치게 신중하고 너무 망설이고 우유부단해서 좀처럼 선택과 결정을 하지 못하고 적절한 타이밍을 놓치면 결정장애라고 할 수 있다. 결정장애와 선택장애는 같은 의미로 쓰이기도 한다.

또는 '햄릿 증후군(Hamlet Syndrome)'이라고도 한다. 햄릿은 셰익스피어 희곡의 작품명이자 등장인물이다. "사느냐, 죽느냐, 그것이 문제로다."라는 그의 명대사가 암시하듯이 햄릿은 생각이 너무 많아 선택을 미루거나 쉽게 결정하지 못하는 고뇌형, 심사숙고형 인물이다.

그에 따라 '햄릿형'이라는 성격 유형도 생겨났다. 지나치게 생각이 많고 너무 신중하고 회의적인 경향이 강해서 결단력과 실천력이 약한 성격의 인물을 말한다. '햄릿 증후군'은 그러한 유형의 성격이 고착된 상태라고 할 수 있다. 그 때문에 '결정장애 증후군'이라고도 한다.

그럼 젊은이들의 결정장애 증후군은 왜, 어떻게 생겨났을까? 또 결정장애는 혹시 정신질환일까? 먼저 그 원인부터 살펴볼 필요가 있다.

미국의 논픽션 작가 마이클 루이스(Michael Lewis)가 쓴 《생각에 관한 생각 프로젝트》는 이스라엘의 저명한 심리학자인 아모스 트버스키(Armos Tversky)와 대니얼 카너먼(Daniel Kahneman)의 '생각'과 '의사결정'에 대한 공동 연구를 깊이 있게 다루고 있다.

대니얼 카너먼은 노벨경제학상을 공동 수상한 경제학자이기도 하다. 최근 크게 부각되고 있는 '행동경제학'의 창시자로 널리 알려져 있다.

두 심리학자는 "인간이 어떤 것을 판단하고 무엇인가를 결정하는 과정에는 이성이나 합리성이 아니라 심리나 감정, 즉 체계적 편향(偏向)이 절대적인 영향을 미친다."고 했다. 인간의 판단은 이성보다 심리적인 요소나 감정이 더 크게 작용하기 때문에 원천적으로 오류를 저지를 수밖에 없다는 것이다.

따라서 인간은 태생적으로 확률을 정확하게 계산하지 못하기 때문에 그저 자신의 경험에서 우러나오는 어림짐작으로 판단한다는 얘기다.

감성은 이성을 압도하기 때문에 판단과 결정의 오류는 더욱더 피하기 어렵다. 대니얼 카너먼은, 인간의 판단은 정점(頂點)이 아니라 종점(終點)에 좌우된다며, 이러한 편향된 판단을 밝혀내 '정점과 종점의 원칙'이라는 이론을 정립하기도 했다.

이처럼 우리는 생각과 판단에 있어서 타고난 오류의 가능성을 지니고 있고, 합리적인 이성보다 자신의 경험과 감정에 따라 편향적인 선택과 결정을 하게 되며, 이러한 오류와 편향이 되풀이되는 과정에서 결정장애를 겪게 되는 것 같다.

아울러 자신의 경험이 빈약하거나 바람직하지 못한 문제들이 있거나 안정되지 못한 감정이 있다면, 오류와 편향의 가능성이 더욱 높아질 뿐 아니라 여간해서 결정을 내리지 못하는 결정장애를 겪게 될 확률이 더욱 높아질 것이다.

우리나라의 경우, 현재 20~30대의 젊은 세대들은 경제적으로 비교적 안정된 가정에서 태어났으며, 형제자매가 많아야 두 명 또는 외동아들이나 외동딸이어서 한 가정의 소중한 왕자이며 공주였다. 그들의 부모는 당연히 애지중지하며 행여 빗나갈까 봐 과잉보호하고 지나치게 간섭하고 철저하게 통제했다.

그들은 부모, 특히 엄마가 조종하는 꼭두각시 인형이나 다름없었다. 자신이 판단하고 선택하고 결정할 수 있는 것은 아무것도 없었다. 모든 선택과 결정은 엄마가 했고, 엄마에게 복종해야 훌륭한 아들딸이 될 수 있었다.

그들의 학교교육도 일방적인 주입식 교육이었다. 입시를 위한 치열한 성적 경쟁 속에서 토론이나 질문이 있을 수 없었다. 무조건 선생님이 가르쳐주는 것을 암기해서 좋은 점수를 받아야 좋은 상급학교에 갈 수 있었다. 역시 학생들이 선택하고 결정할 것은 아무것도 없었다.

대학 진학도 자기 뜻대로 할 수 없었다. 오로지 점수에 따라 엄마가 눈치 작전을 펼치며 합격할 만한 대학과 학과를 선택하고 결정했다. 결국 꼭두각시들은 모든 것을 엄마의 판단과 선택과 결정에 따라야 하는 의존형 인간이 되고 말았다. 그들은 가정에서도 학교에서도 이른바 '답정너'였다.

'답정너'는 "답은 정해져 있으니 너는 대답만 하면 돼."의 줄임말이다. 부모나 선생님이 듣고 싶은 대답은 정해져 있으니까 자녀나 학생은 그것에 맞는 대답만 하면 되는 것이다.

그들은 자신의 정체성도 자존감도 자립심도 갖지 못했으며, 스스로 판단하고 선택하고 결정할 수 있는 능력을 상실한 채 성인이 됐다. 그리하여 지금의 우리나라 젊은 세대들은 자신만의 어떤 기준을 확립하지 못하면서 결국 '결정장애 증후군'이 자신의 성격으로 자리 잡고 말았다.

결정장애의 원인은 또 있다. 지금의 젊은 세대들은 디지털과 모바일에 익숙한 세대들이다. 디지털은 갈수록 초고속화되면서 홍수처럼 지식과 정보를 쏟아낸다. 그에 따라 선택과 결정의 범위가 크게 넓어지고 다양해지면서 그만큼 결정을 어렵게 하는 것도 결정장애의 주요 원인이 된다.

오늘날의 소비 형태도 결정장애의 원인이 되고 있다. 다양하고 다채로운 수많은 상품들이 대량생산으로 쏟아져 나오고, 구입 방법도 무척 다양해졌다. 예컨대 의류만 하더라도 다양한 소재와 디자인으로 상품성을 높인 의류들이 너무 많아서 어떤 의류를 골라야 할지 선택과 결정을 무척 어렵게 한다.

식사해야 할 시간에 식당을 선택하고 음식을 고르는 것도 의류의 경우와 크게 다르지 않다. 어떤 전문식당을 선택해야 할지, 수많은 메뉴 가운데 어떤 음식을 선택해야 할지 끊임없이 망설이고 상황에 따라 마음이 뒤바뀌는 혼란이 반복되면서 마침내 결정장애 증후군이 되고 마는 것이다.

또 한 가지 결코 빼놓을 수 없는 결정장애의 중요한 원인은 '실패에 대한 두려움'이다. 젊은 세대들에게 그러한 두려움은 대학입시 때부터 시작된다. 자신의 점수로 어느 대학 어느 학과에 가야 할지, 만약 잘못 선택해서 합격하지 못하면 어떻게 해야 할지 고민하다 보면 어쩔 수 없이 실패에 대한 두려움이 뒤따른다.

이성교제와 취업에도 실패의 두려움이 따르고, 취업을 하더라도 직장에서 인정을 받지 못하면 어쩌지 하는 두려움이 뒤따른다. 개인 창업을 계획하더라도 먼저 실패에 대한 두려움이 다가온다.

사회구조가 실패하고 낙오되면 다시 일어서기가 매우 어렵기 때문에 실패를 두려워하지 않을 수 없으며, 결국 아무것도 쉽게 결정하지 못하면서 결정장애가 자신의 성격이 되기 쉽다.

결론적으로 분명하게 말할 수 있는 것은, 결정장애는 의사의 처방과 약물치료가 필요한 정신질환이 아니다. 일종의 성격 성향이며 습성이기도 하다. 안타깝게도 극복할 수 있는 마땅한 방법은 별로 없다. 다만 "일단 저질러라."라는 말이 있듯이, 심사숙고하며 망설이는 시간을 줄이고 일단 결정을 내린 뒤 곧바로 실천에 옮기라는 것이다.

그 결정이 나중에 잘못됐다는 것을 알게 되면 그 이유를 깨닫게 된다. 그러면서 결정의 시행착오를 줄여나가는 것이다.

자기 판단에 따라 선택하고 결정하면 잘못되더라도 배우는 것이 있다. 어떤 결정을 내려야 할 때, 선택의 범위를 되도록 좁히는 것도 결정장애를 극복하는 한 가지 방법이다.

"순간의 선택이 평생을 좌우한다."는 말이 있다. 남녀노소를 불문하고 우리는 살아가면서 수없이 선택과 결정의 순간을 맞는다. 때로는 자신의 의지와 상관없이 타의에 의해 자신의 행동이 선택되고 결정되기도 하지만, 결정장애가 있더라도 어차피 결정을 해야 한다. 시간의 차이만 있을 뿐이다. 행여 잘못된 결정이라도 결정을 하지 않거나 속절없이 미루는 것보다 낫다.

트라우마는 왜 지워지지 않을까

1978년에 상영된 마이클 치미노 감독의 〈디어 헌터〉는 아카데미 감독상과 작품상을 받은 미국 영화이다. 당시 반전(反戰)과 인종차별 문제 등으로 큰 논란을 일으키기도 했지만, 무려 3시간의 상영시간 동안 긴장을 늦출수 없었던 매우 충격적이고 인상적인 영화로 많은 사람들의 기억 속에 남아 있다.

이 영화에 '러시안 룰렛'이 등장한다. 룰렛(roulette)은 카지노에서 36개의 숫자가 적힌 둥근 판을 돌린 뒤에 주사위를 던져놓고 숫자판이 멈췄을 때 주사위가 놓여 있는 숫자를 맞힌 사람이 여러 경우에 따라 큰 배당을 받는 게임이다.

하지만 러시안 룰렛은 그것과는 좀 다르다. 총알 6개가 들어가는 권총의 탄창에 한 개의 총알만 넣고 탄창(실린더)을 돌린 뒤, 머리에 대고 방아쇠를 당기는 숨 막히는 죽음의 게임이다. 총알이 발사돼 머리에 맞고 죽을 확률이 6분의 1이다. 강압에 못 이겨 러시안 룰렛을 해야 할 때, 방아쇠를 당기기 전 그 충격과 긴장감은 이루 말할 수 없을 것이다.

이 영화에서는 같은 고향 같은 직장에 다니던 세 친구가 월남전에 참전

로버트 드 니로 주연의 〈디어 헌터〉(사슴사냥꾼) 포스터. 영화의 제목이 아시아인들을 사실상 사슴이나 다름없이 동물 취급을 한다고 하여 거센 비판을 받기도 했다.

했다가 베트콩의 포로가 되어 그들의 가혹한 고문으로 러시안 룰렛을 하고 난 뒤, 처절하게 피폐해지는 충격적인 모습을 보여주고 있다. 이것이 바로 '트라우마'다.

미국에서는 월남전에 참전했던 군인들의 약 30퍼센트가 전쟁 후유증, 즉 트라우마에 시달린다고 한다. 여러 영화들에서 그들이 알코올중독, 마약중독, 정신분열, 살인을 비롯한 범죄행위 등의 정신질환에 시달리는 비정상적인 행동을 보여주며 트라우마가 얼마나 무서운 정신질환인가를 지적하고 있다.

정신의학이나 심리학에서 '트라우마(trauma)'는 외부에서 일어난 충격적인 사건, 극심한 스트레스로 일어나는 정신적 외상(外傷)으로 정의하고 있다. 다시 말해 그러한 충격을 직접 경험했거나 목격했을 때 강렬하게 느낀 마음의 상처이며, 그것으로 말미암아 '외상후 스트레스장애(PTSD, post-traumatic stress disorder)'를 겪게 되는 것이다.

외부에서 일어난 충격적인 사건은 헤아릴 수 없이 많다. 전쟁, 쓰나미나 지진 등의 자연재해, 대형사고 등을 비롯해서 신체 손상을 입었거나 생명의 위협을 느꼈던 충격이 대표적이다. 자기 가족이 눈앞에서 살해당하는 장면을 목격했다면 그 충격도 잊히지 않을 것이다.

심한 폭력을 당했다거나 강간 등 성폭행을 당한 경험, 부모의 이혼 등으로 인한 불완전한 가정 환경, 가족으로부터 상습적으로 학대를 당했거나 집단 따돌림을 당했던 경험, 집에 불이 나서 크게 놀랐던 경험 등이 모두 트라우마가 된다.

어린아이가 무심코 뜨거운 주전자에 손을 댔다가 깜짝 놀라고 나면 여간해서 주전자에 손을 대지 않는다. 개한테 물린 경험이 있으면 강아지도 피하게 된다. 때로는 자신에 대한 누군가의 치욕적인 말 한마디에 큰 충격을 받기도 한다. 그러한 것들은 사소한 트라우마이지만 잇달아 경험하거나 자꾸 쌓이면 큰 트라우마가 된다.

트라우마는 일시적인 경우도 있지만 오랜 시간에 걸쳐 나타나거나 잠복해 있다가 한참 뒤에 나타나는 경우도 있다. 자신이 경험한 충격적인 사건들이 잊히지 않고 뇌리에 박혀, 꿈에 나타나거나 툭하면 머릿속에 떠올라 큰 고통을 겪게 된다. 한동안은 트라우마가 없었지만 수십 년이 지나서 나타나는 경우도 있다.

트라우마가 지속되면 극심한 불안, 공포, 무력감, 자존감 저하, 수면장애, 우울증, 불안장애, 분노조절장애 등에 시달리며 마약을 비롯한 약물을 남용하거나 느닷없이 분노를 폭발시키고 갖가지 범죄를 저지르는 등 정상적인 일상생활이 불가능한 지경에 이른다. 우울증이나 공황장애 등이 심해져 자살하기도 한다.

미국의 저명한 범죄심리학자이자 컬럼비아 대학 교수인 마이클 스톤(Michael Stone) 박사가 수많은 흉악범들을 면담한 결과, 70퍼센트 이상이 어렸을 때 심하게 학대당한 경험이 있는 것으로 나타났다. 그들뿐 아니라 전체 인구의 약 8퍼센트가 트라우마에 시달린다는 통계도 있다.

그러면 자신이 경험한 충격적인 기억들은 왜 사라지지 않고 트라우마가 될까? 또한 트라우마는 왜 지속적으로 이어지고 반복되며 인간을 피폐하게 만들까?

미국의 심리학자인 바브 메이버거(Barb Maiberger) 박사는 그의 저서 《트라우마, 기억으로부터의 자유》에서 트라우마의 지속성에 대해 비교적 알기 쉽게 설명하고 있다.

우리의 뇌는 특유한 방식으로 기억을 정리하는데 어떤 일은 차츰 잃어버리고 어떤 기억은 오래 남는다는 것이다. 특히 어떤 사람이 스스로 감당할 수 없는 사건을 경험하게 되면, 뇌가 그것을 정상적으로 정리하지 못해서 트라우마로 남아 뇌에 각인된다. 그리하여 아주 사소한 자극에도 시각적 이미지와 함께 되살아나 정상적인 사고와 행동을 무너뜨린다는 것이다.

그는 이렇게 뇌가 처리하지 못한 기억을 뇌과학자들이 '얼어붙은 기억'이라고 부르며, 이러한 '얼어붙은 기억'은 자기 자신과 세상 그리고 앞날을 바라보는 시선을 왜곡시켜 자존감을 크게 떨어뜨리거나 심한 감정 기복을 가져온다고 했다. 그 때문에 우울증, 절망감, 공포, 과도한 긴장, 자살 충동, 수면장애 등을 겪는 트라우마에 시달린다는 것이다.

사실 뇌가 아무리 뛰어나도 자신이 경험한 것을 모두 기억하지는 못한다. 곧 잊어버리는 것도 있고, 가끔씩 기억이 되살아나는 것도 있으며, 평생 잊히지 않는 것도 있다. 더욱이 한국인은 쉽게 잊는 편이어서 아무리 슬픈 기억도 한 달만 지나면 잊어버린다고 한다.

뇌가 많은 경험을 잊어버려야 마음이 편해지고 또 새로운 경험들을 담을 수 있다. 그런데 어떤 사건의 객관적인 크기나 심각성보다 인간 개개인이 느끼는 감정이 뇌의 기억에 더 크게 작용한다는 것이다. 그래서 일상생활에서 아주 사소한 비정상적인 것과 맞부딪쳐도 불현듯 '얼어붙은 기억'이 되살아나서 트라우마가 지속적으로 되풀이된다는 것이다.

그러나 모든 사람이 트라우마를 겪는 것은 아니다. 오히려 트라우마가 없는 사람들이 훨씬 더 많은 것은 왜일까? 그들은 충격적인 경험이 전혀 없었던 걸까? 그렇지는 않을 것이다. 누구나 크고 작은 정신적 충격을 경험했을 것이다.

따라서 트라우마가 생기는 주요 원인이 정신적 외상 말고도 또 다른 생물학적, 정신적, 사회적인 요소들이 관여하는 것으로 보고 있다. 예컨대 트라우마가 유전적 영향을 받는다는 주장도 배제할 수 없다. 부모가 트라우마에 시달렸다면 자녀에게도 트라우마가 유전될 수 있다는 것이다.

자신이 경험하고 있는 현재의 외적인 환경과 사회적 상황 등도 '얼어붙은 기억'을 되살려내서 트라우마를 유발할 수 있다. 오늘날 사회불안과 불확실성이 우울증이나 불안장애 등의 정신질환으로 발전하고, 그것에 지난날의 충격적이고 나쁜 기억들과 겹쳐 심각한 트라우마를 유발할 수 있다.

그렇다면 트라우마는 치유할 수 있을까?

무엇보다 조기 판단이 중요하다. 자신이 트라우마를 겪고 있다고 판단되면 하루라도 빨리 전문가를 만나야 한다. 전문가와 상담하고 약물치료와 심리치료를 받는다면 많이 좋아질 수 있다는 것이다.

앞서 소개한 바브 메이버거는 트라우마 치유방법으로 자기만의 독특한 EMDR(Eye Movement Desensitization and Reprocessing)를 개발해서 큰 효과를 얻고 있다. 특별히 고안된 안구운동 등을 통한 강력한 치료법인데 효과가 빠르고 재발률이 낮을 뿐 아니라 부작용이 적어서 트라우마 치유에 가장 우수한 치료법으로 주목받고 있다고 한다.

풍요로운 삶에도 행복하지 않은 이유

벨기에 작가 모리스 마테를링크(Maurice Polydore Marie Bernard Maeterlinck)의 희곡(동화극) 〈파랑새 *L'Oiseau bleu*〉(1908)를 읽어봤을 것이다. 가난한 나무꾼의 아이들인 틸틸(Tyltyl)과 미틸(Mytyl) 남매가 병든 여자아이의 행복을 위해 파랑새를 찾아달라는 요정의 부탁을 받고 온 세상 곳곳을 돌아다니는 얘기다.

하지만 남매는 끝내 파랑새를 찾지 못하고 오두막집으로 돌아와, 꿈에서 깨어보니 파랑새는 바로 침대 머리맡 조롱 안에 있었다. 행복은 결코 멀리 있는 것이 아니라 가까이에 있다는 교훈을 주는 빼어난 동화다.

누구나 행복한 삶을 살고 싶어 한다. 모든 사람들의 인생목표는 그 과정

1911년 노벨문학상을 수상한 시인이자 극작가 모리스 마테를링크와 동화극 〈파랑새〉 홍보 포스터

이 어떠하든 결과적으로 행복 추구다. 그렇다면 행복이란 무엇일까? 현대인들은 왜 풍요로운 삶에도 행복하지 못할까?

수많은 사상가, 철학자, 예술가들이 자신이 생각하는

카를 힐티와 그의 저서 《행복론》의 영역판 표지

'행복론'을 내놓았다. 그 가운데서도 스위스 사상가 카를 힐티(Carl Hilty)의 행복론이 가장 널리 알려져 있다. 그는 행복에 이르는 길은 외적인 길과 내적인 길이 있다고 하면서 이렇게 말했다.

"외적인 길에는 부(富), 건강, 명예, 문화, 과학, 예술 등이 있으며, 내적인 길에는 양심과 덕성, 이웃 사랑, 종교, 위대한 사상이나 그 같은 것들에 종사하는 사람이다. 하지만 외적인 것에는 반드시 결함이나 부족 그리고 충족되지 않는 조건들이 뒤따라 불안정하다."

어떤 사람들은 아무것도 갖지 않는 '무소유'가 행복의 조건이라고 말한다. 아무것도 갖지 않고 평상심을 유지하며 만족한다면 그것도 행복일 것이다. 하지만 대다수의 사람들은 카를 힐티가 말하는 내적인 행복보다 외적인 행복에 치중하며 그것에서 행복을 찾으려고 하면서 그 범위를 좁힌다.

예컨대 카를 힐티가 말하는 외적인 길의 명예, 문화, 과학, 예술 등은 자신이 만족할 만한 경지에 이르면 어느 정도 행복감을 느끼겠지만 그보다는 성공이나 성취로 생각한다. 그래서 변함없이 행복을 추구한다. 그러면 현대인들이 추구하는 행복은 무엇일까?

간단히 말하면 자신의 욕망을 충족하고 남들로부터 인정받으려는 욕구다. 사람들은 그것이 이루어졌을 때 행복하다. 하지만 욕망 충족과 인정욕구에는 큰 함정이 있다. 욕망 충족은 한계가 없다. 자신이 원하는 욕망이 성취되면 또 새롭거나 더 큰 욕망이 생기고, 그것이 끊임없이 이어지는 것이 인간의 욕망이다.

인정욕구도 마찬가지다. 인정욕구는 내가 원해서 되는 것이 아니다. 남들이 인정해줘야 하며, 권력으로 말하면 대통령이 돼야 인정욕구가 진정될 것이다. 그렇지 않으면 끊임없이 남들의 지대한 관심이 자신에게 집중되도록 안간힘을 다한다.

다시 말해 욕망 충족이나 인정욕구에는 한계가 없기 때문에 만족하기 어렵고, 따라서 아무리 풍요로운 생활을 하더라도 좀처럼 행복하기 어렵다는 것이다. 그뿐만 아니라 욕망과 인정에는 피하기 어려운 현대인의 속성이 작용함으로써 행복감을 방해한다.

현대인의 속성은 무엇인가? 상황에 따라 여러 가지가 있지만 대표적인 속성이 '비교심리'라고 할 수 있다. 자신을 항상 남들과 비교하는 것이다. 자신의 삶이 웬만큼 풍요롭고 만족할 만하더라도 남들과 비교해서 뒤떨어지면 상대적 빈곤감과 결핍감을 느끼며 불만족과 초조감을 갖게 된다. 그만큼 행복과는 점점 거리가 멀어지는 것이다.

네덜란드 출신의 세계적인 경영학자이자 리더십 개발가인 맨프레드 케츠 드 브리스 교수는 그가 쓴 《삶의 진정성 Sex, Money, Happiness & Death》에서 "일반적으로 행복한 사람은 상향비교보다 하향비교를 더 많이 한다. 상황이 어찌 되든 이들은 자신보다 더 안 좋은 상황의 사람들을 본다. 그리고 자신이 얼마나 복받았는지를 깨닫는다. 이들은 다른 사람들이 가진 것에 집착하기보다는 자신이 가진 것에 감사하는 법을 배웠다."고 했다.

자신보다 위를 쳐다볼수록 아무리 많이 가졌어도 결핍감이 더욱 크게 느껴진다. 진정으로 행복해지고 싶다면 아래쪽을 내려다봐야 한다. 자신보다 부족한 사람들, 가진 것이 적은 사람들을 내려다봐야 한다.

하지만 인간의 속성은 본능적으로 자기보다 더 많이 가진 사람을 쳐다보며 비교한다. 당연히 자신이 그보다 부족하다는 생각이 드니까 결코 행복할 수 없는 것이다.

서울대 심리학과 최인철 교수도 그가 쓴 《굿 라이프》에서 "행복하지 않은 사람들은 비교 프레임으로 세상을 보고, 행복한 사람들은 관계 프레임으로 세상을 본다."고 했다. 행복하지 못한 사람은 남과 비교하며 무엇인가 소유를 통해 자신의 결핍을 은폐하거나 극복하려고 하기 때문에 항상 행복하지 못하다는 것이다.

진정으로 행복해지고 싶다면 무엇보다 먼저 자신을 남들과 비교하지 말아야 한다. 타인과의 비교는 결과적으로 자신을 비관론자로 만든다. 비관적인 사람이 행복할 수 있을까? '긍정심리학'의 창시자로 불리는 미국의 임상심리학자 마틴 셀리그먼(Martin Seligman) 교수도 "행복과 성공은 낙관론자들의 몫이다."라고 말했다.

자기 삶의 주체는 자신이고 행복의 주체도 자신이다. 남들과 비교하기보다 긍정적인 마음가짐으로 자신의 경험을 중요하게 여기며 인간관계에 최선을 다한다면 어느덧 행복이 자기 곁에 있는 것이다.

욕망 충족으로 행복을 얻으려 한다면 결국 끝없는 탐욕으로 욕구불만에 시달리게 된다. 영원히 한계가 없는 탐욕은 행복을 쫓아버린다.

〈파랑새〉가 주는 교훈처럼 행복은 멀리 있는 것이 아니다. 자신의 아래쪽에 있는 사람들보다 자신의 삶이 풍요롭다면 지금 자신은 행복한 것이다.

아주 사소한 것이라도 자신을 즐겁게 한다면 그것 역시 행복이다. 배고픈 사람은 배불리 먹기만 해도 행복하다. 추위에 떨다가 따뜻한 방에만 들어와도 행복해지는 것이다. 서양 사람들은 아주 작은 선물만 받아도 "I am very Happy!"를 연발한다. 그러한 작은 행복들이 쌓여가면 행복한 사람인 것이다.

타인과 비교하지 말고 자신에게 충실하며 탐욕을 버려야 행복을 얻는다. 어쩌면 누구나 다 알고 있는 상식적인 얘기지만 알면서도 실천을 못하기 때문에 행복이 멀게 느껴지고 행복의 노예가 돼서 끊임없이 뒤쫓고 있는 것이다.

행복과 관련해서 러시아의 대문호 톨스토이가 남긴 말은 되새겨볼 만하다.

"행복하지 않다면 자신을 탓할 수밖에 없다. 신은 모두가 행복해지도록 창조했기 때문이다. 불행은 가질 수 없는 것을 원하는 데서 찾아온다. 행복한 사람은 자신이 가진 것에 만족한다."

불행한 사람은 왜 불행할까

국어사전에 '불행(不幸)'은 '행복하지 못함'으로 간단하게 풀이하고 있다. 영어로는 여러 어휘들이 있지만 unhappy가 맨 먼저 나온다. 역시 행복하지 못한 상태가 불행이다. 불행한 사람은 왜 행복하지 못할까? 불행한 사람들은 불행은 잇달아 밀려온다고 한다. 그래서 더욱 불행하다는 것이다.

과연 그럴까? 불행한 사람은 왜 불행할까? 왜 인간은 불행에서 벗어나지 못할까?

인간의 가장 큰 삶의 목표는 행복 추구다. 그런데 왜 행복하지 않고 끊임없이 불행에 시달려야 할까? 불행한 사람들은 서슴없이 자신은 불행하다고 말한다. 팔자가 사납다느니 뭘 해도 잘 안 되는 운명이라느니, 자신의 신세를 한탄하며 넋두리를 늘어놓기도 한다.

우선 불행한 사람들의 그러한 넋두리만 들어보면 그 사람이 왜 불행한지 쉽게 짐작할 수 있다. 불행한 사람들의 대표적인 특징이 바로 '부정적인 마인드'다.

그 누구도 인생이 반드시 순탄하고 순조로울 수는 없다. 숱한 우여곡절과 파란만장, 희로애락을 겪는 것이 인생이다. 그런데 불행한 사람들은 마치 이 세상에서 자기 혼자만 불행한 것처럼 생각하는 데에 근본적인 문제가 있다.

부정적 마인드가 강하기 때문에 세상만사를 부정적으로 보는가 하면 다른 사람의 장점보다는 단점만 지적하기 일쑤다. 또한 자신의 처지를 항상 비관하기 때문에 불평불만이 많을 수밖에 없다. 그래서 더욱 불행하다.

자신이 불행하다고 생각하는 사람들의 또 한 가지 두드러진 특징은 집착이 강하고 '자기 위주'라는 것이다. 이를 이기주의라고 단정적으로 말할 수는 없지만 모든 것을 자기 위주로 판단함으로써 자기 자신과 부딪친 온갖 좋지 않은 상황들을 자기 잘못이 아니라 남의 탓으로 돌린다. 심지어 조상을 탓하고 부모를 탓한다. 자신이 불행한 것은 근본적으로 그들 때문이라는 것이다.

자신의 능력과 역량과 노력이 부족한 것은 생각하지 않고 자신을 합리화시키며 언제나 남을 탓하고 노골적으로 남들에 대한 불평불만을 늘어놓기 때문에, 주변에 도와주는 사람이 없어서 더욱 불행해진다.

그리고 불행한 사람들은 항상 감정이 앞선다. 감정을 앞세우면 그만큼 이성적인 판단이나 행동이 소홀해지고 감정 기복이 심해진다. 느닷없이 벌컥 화를 내거나 비탄에 빠져서 삶을 포기할 듯한 넋두리를 쏟아놓는 등 때로는 정신질환자 같은 모습을 보인다.

또한 누가 진심으로 자신의 문제점을 지적하고 충고나 조언을 하면, 그가 하는 말의 전체적인 맥락을 생각하기에 앞서 못마땅한 어느 말 한마디에 집착해서 불만을 터뜨리며 물고 늘어진다. 그래서 가까운 사람들조차 화나게 하고 멀어지게 한다. 항상 감정이 앞서 현실과 상황을 이성적으로 판단하지 못하고 개선하지 못하기 때문에 좀처럼 불행에서 벗어나지 못한다.

그뿐만 아니라 부정적이고 자기 위주이며 감정적인 태도로 편협해져 남들에 대한 이해심이 부족하고 남을 배려할 줄 모른다. 마음가짐이 너그럽지 못하고 감정적이기 때문에 남의 우발적이고 우연한 잘못조차 용서하지 않는다. 그래서 주변에 자신을 미워하는 사람들이 많아져서 잘되는 일이 없다. 그렇게 불행한 사람들은 스스로 불행을 자초한다.

불행하다는 사람들의 특징 가운데 빼놓을 수 없는 것이 생각이 너무 많다는 것이다. 그들은 무엇을 실천하기보다 너무 많이 생각한다. 따라서 그만큼 남들보다 걱정도 많다. 자신의 처지를 너무 심각하게 고민하고, 도저히 변화를 가져올 수 없는 것도 걱정하고, 일어나지 않을 일도 앞질러 걱정하는 등 항상 온갖 걱정에 휩싸여 있다.

사실 걱정의 90퍼센트 이상이 바뀔 수 없거나 하나마나 똑같거나 일어나지 않을 부질없는 것이라고 한다. 걱정이 많으면 결코 행복할 수 없다. 생각이 많고 걱정이 많을수록 실천력은 그만큼 떨어진다. 실천하지 않으면 아무것도 변화시킬 수 없다. 불행한 사람들은 좀처럼 자신이 처한 현실이 바뀌지 않으니까 항상 자신은 불행하다는 생각에서 벗어나지 못한다.

불행한 사람일수록 헛된 욕망을 갖는다. 비현실적이고 실현하기 어려운 목표를 갖고 있어 거의 실현 가능성이 없다. 그래서 뜻대로 되는 일이 없고 불행하다고 생각한다. 또한 그러한 부정적이고 위축된 태도 때문에 끈질기게 도전하지 못하고 쉽게 포기한다.

그리하여 점점 자신감을 잃고 좌절하고 자포자기함으로써 더욱 자신은 불행하다는 생각에 사로잡힌다. 그와 함께 질투심과 시기심이 심해져서 남들이 잘되는 모습을 견디지 못한다.

남들과 비교할 때도 자신의 욕망이 컸던 만큼 그 분야의 최고와 비교한다. 예컨대 그림을 전혀 못 파는 무명 화가가 최고의 그림값을 받는 유명 화가와 자신을 비교하면서 질투하고 시기한다. 그러면서 세상이 자신을 알아주지 않으니 불행하다고 비탄에 빠지면서 정말 불행해진다.

그들은 또 열심히 일하는 특징이 있다. 하지만 헛된 욕망을 성취하려는 속절없고 맹목적인 열정이어서 뚜렷한 성과가 없으며, 너무 생각이 많아서 집중력이 떨어지기 때문에 헛고생이 많다. 자기 나름으로는 열정적으로 일하는데 좀처럼 이렇다 할 성과가 없으니 불행하다는 생각에 빠지게 된다.

이처럼 불행할 수밖에 없는 이유들은 대체로 많은 심리학자들이나 신경의학자들이 지적하는 것이기도 하다. 자신이 불행한 이유를 알았으면 불행을 극복해야 한다. 그러면 어떻게 불행을 피하고, 불행을 극복할 수 있을까?

스위스 출신의 저명한 기업가이자 컨설턴트인 롤프 도벨리(Rolf Dobelli)는 그의《불행 피하기 기술》에서 52가지의 불행을 피하는 방법들을 제시하고 있다. 대부분 기업 경영과 관련된 것이지만 '세상은 당신의 감정에 관심 없다' '당신의 인생은 인과적(因果的)이지 않다' '틀린 것을 피하면 옳은 것이 온다' 등의 항목은 충분히 참고할 만하다.

그는 불행을 피하기 위해서는 자기 앞에 놓인 상황들을 이성적·합리적·실용적으로 접근해야 하며, 부정적인 감정을 날려보내고 걱정을 크게 줄이면서 생각보다 행동을 많이 해야 한다고 강조한다.

불행한 사람들은 세상과 사회와 남들이 자신을 알아주지 않고 너무 불합리한 것들이 많다고 불평하며, 그러한 것들이 바뀌어야 자신이 불행에서 벗어날 수 있다고 생각한다.

하지만 그것은 잘못된 생각이다. 자신이 먼저 바뀌어야 한다. 자신이 바뀌어야 실제로 불행한 처지에서, 자신은 늘 불행하다는 생각에서 벗어나 불행을 극복해나갈 수 있다.

인간의 본성은 변하지 않는다

인간의 본성이 변하는지 변하지 않는지를 파악하려면 먼저 인간의 '본성'이 과연 무엇인지 알아야 한다. 물론 사전적으로는 아주 간단하게 풀이하고 있다.

본성은 '사람이 본래 가지고 태어난 성질'이다. 예언서인 《예레미아서》 제13장 23절에서도 이런 취지로 말하는 구절이 나온다. 바로 "표범이 반점을 바꿀 수 있을까?"라는 구절이 그것이다.

하지만 본성의 실체를 알아내는 것은 결코 쉬운 일이 아니다.

인간의 본성이란 무엇인가? 인간의 본성은 변화시킬 수 있는 것인가? 변화시킬 수 있다면 어떻게 변화시킬 것인가? 이 문제는 서양철학이 등장한 이래 지금까지 가장 큰 난제 가운데 하나로 손꼽힌다. 그 때문에 철학과 신학에서 여러 학문이 파생되었고 여러 사상적인 학파들이 생겨났다. 지금은 최신과학인 유전공학까지 연관되어 있다.

동양철학도 예외는 아니다. 수천 년 전인 공자 맹자 시대부터 이미 인간 본성에 대한 탐구는 가장 중요한 사상적 담론이었으며, 수많은 사상가와 철학자들이 그에 대한 자신의 견해를 내놓았다. 그러나 서양철학이든 동양철학이든 인간의 본성에 대한 어떤 합의도 없으며 지배적인 정설도 없다는 것이 사실이다.

다만 인간의 본성은 변하지 않는다는 것이 지금까지 가장 설득력 있고 지배적인 통설이 되고 있다. 국내 한 철학자의 말을 빌리면, 인간이 지구를 정복하고 자연을 정복했다지만 인간이 자연을 자신들의 삶에 유리하고 유익하게 개조했을 뿐, 자연 그 자체의 본질은 변한 것이 없다는 것이다.

가령 강물을 막아 댐을 만들고 돌을 다듬고 나무를 잘라 집을 짓지만, 어디까지나 물은 물이고 돌은 돌이며 나무는 나무라는 것이다. 그처럼 인간의 본성도 시대 상황이나 환경에 의해 때로는 위장되기도 하고 변화되는 것처럼 보이지만 타고난 본성의 근본은 결코 변하지 않는다는 것이다.

인간이 아무리 나이를 먹고 늙어가더라도 틀림없이 변하지 않는 것들이 있다. 이를테면 사랑에 대한 감정은 변하지 않으며 성적인 욕망도 변하지 않는다. 다만 체력이 쇠약해져 행동을 하지 못할 뿐이다.

늙어가는 사람들이 "내가 나이는 여든이 다 됐지만 마음은 30대다."라고 곧잘 말하는 것도 본성은 변하지 않는다는 것을 스스로 느끼는 것이다. 천성(天性)이 착했던 사람은 늙어서도 변함없이 착하고, 일찍부터 심성이 거칠었던 사람은 늙어서도 여전히 거칠다.

그렇다. 인간 본성(Human Nature)은 인간 개별 존재가 '태어날 때부터 갖추고 있는 마음' 또는 '사람이 본래 가지고 태어난 성질'이다. 그렇다면 타고난 마음, 타고난 성질의 본질은 무엇일까? 예술사회학자 홍일립은 그가 쓴 《인간 본성의 역사》에서 인간의 본성은 자연의 산물이며 자연을 구성하는 일부라고 했다. 또 다른 학자는 모든 사람이 원래부터 갖추고 있는 덕(德)과 능력이라고 했다.

또 어떤 학자는 고대 그리스 철학자 아리스토텔레스가 제시한 에토스

(ethos), 즉 인간의 습관적인 성격이나 습성 등을 인간의 본성과 같은 개념으로 보고, 인간에게 도덕적 감정을 갖게 하는 보편적인 도덕적 요소, 이성적 요소, 윤리규범 등이 인간의 본성이라고 했다. 하지만 선뜻 이해가 가지 않고 여전히 혼란스럽다.

그러나 방법은 있다. 인간의 본성이 무엇인지 그 본질적 개념에 대해서는 다양한 견해들이 있기 때문에 혼란스럽지만, 본성에 의해 발현되는 가시적인 현상을 역추적하면 본성을 좀 더 쉽게 이해할 수 있다. 더욱이 그것은 우리의 귀에 익숙한 성선설과 성악설이다.

인간 본성의 성선설과 성악설은 일찍부터 동양과 서양에서 모두 제기됐다. 다만 동양에서는 성선설이 먼저 제기되고 성악설이 뒤에 나타났다면, 서양에서는 그와 반대로 성악설이 먼저 제기되고 성선설이 뒤에 나타난 차이가 있을 뿐이다.

동양의 성선설은 고대 중국의 사상가 맹자(孟子)가 처음으로 주창했다. 한마디로 정의하면 인간의 본성은 그 근본이 착하다는 것이다.

유교에서 '성(性)'은 사람이 태어날 때부터 갖추고 있는 본성을 가리키는 것이다. 맹자는 그 인간의 성이 바로 '선(善)'이라고 주장했다. 그리하여 그 것을 선을 싹틔우는 4개의 단서인 사단(四端), 즉 측은지심(惻隱之心)·수오지심(羞惡之心)·사양지심(辭讓之心)·시비지심(是非之心)으로 나누었다. 이 사단은 인의예지(仁義禮智)라는 사덕(四德)으로 발전한다.

측은지심은 어려움에 처한 사람을 애처롭게 여기는 마음이며, 수오지심은 의롭지 못함을 부끄러워하고 착하지 못함을 미워하는 마음이고, 사양지심은 겸손하여 남에게 사양할 줄 아는 마음이며, 시비지심은 옳고 그름을 판단할 줄 아는 마음이다.

하지만 인간이 착한 마음을 타고나지만 모든 인간이 착한 사람이 되지 못하는 것은, 선(善)을 수신(修身) 등을 통해 스스로 열심히 키워나가야 하는데 그렇게 하지 못했기 때문에 인의예지의 덕을 닦아나기지 못한 탓이라고 했다. 줄여 말하면 인간은 선천적으로 도덕성을 지니고 태어나며, 착하지 못한 사람은 도덕성을 실행하지 못하기 때문으로 보는 것이다.

아울러 맹자는 인간의 본성이 착하다는 근거로, 인간은 누구나 남의 불행을 안타까워하고 동정할 뿐 아니라 악과 불의를 미워하고 자신이 그런 행동을 했을 때는 부끄러워할 줄 아는 것, 남을 존중하고 겸손하며 양보할 줄 아는 것, 옳고 그름을 따질 줄 알며 옳은 일이나 선한 일에는 적극적으로 호응하지만 그릇되거나 악한 짓에는 맹렬히 비난하거나 응징하는 것 등을 지적했다.

그럼 엄연히 존재하는 악과 악행은 맹자에게 무엇일까? 그는 인간의 본성이란 태어날 때부터 지니고 있는 '착한 마음'이며, 선과 악을 상대적 개념으로 표현하는 것은 도덕적 가치를 의미한다는 것이다.

서양에서도 성선설을 옹호하는 사상가들은 인간은 태어날 때부터 남들에 대한 동정심과 이성을 지니고 있기 때문에 저절로 남을 도우려 하고, 이성적인 판단으로 질서와 규범을 지키며, 악과 불의를 미워하며 올바르고 정의로운 행동을 한다고 주장했다. 다만 악과 불의가 존재하는 것은 외적인 요소, 환경, 사회제도, 문명 등의 영향을 받는 후천적인 것이라고 했다.

그러나 서양에서는 성악설이 워낙 지배적이어서 성선설은 크게 부각되지 못했다. 동양에서 맹자의 성선설은 상당한 호응을 받으며 오랫동안 인간의 행실에 큰 영향을 주었지만 뜻하지 않은 문제점을 드러냈다.

맹자는 타고난 선을 실천하고 확장하는 사람은 군자(君子), 그렇지 못한 사람을 소인(小人)으로 구별했다. 결국 군자는 지배층, 소인은 피지배층으로 구분되는 계급을 형성하는 바람직하지 못한 계기가 된 것이다.

맹자의 성선설은 남송(南宋)의 사상가였던 주희(朱熹, 朱子)에게 계승됐다. 주자는 주자학을 완성하고 중국의 철학체계를 세우는 데 크게 기여한 중국의 대표적인 사상가다.

그는 성선설을 바탕으로 인간의 본성을 본연지성(本然之性)과 기질지성(氣質之性)으로 나누었다. 그에 따르면 맹자의 성선은 인간이 지니고 태어난 본연지성이며, 기질지성은 사람에 따라 나타나는 성품의 차이를 말하는 것이다.

동양에서 성악설은 성선설과 대립되는 이론으로 성선설보다 몇십 년 뒤에 순자(荀子)가 제창했다.

인간의 본성은 본래부터 악하다는 것이다. 인간은 누구나 본능적인 욕망과 개인의 이익을 추구하는 이기심을 지니고 태어나기 때문에, 남들과 서로 충돌하고 질서를 파괴하고 사회를 혼란에 빠뜨린다는 것이다. 따라서 인간은 본성 자체가 악하다는 성악설을 주장했다.

서양은 일찍부터 성악설이 지배했다. 무엇보다 기독교가 독점적인 우위를 차지하고 있는 종교 중심 사회에서 성서에 제시된 인간의 원죄(原罪), 즉 인간은 근본적으로 죄를 지니고 태어난다는 원죄의식이 성악설의 근원이 돼서, 인간은 태어날 때부터 자연 상태에서 서로 투쟁하는 상황에 놓인다는 것이다.

19세기의 대표적 철학자인 독일의 쇼펜하우어(Arthur Schopenhauer)조차 "죄악이 인간의 본성에 뿌리 깊게 박혀 있기 때문에 제거할 방법이 없다."고 했을 정도로 성악설을 당연한 것으로 받아들였다.

또한 인간은 태어날 때부터 자기애와 이기심의 본성을 지녔기 때문에 이성보다 정념(情念, passion)에 따라 행동한다는 것이다. 그리하여 인간은 추하고 탐욕스럽고 남들을 의심하며 폭력적이고 쾌락적인 존재라는 것이다. 특히 전쟁을 통해 나타나는 대량학살 행위는 인간의 본성에 내재돼 있는 폭력성과 잔인성을 여지없이 보여준다는 것이다.

그보다 더 성악설을 뒷받침할 쉬운 예로, 남들을 못 믿기 때문에 집을 비우고 외출할 때는 문에 자물쇠를 단단히 걸어 잠그고, 행여 날치기를 당할까 봐 지갑을 안주머니에 넣고 다닌다고 했다.

18세기 프랑스 사상가 루소(Jean Jacques Rousseau)도 성선설에서 주장하는 인간의 도덕성은 타고나는 것이 아니라 자연사에 없는 인간 진화의 늦은 발명품이라고 했다.

그뿐만 아니라 사회에서 범죄를 저지르는 인간, 거짓말하고 남을 속이는 인간, 자신에게 유리한 것만 택하는 인간, 악의적으로 남을 괴롭히는 인간, 자신의 목적 달성을 위해 남을 유혹하는 인간 등은 인간 내면에 사악한 본성이 있기 때문이라는 것이다. 심지어 몸에는 이기적 유전자가 있어서, 남이야 어찌 되든 자신에게 유리한 것만 추구하는 악한 존재가 인간이라는 것이다.

그렇다면 성악설 지지자들은 인간에게서 나타나는 착한 마음을 어떻게 볼까?

17세기 프랑스 철학자 데카르트(René Descartes)는 그의 마지막 저서 《정념론Les passions de l'âme》(1649)에서 인간의 심성을 본성과 속성으로 나누었다. 본성은 어떤 존재에 귀속돼 있는 필연적인 성질이고, 속성은 어떤 존재에 귀속돼 있는 우연적인 성질이라고 했다. 따라서 인간에게 나타나는 동정심이나 자비심과 같은 착한 마음은 남을 배려해서가 아니라, 자기 자신에 대한 관심일 뿐이라고 했다.

데카르트의 《정념론》 초판 표지

어찌 되었든 서양은 거의 전 시대에 걸쳐 성악설의 지배를 받았으며, 성선설이 등장하기도 했지만 뚜렷한 설득력을 발휘하지 못했다. 역시 기독교의 원죄에서 출발했기 때문에 그 뿌리가 깊었던 것이다.

하지만 성악설에 대한 부정적인 견해가 없었던 것은 아니다. 아예 인간의 본성에는 선악이 없다는 주장이 제기되기도 했고, 후천적인 환경이나 여러 조건에 의해 인간이 선해질 수도 있고 악해질 수도 있다는 주장이 차츰 지지를 받았다.

그런데 한 가지 주목할 만한 것은 동양이든 서양이든 성악설을 주장하는 사람들은 악한 인간의 본성은 변화시킬 수 있으며 개선이 가능하다고 주장하는 것이다. 인간의 본성이 악하다고 해서 그대로 체념할 수는 없기 때문이다. 또한 변화가 가능해야 성악설이 지속적으로 옹호되고 합리화될 수 있기 때문이기도 하다.

먼저 동양에서 순자는 인간의 본성은 악하지만 후천적인 노력으로 얼마든지 교정이 가능하다며 '인위(人爲)'를 주장했다. 인위는 수양이나 교화 등 배우고 익히는 인간의 적극적인 노력을 말한다.

순자와 비슷한 시기에 활약했던 한비자(韓非子)도 공공의 물리적 힘에 의해 개인의 욕구를 억제하면 선해질 수 있다고 했다.

서양에서도 여러 사상가들이 인간의 본성은 후천적으로 변화시킬 수 있다고 주장했다. 대체적으로 사회 통합과 교육 등 외적 환경의 지속적인 변화, 이성적인 사고와 그것을 지켜나가기 위한 자유의지 등이 인간의 악한 본성을 바꿀 수 있다고 했다.

하지만 성선설이든 성악설이든 보는 관점의 차이일 뿐이며 모두 틀렸으며, 인간은 경계점을 피하고 한쪽으로 치우치려는 경향이 있기 때문에 그런 주장들이 나왔다고 말하는 사상가들도 적잖다.

이를테면 사람의 겉모습만 보고 범죄형이니 착하게 생겼느니 거칠게 생겼느니 하며 단정짓는 것은 매우 그릇된 판단이라는 것이다. 결과적으로 모두 표면적으로 드러나는 심리현상이자 환경과 외적인 여건에 따라 일시적으로 나타나는 현상일 뿐, 인간의 본성 그 자체는 변하지 않는다는 견해가 지배적이다.

인간의 본성에 대한 논란이 그치지 않자 과학까지 끼어들어 목청을 높였다. 생물학적으로 인간의 감정적인 선과 악, 사고방식과 행동, 개인적 차이 등은 이미 유전적으로 결정돼 있다는 것이다. 말하자면 본성을 놓고 부질없이 다툴 일이 아니라는 것이다.

그러자 인간의 유전자가 이기적 유전자인지 이타적 유전자인지를 두고 또 다른 논쟁이 벌어지고 있다. 그런데 최근 유전공학이 크게 발전하면서 유전자의 편집과 재조합 등 인위적 조작이 가능해지면서 상황이 더욱 복잡해졌다. 유전자 조작으로 난치병 치료와 같은 물리적인 개선은 가능하지만, 인간의 본성까지 바꿀 수 있을지는 좀 더 두고 볼 일이다.

인간성은 타고나는가, 만들어지는가

인간성(人間性, humanity)이란 인간이 지니고 있는 인간다운 또는 인간답게 하는 품성을 말하는 것이다. 국어사전에서는 '인간의 본성, 인간을 인간답게 하는 것' '사람의 타고난 본질이나 속성' 등으로 풀이하고 있다. 좀 더 객관적으로 설명하면 인간의 생각과 태도를 바람직한 성품으로 긍정적인 관점에서 바라보는 것이 일반적인 견해라고 할 수 있다.

이를테면 혼자서는 살 수 없는 사회적 동물로서의 인간은 다른 인간과 관계 맺는 것이 필연적이며 타인에 대한 존중, 보살핌, 배려, 나눔과 베풂, 윤리와 도덕, 무한한 사랑 그리고 자유와 진리를 추구하는 것 등을 진정한 인간성으로 보는 것이다.

그에 따라 인간성은 인간의 품성·품격·인격 등으로 자주 표현되고, 인간다운 행태를 인간적, 인간답지 못한 행태에 대해서는 반인간적·비인간적으로 표현하기도 한다. 하지만 인간성이 선천적으로 타고난 본성이고 본질이냐에 대해서는 여러 가지 논란이 끊임없이 이어져왔다.

인간에게는 앞서 밝힌 긍정적인 인간성이 있는가 하면 이기심, 탐욕, 빗나간 욕망, 뻔뻔함, 염치없고 수치스런 행실, 비리와 비위, 남을 괴롭힘(학대), 성차별, 인종차별, 다툼, 보복과 복수, 사기, 위선, 보이스 피싱, 각종 범죄와 같은 부정적인 인간성도 일상적일 만큼 무척 많기 때문이다.

그리하여 인간성도 본성처럼 성선설과 성악설이 제기됐다. 성선설을 주장했던 맹자가 인간성도 태어날 때부터 지니고 있는 생득적(生得的)인 본성이라는 견해를 폈지만, 인간성은 경험적이고 후천적이라는 견해도 만만치 않았다.

서양에서도 오랫동안 인간은 이성적으로 사고하고 합리적인 행동을 실천하기 때문에 인간성도 긍정적으로 파악했지만, 오스트리아의 정신분석학자 지그문트 프로이트(Sigmund Freud)가 인간의 행동은 의식적인 행동만 있는 것이 아니라 무의식적 행동도 있다는 견해를 밝히면서, 인간의 비이성적이고 본능적 행동과 관련해서 인간성이 선천적인가, 후천적인가에 대한 논란이 활발하게 펼쳐졌다.

종교가 지배하는 사회에서 인간의 주체성을 외쳤던 르네상스 시대에는 인간의 무한한 능력을 강조하며, 무엇이든 다 해낼 수 있는 '만능(萬能)'이 곧 인간성이라고 주장했다. 18세기 독일 철학자 이마누엘 칸트(Immanuel Kant)는 이성적이고 도덕적인 품성이 인간성이며 인간의 본질이라는 견해를 내놓았다.

하지만 인간성은 다양한 형태로 나타난다. 흔히 '인간성이 좋다.' '인간성이 나쁘다.'라는 표현을 쓰듯이 착한 사람과 악한 사람, 의로운 사람과 이기적인 사람, 좋은 사람과 나쁜 사람 등 다양한 인간성을 지닌 사람들이 있는가 하면, 시대 상황이나 이념에 따라서 인간성의 정의가 달라지기도 한다. 사회주의에서 요구하는 인간성과 민주주의 사회에서 요구하는 인간성은 분명히 다르다.

인간적인 전쟁은 있을 수 없지만 역사 이래 전쟁은 지구 곳곳에서 끊임없이 있어왔다. 그뿐만 아니라 범죄집단, 폭력집단, 테러집단 등 비인간적인 집단들도 도처에 존재한다. 과연 인간성은 선천적으로 타고나는 것일까? 아니면 후천적으로 만들어지는 것일까?

인간성은 대체로 사고방식이나 행동으로 판단하며, 그것은 인간관계에서 잘 드러난다. 그와 같은 인간성을 겉으로 드러내는 것이 인격(人格, personality)이다. 인격은 사람의 성격이 지적(知的, intelligent)이며 도덕적인 요소들이 추가된 바람직한 성품을 말한다.

그러나 사회에는 인간성에 문제가 있는 사람들, 즉 인격에 문제가 있는 사람들이 적잖다. 그러한 사람들을 인격장애자라고 한다. 바꿔 말하면 인격장애는 비인간성(非人間性)을 상습적으로 드러내고 고착화된 것이다. 따라서 인격장애를 구체적으로 살펴보면 인간성이 타고나는 것인지 후천적인 것인지 파악하는 데 좀 더 가까이 접근할 수 있다.

인격장애는 사고방식이나 행동 등 인격적 특성이 인간적으로 사회적으로 정상적인 역할을 수행하지 못할 정도로 두드러지게 나타나는 현상을 말한다. 물론 그러한 인격장애가 있는 사람도 겉으로는 거의 정상적으로 행동하는 경우가 많기 때문에 단정적으로 질병이라고 말하기는 어렵다.

인격장애는 여러 유형이 있지만 전문가들은 보편적으로 다음과 같은 몇 가지 유형으로 분류한다.

- •편집적 인격장애_ 사람을 이유 없이 의심하거나 불신하고, 자신을 과소평가하거나 비난하면 민감한 반응을 보이며 공격적인 태도를 보인다.
- •분열적 인격장애_ 자기 주변에서 일어나는 일들에 냉담하거나 충격적인 상황에도 별로 반응하지 않는다. 웃는 일도 거의 없고 무기력하며 남들과 어울리지 않고 혼자 지낸다.

- 폭발적 인격장애_ 지나치게 감정 기복이 심하고 사소한 일에도 충동적으로 분노를 폭발시킨다.
- 연극성 인격장애_ 감정이 수시로 극적으로 변하며 크게 흥분하거나 남들이 납득하기 어려울 만큼 턱없이 과장된 행동을 한다.
- 의존성 인격장애_ 자신이 해야 할 일을 남에게 떠넘긴다. 일할 의욕이 없고 대책 없이 부모에게 의존해서 살려고 한다.
- 피동공격성 인격장애_ 융통성이 없으며 일을 자기 고집대로 비능률적으로 처리한다. 우회적으로 자신의 팽배한 적대감을 표출한다.
- 경계성 인격장애_ 정서, 행동, 대인관계가 안정적이지 못하고 감정의 기복이 심해 종잡을 수 없는 행동이나 비정상적인 행동을 자주 보인다. 자신에 대한 정신적 학대가 심해 자살률이 높다.

이러한 인격장애 가운데는 정신질환적인 장애들도 있다. 특히 최근에 와서 사회적으로 큰 문제가 되고 있는 인격장애는 '반(反)사회적 인격장애'다. 흔히 사이코패스와 소시오패스라고 일컫는 정신이상 상태의 인격장애다.

이들 정신이상자들은 사회적 규범이나 타인의 권리를 대수롭지 않게 무시하고 냉정하게 잔혹한 범죄를 저지르고도 그것이 잘못된 행동인지조차 모른다. 따라서 죄책감도 없다. 최근에 이들의 범죄가 크게 늘어나 사회문제가 되고 있다.

이렇듯 범죄를 유발하는 갖가지 정신질환성 인격장애에는 유전적 요인들도 있으며 호르몬 분비 이상 등의 해부학적 요인들도 있기 때문에 선천적인지 후천적인지 모호한 경우가 많다. 하지만 거의 대부분 사회적이거나 환경적인 외부 요인들이 더 많은 것이 사실이다.

예컨대 부모의 가정폭력, 이혼 등 바람직하지 못한 가정환경, 학대 또는 부모와 떨어져 살아야 하는 불우한 성장과정, 원만하지 못한 인간관계, 강박증, 트라우마 등의 외적인 요인들이 더 크게 작용한다. 인격장애자들의 공통점은 내재된 분노감이 몹시 크다는 것이다. 분노감은 타고나는 감정이 아니다. 따라서 인간성은 타고난다기보다 후천적으로 만들어지는 것이라고 보는 것이 더욱 타당하다.

그리하여 인간성 회복, 인간성 교육 등 사회적인 노력과 정신치료로 비인간적인 요소들을 극복하고 개선할 수 있다는 것이다. 요즘 각급 학교에서 시행하고 있는 '인성(人性)교육'도 일찍부터 바람직한 인간성을 키워주자는 것이 목적이다.

세계적인 여성 지성인으로 손꼽히는 미국의 법철학자 마사 누스바움(Martha Nussbaum)은 그녀의 《인간성 수업》에서 인간성 향상을 위한 방안으로 세 가지를 제시하고 있다.

자신에 대한 비판 능력과 끊임없는 자기성찰, 국가와 사회의 구성원이라는 소속감과 전 인류적인 유대감, 다른 사람들의 입장을 이성적으로 읽어내고 감정이입하는 능력이 그것이다.

내 생각은 고유한 내 생각일까

17세기 프랑스 철학자 르네 데카르트는 "나는 생각한다. 고로 존재한다."는 명언을 남겼다. 하지만 뒤에 논란이 끊이지 않았다. 여러 사상가들이 표현이 잘못됐다고 주장하며 '생각하는 내가 존재한다.' 또는 '사고(思考)는 나의 행동의 결과다.'라고 표현해야 맞는다는 것이다. 결론이 없는 논쟁이었지만 '생각'이 인간의 존재감을 대표할 만큼 중요하다는 절대적인 가치를 말해주고 있는 것이다.

데카르트와 같은 시기에 활약했던 프랑스의 수학자이자 철학인 블레즈 파스칼(Blaise Pascal)은 "인간은 자연 가운데 가장 연약한 하나의 갈대에 불과하다. 하지만 생각하는 갈대다."라는 유명한 말을 남겼다. 데카르트는 '생각'이 인간의 존재가치라는 사실을 강조했지만 파스칼은 한 걸음 더 나아가 '생각'이 인간의 존재를 존엄하게 높여준다고 한 것이다.

'생각'이란 인간이 자신들의 삶 속에서 일어나는 모든 상황을 헤아리고 판단하고 인식하는 정신작용으로 인간의 삶 전체를 지배한다. 생각은 경험과 기억, 사고(思考), 이해, 판단과 결정을 총괄함으로써 모든 것을 생각에 의존한다. 생각이 행동을 지시하고, 언어를 통해 자신의 생각을 나타내며,

남들과 소통한다.

또한 우리가 삶을 통해 획득하고 학습하고 깨닫는 모든 경험 그리고 정보와 지식들도 생각을 통해 뇌 속에 저장되고, 필요할 때 기억해냄으로써 다시 삶에 활용하며, 당장이든 시간 여유가 있든 앞으로 일어날 일들에 대해 예측하고 판단하고 대처한다. 따라서 생각이 깊이 있고 다각적일수록 판단과 선택과 결정이 유연해지고 오류와 시행착오가 줄어든다.

누가 뭐래도 틀림없이 인간은 생각하는 존재다. 생각이 삶을 지배한다는 것은 누구도 부인할 수 없다. 바꿔 말하면 생각에 깊이가 있고 정확할수록 그 생각의 가치가 뛰어나고 판단과 결정도 올바르고 오류가 적다.

인간은 다른 동물들처럼 오직 본능에만 의존하지 않고 생각할 줄 알았기 때문에 문명과 문화를 창조하고 지구를 지배하며 크게 번성할 수 있었다. 하지만 우리는 생각에 대해 많은 의문을 갖는다. 우리의 생각은 과학적일까, 비과학적일까? 과연 생각은 평균적으로 얼마나 정확할까? 또한 자신이 머리를 짜낸 주관적인 생각은 자기만의 고유한 생각일까? 우선 생각의 본질부터 살펴볼 필요가 있다.

2002년 노벨경제학상을 수상한 이스라엘의 세계적인 심리학자이자 경제학자인 대니얼 카너먼의 저서 《생각에 관한 생각Thinking, Fast and Slow》은 생각의 본질을 이해하는 데 큰 도움을 준다.

그는 우리의 생각을 두 개의 시스템으로 구분했다. 하나는 직관적인 '빠른 생각' 또 하나는 이성적 판단인 '느린 생각'이 그것이며, 두 가지 모두 불확실성에 근거하고 있다고 했다.

빠른 생각인 직관적 판단은 자신의 경험이 제공하는 것보다 더 큰 영향력을 발휘하며 우리의 판단과 선택을 은밀하게 조종한다고 지적하고 있다. 빠른 생각은 적절한 시기를 놓치지 않고 효율적이기는 하지만, 고정관념에서 오는 편향성이 개입되기 때문에 결함이 많다. 또한 좀 더 빠르고 쉬운 길을 택하게 돼 오류와 시행착오를 초래할 경우가 많다는 것이다.

느린 생각인 이성적 판단은 합리적인 판단을 도출할 수 있지만 선택과 결정이 늦어 타이밍을 놓치거나, 지나치게 조심하고 심사숙고함으로써 적극성과 과감한 추진력이 떨어질 우려가 있다. 그 때문에 느린 생각에도 빠른 생각이 개입하게 된다는 것이다.

결국 빠른 생각과 느린 생각이 조화와 균형을 이루어야 그나마 가장 합리적이고 타당성이 높은 판단과 결정을 할 수 있다는 것이다. 그런데 느린 생각은 판단과 결정이 늦기 때문에 필연적으로 빠른 생각이 개입하게 된다. 빠른 판단은 감정에 치우치기 쉽고 주관적이어서 편향이 심해 잘못된 판단과 결정을 유도하는 경우가 많다는 것이다.

결과적으로 우리의 생각은 불확실성에 근거하고 편향성이 심해 상당히 비이성적이며 심리와 감정의 막강한 영향을 받는다는 사실이 중요하다.

미국의 저명한 작가이자 칼럼니스트인 마이클 루이스가 쓴 《생각에 관한 생각 프로젝트》가 이러한 뜻밖의 사실을 잘 뒷받침해주고 있다.

대니얼 카너먼의 《생각에 관한 생각》을 바탕으로 하는 이 책은 인간을 이성적이고 합리적인 존재로 가정하고 있는 기존의 학문을 비판하며, 비이성적인 인간의 생각을 파헤치고 있다.

그는 인간은 판단과 결정과정에서 이성적이고 합리적이 아니라 심리와 감정, 즉 체계적인 편향이 결정적인 영향을 미치기 때문에 매우 비과학적이라며 대니얼 카너먼의 견해를 옹호하고 있다.

또한 그는 인간은 태생적으로 감성이 이성을 압도하기 때문에 오류를 저지를 수밖에 없으며 과학적인 어떤 확률을 정확히 계산할 수 있는 능력이 부족하고 객관적 판단을 할 수 없는 존재로 태어났다고 주장한다. 따라서 우리의 '생각'은 단지 자신의 경험을 바탕으로 그냥 어림짐작으로 모든 것을 판단한다는 것이다.

그리하여 우리의 생각은 공정하지 않으며 자신에게 마지막까지 남아 있는 인상이 생각을 좌우한다고 했다. 그 때문에 인간의 생각은 가장 합리적이고 이성적이며 과학적인 정점(頂點)이 아니라 종점(終點)에 좌우되는 것이라며 대니얼 카너먼의 '정점과 종점의 법칙(Peak-End rule)'을 적극 지지했다.

그의 주장처럼 인간이 이성적이고 합리적인 생각보다 그저 어림짐작으로 모든 것을 판단한다는 사실을 부인하기 어렵다. 또한 그 어림짐작조차 자신의 심리와 주관적인 감정에 치우친 편향이 심하다는 것을 알고 있어야 한다.

예컨대 남들과 대화할 때, 상대방이 열심히 하는 말을 중간에 끊어버리거나 가로막고, 상대방이 하는 말의 요지와 결론을 지레짐작하고 멋대로 결론을 내리거나 자기주장을 더욱 강조하는 사람들이 적잖다. 이는 어리석고 매우 위험한 생각이다.

그뿐만 아니라 상대방의 인간성을 알지도 못하면서 첫인상만 보고 범죄자 같다, 교만한 인간 같다, 사기꾼 같다, 나쁜 인간 같다고 판단한다. 또 예쁜 여자는 무조건 호의적으로 본다. 이처럼 일방적이고 순간적인 감정에 의해 단정적으로 판단하는 것도 정말 위험하고 그릇된 생각이다.

역시 결론적으로 자신의 생각은 반드시 자신의 고유한 생각이라고 말할 수 없다. 자신의 생각은 최선을 다한 합리적이고 과학적이고 객관적인 정점의 생각이 아니라, 자신의 경험을 바탕으로 한 종점의 생각일 뿐이다.

자신의 독특한 생각이라는 창의성도 마찬가지다. 창의성은 하늘에서 갑자기 뚝 떨어진 것이 아니라 결국 경험에서 생겨나는 것이다. 그리고 그 경험은 자기 혼자가 아니라 여러 사람들에 의해 이루어지는 것이다.

마이클 루이스는 심리와 감정에 치우치는 우리의 비과학적인 생각을 믿지 못하기보다 그것이 인간의 한계라는 사실을 깨닫고 불완전성을 이해하고 수용해야 한다고 말한다. 그렇더라도 불확실한 상황에서 이루어지는 우리의 판단과 결정은 빠른 생각과 느린 생각의 균형으로 좀 더 신중할 필요가 있으며, 타인의 생각도 그대로 받아들이기보다는 한번쯤 더 되새겨봄으로써 가능한 한 오류와 착오를 줄여야 한다.

인간의 기억은 믿을 만한가

1915년에 발표한 단편소설 〈라쇼몬(羅生門)〉으로 우리에게도 잘 알려진 아쿠타가와 류노스케(芥川龍之介: 36세의 한창 나이에 스스로 목숨을 끊은 일본의 천재 작가)의 작품 가운데 〈덤불 속〉이라는 단편이 있다.

부부가 산길을 가다가 강도를 만나 남편은 나무에 묶이고, 남편이 보는 앞에서 아내는 강도에게 겁탈을 당한다. 그리고 남편이 강도에게 살해당하는 틈을 타 아내는 도망친다. 관헌들이 살인사건을 수사하면서 목격자인 나무꾼과 떠돌이 승려를 찾아낸다. 그런데 현장을 목격한 그들의 말이 서로 다르다. 이윽고 강도가 붙잡혔는데 강도의 말도 다르고, 강도를 붙잡은 관헌의 말도 다르다. 피살당한 남편의 장모도 진술하는데 그녀의 말도 다르다. 어찌 된 일인지 기억이 모두 다른 것이다.

우리도 마찬가지다. 강력사건을 수사할 때, 경찰이나 검찰은 목격자부터 찾아 진술을 듣는다. 하지만 목격자마다 진술이 서로 다른 경우가 많다. 그래서 '진술에 일관성이 없다'는 수사 경과를 자주 듣게 된다. 대체 무엇이 잘못된 것인가? 진실은 하나인데 왜 그렇게 차이가 날까?

〈덤불 속〉도 그렇고, 사람들은 왜 같은 것을 보고 다르게 얘기할까? 저마

아쿠타가와 류노스케와 〈덤불 속〉 표지. 일본의 대표적 문학상인 '아쿠타가와상'은 류노스케의 업적을 기려, 1935년에 그의 친구 기쿠치 간이 '나오키상'과 함께 창설했으며, 1년에 두 번 수상한다.

다 거짓말을 하는 것일까? 거짓말이 아니라면 우리의 기억에 문제가 있는 것은 아닐까?

'기억(記憶)'이란 과거에 체험하고 경험하고 목격한 것, 습득한 지식 등을 머릿속에 새겨두어 보존하거나 되살려 생각해내는 것이다. 한마디로 뇌가 획득한 온갖 정보를 저장하고 인출하는 것이 기억이다. 뇌에 저장하는 기능이 있기 때문에 사고(思考), 판단, 결정, 선택이 가능하고 학습과 예상과 상상(추론) 등이 가능하다.

뇌는 기억하는 기능과 함께 '망각(忘却)'의 기능도 함께 가지고 있다. 기억의 반대인 망각은 자신이 기억하고 있는 어떤 일이나 사실을 잊어버리는 것이다. 망각은 문제점도 있지만 장점도 있다.

망각은 시간이 지날수록 기억이 희미해지거나 자기 나름으로 대수롭지 않았던 잡다한 기억들을 잊어버리게 하고, 낡은 지식이나 정보를 잊고 새로운 것을 습득하고 학습할 수 있게 하며, 고통스런 경험도 차츰 잊어버려 평상심을 유지할 수 있게 해준다. 이러한 기억과 망각이 조화를 이루어야 우리의 정신이 건강하다.

하지만 반드시 기억과 망각이 조화를 이루는 것은 아니다. 어떤 사람은 남달리 기억력이 뛰어나고 어떤 사람은 건망증이 심해 기억하는 것보다 잊어버리는 것이 더 많다. 기억력도 사람에 따라 다르다.

숫자에 대한 기억이 뛰어난 사람이 있는가 하면 남의 이름이나 남이 했던 말 따위를 특별히 잘 기억하는 사람도 있다. 또 어떤 사실을 아무리 시간이 흘러도 뚜렷이 기억하는 사람도 있다.

늙어가면서 기억력이 떨어지고 건망증이 심해지는 것은 뇌기능 감퇴에서 오는 자연스런 현상일 수도 있지만, 각종 질병이나 사고도 기억력에 치명적인 영향을 미친다.

이를테면 뇌염이나 간질, 사고 등으로 뇌가 큰 충격을 받거나 뇌기능이 손상됐을 때, 의식을 잃었다가 깨어나도 여러 감각의 이상으로 그때 자신에게 일어났던 사실을 전혀 기억하지 못하거나 모든 기억을 완전히 잊어버리는 기억상실증에 걸리기도 한다. 술에 만취한 사람이 일시적으로 술에 취한 뒤에 일어난 일을 전혀 기억을 못하기도 한다. 우리는 흔히 그런 상황을 필름이 끊겼다고 한다.

알코올중독은 일반적으로 심한 건망증을 동반한다. 정보 흡수력이 떨어져 방금 자신에게 일어나고 있는 일들조차 기억하지 못하거나 혼란스러워 거짓말을 하는 경우가 많다. 색맹이나 시력 이상으로 어떤 사실을 정확히 파악하지 못하는 경우도 적잖다.

심리적 기억 이상도 있다. 현재의 심리상태가 정상적이지 못할 때 기억에 이상이 생긴다. 감당하기 어려운 슬픔에 빠져 있거나 심한 스트레스, 우울증, 조울증 등은 정확한 기억을 방해해서 기억에 착오를 일으킨다. 개인적인 편견도 기억을 잘못 이끌어낸다.

그러고 보면 기억과 망각에 대한 개인차, 질병, 심리, 편견 등 다양한 요인들이 우리의 기억에 영향을 미친다. 거기다가 자기중심적으로 자신에게 유리한 쪽으로 생각하는 습성도 기억의 정확성을 그르친다.

또한 기억은 저마다의 지적 수준, 신분과 지위, 학력, 직업, 환경, 성별 등에 따라 큰 차이가 있다. 그에 따라 체험과 경험도 다르고 기억하는 정보와 지식도 큰 차이가 있다. 아울러 기억하려는 정보의 수준과 가치, 뇌에 저장된 정보량도 사람마다 다르다. 그러한 기억을 되살릴 때 그 판단과 관점과 수준에도 큰 차이를 가져온다.

따라서 우리의 기억에는 객관적 정확성보다 개인에 따라 오류와 착오가 많은 것이 당연하다. 결국 인간의 기억은 결코 믿을 것이 못 된다고 할 수 있다. 더욱이 그처럼 부정확한 우리의 기억이 어떤 사실이나 진실을 얼마든지 왜곡시킬 수 있다는 것이다.

2018년에 나온 헥터 맥도널드(Hector MacDonald)의 《만들어진 진실Truth》에서는, 어떤 사실(fact)은 하나지만 관점과 필요에 따라 여러 모습으로 편집되고 조작된다고 했다.

그는 팩트에는 부분적 진실, 주관적 진실, 인위적 진실, 알려지지 않은 진실의 네 가지가 있다고 했다. 부분적 진실은 어떤 사실을 전체적으로 보지 않고 일부분만 보거나 일부분만을 과장해서 마치 그것이 진실이고 사실인 것처럼 왜곡하는 것이다.

주관적 진실은 자기중심적으로 자신에게 유리한 것들만 지적하거나 강조함으로써 팩트를 오도하는 것이며, 인위적 진실은 어떤 사실을 근거 삼아 의도적으로 왜곡시키는 것이다. 요즘 흔히 쓰이는 '가짜 뉴스'가 바로 인위적 진실이다. 알려지지 않은 진실은 진짜 팩트는 감춰지거나 보이지 않아 엉뚱하고 그릇되게 오판하고 왜곡하는 것이다.

그렇다면 우리는 네 가지 편집되고 조작된 진실 가운데 어떤 것을 선택하는가?

그것은 자신의 관심이나 편향, 그 순간 자신의 머릿속에 들어 있는 생각, 자신에게 의미 있거나 자신의 사고방식에 맞는 것을 선택하기 마련이며, 자신이 믿고 싶은 것만 믿는 의도적인 진실의 선택도 있다는 것이다.

결과적으로 우리의 기억도 그러한 네 가지 만들어진 진실의 범주를 벗어나지 못한다. 어떤 사실을 직접 목격하고도 사실과 진실에 대해 부분적으로 망각할 수도 있지만, 스스로 의식적 무의식적으로 자신에게 유리한 쪽으로 왜곡하거나 어느 일부분만 강조하거나 자기가 보고 싶은 것만 보고 그것이 진실인 것처럼 왜곡하는 것이다.

〈덤불 속〉에서도 어떤 하나의 사실에 대해 목격자들이 저마다 자신의 주관적 관점에 따라 진술이 다르고, 마치 장님이 코끼리 다리 만지듯 일부분을 사실이라고 주장하고, 저마다의 감정이나 심리에 따라 서로 다른 진술을 하고 있는 것이다.

인간이 자신들이 경험했거나 목격한 지나간 일들을 되새기고 돌이켜 생각하는 것을 회상(回想)이라고 한다. 회상에는 기억과 추억이 있다. 이 둘 사이에는 약간의 차이가 있다. 기억이 지나간 일에 대한 이성적인 회상이라면 추억은 감성적이며, 기억이 어떤 사실에 중점을 둔다면 추억은 감정에 중점을 둔다. 그 때문에 기억은 머리에서, 추억은 가슴에서 오는 회상이라고 말하는 사람들도 있다.

이처럼 기억은 이성적인 회상이기 때문에 어떤 사실을 이성적으로 판단해서 자기에게 유리하게 조작할 수도 있고, 일부분을 전체인 것처럼 말할 수도 있다. 의도적으로 어떤 부분을 감추거나 과장하고 조작할 수도 있다. 물론 순간적으로 경험했거나 목격한 사실의 상당 부분을 잊어버렸을 수도 있고, 제대로 보지 못했을 수도 있다.

어찌 됐든 우리의 기억은 필연적으로 자신이나 자신과 관련된 크고 작은 집단의 목적이나 이익을 위한 쪽으로 편향되기 마련이다. 더욱이 자신의 편견이 크게 작용한다. 따라서 기억의 상당한 부분이 의식적 무의식적으로 왜곡되거나 조작될 수밖에 없다. 안타깝지만 우리의 기억은 믿을 만하지 못한 것이다.

종국적 욕망과 도구적 욕망

인간은 태어나서 죽을 때까지 끊임없이 무엇인가 원하고 바란다. 갓난 아기는 울음을 터뜨려 엄마가 젖 주기를 바라고, 학생이 되면 좋은 점수를 받기 원하고 좋은 대학에 입학하기를 원한다. 대학을 졸업하면 좋은 직장에 취업하기 원하고 자신의 능력을 인정받기 원한다.

또한 이상형의 이성을 만나 사랑하기를 바라고, 내 집을 마련할 수 있기를 원한다. 결혼해서 자녀를 낳으면 자녀가 잘되기를 원하고, 온가족의 안전과 건강을 원하고, 돈을 넉넉히 모아 노년을 편안하게 지낼 수 있기를 원한다. 이처럼 우리가 원하고 바라는 것은 끝도 없고 한도 없다.

이렇게 원하고 바라는 것이 욕구(need)이고 욕망(desire)이다. 생존에 절대적으로 필요한 것을 원할 때 욕구라고 할 수 있으며, 절대적으로 필요한 것은 아니지만 무엇인가 원하는 것은 욕망이라고 할 수 있다. 그렇다면 우리는 욕구와 욕망의 노예일까? 더욱이 생존에 꼭 필요한 것도 아닌 욕망은 왜 생겨서 집착하게 되는 걸까?

쉽고 간단하게 말하면 욕망은 자신에게 무엇인가 부족하거나 만족스럽지 못할 때 생겨나는 감정이다. 결핍감이 클수록 또 불만(불만족)이 클수록 그만큼 욕망도 절박하고 간절해진다. 따라서 욕망은 결핍감을 채우고 불만족을 해소시켜 만족감을 얻기 위해 작동한다. 그러면 무엇이 부족하고 무엇이 만족스럽지 못한 것인가?

그것은 지향하는 목표에 따라 다양한 종류의 욕망이 생겨난다. 하지만 어떠한 욕망이든 그 최종목표는 행복 추구에 있을 것이다.

부족함이 채워지고 불만족이 해소돼 만족감을 얻으면 당연히 행복할 것이다. 그러면 행복은 영속적일까? 그렇지 않다. 현재의 부족감과 불만족이 해결돼도 또 다른 형태의 부족감과 불만이 생겨나, 또다시 원하는 것들이 생겨나는 것이 욕망의 속성이기도 하다.

미국 라이트 대학 철학과의 윌리엄 어빈(William B. Irvine) 교수는 그의 역저 《욕망의 발견ON Desire》에서 욕망을 두 가지로 나누고 있다. 종국적 욕망과 도구적 욕망이 그것이다.

'종국적 욕망(Terminal Desire)'은 어떤 것, 그 자체를 원하는 욕망이다. 예컨대 배가 몹시 고프면 먹을 것을 원하게 되고, 그것을 먹으면 배고픔이 해소된다. 다시 말해 욕망이 해결되고 사라지는 것이다.

그런데 배가 고플 때 먹을 것을 원하는 종국적 욕망이 생기지만 배고픔을 해소하기 위해 몇 가지 절차가 필요할 수 있다. 이를테면 밥을 먹을까 국수를 먹을까 선택을 할 수 있고, 한식·양식·일식 중 어떤 식당을 갈까 잠시 망설일 수도 있다. 또한 멀더라도 맛있는 집을 찾아갈까 그냥 가까운 식당을 찾아갈까 망설이기도 하고, 차를 타고 갈까 걸어갈까 망설이다가 결정을 내리고 차를 타고 식당으로 향할 수 있다.

이러한 과정에서 메뉴의 선택, 식당의 선택, 교통수단의 선택은 결국 모두 자신이 원하는 쪽으로 결정하는 것이다. 이러한 욕망이 '도구적 욕망(Instrumental Desire)'이다. 다시 말하면 배고픔을 해소하려는 종국적 욕망을 성취하기 위해 자신이 원하는 대로 선택하고 실행하는 과정들이 곧 도구적 욕망인 것이다.

예컨대 고등학교 3학년 학생에게 당면한 종국적 욕망은 자신이 원하는 대학에 합격하는 것이다. 그러자면 열심히 공부해야 한다. 끝없이 공부하겠다는 욕망이 있는 것이 아니라 종국적 욕망인 자신의 원하는 대학에 합격하기 위해 스스로 원해서 공부하는 것이다. 이럴 때 공부가 도구적 욕망이다.

그러나 우리의 욕망은 끝도 없고 한도 없다. 당면한 종국적 욕망이 해소되면 또 다른 종국적 욕망이 생겨난다. 고3 학생이 자신이 원하는 대학에 합격했다고 해서 종국적 욕망이 끝나는 것이 아니다. 그다음엔 좋은 직장에 가고 싶은 또 다른 종국적 욕망을 갖게 되는 것이다.

그래서 윌리엄 어빈 교수는 "인간은 끊임없이 욕망을 가질 수 있고 그것을 해소시킬 수 있는 능력을 갖게 되면서, 어떤 것을 다른 것보다 더 원하고 바라게 되도록 프로그램화돼 있다."고 말한다.

따라서 우리는 끝없이 이어지는 종국적 욕망에 대해 좀 더 생각해볼 필요가 있다. 예를 들어 어떤 사람이 열심히 일해 큰돈을 벌어 부자가 되고 싶다는 욕망을 갖고 있다고 하자. 그의 종국적 욕망은 부자가 되는 것이다. 그리고 그가 하는 일, 남다른 노력 등은 결국 부자가 되고 싶다는 종국적 욕망을 성취하기 위한 도구적 욕망이 될 것이다.

그리하여 그가 마침내 큰 부자가 됐다면, 그가 원했던 종국적 욕망을 달성했다고 거기서 끝나는가? 아니다. 한동안은 아무런 부족함 없이 만족하겠지만, '말 타면 종 두고 싶다.'는 속담처럼 또 다른 종국적 욕망이 고개를 든다. 문제는 바로 여기서 발생한다.

다행히 자신이 축적한 많은 재산을 사회가 필요로 하는 곳에 기부하겠다든지 불우이웃을 돕는 데 쓰겠다든지, 긍정적인 종국적 욕망을 갖는다면 많은 박수를 받을 것이다. 그런데 오랫동안 원했던 큰 종국적 욕망을 성취하고 나면, 많은 사람들이 성취감에 도취된 나머지 긍정적이고 진취적인 새로운 종국적 욕망을 설정하지 못하고 쾌락 추구에 빠진다는 데 문제가 있다.

윌리엄 어빈도 앞의 긍정적 욕망을 '비(非)쾌락적 욕망', 쾌락 추구를 '쾌락적 욕망'으로 나누었다. 쾌락적 욕망은 도박, 마약, 퇴폐적인 음주 등 그야말로 오직 한순간 쾌락을 얻을 뿐 아무런 가치가 없는 욕망이다. 그리고 그 후유증은 엄청나다. 쾌락 추구에는 강한 중독성이 있어서 좀처럼 빠져나올 수 없을 뿐 아니라 마침내 자신을 완전히 파멸시킨다.

그리고 종국적 욕망은 일생을 통해 끊임없이 이어진다. 오랫동안 원했던 매우 가치 있는 종국적 욕망을 성취했다면 그다음에는 비쾌락적 욕망을 선택할 수 있는 지혜가 필요하다.

석유왕으로 불렸던 미국의 실업가 록펠러는 석유 사업을 통해 엄청난 돈을 벌어들이면서 수많은 중소업자들을 도산시켰고 독점과 노동자 착취 등으로 악명을 떨쳤다. 하지만 55세에 큰 병이 들어 병원에 갔다가 우연히 만난 불우한 소녀에게 도움을 준 뒤 인생관을 완전히 바꿨다.

"나는 지금까지 인생의 절반 이상을 헛살았다. 남을 돕는다는 것이 얼마나 행복한지 이제야 깨달았다. 내 재산을 사회에 환원하고 나의 나머지 인생은 남을 돕는 일에 헌신하겠다."

그는 자신의 약속을 지켰다. 98세까지 살았으니까 거의 절반에 가까운 나머지 인생을 비쾌락적 욕망으로 스스로 행복감을 느끼며 보람 있게 살았던 것이다. 컴퓨터 소프트웨어 개발로 억만장자가 된 빌 게이츠도 역사에 남을 만한 종국적 욕망을 달성한 뒤에는 자신이 세운 마이크로 소프트

아이에게서 동전을 받는 록펠러. 록펠러는 1870년 '스탠더드 오일'을 창립하여 석유 사업으로 많은 재산을 모아 역대 세계 최고의 부자로 손꼽히는 인물이다. 2010년 현재 세계 최대 석유 기업인 '엑슨 모빌'도 그가 세운 스탠더드 오일에 그 기원을 두고 있다. 그의 아버지는 떠돌이 약장수였는데, 그런 콤플렉스 때문에 평생 기부한 5억 3000만 달러 가운데 4억 5000만 달러를 의료 사업에 썼다고 한다.

에서 스스로 물러나 아내와 함께 자선재단을 세우고 아프리카 등의 가난과 질병 퇴치에 헌신하고 있다.

윌리엄 어빈은 쾌락 추구를 경계하며 "쾌락을 놓으면 더 큰 쾌락이 온다."고 했다. 록펠러나 빌 게이츠는 비쾌락적 욕망을 통해 더 큰 쾌락을 얻고 있는 것이다. 어빈은 또 "절제하는 쾌락에 빠져들어라."라고 했다.

욕망의 절제를 통해서도 쾌락을 얻을 수 있다. 부자가 될 수 있는 비결은 욕망 절제에 있다는 것을 밝혀낸 최근의 연구 결과도 있다.

5

변화

change

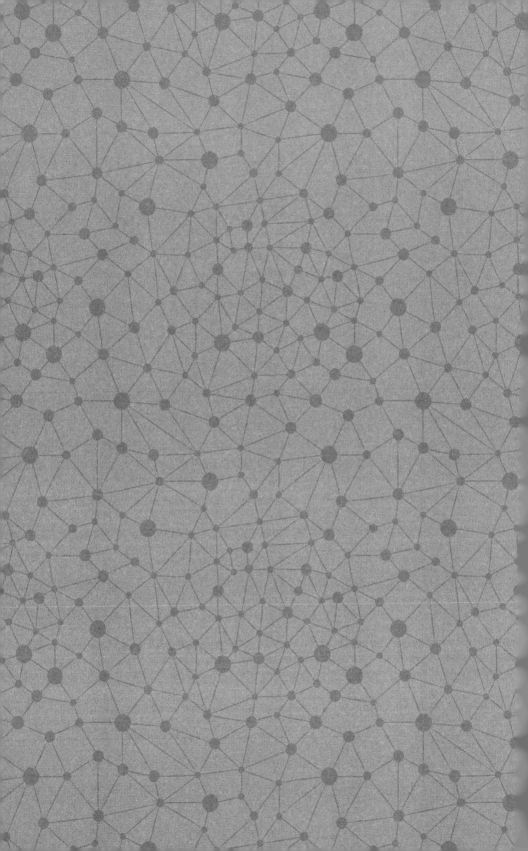

문명의 충돌, 기독교와 이슬람교는 왜 싸울까

정통적인 종교라면 어느 종교든지 교리에는 사랑과 평화가 담겨 있다. 그러나 현실은 그렇지 못하다. 특히 기독교와 이슬람교는 오랜 역사를 두고 끊임없이 충돌해왔다. 더욱이 뿌리가 같은 두 종교가 도대체 왜 싸우는 걸까? 먼저 그 역사적인 근본 원인부터 살펴봐야 한다.

유대교·기독교·이슬람교는 모두 한 뿌리에서 탄생했으며, 〈창세기〉에 나오는 대홍수로 세상이 사라져갈 때 '노아의 방주'에서 살아남은 노아의 후손들이다. 특히 노아의 맏아들 셈(Sem)의 후손인 셈족이 창시한 종교들이다. 따라서 이들의 경전에는 아담, 아브라함, 모세, 다윗, 예수가 모두 등장한다.

다만 유대교는 《구약성서》의 율법을, 기독교는 예수의 가르침을, 이슬람교는 마호메트의 계시와 가르침인 《코란》이 기본교리로 서로 약간의 차이가 있을 뿐이다.

기독교와 이슬람은 똑같이 전지전능한 절대적인 존재인 유일신을 믿는다. 역시 서로 하나님(또는 하느님)과 알라의 호칭 차이가 있을 뿐이다. 이들은 〈창세기〉에 등장하는 노아의 10대손인 아브라함까지는 똑같이 자신들의 조상으로 추앙한다.

그러나 아브라함 이후 서로 다른 길을 걷게 된다. 아브라함은 본처가 아들을 낳지 못하자 본처의 여종인 하갈을 후처로 맞아 이스마엘을 낳았다. 그런데 그 뒤에 본처가 아들 이삭을 낳으면서 후처와 후처의 아들 이스마엘을 쫓아냈다.

기독교는 아브라함의 적자인 이삭과 이삭의 아들 야곱을 아브라함의 대를 이은 직계 조상으로 섬긴다. 야곱의 다른 이름이 바로 이스라엘(Israel)이다. 하지만 이슬람은 쫓겨난 아브라함의 첫아들인 이스마엘(Ismael)을 조상으로 섬긴다. 말하자면 히브리(유대)의 조상은 이삭-야곱이고 아랍인들의 조상은 이스마엘이 되면서 서로 갈라서게 된 것이다.

더욱이 예수의 등장이 이들을 완전히 갈라놓는다. 기독교는 예수를 하나님의 아들, 하나님의 실존적인 대리자로 하나님과 똑같이 추앙한다. 그러나 이슬람은 예수의 존재는 인정하지만 하나님의 아들로 인정하지 않는다. 예수는 그저 하나님(알라)이 보낸 여러 명의 선지자 가운데 한 명일 뿐이라는 것이다. 따라서 예수를 하나님의 아들이라는 것은 저주받을 일이라고 한다.

그뿐이 아니다. 기독교는 예수의 십자가에 못 박혀 죽었다가 부활한 것을 기본교리로 여기지만, 이슬람은 예수가 처형당할 때 죽지 않았으니 부활이 있을 수 없다고 한다. 그 때문에 기독교와 이슬람은 갈등이 크게 증폭되고 마침내 서로 적대시하기에 이르렀다. 또한 그것은 기독교를 신봉하는 이스라엘과 이슬람을 신봉하는 아랍 국가들이 치열하게 대립하는 계기가 되었다.

이들이 마침내 무력충돌을 하게 된 결정적인 계기는 성지(聖地) 때문이었다. 공교롭게도 예루살렘은 유대교, 기독교, 이슬람교의 성지였다.

7세기에 이슬람교가 탄생하면서 《코란》이 등장하자 이슬람교도들은 앞서 지적한 것처럼 기독교와 조상에 차이가 있고, 예수의 존재 가치에 큰 차이가 있다는 것을 알게 됐다.

아울러 《코란》에 따라 자신들의 정체성을 확립하면서, 같은 아브라함의 자손들로서 정통성 문제가 불거지면서 노골적으로 기독교에 대한 적개심을 갖게 됐다. 그들은 예루살렘을 장악하고 기독교도들의 성지순례를 막았다.

그러자 기독교도 가만히 있지 않았다. 그들의 거룩한 성지를 탈환하기 위해 유럽의 기독교 국가들이 발 벗고 나섰다. 마침내 십자군 대원정이 시작된 것이다. 11세기부터 13세기에 이르기까지 200여 년 동안 8차례의 원정을 감행했던 '십자군 전쟁'은 서로 침략과 정복을 되풀이하며 두 종교를 서로 앙숙으로 만들고 말았다.

그 뒤에도 끊임없이 충돌하며 점령군이 바뀔 때마다 숱한 종교적 기념물이 파괴되었고, 성당이 모스크로 바뀌고 모스크가 성당으로 바뀌었다. 이러한 종교적 충돌은 마침내 이스라엘과 아랍 국가들의 숙명적인 분쟁과 전쟁으로 비약하는 참담한 결과를 가져왔다.

유대인들은 원래 유목민들이어서 역사적으로 뚜렷한 자신들의 영토가 없었다. 4000여 년 전, 이집트에서 노예 생활을 하며 핍박받던 유대인들을 모세가 이끌고 고난의 대이동을 시작했다. 이른바 '출애굽(出埃及)'이 그것이다. 그리고 그들이 향한 곳이 하나님이 젖과 꿀이 흐르는 땅이라고 말한 가나안 땅이었다.

"창조주 하나님께서 아브라함에게 약속하신 땅을 주시기 위해 조상들을 이집트에서 구해내시고 그들에게 계명과 규정과 율법을 주셨다. 하나

님은 그들을 부양하시며 이 땅으로 데려와 살게 하셨다……."(느헤미야 9장 5~37절)

그러나 가나안에는 이미 오래전부터 카난인(가나안인)들이 살고 있었는데 이들이 《신약성서》에서 말하는 블레셋 사람, 즉 팔레스타인 민족이었다.

어찌 됐든 유대인들은 오랜 방랑생활을 끝내고 악전고투 끝에 이 땅에 들어와서 여러 곳에 흩어져 살다가 마침내 통일국가 이스라엘왕국을 세웠다.

우리가 잘 아는 '다윗과 골리앗'의 다윗은 유대인이고 골리앗은 팔레스타인 사람이다. 지혜가 뛰어난 다윗이 거인 골리앗을 쓰러뜨린다. 이것 역시 유대인들과 팔레스타인 사람들의 정서적인 관계를 상징하는 듯하다.

이스라엘왕국은 다윗과 솔로몬 왕의 뛰어난 통치로 한동안 번성했지만 쉴 새 없이 전쟁을 치르면서 나라가 둘로 나뉘어 북쪽은 이스라엘왕국, 남쪽은 유다왕국이 됐다. 하지만 오래가지 못하고 이스라엘왕국은 아시리아에, 유다왕국은 바빌로니아에 패하면서 멸망하고 말았다. 이때부터 유대인들은 뿔뿔이 흩어졌고 그들이 떠난 자리에 다시 팔레스타인 사람들이 자리 잡았다.

하지만 이곳은 강력한 통치세력이 없어서 끊임없이 여러 강대국들의 식민지가 되었고, 제1차 세계대전 이후에는 영국이 통치했다. 그런데 유럽에 민족주의 바람이 거세게 불면서 그곳에 흩어져 살던 수백만 명의 유대인들이 멸시당하고 노골적인 탄압을 받게 됐다.

그러자 뜻있는 유대인들이 앞장서 '시오니즘'을 외치며 그들 조상의 땅이었던 팔레스타인 지역에 유대 국가를 세우자는 민족주의 운동이 일어났다. '시온(Zion)'은 예언적이고 종교적인 명칭이지만 일반적으로 유다왕국의 수도였으며 성지인 예루살렘을 뜻한다.

하지만 게르만 민족의 우월성을 내세운 히틀러가 제2차 세계대전을 일

영국은 제1차 세계대전 당시 오스만제국의 영토였던 중동 지역을 수복 혹은 교란하기 위해 현지 토착 부족들을 부추겨 반란을 일으키려 했다. 이 계획의 일환으로 영국군 중위 토머스 에드워드 로런스가 아라비아에 파견된다. 그의 일대기를 그린 영화가 바로 〈아라비아의 로런스〉(1962)이다. 감독은 데이비드 린. 피터 오툴과 앤서니 퀸이 출연했다.

으키면서 유대인 말살이 구체화되면서 무려 약 600만 명이 학살당하는 참혹한 비극을 겪게 됐다. 연합국의 승리로 전쟁이 끝나면서 다시 시오니즘이 떠오르며 엄청난 고통을 겪고 있는 유대인이 국제적으로 동정을 받게 됐다.

그에 따라 국제사회에서 이스라엘의 독립과 건국이 공론화되어 연합국들 간에 여러 차례에 걸친 협상 끝에 타협이 이루어졌고 유엔 결의에 따라 마침내 1948년 이스라엘을 건국하게 됐다.

그런데 문제는 영토였다. 팔레스타인 땅인 가나안 지역을 약 6대 4의 비율로 분할한 것이다.

그 당시 이 지역에는 건국과 함께 고향 땅으로 돌아온 유대인보다 팔레스타인 사람들이 두 배나 더 많았다. 그런데 영토는 이스라엘 6, 팔레스타인 4로 분할된 것이다. 더욱이 농사를 지을 수 있는 기름진 땅은 대부분 이스라엘 영토에 들어가고, 팔레스타인 영토는 대부분이 산악지대와 사막지대인 척박한 땅이었다.

당연히 대다수가 이슬람인 팔레스타인의 불만이 고조됐고, 아랍의 이슬람 국가들이 공개적으로 팔레스타인을 지지하고 나섰다. 그러자 그야말로 천신만고 끝에 어렵게 나라를 세운 이스라엘도 물러설 수 없었다. 더구나 미국이 적극적으로 이스라엘을 지지하며 국제적 분쟁과 대립이 본격화됐다.

그리하여 숱한 분쟁과 수차례의 중동전쟁이 오늘날까지 이어지고 있다. 중동전쟁은 거의 모두 병력은 적지만 정신력이 강한 이스라엘이 승리하며 자신들의 영토를 지켰을 뿐 아니라, 전쟁을 이용해서 팔레스타인 땅의 일부를 쟁취하거나 그들을 강력하게 통제하고 있다.

중동 지역에서 정세 불안과 분쟁이 지속되면서, 기독교에 강한 적대감을 가지고 있는 이슬람 원리주의자들을 중심으로 하마스(Hamas) 등 이스라엘을 겨냥한 무장단체들이 생겨나기 시작했다.

1972년 뮌헨올림픽에서는 이슬람 무장단체인 '검은 9월단'이 이스라엘 선수단 숙소를 습격해서 2명을 죽이고 9명을 납치했다가 그들도 모두 사살해 온 세계에 큰 충격을 주었다. 그와 같은 이슬람 무장단체들이 잇달아 등장했다. 헤즈볼라, 탈레반, 알 카에다, IS(이슬람국가, ISIS)에 이르기까지 수많은 이슬람 무장단체들이 잇달아 등장한 것이다.

이들이 자행한 테러 가운데 가장 대표적인 것이 이른바 '9·11 테러'다. 2001년 9월 11일, 뉴욕의 세계무역센터와 미국 국방부 건물인 펜타곤에 대형 여객기를 충돌시키는 테러로 3000여 명이 숨졌다. 미국 본토가 처음으로 외부의 침입을 당한 것이다. 이 끔찍한 테러는 알려진 바와 같이 오사마 빈 라덴이 지휘하는 이슬람 무장단체 '알 카에다'의 소행이었다.

이슬람(Islam)은 '복종'이라는 뜻이며 이슬람교도를 가리키는 무슬림(Muslim)은 '복종하는 사람'이라는 뜻이라고 한다. 그들은 알라신에게 절대적으로 복종하며 자신들이 하는 일은 모두 알라신의 뜻이라고 말한다. 또한 알라신을 위해 지하드(Jihad), 즉 성전(聖戰)에 앞장서서 죽음을 두려워하지 않고 순교한다.

특히 그들은 이스라엘을 적극 지원하는 미국과의 투쟁을 주저하지 않는다.

미국은 기독교도들이 세운 나라이며 국민의 절대다수가 기독교 신앙생활을 하는 세계 최강대국이다. 이스라엘과 미국을 상대로 한 이슬람의 투쟁은 기독교와 이슬람이 싸우는 양상이 됐으며 이러한 종교전쟁은 끝이 있을 수 없다.

미국의 세계적인 정치학자 새뮤얼 헌팅턴(Samuel P. Huntington)은 우리에게도 잘 알려진 그의 명저《문명의 충돌》에서 국가 간에 무력충돌이 발생하는 것은 이념 차이가 아니라 전통과 문화, 종교적 차이가 그 원인이라고 지적하며 그것을 '문명의 충돌'이라고 표현했다.

그는 세계를 서방(미국과 유럽 등 주로 기독교 국가), 라틴아메리카(주로 가톨릭 국가), 이슬람, 힌두교, 불교, 유교, 일본 등 7~8개의 문명권으로 나누고, 특히 기독교와 이슬람의 충돌을 대표적인 문명의 충돌로 손꼽았다.

따라서 문명의 차이와 다양성을 서로 수용하고 존중하면서, 끊임없는 교류를 통해 동질성을 모색해야 한다고 주장했다. 그와 함께 문명권에서 통용될 수 있는 자유와 평등과 같은 가치가 존중돼야 한다고 강조했다. 당연히 동의할 만한 견해지만 결코 쉽지 않은 일이다. 그는 이슬람권과 비(非)이슬람권의 그러한 합의가 필요하다고 했지만 그것은 더욱 어려운 일이다.

기독교는 원래 하나였지만 종교개혁 등을 통해 구교와 신교, 즉 가톨릭과 개신교로 나뉘었다. 이들은 종교적 체제와 종교의식에 서로 적잖은 차이가 있다. 기독교의 유일신에 대해서도 가톨릭에서는 '하늘'을 뜻하는 하느님으로 부르고, 개신교에서는 '유일한, 하나'를 뜻하는 하나님으로 부른다.

이슬람도 시아(Shia)파와 수니(Sunni)파로 나뉘어 서로 갈등하고 대립하고 있다. 시아파는 이슬람 창시자 마호메트의 후손들만 후계자로 인정하지만 수니파는 마호메트가 후계자를 특정하지 않았다는 것이다.

그리하여 4대 후계자인 마호메트의 사촌동생 칼리프 알리까지는 그럭저럭 하나였지만 661년 칼리프가 암살당하면서 완전히 갈라서서 1400년 가까이 갈등과 대립을 이어오고 있다. 그처럼 문명의 충돌은 해결하기 어려운 인류의 영원한 난제일지 모른다.

밀레니얼 세대는 무엇을 추구하는가

1945년, 무려 7년 동안 이어졌던 제2차 세계대전이 끝나자 전쟁터였던 유럽은 폐허 그 자체였다. 승전국이든 패전국이든 온통 잿더미로 변해 있었다.

누구보다 젊은이들의 충격이 컸다. 전쟁에 직접 참여한 수많은 젊은이들이 죽거나 불구자가 되거나 큰 상처를 입고 처참한 모습으로 고향에 돌아왔다.

다행히 무사히 돌아온 젊은이들도 부모형제, 일가친척, 많은 친구들이 전쟁에 희생된 사실을 알고 주저앉았다. 여성들도 무사하지 못했다. 너무나 많은 여성들이 점령군에게 겁탈당했다. 약 6000만 명이 희생된 인류역사상 유례없는 참혹한 전쟁이었으니 온전한 것이 아무것도 없었다. 당연히 경제가 완전히 붕괴돼 공황상태였으니 일자리가 있을 리가 없었고 먹거리조차 턱없이 부족했다.

유럽의 젊은이들은 좌절하고 절망했다. 그들은 의욕을 잃고 체념에 빠져 방황하며 속절없는 나날을 보냈다. 그럴 때 그들의 가슴에 밀려든 것은 분노였다. 미래를 상실한 그들은 사소한 것에도 분노를 터뜨렸다.

1950년대 당시 영국의 학자들이나 예술가들은 그러한 젊은이들을 '성난 젊은이들(Angry Young Men)'로 표현했다. 하지만 성난 젊은이들은 분노하면서도 아직은 살아야 할 날들이 훨씬 더 많은 자신들의 미래와 늘 마음속에 품어왔던 꿈과 목표를 생각하지 않을 수 없었다.

마침내 그들은 이성을 되찾았다. 자신을 위해서도 무엇인가 해야만 했다. 그 첫째는 폐허가 된 조국의 재건이었다. 국가가 있어야 무엇이든 할 수 있기 때문이다. 그들은 분노를 가라앉히고 의기투합해서 삽과 곡괭이를 들고 집을 나섰다. 유럽의 여러 나라들은 아주 빠르게 국가 부흥을 이룩하고 다시 일어설 수 있었다. 젊은 세대들이 분노를 파괴로 표출하기보다 생산의 원동력으로 변화시켰기 때문이다.

어느 때 어느 나라든, 시대 변화와 사회환경에 가장 민감한 세대가 젊은이들이다. 그들은 곧 국가의 주역이 될 세대여서 현재의 시대 상황과 사회환경에 민감할 수밖에 없을 뿐 아니라, 적극적으로 사회 변화를 주도하고 부정적인 사회환경에 앞장서서 저항한다.

따라서 젊은 세대들의 의식과 사고방식, 행동 등을 지켜보면 그들의 현실관과 국가관, 사회의 흐름과 풍조, 유행, 가치관 등 시대와 사회환경의 변화를 충분히 짐작할 수 있다.

이는 어느 나라나 마찬가지다. 어느 나라든지 큰 관심을 가지고 앞으로 국가의 기둥이 될 젊은 세대들을 주의 깊게 지켜본다.

오늘날은 그 어느 때보다 시대와 사회환경의 변화가 매우 빠르다. 또한 그만큼 젊은 세대들의 의식 변화도 빠르다. 그에 따라 요즘은 일정한 시기에 특징적으로 나타나는 신세대들의 공통적인 특성과 의식 변화를 집약시켜 설명하려는 경향을 보이고 있다.

더욱이 오늘날은 글로벌 시대여서 세계가 한 울타리 안에 있으며 디지털 기술과 IT 기술의 비약적인 발전으로 통신기술도 크게 발달해서 전 세계가 거의 동시에 소통하고 있는 시대에 살고 있다.

그 때문에 전 세계의 신세대들이 거의 비슷한 특성을 보여주는 경우가 많다. 이를테면 우리나라 아이돌 '방탄소년단(BTS)'의 K-pop이 전 세계 신세대들을 열광시키고 있다. 그것은 국가 수준과 관계없이 젊은 세대들에게는 어떤 보편적인 공통심리와 정서가 있다는 것을 말해주는 것이다.

하지만 나라마다 국가체제와 현안 문제가 다른 만큼 현실 상황, 경제 상황, 사회환경, 전통과 문화, 신세대들의 의식수준에는 어쩔 수 없이 큰 차이가 있다. 특히 젊은 세대들에게 가장 크게 영향을 미치는 것은 경제 문제다. 경제 상황도 나라마다 다르다.

전 세계 젊은 세대들의 시대적 특성과 특징을 일률적으로 판단하기는 어렵다. 그러나 어느 나라든지 젊은 세대들이 시대 변화에 가장 민감한 것은 분명하다. 그것이 세계적인 현상보다 먼저 오느냐 늦게 오느냐의 차이가 있을 뿐이다.

근래에 와서 젊은 세대들의 시대 변화를 가장 먼저 특징지은 것이 이른바 'X세대'다. 캐나다 작가 더글러스 쿠플런드(Douglas Coupland)가 1991년에 소설 《X세대*Generation X; Tales for an Accelerated Culture*》를 발표하면서 처음으로 이 용어가 등장했다. X는 '알 수 없다'는 뜻으로 X세대는 '알 수 없는 세대'를 의미한다.

X세대는 일반적으로 1961~1984년 사이에 태어난 세대를 일컫는다. 특히 1968년 전후에 태어난 세대가 이 세대의 중심이다. 지금은 모두 중장년이 됐지만, 그들이 젊은 세대였을 때의 특성을 잘 요약해주고 있다.

그들은 경제적으로 안정된 시기에 태어났다. 그들의 부모들은 소득 수

준과 사회복지의 향상으로 비교적 여유 있는 생활을 하면서 자녀들에게 많은 혜택을 제공했다. 따라서 X세대들은 대부분 별로 부족한 것 없이 원하는 것은 무엇이든 성취하면서 성

더글러스 쿠플런드와 그의 책 《X세대》

장했다.

하지만 경제 상황은 항상 유동적이며 변화의 사이클이 있다. 1980년대에 들어서면서 세계적으로 경제불황이 닥쳤다. 신세대들이 지금까지 경험하지 못했던 몹시 불편한 시련을 겪게 된 것이다. 더욱이 암울한 경제로 말미암아 미래가 불확실해지고 있는 현실에 공포와 불안을 느꼈다.

대부분 맞벌이 부부였던 X세대의 부모들은 일에 쫓겨 그들에게 무관심했으며 경제적 이유 등으로 부부 갈등이 커지면서 이혼하는 경우가 크게 늘어났다. 그와 함께 X세대들의 현실에 대한 반발심리도 커져갈 수밖에 없었다.

그들은 갈수록 삭막하고 피폐해지는 자신들의 현실에 분노하며 사회에 저항하고, 부모를 비롯한 기성세대에 반항했다. 또한 혼란스런 사회를 향해 도덕성과 공정성을 강하게 요구했다. 하지만 그들의 분노와 외침은 공허한 메아리가 될 뿐 좀처럼 달라지는 것은 없었다.

결국 그들이 변했다. 가혹한 현실과 싸워봤자 아무런 소득이 없다는 것을 깨닫고 차라리 현실에 적응하려고 했다. 하지만 기성세대에 의해 만들어진 기존 질서와 사회적인 전통, 관습, 관행 따위를 외면하고 거부하는 등 사회에는 무관심한 태도를 취하는 특징을 나타냈다.

그것은 그들이 빠르게 개인주의 성향으로 변화하고 있다는 사실을 말해준다. 그것은 또 현실에 적응하되 기존의 가치관이었던 국가와 사회에 대한 기여 그리고 거의 평생 온힘을 쏟아야 하는 행복 추구에 매달리지 않겠다는 것을 말해주는 것이기도 하다. 사회적인 공통의 문제보다 개인적이고 단순한 삶에 만족하려는 개인주의 성향을 강하게 드러낸 것이다.

그들은 어떤 일이든 필요 이상의 노력을 하지 않으려고 했고, 자신과 부딪치는 모든 상황들을 되도록 단순하고 간편하게 해결하려고 했다. 남녀의 성차별 의식이 희박해진 반면 남녀를 가리지 않고 자기주장이 강했다.

몇몇 분야에서는 X세대의 특징을 자기 멋대로이며 남을 의식하지 않고 반항적으로 톡톡 튀는 세대로 표현했지만, 한마디로 요약하면 X세대는 개인주의 성향을 뚜렷하게 드러내며 무엇보다 개인의 만족스런 삶에 가치를 둔 세대라고 할 수 있다.

우리나라에서는 선진국들에서 지적한 시기보다 조금 늦은 1990년 당시의 젊은 세대들을 X세대로 보고 있으며, 각종 소비 트렌드도 그것에 맞춰졌다.

'밀레니얼 세대(Millennial Generation)'는 1980년대 초반부터 2000년대 초 사이에 출생해서, 2007년 글로벌 금융 위기 이후 사회 진출을 시작한 세대를 말한다.

현재 10대 후반부터 30대 초중반에 이르는 젊은 세대로서 2010년 이후 사회의 주역이 된 세대이기도 하다. 이들을 X세대의 뒤를 이었다는 의미에서 'Y세대'라고도 한다.

'밀레니얼 세대'는 새로운 1000년이 시작된 2000년을 전후해서 새 시대를 경험한 세대를 일컫는다. 그들을 미국에서 처음으로 '밀레니얼 세대'라고 부르기 시작했다. 미국을 비롯한 여러 나라에서 2000년을 전후해서 태어났다기보다 일반적으로 그 무렵에 성인이 된 세대로 범위를 좁혀 그들의 특징을 말하는 경우가 많다.

이들의 부모는 대부분 베이비 부머(baby boomer)다. 나라마다 베이비 붐 시대가 있었지만 그 기준은 차이가 있다. 우리나라는 1955~1964년 사이에 출생한 세대들이다. 1953년 6·25전쟁이 끝난 뒤 국가재건이 한창일 때다.

미국은 1946~1964년생들이 베이비 부머로, 이 시기는 제2차 세계대전이 끝나고 전쟁의 상처를 치유하며 국가 발전에 박차를 가할 때였다. 일본은 1947~1949년생들을 베이비 부머라고 했다. 일본도 마찬가지로 1945년 천황이 항복을 선언하고 패전국이 된 뒤, 전쟁의 엄청난 후유증을 극복해가며 국가 부흥에 총력을 기울일 때다.

이처럼 전쟁이 끝나고 안정기에 들어서면서 희망찬 미래의 꿈을 키우며 경제발전에 앞장서는 시기여서 낙관적인 마인드가 충만했는데, 그런 분위기에서 아이를 많이 낳는 베이비 붐이 일어났던 시기였다. 우리나라도 베이비 붐 세대가 산업의 핵심 역군으로서 세계가 놀라는 경이적인 경제발전을 이루어냈다.

이러한 베이비 부머의 자녀들이 대부분 밀레니얼 세대다. 하지만 이들은 부모인 베이비 붐 세대들과는 크게 다르고, 바로 앞의 X세대와도 다른 특징과 특성을 지닌 독특하고 파격적인 세대이기도 하다.

밀레니얼 세대가 앞의 다른 세대들과 무엇보다 크게 다른 점은 각종 모바일 기기를 이용한 소통에 익숙한 세대라는 것이다. 이들에게 인터넷과 스마트폰은 필수품이다. 이미 청소년 시절에 이들 기기에 숙달된다. 이 두 가지 기기가 없으면 거의 아무것도 하지 못한다.

이들은 차를 타고 이동하든 길을 걷든 누군가를 기다리든, 조금이라도 틈이 있으면 스마트폰에서 눈을 떼지 않는다. 스마트폰을 사용하지 못할 경우가 생기면 불안해서 못 견딜 정도로 스마트폰 중독현상까지 보인다.

이들은 인터넷과 스마트폰을 통해 자기 주변에서 일어나는 일상사는 물론 국가나 사회와도 직접 소통한다. 두 가지 기기를 통해 갖가지 필요한 정보를 얻고, 자신의 주장과 견해를 개진하고, 필요한 상품을 국내외에서 구입하고, 금전 결제를 하고, 음식 배달까지 주문한다. 따라서 두 기기가 없으면 꼼짝도 못할 뿐 아니라 심각한 고립감과 허탈감에 빠진다.

고등교육을 받은 이들 대부분이 모바일 기기의 속도에 민감하듯 빠른 것을 좋아한다. 패스트푸드, 패스트 패션, 테이크아웃 등을 즐기는가 하면 우회적인 표현보다 직설적으로 표현하고 솔직하다. 또한 판단과 선택과 결정과 행동도 빠르다.

이들의 라이프스타일 역시 그 전 세대들과 다르다. 결혼은 필수가 아니라 선택이라며 늦게 결혼하거나 결혼을 하지 않는 비혼(非婚)주의와 혼자 살겠다는 독신주의가 팽배하다.

남녀가 서로 진정으로 사랑하며 결혼할 의사가 있더라도 결혼보다 먼저 동거를 선호하는 경향도 있다. 그와 함께 가정의 개념이 변화되고 가족해체 현상이 심화되고 있다. 이들은 부모 부양을 부담스럽게 생각한다.

특히 우리나라의 밀레니얼 세대는 1987년 IMF 경제위기 이후 지속되고 있는 심각한 경제난에 고통받고 있는 세대이기도 하다. 취업이 너무 힘들고 대학 입학 때부터 대출받은 학자금을 제대로 갚지 못해 많은 젊은이들이 신용불량자가 되고 있다. 그리하여 실업자+신용불량자를 합친 '실신' 상태의 젊은이들이 늘어나고 있다.

이들의 대다수는 좌절감과 박탈감에 자신의 존재감을 잃고 있다. 그러한 현실 때문인지 이들은 내 집 마련 등 소유개념이 약하고, 매매보다 임대에 더 관심이 크며, 소유보다 효율성과 가치를 더 중요하게 생각한다.

소비성향에 있어서도 트렌드에 민감하지만 브랜드보다 가격을 중시한다. 말하자면 가성비가 중요한 것이다. 당연히 명품 브랜드에 대해서도 상대적으로 다른 세대보다 관심이 적다. 상품을 살 때는 전통적인 마케팅 광고보다 블로그 등을 통한 개인정보를 더 신뢰한다.

그렇다면 이러한 밀레니얼 세대들이 추구하는 것은 무엇일까?

이들은 직업을 선택할 때 임금수준보다 자신이 좋아하고 적성에 맞는 일을 하고 싶어 하며, 가치 있는 일을 하면서 돈을 벌고 싶어 한다. 과시적인 것, 정형화된 것, 전통적이고 관행적인 것보다 가치 추구를 선호하는 것이다.

이들의 인생관도 마찬가지다. 부(富)의 축적, 신분 상승, 명성, 성공과 같이 타성화된 행복을 추구하기보다 현실적으로 실속 있고 단순하고 정직한 삶에서 행복을 추구한다. 이러한 성향은 전 세계 밀레니얼 세대가 보이는 공통점이기도 한데, 그 원인은 미래가 비관적인 것에 기인한 듯하다.

최근 어느 TV의 토크쇼에 참가한 밀레니얼 세대들은 자신들의 특징으로 심플(simple), 재미, 정직을 꼽기도 했다. 미래와는 거리가 먼 실용적인 것들이다. 그렇다고 해서 이들이 나약하거나 매사에 무관심한 것은 아니다.

이들은 사회의식과 자기표현 욕구가 대단히 강하다. 국가와 사회의 공통적인 이익에 큰 관심을 갖고 사회적 비리, 횡포, 불의, 불공정, 불평등 등에 대해서는 발 벗고 나선다. 인터넷, SNS, 청와대 국민청원사이트 등을 통해 자신의 주장과 견해를 거침없이 솔직하게 피력하고 그 반응을 주시한다. 정의와 공정, 평등, 정직을 추구하는 것이다.

이들은 자신의 주장을 강력하게 내세우지만 자신의 견해와 다른 주장에는 치열하게 맞서는 바람직하지 않은 태도를 보이기도 한다. 자기표현 욕구가 강하기 때문에 자칫 '나만 옳다'는 독선에 빠지기도 하는 것이다.

하지만 이는 밀레니얼 세대들이 자기결정권과 자기만족을 추구한다는 사실을 말해주는 것이기도 하다. 어찌 되었든 이들이 지금까지 볼 수 없었던 파격적인 세대임은 틀림없어 보인다.

이들의 다음 세대는 'Z세대'다. 일반적으로 1995년 이후에 태어난 세대들이다. 미국에서는 조금 앞당겨 1990년 이후 출생한 세대를 Z세대로 판단한다. 이들의 의식변화는 어떠할지, 밀레니얼 세대와는 또 어떻게 다를지 자못 궁금하다.

성공의 가장 큰 요소는 노력일까, 운일까

성공은 인간이 추구하는 최고의 가치 가운데 하나다. 자신이 간절히 원하는 것을 마침내 성취함으로써 행복할 수 있기 때문이다. 그리하여 우리는 성공을 위한 마음가짐과 태도, 행동 등에 대해 일찍부터 귀가 아프도록 들어가며 학습되고 세뇌됐다. 불가능은 없다, 하면 된다, 실패는 성공의 어머니, 실패 없는 성공은 없다, 자기가 좋아하는 일을 해라, 목표를 크게 세워라…… 등등.

우리보다 앞서 살았던 현인(顯人)들, 어느 분야든 자신의 분야에서 성공한 사람치고 성공으로 가는 길을 일러주지 않은 사람이 없다. 그들의 의미 있는 성공철학을 한마디로 요약하면 '노력'이다. 어떻게 하든 무엇을 하든 노력해야 성공할 수 있다는 것이 공통점이다.

발명왕 에디슨도 "천재는 99퍼센트의 노력과 1퍼센트의 영감으로 만들어진다."고 했다. 자신이 이룩한 획기적인 성취들도 99퍼센트는 땀으로 이루어낸 것이라는 뜻이다. 물론 많은 사람들이 동의한다. 땀 흘리지 않고 얻을 수 있는 것은 아무것도 없다. 있다면 복권 당첨과 같은 요행뿐이다.

그렇다면 성공의 전제조건은 반드시 노력뿐일까? 오직 자신이 원하는 것, 자신의 목표에 목숨 걸고 매달려 남다른 노력을 다했으면서도 성공하지 못한 사람들이 많은 까닭은 무엇일까? 또 크게 노력하지 않았으면서도 성공하는 사람들은 어떻게 그런 좋은 결과를 얻을 수 있었을까?

이러한 딜레마와 관련해서 미국 코넬 대학의 저명한 경제학 교수 로버트 프랭크(Robert H. Frank)가 2016년 출간한 《실력과 노력으로 성공했다는 당신에게Success and Luck; Good Fortune and the Myth of Meritocracy》를 통해 흥미 있는 해답을 내놓았다.

"성공이란 전적으로 재능과 노력의 결과라고 주장하는 사람이 대부분이었다. 물론 재능과 노력이라는 요소는 정말 중요하다. 하지만 가장 커다란 보상을 차지하기 위한 사회적 경쟁이 너무나 격렬한 시대에 재능과 노력만으로 승리를 보장할 수 있는 경우는 드물다. 오히려 거의 모든 경우에 상당한 운이 뒤따라야 한다."

이 책의 원제 'Success and Luck'이 말해주듯이 성공과 행운은 대단히 밀접한 관계를 가지고 있다는 것이다. 그는 성공에는 실력·노력·행운의 3요소가 절대적으로 필요하다며, 특히 행운의 중요성을 강조했다.

그럼에도 많은 사람들, 특히 성공한 사람일수록 행운을 인정하지 않거나 과소평가하면서도 실패했을 때는 운이 나빴다고 말한다는 것이다. 물론 성공하려면 실력과 재능 그리고 노력이 필요하다는 것은 누구도 부인할 수 없다. 하지만 운도 결코 무시할 수 없다는 것을 실생활을 통해 자주 경험한다.

예컨대 오직 연기자가 되려는 꿈을 안고 몇 년씩 연기공부를 하고 연기력을 닦는 노력을 다하고 있어도 좀처럼 기회가 오지 않는 사람이 있는가 하면, 친구를 만나러 가다가 우연히 길에서 영화감독이나 PD의 눈에 띄어 이른바 '길거리 캐스팅'을 통해 데뷔하면서 하루아침에 스타가 되었다면 운이 좋았다고밖에 말할 수 없다.

취업이 안 되어 생계가 어려워진 청년이 조그만 중식당에 들어가 배달원으로 일했는데 집주인 외동딸과 눈이 맞아 마침내 결혼까지 하게 되고, 주인이 갑작스럽게 사망하자 졸지에 식당의 주인이 됐다. 그런데 뜻하지 않게 식당 근처에 대규모 아파트단지가 들어서면서 대박을 터뜨렸다는 실화도 있다.

우연히 길거리 캐스팅된 경우도 그 길을 걷지 않았다면 그런 행운이 있을 수 없고, 우연히 영화감독이나 PD의 눈에 안 띄었다면 스타가 되는 행운은 없었을 것이다. 청년이 취업만 됐더라면 중식당 배달원으로 들어가 크게 성공할 행운은 없었을 것이다. 말하자면 틀림없이 우연한 행운은 존재하며 그것이 성공의 디딤돌이 될 수 있다는 얘기다.

'마태 효과(Matthew Effect)'라는 용어가 있다. '부익부 빈익빈' 현상을 이르는 용어로 상대적으로 우위를 차지하고 있는 사람이 지속적으로 우위를 차지하게 될 확률이 높은 현상을 말한다. 쉽게 말해서 금수저는 금수저, 흙수저는 흙수저 상태를 지속하기 쉽다는 말이다.

하지만 하찮은 일, 우연한 기회가 인생을 완전히 바꿔놓을 때도 마태 효과라는 용어를 쓴다.

우리는 대부분 보잘것없는 사소한 일, 어쩌다 마주친 우연한 일 따위를 대수롭지 않게 생각한다. 그러나 그냥 넘겨버리기 쉬운 그러한 것들이 전혀 기대하지 않던 뜻밖의 행운을 가져올 수 있다.

의상 디자이너가 거리에서 우연히 스쳐 지나간 외국인 관광객의 독특한 옷 색깔에서 모티브를 얻어 창의적인 의상을 내놓아 대박을 터뜨릴 수도 있다. 이처럼 우연은 성공의 문을 여는 열쇠가 될 수도 있으며 행운을 가져다주기도 한다.

그러고 보면 좋은 가정환경, 뛰어난 지능을 물려받은 것도 행운이다. 그것은 자신의 실력이나 재능, 노력으로 되는 것이 아니라 좋은 부모에게서 태어난 행운일 수밖에 없다. 좋은 스승, 좋은 친구를 만난 것도 행운이다.

이처럼 사소한 우연이 행운을 가져오는 경우는 생각보다 훨씬 흔한 일이다. 앞서 소개한 로버트 프랭크 교수의 책에서는, 행운이라는 것이 어떤 기대하는 성과에 아주 작은 영향을 미칠지 모르지만 운이 좋지 않으면 승리할 수 없는 이유를 지적하고 있다. 특히 오늘날처럼 경쟁이 치열하고 경쟁자가 많은 경우다.

첫째, 행운이란 예정된 것이 아니라 임의적인 것이다. 아무리 능력과 재능이 뛰어난 경쟁자라도 남보다 운이 좋다는 보장은 없다.

둘째, 경쟁자가 많을수록 뛰어난 능력과 재능을 가진 경쟁자가 그만큼 많으며, 그 가운데 누군가는 운도 좋을 수 있다. 따라서 유능한 실력자보다 가장 행운이 있는 사람이 승리할 가능성이 충분하다.

자신의 성공에 행운이 작용했다는 사실을 알게 되면 남들에게 관대해진다고 한다. 자신이 행운의 작용으로 성공했다면 누군가는 자신보다 행운이 따르지 않아 경쟁에서 밀린 안타까운 사람들도 있을 것이다. 행운의 도움으로 성공했다면 행운이 따르지 않는 사람들을 진심으로 배려할 수 있어야 한다. 그들 때문에 내가 성공할 수 있었기 때문이다.

우연은 삶에 얼마나 영향을 미칠까

뉴턴은 우연히 사과나무에서 사과가 밑으로 떨어지는 것을 보고 만유인력의 법칙을 발견했다. 콜럼버스는 인도를 향한 멀고 먼 항해를 하다가 우연히 아메리카 대륙을 발견해서 인류 역사의 새로운 장을 열었다. 획기적인 발명이나 발견에는 이처럼 '우연'이 계기가 된 경우가 아주 많다.

'원수는 외나무다리에서 만난다.'는 속담이 있듯이, 한사코 피하고 싶은 사람이나 기어이 찾고 싶은 사람과 우연히 부딪쳐 예기치 못한 상황이 벌어지는 경우도 있다. 그런가 하면 길가에서 우연히 마주친 이성과 눈이 맞아 서로 사랑하고 결혼해서 평생을 행복하게 사는 사람들도 있다. 우연! 우연의 정체는 뭘까? 우연은 삶에 얼마나 영향을 미칠까?

'우연'은 뜻하지 않게, 예기치 않게 일어난 일, 인과관계 없이 일어난 일, 원인을 알 수 없는 것, 존재하지 않을 것 같지만 존재하는 것 등 그 개념이 나양하시만 누구나 그 의미를 알고 있다. 아무튼 우연은 무작위로 발생하는 어떤 상황이며 과학적으로 일어날 수 있는 확률이 매우 낮은 현상이며 갑작스럽게 또는 느닷없이 부딪치게 되는 돌발적인 상황이다.

우리는 일생을 통해 수많은 우연을 경험한다. 세계적인 컨설턴트인 캐나다의 브라이언 트레이시(Brian Tracy)는 "우리의 삶은 우연히 일어나는 일련의 사건들로 이어진다."고 했다.

어찌 보면 이 세상에 태어난 것도 우연이다. 우연히 만나 사랑하고 결혼했던 부모의 정자와 난자가 우연히 만나 자신을 낳았고, 자기 자신도 또 우연히 만난 이성과 결혼해서 우연히 자녀를 낳는 것은 흔한 일이다. 자신이 선택한 학교나 직업도 우연일 수 있고, 우연히 갑작스럽게 세상을 떠날 수도 있다.

그렇다면 우연은 삶을 지배하는 것일까? 우연들이 겹치면 필연이라고 한다. 그러면 우연은 필연일까 아니면 그야말로 우연일까?

'머피의 법칙(Murphy's law)'은 자신에게 자꾸 안 좋은 일들만 잇달아 일어날 때 쓰는 말이다. 머피의 법칙에 따르면, 어떤 일을 하는 데에 둘 이상의 방법이 있고 그것들 중 하나가 나쁜 결과(disaster)를 불러온다면 누군가가 꼭 그 방법을 사용한다는 것이다.

'샐리의 법칙(Sally's law)'도 있다. 머피의 법칙과는 반대로 자신에게 좋은 일들만 잇달아 일어날 때, 좋지 않은 것 같았지만 결과가 아주 좋았을 때 쓰는 말이다. 정말 어떤 사람에게는 안 좋은 일만 계속해서 일어나고, 또 어떤 사람에게는 좋은 일만 계속해서 일어나는 걸까?

우연은 규칙적이 아니며 사실 일어날 확률이 매우 낮은 상황이 발생하는 것이어서 미리 예측할 수 없다. 예컨대 여객기가 추락해서 많은 사람들이 죽었을 때, 모든 승객이 자신이 탑승한 여객기가 추락할 것을 예상했다면 아무도 그 여객기에 타지 않았을 것이다. 우연한 사고로 목숨을 잃은 것이다.

그래서 그러한 사고를 뜻하지 않았던 사고, '불의(不意)의 사고'라고 한다.

추락한 여객기에서 다행히 목숨을 건진 사람을 '기적적인 생존'이라고 말한다. 기적도 우연이다. 그처럼 인간은 자신의 미래를 모른다. 점쟁이는 사람들이 궁금해하는 미래의 우연을 그럴듯하게 알려줌으로써 먹고산다.

독일의 저명한 저널리스트인 슈테판 클라인(Stefan Klein)은 저서 《우연의 법칙》에서 우연한 상황이 일어나는 원인에 대해, 먼저 뇌는 특별한 것만 기억하려는 경향이 있다고 했다. 인간은 자신이 경험했던 대부분의 기억을 잊지만 특별히 자신에게 좋지 않았던 일이나 충격적인 일들은 기억을 한다는 것이다.

그러한 기억에 맞물려 어떤 좋지 않은 상황이 우연히 발생하면 자신에게는 나쁜 일만 잇달아 일어난다고 착각하게 된다는 것이다. 아울러 사람들이 자기가 보고 싶은 것만 보려고 하듯이, 자신의 상식적인 판단과 맞는 것만 보려고 하고 그것을 자신에게 유리하게 판단함으로써 그렇지 않은 부정적인 상황들은 뜻밖의 우연으로 몰아간다는 것이다.

이를테면 점쟁이는 점을 보러 온 사람에게 앞으로 일어날 좋은 일과 나쁜 일을 얘기하기 마련이다. 그런데 점쟁이에게 자신의 미래를 물었을 때, 점쟁이가 말했던 나쁜 일은 기억하지 않고 좋은 일만 기억하다가 정말 좋은 일이 일어나면 아주 잘 맞히는 점쟁이로 평가하고 나쁜 일이 일어나면 우연이라고 생각한다. 그래서 점쟁이는 맞거나 안 맞거나 항상 50퍼센트의 확률을 가지고 있기 때문에 계속해서 영업을 할 수 있는 것이다.

그런가 하면 예측할 수 없는 것들에 대한 두려움 때문에 예기치 못한 상황이 발생하면 결코 있을 수 없는 우연으로 생각한다는 것이다. 또한 자신의 능력으로 통제할 수 없는 것은 모두 우연이 된다는 것이다.

그리고 보면 우리는 수많은 우연을 경험하면서 살아가지만 그 가운데는 정말 우연도 있고, 자신은 우연이라고 생각하지만 인과관계로 볼 때 결코 우연이 아닌 것들도 많다는 사실을 알 수 있다.

그뿐만 아니라 남들과 우연이 일치할 수도 있고 우연을 조작할 수도 있다. 예컨대 회원이 100명인 어떤 모임이 있다. 그 가운데 자신과 생일이 같은 날인 회원이 있으면 우연의 일치라고 생각한다. 하지만 그것은 우연이 아니라 확률이다. 생일이 아니라 낳은 달이 똑같은 회원은 확률이 훨씬 높을 것이다.

인간관계에서 누군가 꼭 만나서 해야 할 얘기가 있어 미리 약속을 정하려고 하면 상대방이 기피하거나 만나야 할 이유를 생각할 기회를 주기 때문에 "이 앞을 지나가다가 우연히 생각나서 들렀습니다." 하며 우연을 가장하거나, 미리 대기하고 있다가 불쑥 나타나며 "어휴, 이런 우연이! 여기서 이렇게 우연히 만나게 될 줄은 생각도 못했습니다." 하며 우연을 조작할수도 있다.

결과적으로 브라이언 트레이시가 말했듯이 삶은 알게 모르게 우연의 연속일지도 모른다. 자신이 통제하지 못하는 우연과 우연들이 겹치면서 우리의 삶은 우연에 지배당하고 있는지도 모른다. 그는 인구의 80퍼센트 정도는 그러한 우연의 법칙 속에서 살고 있다고 말한다.

우리에게는 우연을 기피하려는 경향이 있다. 자신에게 맞닥뜨린 부정적인 상황을 기피하려고 하거나, 그것을 마치 운명처럼 체념적으로 받아들이려 한다면 우연은 두려운 존재가 될 뿐이다.

브라이언 트레이시는 세상에 결코 우연한 일이란 없다고 말한다. 따져보면 대부분 인과관계가 있다는 것이다. 예컨대 카레이서는 차사고로 죽을 확률이 높다. 운전솜씨가 매우 뛰어나지만 차를 타는 시간이 다른 사람들보다 훨씬 많고 항상 과속으로 달리기 때문에 확률적으로 사고가 날 위험성이 높은 것이지 우연한 사고가 아니다.

과학자 뉴턴은 물리적인 현상들에 대해 끊임없이 연구해왔기 때문에 사과가 나무에서 떨어지는 것을 보고 결정적인 힌트를 얻은 것이지 우연은 아니다. 콜럼버스는 계속해서 서쪽으로 항해하면 인도에 닿을 수 있다고 생각했기 때문에 끈질기게 서쪽으로 가다가 아메리카 대륙을 발견한 것이다. 모두 우연이라기보다 필연적인 결과라고 할 수 있다.

아울러 그는 예기치 못한 상황, 통제할 수 없는 상황, 좋지 않은 상황에 맞닥뜨렸을 때 우연으로 치부하며 체념하지 말고 낙관적이고 긍정적인 마음으로 자신에게 유리하게 생각해야 한다고 말했다. '우연'은 영어로 chance라고도 한다. 말하자면 우연은 '기회'이기도 하다. 성공한 사람들은 우연을 우연으로 보지 않고 예상하지 못했던 기회로 봤기 때문에 성공할 수 있었다는 것이다.

인생역전과 소확행

　인간은 꿈을 꾸는 동물이다. 누구나 미래에 대한 꿈을 갖는다. 그리고 구체적인 목표를 세우고 목표를 향해 최선의 노력을 다한다. 하지만 그 꿈과 목표가 반드시 이루어지는 것은 아니다. 치열한 경쟁을 견뎌내야 하고, 끊임없이 난관에 부딪히고 온갖 시련과 역경을 겪어야 한다. 그만큼 우리의 삶은 숱한 우여곡절과 파란만장의 연속이다.

　많은 사람들이 여러 가지 이유로 그처럼 고달픈 과정을 견뎌내지 못하고 좌절하거나 체념하고, 꿈과 목표와는 거리가 먼 안이한 삶에 안주하려고 한다. 하지만 궁극적으로 행복 추구라는 꿈을 완전히 포기하는 것은 아니다.

　단번에 일확천금의 횡재로 인생역전을 꿈꾸는 것도 그 때문이다. 일확천금만 거머쥐면 무엇이든 원하는 것을 다 할 수 있고 꿈을 충분히 이룰 수 있다고 생각한다. 그러면 어떻게 일확천금의 기적 같은 행운을 얻을 것인가?

　방법은 거의 비슷하다. 가장 손쉬운 방법이 복권 당첨이며 주식투자, 가상화폐(Bit Coin; 블록체인 기술을 기반으로 만들어진 온라인 암호화폐. 비트코인의 화폐 단위는 BTC 또는 XBT로 표시한다. 2008년 10월 사토시 나카모토라는 가명을 쓰는 프로그래머가 개발하여, 2009년 1월 프로그램 소스를 배포했다.), 불법 도박, 사기, 횡령, 절도, 마약 거래와 같은 범죄행위 등이 그것이다.

범죄행위는 언젠가 반드시 들통이 나고 그에 합당한 법적 처벌을 받게 되니까 예외로 하고, 주식이나 가상화폐는 많든 적든 투자가 필요하고 많은 시간을 집중하는 노력을 해야 한다. 그에 따라 대다수 서민들이 잃어도 괜찮을 푼돈을 투자해서 대박을 노리는 로또와 같은 복권에 매달리는 것이다.

로또복권은 처음부터 서민들의 귀에 쏙 들어오는 '인생역전'의 캐치프레이즈를 내세웠다. 당첨확률이 800만분의 1이 넘어(정확히는 1/8,145,060) 거의 불가능하지만 매주 어김없이 당첨자가 나오니까 서민들이 매달릴 수밖에 없다. 당첨자가 여러 번 나와 흔히 '명당'이라고 하는 로또복권 판매점에는 항상 사람들이 길게 줄을 선다.

운이 좋아 당첨이 된다면 그야말로 대박이며 인생역전이 가능하다.

얼마 전 미국에서는 누적된 당첨금이 무려 1조 6000억 원이 넘는 초대형 복권이 세계적인 관심을 끌었고 마침내 당첨자가 나왔다. 그러면 복권 당첨으로 대박을 터뜨린 사람들은 과연 인생역전을 했을까?

외국의 경우를 보더라도 결코 그렇지 못하다. 많은 당첨자들이 인생의 역전승을 하기는커녕 오히려 전보다 더 비참해지는 역전패를 당했다. 대부분 하루아침에 벼락부자가 되면서 과도한 허영과 사치, 마약, 여자, 도박 등의 쾌락에 돈을 펑펑 쓰다가 얼마 지나지 않아 탕진해버렸다.

그런가 하면 폭력조직에 거액을 뜯기거나 살해 위협을 받기도 하고, 자선단체의 집요한 기부 요구에 거액을 빼앗기고, 혈육과 일가친척에게 큰돈을 선심 썼다가 탕진하는가 하면, 부부가 온갖 사치에 물 쓰듯이 쓰다가 모두 탕진하고 서로 그 책임을 놓고 부부싸움이 벌어져 아내를 살해하고 살인범이 되기도 했다.

우리나라에서도 로또복권이 당첨되고 오히려 패가망신한 당첨자들이 많다는 언론보도가 나올 정도다.

그럼 도대체 대박을 터뜨리고도 왜 이렇게 쪽박을 차거나 패가망신하는 사람들이 많을까?

그 이유는 어렵지 않게 몇 가지를 지적할 수 있다. 첫째, 목표의 상실이다. 거액을 한순간에 쥐게 되자 목표의식이 사라져버려 허영과 사치, 도박, 마약 등에 빠져 돈을 계획 없이 펑펑 쓰다가 쉽게 탕진하게 되는 것이다. 돈이란 벌기는 힘들어도 쓰기는 아주 쉽다.

둘째, 복권 당첨 사실을 숨기려고 해도 결국 알려지기 마련이다. 거액의 복권에 당첨됐다고 하면 수많은 사람들이 몰려든다. 앞에서 지적했듯이 폭력조직이 일부를 내놓지 않으면 살해하겠다고 위협하고, 온갖 사회단체와 자선단체들이 기부를 강요한다. 당연히 가까운 혈육들도 가만있지 않는다. 처음에는 거액이 손에 들어왔으니 그들의 요구를 들어주다 보면 곧 바닥이 난다.

셋째, 땀 흘리지 않고 노력 없이 번 돈은 끈기가 없다. 너무 쉽게 날아간다. 돈의 진정한 가치를 잊어버리기 때문이다. 도박 솜씨가 뛰어난 타짜가 궁핍하게 사는 것도 그 까닭이다.

인도의 성인으로 추앙받는 마하트마 간디(Mohandas Karamchand Gandhi)는 "세상에는 일곱 가지 죄가 있다. 노력 없는 부(富), 양심 없는 쾌락, 인격 없는 지식, 도덕성 없는 상업, 인성 없는 과학, 희생 없는 기도, 원칙 없는 정치가 그것이다."라고 했다. 땀 흘려 일하지 않고 큰돈을 벌려고 하고, 무분별하게 쾌락에 탐닉하는 것은 죄악이다. 열정에는 고통이 따른다는 것을 알아야 한다. 고통 없는 인생역전은 사상누각일 뿐이다.

물론 근래에 와서 여러 부정적인 사회현상과 불확실한 미래에 대한 불안 때문에 온갖 고통을 인내하며 죽어라고 노력해도 자신의 꿈과 목표를 이루는 것이 도저히 불가능하다는 체념과 박탈감에 빠지고 마는 사람들이 크게 늘어나고 있는 것이 사실이다. 그런 사람들 가운데 긍정적인 마인드를 가진 사람들은 과감하게 자신의 인생을 재설계하고 제2의 인생을 살아가려고 한다. 그것이 이른바 '소확행'이다.

소확행(小確幸)이란 '작지만 확실한 행복'의 줄임말이다. 일본작가 무라카미 하루키(村上春樹)가 자신의 수필집에서 처음으로 사용한 말이다. 일본경제가 침체에 빠졌을 때 많은 사람들이 모든 것을 체념하고 주저앉기보다 아주 작은 것들에서 행복을 찾으려는 심리에서 나온 것이다.

우리나라에서도 경제침체가 장기화되면서 소확행을 추구하는 사람들이 늘고 있다. 특히 젊은 세대에서 나홀로족 1인 가구가 크게 늘어나면서 소확행이 트렌드가 됐다. 더욱이 앞으로도 더 널리 확산될 추세를 보이고 있다.

우리는 꿈과 목표는 크고 높게 잡아야 한다고 귀 아프게 들어왔고, 또 그렇게 학습됐다. 당연히 꿈과 목표가 크고 높아야 못 이루더라도 어느 정도 근접할 수 있다. 하지만 그것이 거의 실현 불가능한 뜬구름 같은 것이라면 도저히 성취하기 어렵다.

19세기 영국을 대표하는 역사가인 토머스 칼라일(Thomas Carlyle)은 "우리에게 중요한 일은 멀리 희미하게 놓여 있는 것을 바라보는 것이 아니라 가까이 있는 것을 행동으로 옮기는 것이다."라는 말을 남겼다. 어찌 보면 소확행의 개념을 정확하게 정의한 말이라고 할 수 있다.

누구나 행복을 추구하지만 행복의 크기는 저마다의 마음가짐에 따라 다르다. 행복을 너무 크고 높게 잡아 좀처럼 다가가지 못한다면 어쩌면 그 사람은 평생 행복하지 못할 수도 있다. 하지만 가까이에서 아주 사소한 것들에도 행복감을 느낀다면 그 사람은 평생을 행복하게 살 것이다.

무라카미 하루키는 그의 수필집에서 갓 구운 빵을 손으로 찢어 먹는 것, 서랍 안에 반듯하게 접어 돌돌 말아놓은 속옷이 잔뜩 쌓여 있는 것 등이 모두 소확행이라고 했다. 값싼 분식집에 가서 가장 비싼 국수를 사 먹는 것으로도 행복을 느낄 수 있고, 중고시장에서 마음에 꼭 드는 액세서리를 싸게 사도 행복하다.

그러한 하루하루가 쌓여가면서 행복한 삶이 된다. 행복은 가까이에 있는 것이다. 작은 것에 만족하면 행복하다. 오늘 하루를 충실하게 보냈다면 그것으로 행복하다. 행복은 삶의 결과가 아니라 삶의 과정이다. 소확행이 세계적인 추세가 되고 있는 것도 그 까닭일 것이다.

미투와 힘투

어린이가 아니라면 '#Me Too'를 모르는 사람은 거의 없을 것이다. '미투운동'은 성폭력 피해 여성들이 SNS를 통해 '나도 당했다.' 또는 '나도 고발한다.'는 분명한 의사를 알리며, 수치스러움을 무릅쓰고 자신의 성폭력 피해 경험이나 가해자를 해시태그(#)를 붙여 공개적으로 잇달아 고발하는 운동이다.

2017년 10월, 미국 할리우드의 유명한 영화제작자이자 배급업자인 하비 와인스타인이 막강한 영향력과 권력을 이용해서 무려 30여 년 동안 끊임없이 자행해온 수많은 성폭력 행위들을 용기 있게 고발하면서 촉발된 미투운동은 삽시간에 미국은 물론 전 세계로 확산됐다.

하지만 미투운동의 효시는 이보다 10여 년을 거슬러 올라가야 한다. 미국의 인권운동가이자 사회운동가인 타라나 버크(Tarana Burke)가 2006년 33세 때 처음으로 'Me Too'라는 문구를 사용했다.

그녀는 뉴욕의 우범지역이었던 브롱크스 빈민가에서 태어나 어린 시절과 10대 시절에 여러 차례 성폭행당했던 아픈 상처를 잊지 못했다. 그리하여 사회에 만연하고 있는 성폭력과 성적 학대에 대한 인식을 높여야 한다는 결심을 하고 곧 실천에 옮겼다.

이에 그녀가 유색인종, 여성, 청소년을 위한 단체 '저스트 비(Just Be)'를 설립하고 SNS에 자신의 성폭력 경험을 고발하는 'Me Too' 문구를 쓰도록 제안하는 캠페인을

연설하는 타라나 버크

벌인 것이 미투운동의 효시였다. 2017년 미투운동이 폭발적으로 확산되자 유력한 시사 주간지《타임》지는 그녀를 '올해의 인물'로 선정하기도 했다.

하비 와인스타인은 영화계에서 막강한 파워를 이용해서 영화배우와 시나리오 작가를 비롯한 영화 스태프들 심지어 자신의 제작사 여직원까지, 밝혀진 것만 하더라도 30년 동안 무려 50여 명의 여성들에게 무차별적으로 성폭력을 자행했다.

하지만 그의 권력에 묻혀 드러나지 않았다가 2017년 10월에 40대 중반의 배우이자 가수인 앨리사 밀라노, 로즈 맥고언 등이 SNS를 통해 그를 고발하면서 미투운동이 본격적인 궤도에 오르기 시작했다. 미투가 SNS에 오른 첫날 리트윗이 봇물처럼 터지면서 전 세계로 확산됐다.

그런데 흥미 있는 것은 원로 여배우들의 반응이었다. 세계적인 톱스타였던 프랑스의 카트린 드뇌브는 "성폭력은 분명 범죄다. 하지만 여성의 환심을 사려거나 유혹하는 것은 범죄가 아니다. 남자들은 여성을 유혹할 자유가 있다."면서 남성들을 일방적으로 매도하고 있는 미투운동을 비판해서 논란이 됐다.

역시 프랑스의 유명한 원로 여배우인 브리지트 바르도도 "미투 캠페인의 이름으로 행해지는 대부분의 폭로는 위선적이고 터무니없다."면서 "수많은 여배우들이 배역을 따내기 위해 제작자들을 (성적으로) 유혹한다. 그

리고 나중에는 자신이 성폭행당했다고 얘기한다."고 주장해 맹렬한 비난을 받았다.

어쩌면 40~50년 전 그녀들의 전성시대에는 그러한 성적인 행동이 관행이었는지도 모른다. 하지만 여성들의 권익이 크게 신장된 오늘날은 상황이 사뭇 다르다. 남성들에 의해 자행되는 일방적인 성폭력이 대부분 우월적 지위를 이용한 권력형 성폭력이기 때문에 피해 여성들이 저항하기 어려웠고 피해 사실을 폭로하기 두려웠던 것이다.

미투운동은 해시태그로 피해자들이 서로 연대한다는 것에 큰 의미가 있다. 한번 불붙은 미투는 현재 세계 80여 개 나라에서 적극적으로 전개되고 있다. 남성우월주의에서 비롯된 권력형 성폭력이 그동안 얼마나 만연했는지 미투운동을 통해 낱낱이 드러난 것이다.

우리나라에서의 '미투'는 2018년 1월, 40대 중반의 현직 검사인 서지현 씨가 방송매체에 출연해서 검찰 내의 성폭력 실상을 고발한 것이 촉발의 계기가 돼서 사회 모든 분야로 빠르게 확산하기 시작했다. 그리고 그 실상은 놀라웠다.

정치인, 법조인, 종교인, 체육인, 사업가, 대학교수, 시인, 작가, 연극연출가, 영화감독, 연기자, 가수 등 거의 모든 분야에서 상습적으로 자행된 성폭력 행위가 믿기 어려울 만큼 넘쳐났다.

그러한 가해 남성들 가운데 자신의 무고함을 호소하는 경우도 있었지만 대부분이 사실로 드러났다. 또한 가해 남성 대다수가 역시 우월적 지위를 악용한 권력형 성폭력을 저질렀다.

우리나라에서 미투운동은 여전히 진행 중이다. 미투로 고발되고 성범죄 사실이 확인돼 구속된 가해자들도 있고, 스스로 목숨을 끊은 가해자도 있으며, 현직에서 물러났거나 공식적으로 활동을 할 수 없게 된 가해자들도 많다. 하지만 각종 성범죄에 대한 사법부의 판단이나 형량이 남성들에게 유리한 쪽으로 기울어 여성들이 불만과 분노를 표출하기도 한다.

최근에는 중고등학교 여학생들도 미투운동에 참여해서 '스쿨 미투운동'을 활발하게 펼치고 있다. 대부분 남성 교사들에 의한 성폭력을 고발하는 것이다. 그것 역시 권력형 성범죄다.

미투에서 성폭력 피해자들은 당연히 여성들이다. 또한 그것이 상식적이다. 하지만 성폭력 피해자가 100퍼센트 여성이라고 할 수는 없다. 남성이 성폭력 피해자가 되는 경우도 없지 않다. 여성이 가해자가 될 수 있고 동성애자가 가해자가 될 수도 있다. 그 때문에 여성들이 주도한 미투운동에 참여한 남성들도 있다.

앞서 소개한 프랑스의 원로 여배우 카트린 드뇌브는 "남성들이 권력을 남용해 여성에게 성폭력을 행사하는 것에 목소리를 높이는 것은 필요하다."고 하면서도 "하지만 최근 논의의 흐름은 남성을 일방적으로 매도하는 식으로 진행되고 있다."고 주장하기도 했다.

사실 미투에서 고발되는 성폭력은 거의 대부분 사실(fact)이지만, 성폭력의 범주가 모호해서 뜻하지 않게 피해를 입는 남성들도 적잖다. 이를테면 남자들이 별 의미 없이 습관적으로 던지는 성적 농담을 성희롱으로 고발하거나, 자신보다 높은 위치에 있는 남자가 순수한 애정의 표시로 어깨나 허리를 감싸도 여성에게 수치심을 갖게 하는 성추행으로 고발당하는 경우가 없지 않았다.

그 때문에 해당 남성은 명예가 훼손되고 주변으로부터 야유와 지탄을 받는 등 심한 심적 고통을 겪어야 하는 경우가 적잖다. 그리하여 미투운동의 확산과 함께 이른바 '펜스 룰(Pence Rule)'이 갑작스럽게 주목을 받았다.

사실 '펜스 룰'의 기원은 '빌리 그레이엄 룰(Billy Graham' Rule)'이다. 1948년 미국의 저명한 목회자였던 빌리 그레이엄 목사가 기독교 사역활동에서 지켜야 할 네 가지 원칙을 제시하면서, 그 가운데 성적인 문제와 관련한 모든 의혹을 피하기 위해 "아내가 아닌 다른 여성과 단둘이 만나거나 식사하지 않는다."는 원칙을 제시했다. 그에 따라 그레이엄 목사가 제시한 원칙들을 '빌리 그레이엄 룰'이라고 불렀다.

그런데 빌리 그레이엄 룰을 실천하는 미국의 마이크 펜스 부통령이 이미 여러 해 전에 한 인터뷰에서 "아내가 아닌 여성과는 절대로 단둘이 식사하지 않는다."고 했는데, 미투운동이 확산하면서 남성들의 여성에 대한 경계심을 강조하는 의미에서 '펜스 룰'이라고 부르게 됐다.

마이크 펜스 부통령의 펜스는 Pence다. 그런데 울타리를 뜻하는 fence와 발음이 거의 같아 남성과 여성 사이에 울타리가 필요하다는 의미가 되기도 했다. 그리하여 직장에서 남녀가 단둘이 대화할 때 문을 열어놓는가 하면, 제3자를 증인으로 앉혀놓는 촌극까지 벌어지게 됐다.

따라서 '펜스 룰'이 공적인 영역에서 실천되는 경우, 여성이 남성과 동등한 업무 기회를 갖지 못하고 배제되는 경우가 생길 수밖에 없어서 여성에 대한 성적 차별이라는 비난을 받고 있다.

펜스 룰이 다소 잠잠해지면서 미국에서 갑자기 이슈가 된 것이 '힘투(#Him Too)' 또는 '힘투운동'이다.

힘투는 미투에 맞서서 무고한 남성이 '거짓 미투로 당했다'는 사실을 SNS를 통해 고발하는 운동이다.

사실 미투가 확산되면서 피해 여성의 진술이 일관된다는 이유 하나만으로 객관적 증거도 없이 무고한 남성이 큰 피해를 보는 사례들도 늘어났다.

이러한 무차별적인 미투운동에 반발하는 미국 남성들이 힘투운동을 펼치면서 많은 남성들로부터 적극적인 지지를 받고 있다.

특히 미국은 브렛 캐버노 연방대법관 인준 과정에서 그가 고교와 대학 시절 성폭행을 시도했다는 어느 여성의 폭로로 FBI의 조사까지 받아야 했다. 하지만 무고로 밝혀지고 무난히 연방대법관 인준을 받자, 힘투는 더욱 탄력을 받았다. 그러자 트럼프 대통령은 "미국 젊은 남성들에게 매우 무서운 시기다."라고 힘투운동을 지지하는 의사를 표명하기도 했다.

우리나라에서도 현재 힘투가 적극적인 활동을 펼치고 있다. 그들은 '당신의 가족과 당신의 삶을 지키기 위하여'(당당위)라는 인터넷 카페를 중심으로 '사법부 유죄 추정 규탄시위'를 준비하는 등 각종 캠페인을 준비하고 있는 것으로 알려졌으며, 남성 회원들이 지속적으로 늘어나고 있는 추세를 보이고 있다. 특히 그들은 미투운동 이후 여성들이 모든 남성을 잠재적 성범죄자로 인식하는 것에 불만이 크다.

이처럼 점차 남녀의 성적 갈등과 대립으로 치닫고 있는 현상은 갈수록 극단화되고 있는 이성혐오 실상을 더욱 부추길 우려가 있다. 중요한 것은 성폭력에 대한 법적 판단이 여성, 남성 어느 쪽에 유리한가 하는 것이 아니라 시대 변화에 맞는 진정한 남녀평등의 실현이다.

남성들은 여전히 여성을 인격체로 보기보다 사물화(事物化)해서 성적 상품, 성적 대상으로 보는 성향이 강하다는 것이 큰 문제다. 여성들도 지나친 피해의식으로 무작정 남성을 혐오하고 보복하려는 증오심보다 서로 밀접하게 공존해야 할 가치 있는 존재로 인식하는 태도가 필요하다.

최근에는 성폭력과 관련해서 미투도 힘투도 아닌 색다른 캠페인이 해외에서 펼쳐지고 있어 관심을 끈다. 그 내용은 이러하다.

사물화(事物化)는 마르크스가 자본주의를 분석하며 쓴 말로 '인간을 물건처럼 취급하는 것'을 말한다. 공산주의자로까지 몰린 찰리 채플린의 〈모던 타임스〉가 그것을 여실히 보여주고 있다.

아일랜드에서 17세의 여학생이 27세의 남성에게 골목길에서 성폭행을 당해 법정까지 가게 됐다. 그런데 가해자인 남성 측 변호사가 피해자인 여학생의 레이스로 된 T팬티(끈 팬티)를 증거로 제시하며, 이러한 팬티는 성관계에 동의한 정황증거라고 주장했다. 말하자면 여학생이 너무 야한 팬티를 입고 있었기 때문에 성행위가 벌어질 수밖에 없었다는 어처구니없는 주장이었다.

그런데 더욱 어처구니없는 것은 배심원단이 피고 남성에게 무죄를 평결한 것이다. 그리하여 아일랜드 전역에서 여성들의 시위가 벌어졌으며 SNS를 통해서 '#This is Not Consent(이것은 동의가 아니다)'라는 사법부 판단에 항의하는 캠페인을 펼쳐 전 세계에서 많은 여성들이 참여하고 있다는 것이다.

오랜 전통과 함께 뿌리 깊은 남성중심사회의 폐습이 좀처럼 사라지지 않는다는 것이 전 세계에 만연한 성폭력 행태와 관련해서 세계적으로 큰 문제가 아닐 수 없다. 진정한 남녀평등이 실현되려면 아직 좀 더 시간이 필요해 보인다.

모든 속도는 왜 점점 빨라지는 걸까

19세기 말, 영국에서 제2차 산업혁명이 활기차게 진행되고 있을 무렵 처음으로 등장한 증기기관차의 최고속도는 시속 50킬로미터였다. 생전 처음 기차를 타본 승객들은 한결같이 공포에 떨어야 했다. 현기증이 일어 창밖을 내다볼 수도 없었다. 멀미하는 승객들이 속출했다.

이렇게 빨리 달리는 기계 안에 갇혀 있다가 죽는 것은 아닐까? 불안감에 휩싸여 모든 승객들이 두 손으로 얼굴을 가리거나 두 눈을 감고 빨리 기차가 멈춰서기를 초조하게 기다렸다. 지금까지 경험하지 못했던 놀라운 속도에 잔뜩 겁을 먹었던 것이다.

오늘날 기차나 자동차가 시속 50킬로미터로 달린다면 너무 답답하고 지루해서 짜증을 내고 항의할지도 모른다. 고장 난 것 아니냐고 걱정하는 승객들도 있을 것이다. 요즘 고속열차는 시속 300킬로미터 이상 달린다.

고속도로가 아니라도 모든 자동차들이 경쟁하듯 빨리 달린다. 다급한 일도 빨리 가야 할 이유가 없어도 습관적으로 과속하고 쉴 새 없이 앞차를 추월한다. 과속만 하지 않더라도 교통사고의 50퍼센트는 줄일 수 있을 것이라고 한다.

그뿐이 아니다. 이동통신은 광속도(光速度)를 내세운다. 더욱이 '빨리빨리'는 한국인의 특성으로 널리 알려져 있다. '5분 먼저 가려다가 50년 먼저 간다'는 교통안전 표어가 섬뜩하다. 우리는 왜 그렇게 서두르는 걸까? 왜 모든 속도는 점점 빨라지는 걸까?

속도(velocity)와 속력(speed)에는 차이점이 있다. 그 차이를 물리학적으로 물체의 운동과 관련해서 설명하려면 무척 복잡해진다. 상식적으로 간단히 설명하면 속력은 단위시간당 이동하는 거리를, 속도는 단위시간당 출발점과의 거리와 방향을 말한다. 자동차가 시속 100킬로미터로 달린다는 것은 정확하게 말하면 속력을 뜻하는 것이다. 하지만 우리가 흔히 속도와 속력을 혼용하고, 빠르기를 말하는 것이므로 그냥 '속도'로 표현해도 이해하는 데 큰 무리가 없을 것이다.

흔히 현대를 '3S 시대'라고 한다. 3S에 대해 여러 의견들이 있으며, 우리나라에서도 어느 시절 정치적 혼란과 불만을 다른 방향으로 돌리려고 의도적으로 Sports, Sex, Screen의 3S를 내세운 적도 있었지만 일반적으로 스크린 대신 Speed를 넣어 3S 시대라고 한다.

그만큼 현대인의 생활에서 속도를 빼놓을 수 없다. 대체 속도는 왜 점점 빨라질까? 오늘날의 생활에 결정적인 영향을 미치고 있는 속도는 크게 두 가지로 나눠볼 수 있다. 하나는 우리가 실질적으로 경험하는 물리적인 속도이며 또 하나는 심리적 속도다.

특히 제2차 세계대전이 끝난 뒤 전 세계가 그 어느 때보다 바빠지기 시작했다. 참전국들은 전쟁으로 폐허가 된 인프라와 모든 시설들을 하루빨리 복구하고 엉망이 돼버린 경제를 정상으로 회복시켜야 했다. 또한 강대국의 식민지였던 국가들은 독립과 함께 서둘러 국가체제를 갖춰나가야 했다. 한마디로 그 어느 때보다 바빠진 것이다.

그에 따라 국가와 사회가 하루가 다르게 급변하고 사람들의 마음도 바빠질 수밖에 없었다. 더욱이 20세기 중후반에 이르러 과학기술이 혁명적으로 발전하면서 교통수단이 발달하고, 드디어 컴퓨터가 등장하면서 세상을 바꿔놓았다. 교통과 정보통신 발달에 가속도가 붙어 전 세계가 한 울타리 안에 있는 글로벌 시대가 됐다.

그야말로 변화가 너무 빨라 정신이 없을 지경이었다. 그러한 혁신적인 변화에 적응하려면 반응도 빨라야 했다. 당연히 우리의 일상생활이 바빠진 것이다. 우물쭈물하다가는 치열한 경쟁에서 낙오자, 패배자가 될 수밖에 없었다.

그뿐 아니라 글로벌 시대를 맞아 폭주하는 정보량을 정리하려면 무척 바빠야 했다. 눈부시게 발전하는 과학기술이 한층 더 시간을 단축시켰다. 빨라진 교통수단은 편리하면서도 이동시간을 단축시켜 피로감을 줄여주고 더 많은 일을 할 수 있게 해줬으며, 자동화된 온갖 가전제품들은 편리함과 함께 일상생활의 노동시간을 크게 단축시켰다.

갖가지 시간 단축으로 활용할 수 있는 시간이 늘어났지만 여유가 없었다. 그와 함께 사회의 양상도 갈수록 복잡하고 다양해지면서 생존과 발전을 위해 관심을 가져야 할 것들이 엄청나게 많아졌고, 그것들에 즉각적으로 대응하자면 오히려 시간이 부족했기 때문에 바쁘게 움직여야만 했다.

영국의 동물행동학자 매트 리들리(Matt Ridley)의 유전학 저서 《붉은 여왕》에 재미있는 얘기가 있다. '붉은 여왕'은 서양장기인 체스의 팻말 이름이다. 가령 이 팻말이 두 칸을 움직이면 상대방 팻말도 두 칸 앞으로 나아가야 한다.

'붉은 여왕의 달리기(Red Queen's race)'나 '붉은 여왕 가설'로도 불리는 '붉은 여왕 이론'은 진화학에서 거론되는 원리로, 주변 자연환경이나 경쟁 대상이 매우 빠른 속도로 변화하기 때문에 어떤 생물이 진화를 하게 되더라도 상대적으로 적자생존에 뒤처지게 되며, 자연계의 진화 경쟁에선 어느 한쪽이 일방적인 승리를 거두지 못한다는 뜻이다. 이 원리는 진화론뿐만 아니라 경영학의 적자생존 경쟁론을 설명할 때도 매우 유용하게 사용된다. 즉 경쟁 상대에 맞추어 끊임없이 발전(진화)하지 못하는 주체는 결국 도태되고 만다는 가설이다.
이러한 아이디어가 처음으로 나온 것은 루이스 캐럴의 《거울 나라의 앨리스》에서였다. 이 소설의 제2장 '말하는 꽃들의 정원(The Garden of Live Flowers)'에 나오는 붉은 여왕의 대사가 그 유래이다.

예를 들어보겠다. 동물 가운데 치타가 가장 빨리 달린다. 치타는 가젤 등의 영양류가 주요 먹이다. 가젤도 무척 빠르다. 따라서 치타는 가젤을 사냥하기 위해 점점 더 빨리 달릴 수 있게 진화했다. 하지만 치타의 속도가 빨라질수록 가젤도 잡히지 않으려고 빨리 달릴 수 있도록 진화했다. 그리하여 생태계의 균형과 평행이 유지된다는 것이 '붉은 여왕 가설(Red Queen hypothesis)' 또는 '붉은 여왕 이론(Red Queen Theory)'이다.

이 이론은 시카고 대학의 진화학자 리 밴 베일런(Leigh Van Valen)에 의해 '붉은 여왕 효과(Red Queen Effect)'로 재탄생했다. 이 이론은 그가 1973년에 출판한 가장 유명한 논문인 〈새로운 진화론〉에 실려 있다. '새로운 진화론'은 1973년에 그가 펴낸 저널 《진화론Evolutionary Theory》 1권 1페이지에 게재되었으며, 여기서 그는 '밴 베일런 법칙'을 창안하게 된다.

이는 일종의 '멸종의 법칙'으로, 종에 대한 멸종 확률은 그 종이 존재한 기간과는 아무 상관도 없다는 것이다. 그리고 이 패턴을 설명하기 위해 붉은 여왕 가설을 제안하는데, 종의 생존을 위한 투쟁이 결코 쉽지 않기 때문에 어떠한 종도 무한히 앞으로 나아갈 수 없다고 한다.

오늘날 속도가 점점 빨라지는 것도 그와 같은 원리다. 사회 변화 속도가 빨라지고 각종 기기들이 빠르게 변하면 사람들이 그 속도를 따라잡고, 그러면 또 사회 변화와 기기들이 더 빨라지고, 사람들이 그 속도를 따라잡는 양상이 되풀이되면서 속도가 점점 더 빨라지는 것이다.

예컨대 우리나라는 인터넷 속도가 세계에서 가장 빠른 나라로 손꼽힌다. 하지만 이용자들이 그 빠른 속도에 익숙해지면 좀 더 빠른 것을 원하게 되고, 그에 따라 인터넷 속도도 더 빨라지는 것도 그와 같다.

요즘 100분짜리 영화를 5G로 1초면 다운받을 수 있다. 오래가지 않아 0.5초면 다운받을 수 있도록 더 빨라질 것이다.

몹시 가난했던 우리나라는 1970년대 경이적인 경제개발로 산업사회가 되면서 국민들의 평균적인 경제수준이 크게 향상됐다. 가난에서 벗어나기 위해 밤낮을 가리지 않고 죽어라고 빨리빨리 열심히 일한 덕분이다. 경제수준이 나아지자 자식들에게 가난을 대물림하지 않으려고 더 빨리 더 열심히 일하면서 '빨리빨리'가 체질화됐다. 한결같이 마음이 조급해진 것이다.

우리는 "참 세월이 빠르네." "시간이 너무 빨리 간다."는 말을 자주 한다. 누구에게나 1년은 변함없이 365일이고 하루는 똑같이 24시간이다. 그런데 많은 사람들이 환경과 상황에 따라 빠르게 흘러간다고 느끼는 것을 '심리적 속도'라고 할 수 있다.

이를테면 노인들은 생체리듬이 느려지기 때문에 세월이 빨리 가는 것처럼 느껴진다. 끝내야 할 일이 잔뜩 쌓여 있는 사람은 시간에 쫓기기 마련이

귀스타브 쿠르베의 〈해먹(The hammock)〉. '시에스타'라는 말은 스페인어이며, 원래
는 라틴어 hora sexta, 즉 '여섯 번째 시간'에서 유래했다. 이는 오전 6시가 첫 시(時)
이므로 6번째 시인 정오 이후 잠시 쉰다는 의미이다.

다. 그런 사람들은 시간이 너무 빨리 가는 것처럼 느껴진다. 하루에 주어진
시간은 24시간으로 똑같지만 정서적으로 마음이 바쁜 것이다.

마음이 조급해지고 초조해지면 허겁지겁 서두르게 되고, 너무 서두르다
보면 시행착오나 실수가 잦아진다. 그러면 결과적으로 속도도 나지 않고
짜증이 나고 화가 나고 신경이 예민해진다. 이처럼 속도의 압박감에서 벗
어나지 못하면 분노로 표출되는 등 마음이 갈수록 황폐해진다. 그리하여
한때 '느림의 미학' '느리게 사는 즐거움' 등 '느림'이라는 화두가 사회적 담
론이 되기도 했다.

대부분의 서양 사람들은 식사시간이 무척 길다. 식사시간이 곧 가족이
나 친지들과 대화를 나누는 시간이기도 해서 보통 두 시간 정도다. 지중해
연안 국가와 라틴아메리카 국가에서는 점심식사 뒤에 두 시간쯤 낮잠을
자는 시에스타(siesta)가 있다. 그만큼 여유 있게 사는 것이다. 그럼에도 우리
보다 잘사는 나라들이 많다.

마음이 조급한 것은 시대 상황과도 관련 있지만 그보다는 남들과 비교하는 속성 때문이다. 남들과 비교하면 상대적 결핍감을 느껴 더욱 조급해지기 마련이다. 또한 치열한 경쟁에서 살아남기 위해 마음이 항상 바쁜 것이다. '붉은 여왕 이론'은 우리의 삶에도 적용된다. 스피드 시대에도 여유 있는 마음가짐과 평상심을 지녀야 더욱 성숙해진다.

현대사회의 키워드, 불안과 분노

임신한 여성들은 출산일이 다가올수록 불안하다. 내가 순산할 수 있을 까? 건강한 아기를 낳을 수 있을까? 행여 기형아를 낳게 된다면? 이런 불안 을 떨쳐버리지 못한다.

갓난아기는 엄마를 인식하게 되면서 엄마가 곁에 없으면 불안해서 울음 을 터뜨린다. 초등학생이 돼도 엄마가 안 보이면 불안하다.

중학생들은 학교에서 왕따를 당하거나 집단 괴롭힘을 당할까 봐 불안하 고, 고등학생들은 자신의 성적으로 과연 좋은 대학에 갈 수 있을지 불안하 다. 대학생들은 엄청난 등록금을 4년 동안 낼 수 있을지 불안하고, 남학생 은 군 입대도 불안하다. 과연 군 생활을 잘할 수 있을지 불안하기만 하다.

졸업이 가까워지면 취업할 수 있을지 몹시 불안하다. 졸업을 했는데 아 무리 노력해도 좀처럼 취업이 안 되면 말할 수 없을 정도로 불안하다. 이성 을 사귀게 되면 이성친구가 변심하지 않을지 불안하고 결혼문제도 불안하 기 그지없다.

어렵게 결혼하더라도 미래가 불안하다. 아이를 낳을지 말지, 아이를 낳 는다면 어떻게 키울지 걱정이고, 직장에서 언제 해고당할지 불안하고, 제대로 승진할 수 있을지 불안하다. 그리고 온갖 스트레스가 쌓여 성생활도 신통치 못해 불안하고, 배우자가 외도를 하면 어쩌지 하는 마음에 불안하고, 자녀들 뒷바라지가 불안하다. 그뿐만 아니라 직장을 그만두면 장래가 불안하고, 노후자금이 없어 불안하다. 게다가 늙으면 행여 암이나 치매에 걸릴까 봐 불안하고, 언제 갑자기 죽을지 불안하다.

어쩌면 우리는 태어나서 죽을 때까지 평생 온갖 불안에 휩싸여 사는지도 모른다. 더욱이 요즘 젊은 세대들이 갖는 불안은 그러한 개인적인 불안에 사회적 불안까지 겹쳐 더욱 불안하다. 혼란스럽고 불확실한 갖가지 사회현상들이 끊임없이 불안을 증폭시키고 있다. 그래서 '불안'은 현대사회의 키워드가 되고 있다.

'불안(不安)'은 사전적으로 '걱정이 되어 마음이 편치 않은 상태'를 말한다. 당장 자신에게 위협이 되지 않는 상황들에 대한 반응으로 일어나며, 때로는 자신도 그 원인을 알 수 없는 주관적인 감정의 충돌에서 생겨난다고 한다.

자신이 처해 있는 환경이나 사회현상 등 외적인 영향도 무시할 수 없지만 이유 없이 그냥 불안하다는 사람들도 적잖다. 또는 '불안하다'는 직접적인 표현 대신 '마음이 편치 않다.' '머리가 아프다.' '가슴이 답답하다.' 등 우회적인 표현을 하는 경우도 많다.

불안, 걱정, 불편을 혼용하기도 한다. 보편적으로 걱정이나 불편에는 실체적인 동기가 있다. 가령 '빚이 많아 걱정이다.' '여기는 교통이 불편하다.' 등 구체적인 동기가 있는 것이 보통이다. 하지만 불안은 자신도 그 원인을 알 수 없는 것들이 많아 '왠지 불안하다.'라고 말하듯이 걱정이나 불편보다는 훨씬 광범위한 포괄적 개념이다. 자존감이 흔들리거나 위협을 받을 때도 불안하다.

그뿐만 아니라 불안에는 공포감이 포함되는 경우가 많다. 독일의 실존주의 철학자 하이데거(Martin Heidegger)도 불안(독일어로 angst)을 통해 두려움(공포, panic)이 생긴다고 했다. 요즘 젊은 세대들의 불안 심리는 거의 공포증(phobia)에 가깝다. 일종의 '사회공포증'이다.

일상의 철학자로 우리에게 잘 알려진 알랭 드 보통(Alain De Botton)은 그의 에세이집 《불안》에서 불안은 현대인의 질병이라고 했다. 또한 불안으로부터 벗어날 수 있는 사람은 거의 없으며 불안하지 않으면 오히려 이상하다는 것이다. '걱정이 없어도 걱정'이라고 흔히 말하듯이, 불안은 일상적인 감정이며 어느 정도 불안감이 있는 것이 정상이다.

그럼에도 현대인들이 과거보다 더 불안해하는 것에 대해 알랭 드 보통은 지나친 기대감을 한 가지 원인으로 지적했다. 사회가 빠르게 변화하고 다양해지면서 일·사랑·출세·성공에 대한 기대감이 높아진 만큼 성취하지 못할 때는 그만큼 실망감과 좌절감이 커지고, 경쟁에서 밀리면 패자가 되고 낙오하기 때문에 갖가지 불안이 커질 수밖에 없다는 것이다.

불안감이 심해지고 오래 지속되면 감정 상태에 이상이 생겨 불안장애와 같은 정신질환을 비롯해서 긴장감, 초조감, 불면증, 두근거림, 감정조절장애 등의 증상이 나타난다. 특히 감정조절장애는 툭하면 격앙되고 감정을 폭발시키는 증상인데, 이는 '분노'에서 생겨난다.

국어사전에서는 분노(憤怒)를 '분개해서 크게 화를 내는 것'으로 간단히 풀이하고 있으며, 자신이 상대방의 말이나 행동에서 위협당하거나 피해를 보고 있다는 판단에 대한 반응으로 어떻게 보면 일반적이고 정상적인 감정이다.

물론 대인관계에서 용납할 수 없는 말과 행동을 하는 상대방에게 성을 내고 화를 내는 것은 당연하다. 하지만 화를 내는 정도를 넘어서서 지나치게 과민반응을 하거나 욱해서 충동적으로 강하게 분노를 표출하며 돌발적으로 물리적인 행동을 할 때 문제가 된다.

분노의 종류도 다양하다. 우선 자신의 내면에 잠재된 개인적인 분노와 외부의 상황에 따른 외적인 분노가 있다. 또한 가끔 분노를 표출하는 사람과 자주 분노를 폭발시키는 사람이 있는가 하면, 분노의 강도도 저마다 다르다. 의식적인 분노와 무의식적인 분노도 있고, 때로는 아무런 동기가 없는 분노도 있다.

좀 더 깊이 있게 분노의 본질을 살펴보면, 첫째는 저항하고 항거하는 것이다. 일이 뜻대로 되지 않거나 욕구 실현이 저지당했을 때, 자존심에 상처를 입었을 때 그것과 맞서는 반발적이고 부정적인 정서와 행동이 분노다.

둘째는 결핍이다. 자신의 의지와 상관없이 이익이 침해당하고 손해를 강요당하거나 위협당하고 무시당하는 등 자신의 입장에서 불합리한 상황과 맞부딪쳤을 때 누구나 결핍을 느끼게 된다. 그리고 그 결핍감을 채우기 위해 강렬하게 분노하는 것이다.

그 형태도 공격적인 분노와 방어적인 분노, 두 가지다.

공격적인 분노는 자신에게 결핍감을 준 상대에게 적극적이고 능동적으로 맞서며 서슴지 않고 물리적인 행동까지 동원해서 결핍감을 해소하려는 것이다.

방어적인 분노는 자신에게 어떤 결핍 상태가 발생했을 때 더 이상 결핍이 확대되지 않도록 저지하는 것이다.

셋째는 성취와 경쟁으로, 앞의 저항이나 결핍과도 관련이 있다. 원하는 것을 성취하지 못하거나 남들과의 경쟁에서 뒤처지게 되면 심한 결핍감과 함께 그러한 결핍을 제공한 특정한 대상, 환경, 여건, 사회현상 등에 저항하면서 분노를 표출하는 것이다.

보편적으로 분노는 강렬한 감정이기 때문에 어떠한 경우라도 일단 표출되면 스스로 통제하기 어렵다. 그리하여 분노가 증폭되면서 이성을 잃고 우발적이고 충동적으로 예기치 않던 끔찍한 행동까지 저지르게 된다.

20세기를 대표하는 미국의 작가로 노벨문학상을 수상한 존 스타인벡 (John Steinbeck)의《분노의 포도 The Grapes of Wrath》는 분노의 증폭 과정을 설득력 있게 잘 보여주고 있다.

1930년대 경제대공황이 휩쓰는 가운데 미국 중부 지역인 오클라호마는 자연재해까지 겹쳐 농민들은 너나없이 빚을 지고 소작농으로 전락한다. 더욱이 농업의 기계화가 빠르게 이루어지면서 일자리마저 잃은 농민들은 지상의 낙원이요 풍요로운 땅으로 알려진 서부의 캘리포니아를 향해 대이동을 시작한다.

온갖 고생과 우여곡절 끝에 캘리포니아가 가까워지고 지나가는 곳마다 풍성하게 열린 오렌지를 보면서 그들은 더욱 꿈에 부푼다. 하지만 캘리포니아에 도착한 그들의 기대는 산산조각이 나고 만다.

《뉴욕 타임스》기자이자 소설가였던 존 스타인벡의 대표작 《분노의 포도》는 1939년에 발표되어 이듬해에 퓰리처상을 받았다. 1940년에 헨리 폰다 주연, 존 포드 감독의 영화로 제작되었지만 그 결말은 책과 많이 다르다.

이주자들은 집단수용소에 갇혀 멸시를 당해야 했으며, 오렌지 농장은 몇몇 특권층과 부자들이 독차지하고 있어서 일자리조차 얻기 힘든 실정을 알게 된다. 마침내 이주자들의 분노가 폭발한다.

지금 우리의 현실도 상황은 그와 크게 다르지 않다. 특히 젊은 세대들은 심각한 취업난으로 실신(실업+신용불량자) 상태가 놓였고, 아무것도 할 수 없고 아무것도 이룰 수 없는 N포 시대에 신음하고 있다.

그리고 일찍이 계층사다리가 끊어져 계층이동은 꿈도 못 꾼다. 그리하여 흙수저는 영원히 흙수저라는 자탄과 비관으로 '헬 조선'이라며 자조하며 분노한다. 그에 따라 벌써 몇 년째 '분노'가 우리 사회의 키워드가 되고 있는 것이다.

끈질기게 이어지며 떨쳐버릴 수 없는 불안에서 벗어나려면 무엇보다 먼저 불안을 인정하고 받아들여야 한다. 자신에게 불안감이 있는 것은 당연하다는 여유 있는 마음을 가지면 차츰 마음이 편해진다는 것이다.

걱정의 90퍼센트 이상이 일어나지도 않은 일에 대한, 결코 일어나지 않을 일에 대한 불필요한 걱정이듯 불안도 대부분 불필요한 불안이라는 사실도 알아야 한다.

알랭 드 보통은 불안에 대처하는 방법으로, 불안에 매몰되지 말고 불안을 이해해야 한다고 말한다. 어쩔 수 없는 불안은 수용하고 지나친 기대감을 갖지 않으면 불안감도 그만큼 줄어들고 사라진다는 것이다. 물론 불안장애와 같이 질병이 된 것은 그에 따른 상담과 치료를 받아야 한다.

지나친 분노의 표출은 자신을 파멸시키고 남들에게 큰 피해를 입힌다. 그래서 종교에서는 분노를 무척 경계한다. 불교에서는 탐욕과 어리석음과 분노를 3독(毒)이라고 했고, 가톨릭에서는 탐욕 등과 함께 분노를 7대 죄악의 하나로 경계한다. 성서에도 분노를 경계하는 여러 말씀들이 있다.

분노는 무서운 속성을 가지고 있다. 분노는 분노를 낳고, 분노는 전염성이 매우 빠르다. 분노처럼 빨리 퍼지는 감정은 없다고도 한다. 또한 분노는 위에서 아래로 전염되는 속성이 있다. 예컨대 사장이 분노해서 간부들을 질타하면 간부들은 직원들을 질타하고, 직원들은 엉뚱한 데다 화풀이를 하게 된다는 것이다.

오늘날 우리는 자기 자신의 내적 분노보다 외부 여건이나 사회환경 등에서 유발되는 외적 분노에 휩싸여 있다. 아주 많은 사람들이 분노를 감추고 있기 때문에 예전 같으면 그냥 지나칠 사소한 것들에도 그야말로 건드리면 터지는 위태로운 상황이다. 분노를 통제할 수 없다면 스포츠나 취미 활동 등 건전한 방법으로 해소하는 지혜가 필요하다.

6

평등과 불평등

equality & inequality

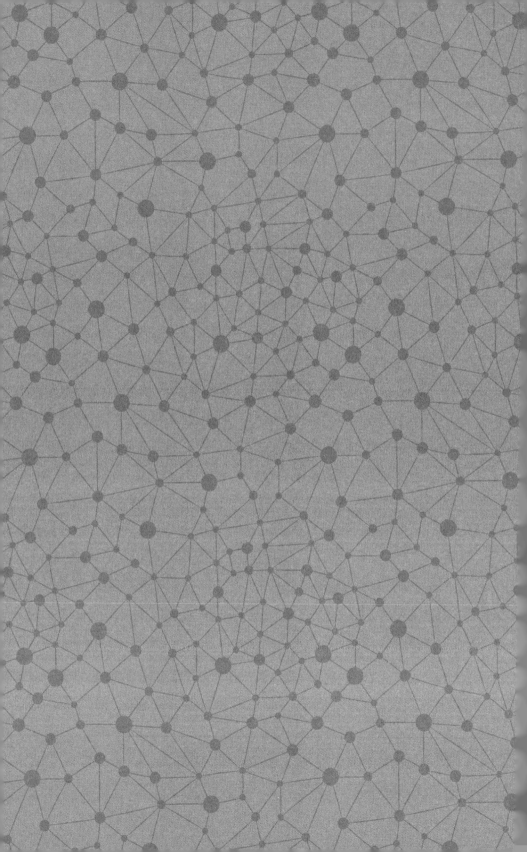

불평등은 피할 수 없는 자연의 법칙인가

　동물의 세계에 평등은 없다. 특히 무리지어 사는 동물들에게는 뚜렷한 서열이 있다. 가장 몸집이 크고 힘센 수컷이 우두머리가 돼서 무리를 지배하며 암컷들을 차지하고 사냥에 성공했을 때 먹이도 먼저 먹는다. 당연히 가장 좋은 부위는 우두머리 수컷의 몫이다. 동물의 세계에는 먹이사슬도 있다. 너무 불평등하다. 불평등은 피할 수 없는 자연의 법칙일까? 자연의 섭리일까?

　인간도 예외일 수 없다. 태어날 때부터 갖가지 불평등한 조건에 노출돼 일생을 불평등과 맞서야 한다. 경쟁에서 경쟁으로 이어지는 삶은 불평등을 전제로 한 인간끼리의 다툼이다.

　남자와 여자도 몹시 오랫동안 불평등한 관계를 이어오고 있으며, 부유한 나라나 평등을 부르짖는 민주주의 국가에도 불평등이 넘쳐난다. 어쩌면 인간의 세계는 동물보다 더 불평등할지도 모른다. 역시 불평등은 인간에게도 적용되는 자연의 법칙일까? 아니면 인간의 숙명일까? 도대체 불평등은 왜 생기는 걸까?

　불평등은 차별을 의미한다. 개인과 개인, 사회와 사회, 국가와 국가, 인종이나 종족, 남자와 여자 사이에 수많은 불평등이 존재한다. 그뿐만 아니라 법 앞에서도 불평등하고 경제적으로도 불평등하다. 뜻있는 사람들이 아무리 평등과 자유를 외쳐도 공허한 메아리가 될 뿐이다.

미국의 진화생물학자이자 인류학자인 재러드 다이아몬드(Jared Diamond)의 《총, 균, 쇠 Guns, Germs and Steel》는 세계적인 명저로 우리나라에서도 널리 읽히고 있다. 이 책은 인류의 문명 그리고 정복과 지배의 역사를 다루면서 인간의 불평등을 논리적으로 설명하고 있다.

30대의 재러드 다이아몬드가 뉴기니에서 새의 생태를 연구하고 있을 때였는데, 그 섬의 원주민이 다가와 그에게 물었다.

"당신 같은 백인들은 그렇게 많은 물건들을 발전시켜 이곳까지 가져왔는데 왜 흑인들은 그런 물건들을 만들지도 못하는 걸까요?"

바로 불평등에 대한 지적이었다. 이것이 계기가 됐다. 다이아몬드는 "문명의 발달 속도는 왜 대륙마다 차이가 있을까?" "왜 어떤 민족은 지배하고 어떤 민족은 지배를 당할까?" "왜 인류사회는 서로 다른 운명을 지니게 됐을까?" 하는 불평등의 원인을 규명하는 데 매달려 마침내 《총, 균, 쇠》를 쓰게 된 것이다.

그는 정복과 지배로 이어져온 인류의 역사를 총과 병균과 쇠로 정리했다. 유럽인들은 쇠를 다룰 줄 알게 되면서 쇠로 여러 기구와 도구들을 만들어 식량의 생산성을 크게 늘렸으며, 인구를 밀집시키고 제도를 정비해서 우월한 힘을 갖게 했다.

또한 쇠는 총을 만들어낼 수 있게 했으며, 가공할 만한 새로운 무기인 총으로 아메리카 대륙과 아프리카 대륙을 정복했다.

유럽은 도시화가 이루어지면서 사람들이 몰려들어 전염병이 창궐했다. 각종 병균에 면역력이 생긴 유럽인들이 다른 대륙을 정복하면서 낯선 전염병들에 면역력이 전혀 없는 원주민들은 몰살되다시피 했다. 그들은 총뿐만 아니라 세균에 맥없이 무너진 것이다.

재러드 다이아몬드의 《총, 균, 쇠》와
발터 샤이델의 《불평등의 역사》

다이아몬드는 《총, 균, 쇠》에서 문명과 문명 사이의 불평등은 인종의 우열이나 생물학적 차이 때문이 아니라 환경의 차이에서 비롯된 것이라는 결론을 내렸다. 물론 그 환경은 자연환경만을 뜻하는 것은 아니다. 인간이 창조한 문명과 문화도 인간의 삶에 직접적인 영향을 미치는 환경이며 사회적 여건도 환경이다.

오스트리아의 역사학자 발터 샤이델(Walter Scheidel)의 《불평등의 역사*The Great Leveler*》도 불평등이 일어나는 요인부터 석기시대에서 현대의 경제적 불평등에 이르기까지 역사적인 변화를 충실하게 설명하고 있다.

이 저서의 제목에는 '폭력 그리고 불평등의 역사; 석기시대부터 21세기까지'라는 설명이 붙어 있다. leveler는 '평등하게 만드는 것'쯤으로 풀이할 수 있는데 발터 샤이델은 그것을 '폭력'으로 분석한 것이 특이하다. 그는 석기시대 이래 불평등은 인류의 숙명 같은 것이었으며, 역사적으로 잠시 불평등이 깨지고 평등과 평준화가 유지됐던 몇 차례의 시기는 폭력이 가져다줬다는 것이다.

물론 여기서 말하는 폭력이 단순한 주먹싸움을 뜻하는 것은 아니다. 전쟁과 같은 강력한 충격을 말하는 것이다. 그는 인류가 이룩한 문명조차 평화적인 평등화에는 적합하지 않았기 때문에, 기존의 질서를 붕괴시키고 부(富)의 불균형이 가져오는 빈부의 불평등을 좁히기 위해서는 폭력, 즉 강력한 충격이 중요했다고 주장했다.

그는 그러한 폭력을 대중을 동원한 전쟁, 변혁적 혁명, 국가의 붕괴, 치명적인 전염병의 네 가지로 나누었다. 그리고 숙명적인 인류사회 불평등의 벽을 허물고 잠시라도 평등을 가져왔던 폭력들을 네 명의 기사(騎士)로 표현했다.

선진국들이 참전했던 두 차례의 세계대전은 선진국들의 소득과 부의 불평등이 크게 줄어드는 결과를 가져왔다. 특히 미국에서는 제1차 세계대전 이후 일어난 경제대공황이 소득과 부의 평준화에 전쟁보다 더 큰 역할을 했다. 20세기에 불평등을 줄인 것은 전쟁이라는 대혼란이었다는 것이다.

제1차 세계대전 이후 러시아에서 일어난 볼셰비키 혁명은 극적으로 불평등을 감소시켰다. 1917년 혁명 이후 농장과 은행이 국유화되고 노동자평의회가 공장을 장악하면서 이루어진 소득과 부의 재분배는 불평등을 무너뜨리는 사회주의 혁명이었다.

하지만 그로 말미암아 수십 년 동안 수백만 명이 희생됐으며, 계급투쟁을 통해 모든 인민들이 평등하게 잘살게 한다는 사회주의 구호는 결과적으로 모든 인민들이 가난하게 평등해지는 헛된 구호가 되고 말았다. 그럼에도 중국을 비롯한 여러 나라에서 그와 같은 급진적 혁명이 이어졌다.

서로마제국, 중국의 당나라, 가깝게는 아프리카의 소말리아 등은 국가와 문명이 붕괴됨으로써 한동안

뉴욕 금융가인 월스트리트에 운집해 있는 사람들. 투기 붐이 일던 주식시장이 1929년 10월 24일 돌연히 붕괴했다. '마의 목요일'이라고 불린 이날 천장까지 올랐던 주식의 거품이 꺼지며 호황 국면이 끝났음을 알렸다. 이는 미국의 주식투자들에게 엄청난 타격을 주었으며 그 충격은 점차 실물경제 부문으로 파급되었다. 또 미국 경제가 전 세계 경제에서 차지하고 있는 큰 비중 때문에 이는 세계적인 경기침체로 이어졌다. 대공황이 시작된 것이다.

불평등이 사라졌으며, 유럽을 휩쓴 페스트(흑사병)와 유럽인들이 아메리카 대륙에 퍼뜨린 전염병들이 자연스럽게 소득격차를 줄어들게 했다. 그러나 이러한 폭력적 충격들이 완화되면 다시 불평등이 확산됐다는 것이다.

발터 샤이델의 견해는 아이로니컬하게도 결국 평등은 비명과 울음 속에서 탄생한다는 것이다. 바꿔 말하면 인간들의 이상인 자유와 평화는 결코 평등을 보장하지 못하고 오히려 불평등을 심화시킨다는 얘기가 된다. 따라서 인간의 불평등은 피할 수 없는 숙명인 듯하다.

하지만 불평등을 당연하게 받아들이고 그대로 방치하면 숱한 부작용을 낳고, 그것이 어느 한계에 다다르면 마침내 반란·혁명·전쟁 등이 일어나 자칫 국가가 무너진다. 혁명과 전쟁은 필연적으로 수많은 인간을 희생시키고, 걷잡을 수 없는 혼란 속에서 전염병이 창궐하게 된다.

그러한 충격들이 뜻하지 않게 일시적인 평등을 가져오고, 평화시대가 오면 다시 불평등이 확산되는 악순환이 되풀이되는 것이 인간세상이다. 이러한 상황들도 재러드 다이아몬드가 지적한 불평등의 원인인 외적 환경이라고 말할 수 있다. 그리고 보면 인간의 불평등은 자연의 법칙이라고 하기에는 무리가 있다. 그보다는 인간의 피할 수 없는 숙명인지도 모른다.

문명이 발달해도 가난은 왜 사라지지 않는가

'가난은 나라님도 못 막는다.'는 옛말이 있을 정도로 가난은 인류 최대의 난제였다. 홍수나 가뭄 같은 자연현상에 절대적인 영향을 받는 농업, 목축, 어업 등에 의존하던 선사시대부터 인류는 빈곤에 시달렸다. 지리적·지정학적 환경이 불리하고 국력이 열악해서 외세의 침입이 잦으면 더욱 가난할 수밖에 없었다.

인구가 크게 늘어날수록 빈곤은 더욱 심화됐다. 사용할 수 있는 자원이 한정되어 있기 때문이다. 그리하여 지난날 일어난 수많은 전쟁의 원인은 식량을 확보하는 데 있었다. 문명이 크게 발달한 지금도 가난은 사라지지 않고 있다. 아프리카를 비롯한 전 세계에서 하루 2달러 미만의 수입으로 살아가는 빈곤층이 약 26억 명이라고 한다. 전 세계 인구 약 3분의 1이 여전히 가난에 허덕이고 있는 셈이다.

우리나라도 역사적으로 무려 5000여 번이나 외세의 침입을 받았다. 농사를 지어도 제대로 수확할 겨를이 없었고, 겨우 먹거리를 확보했더라도 침입자들에게 수탈당했다. 그 때문에 우리에게 '빨리빨리' 서두르는 습성까지 생겨났다. 지정학적으로 약소국가이자 국토마저 좁았던 우리나라는 전통적으로 가난했으며 가난의 대물림이 되풀이됐다.

가난, 즉 빈곤은 일반적으로 생존을 위한 최소한의 생계유지와 기본적 욕구를 충족하지 못하는 결핍이 지속되는 경제적 현상을 말한다. 빈곤이 큰 문제가 되는 것은 가난에 시달리는 사람은 영양실조 등으로 건강이 크게 악화돼 생존에 위협을 받을 뿐 아니라 의욕을 잃어 심리적으로 위축되고 정신적으로 피폐해지고 사회적으로 소외되기 때문이다.

그러한 빈곤층이 크게 늘어나면 사회 혼란이 일어나고, 그들의 소외감과 박탈감이 자칫 분노로 바뀌고, 그 분노감이 국가와 사회에 대한 적대감으로 확산되면 큰 소요사태가 일어나 사회를 더욱 혼란에 빠뜨리기 때문에 국가적으로도 이들에 대한 적극적인 보호와 지원이 필요하다.

빈곤에는 절대적 빈곤과 상대적 빈곤이 있다. 과거의 빈곤은 대부분 절대적 빈곤이었지만 요즘은 상대적 빈곤과 비슷한 비율이다.

절대적 빈곤은 경제적으로 최저생활도 유지하기 어려운 수준을 말하며, 상대적 빈곤은 그 사회의 평균적 소득과 생활수준 또는 자신의 비교대상과 견주어 상대적으로 빈곤하다고 느끼는 임의적으로 설정한 기준이다. 따라서 사회가 발전하고 경제적으로 풍요로워질수록 상대적 빈곤의 설정 기준도 높아지기 마련이다.

우리나라는 1970년대 산업시대를 맞아 평균적인 경제수준이 눈에 띄게 향상되면서 1980년대에 들어와 절대적 빈곤층이 크게 줄어들었다. 그 후 1997년 IMF 경제위기가 시작되면서 다시 절대적 빈곤층이 늘어나고 경제 침체가 여전히 지속되고 있지만, 절대적 빈곤보다는 상대적 빈곤이 사회적 관심이 되고 있다.

1인당 국민소득도 3만 달러 안팎이어서 평균 소득수준이 다른 개발도상 국들과 비교해서 낮은 편이 아니다. 대다수의 국민들이 선진적 문명을 향유하며 비교적 수준 높은 생활을 하고 있다. 그런데도 국민들의 빈곤감과 결핍감은 그것이 절대적 빈곤이든 상대적 빈곤이든 사라지지 않고 있다. 대체 왜 그럴까?

문명의 발달은 우리의 삶을 풍요롭게 해줄 뿐 아니라 편리하게 해주고 삶의 질을 높여준다. 그 때문에 매우 특별한 삶을 살고자 하는 사람이 아니라면 문명의 혜택을 외면하기 어렵다. 문명의 이기(利器)가 주는 유혹을 뿌리치기 힘들다.

예전 같으면 당연히 걸어가던 길도 지금은 당연하다는 듯이 교통수단을 이용한다. 걸어서 10분이면 충분한 거리도 대중교통을 이용하거나 승용차를 타고 간다. 남들이 나보다 성능과 기능이 좋은 컴퓨터나 스마트폰을 갖고 있으면 나도 바꾸고 싶다. 남들이 에어컨을 사면 나도 에어컨을 사고 싶고, 동료나 이웃이 차(車)를 사면 나도 차를 사고 싶은 것이 인간의 심리다.

그리하여 초등학생까지 가족이 모두 저마다 컴퓨터와 스마트폰을 갖고, 남들 따라 온갖 가전제품을 갖추고, 마침내 승용차까지 구입해서 문명인의 삶을 즐긴다.

하지만 이러한 문명의 이기들은 공짜가 아니다. 모두 생각보다 훨씬 비싸다. 신제품이고 신형일수록 값이 더 비싸다. 남들만큼 모두 갖추려면 엄청난 비용이 들어간다. 더구나 매달 어김없이 사용료를 내야 한다. 전기료, 통신비, 때로는 수리비, 승용차 유지비(보험료, 연료비, 자동차세) 등 한도 없고 끝도 없다.

대형 냉장고를 구입해서 텅 비워놓을 수는 없다. 김치 따위의 반찬 몇 개를 넣으려고 대형 냉장고를 구입한 것이 아니다. 갖가지 식료품을 구입해서 채워야 한다.

가족의 교통비도 만만치 않다. 문명의 이기를 만끽하려면 엄청난 대가를 치러야 하는 것이다.

문명과 문화는 서로 공존하며 발전하기 마련이다. 문명인 생활을 하면서 문화를 외면할 수는 없다. 가끔 공연도 즐기고, 가족과 외식도 하고, 갖가지 유행도 따라가야 한다. 남들에게 위축당하지 않으려면 가끔 친구 따라 해외여행도 가야 한다.

문제는 그처럼 소비와 지출이 엄청나게 늘어나는 데 비해 수입과 소득은 별다른 변화가 없다는 것이다. 예컨대 샐러리맨의 연봉이 오른다고 해도 고작 몇 퍼센트 오를 뿐이다. 수입은 거의 변동이 없는데 지출이 크게 늘어나면서 빈곤감과 결핍감을 갖게 되는 것이다.

더구나 젊은 세대들은 심각한 취업난에 큰 고통을 받고 있다. 대학을 졸업해봤자 세 명 가운데 한 명은 실업자다. 대학 때 대출받았던 학자금조차 갚지 못해 신용불량자가 돼버리는 실정이다.

취업을 하더라도 빚을 갚느라고 겨우 생계를 유지할 정도다. 빚이 없어도 월급을 한 푼도 안 쓰고 꼬박꼬박 10년을 모아봤자 내 집 마련도 어렵다. 돈이 없어 연애도 결혼도 못하고, 양육비와 교육비 걱정에 아이를 낳지도 못한다.

노후자금을 준비하지 못해 노년기에 온갖 질병과 빈곤에 시달린다. 사회구조가 잘못된 탓으로 신분상승은 꿈도 꾸지 못한다. 흙수저는 영원히 흙수저다. 그리하여 후진국형의 '빈곤의 악순환'이 되풀이된다. 가난의 대물림이 변하지 않는 것이다.

국가에서는 보편적 복지니 서민복지니, 온갖 복지정책을 내놓지만 그것은 결코 공짜가 아니다. 그만큼 세금을 더 내야 한다. 각종 세금이 갈수록 가파르게 늘어나고 있는 것도 그 까닭이다.

앞서가는 복지국가인 스위스 정부가 2016년에 국민들을 대상으로 성인들은 매달 2500프랑(약 300만 원), 18세 미만 어린이와 청소년에게는 625프랑(약 78만 원)씩 지급하겠다는 기본소득 보장제도를 마련하고 국민투표를 실시해서 세계의 관심을 끌었다.

그야말로 더 이상 바랄 것이 없는 획기적인 복지제도였다. 하지만 국민투표 결과는 76.9퍼센트의 반대로 부결됐다. 국민들은 결국 그만큼 세금이 늘어날 것이며 공짜로 매달 큰돈을 주면 굳이 일할 의욕이 떨어져 나태해진다고 생각한 것이다. 스위스 국민들은 현명했다.

요즘은 절대적 빈곤과 상대적 빈곤뿐 아니라 '주관적 빈곤' '유사 빈곤'이 늘어나고 있다고 한다. 주관적 빈곤이란 중산층이지만 갈수록 다양해지는 욕구가 만족스럽게 충족되지 못하는 것에 개인이 스스로 느끼는 빈곤을 말한다. 유사 빈곤은 실질적인 빈곤층보다는 조금 낫지만 빈곤하다고 생각하는 계층을 말한다.

어떠한 유형의 빈곤이든 빈곤은 사라지지 않는다. 문명이 발달할수록 오히려 빈곤을 느끼는 계층이 더욱 늘어날 것이다. 빈곤을 완전히 퇴치할 뾰족한 방법은 없다. 그나마 모든 사람들에게 기회가 공평하게 주어지고 치명적인 사회적 모순인 불평등을 해소해야 빈곤도 그만큼 줄어든다는 것이 여러 전문가들의 공통적인 견해다.

우리는 왜 부자가 되고 싶어 하는가

　자본주의든 공산주의든 모두 큰 약점을 가지고 있다. 공산주의는 모든 것을 국유화해서 인민들이 다 같이 잘사는 지상의 낙원을 내세웠지만 결과적으로 모든 인민을 빈곤으로 평준화시킨 참담한 결과를 가져왔다. 인간 개인이 태생적으로 지니고 있는 이기심과 사적인 욕구를 무시하고 땀흘려 일할 의욕을 잃게 했던 탓에 생산성이 크게 떨어져 빈곤에 시달릴 수밖에 없었다.

　자본주의는 인간의 이기심과 사적인 욕구를 수용하고 오히려 경쟁을 부추겼기 때문에 저마다 지나친 탐욕으로 가진 자와 못 가진 자가 양극화되는 극심한 불평등을 야기했다. 따라서 공산주의 사회에서는 공식적으로 부자가 있을 수 없지만 자본주의 사회에서는 부자들이 마치 생존경쟁의 자랑스러운 승자가 되고 있다.

　2015년 기준으로 세계의 최고 부자 62명이 세계 인구의 절반 가까운 하위 35억 명의 개인 순자산을 합친 것만큼 부를 소유한 것으로 나타났다. 산술적으로 그러한 최고 부자 124명만 있으면 전 세계 70억이 넘는 인구의 재산만큼 소유할 수 있다는 결과가 나온다. 그야말로 더할 수 없이 극심한 불평등이다.

그럼에도 부자들은 더 많은 것을 가지려고 수단과 방법을 가리지 않는다. 그뿐만 아니라 가진 것이 부족한 사람들도 너나없이 부자가 되려고 치열한 경쟁에 뛰어들고 있다. 부자가 되기 위해 온갖 탈법과 불법을 주저하지 않는다. 심지어 청소년들조차 10억 원만 준다면 기꺼이 얼마든지 감옥 생활을 하겠다는 조사 결과도 있다. 도대체 인간들은 왜 이렇게 부자가 되고 싶어 할까?

우선 인간의 본성과 관련된 몇 가지 이유가 있다. 과연 이기적 유전자를 지닌 탓인지는 확실하지 않지만 인간에게는 분명히 이기심이 있다. 모든 것을 자기중심으로 생각하고 자신에게 유리하게 이끌려는 성질이다.

동물과 비교하면 먹이 확보와 같은 것이다. 동물들은 자신의 무리가 먹이를 획득하면 다른 개체들보다 먼저 먹고 더 많이 먹으려고 다툼까지 벌인다. 그것이 생존에 유리하기 때문이다.

먹이가 풍부한 영역의 동물들은 살찌고 건강하다. 그처럼 인간이 부에 집착하는 것은 동물이 먹이에 집착하는 것과 같으며, 부의 축적은 먹이를 충분히 확보함으로써 지금보다 더 잘살려는 욕구다.

그다음 성취 욕구다. 인간에게는 자신이 원하는 것을 성취하려는 타고난 욕구가 있다. 어린아이가 좋아하는 장난감을 가지고 놀 때 그것을 억지로 빼앗으면 울음을 터뜨린다. 자신의 욕구가 좌절되기 때문이다. 부의 축적은 대표적인 성취 욕구 가운데 하나다. 부를 축적하면 할수록 더욱 강렬한 성취감을 느낀다.

그다음은 과시 욕구다. 동물이나 인간이나 선천적인 과시 욕구가 있다. 동물 수컷들은 암컷 앞에서 짝짓기 기회를 얻으려고 과시하고, 무리에서 장난스럽게 힘겨루기를 한다. 자신의 서열과 힘을 인정받으려는 본능적 행동이다.

인간의 남자들도 여자 앞에서 조금은 과장해서 자신을 과시한다. 또한 자신의 능력을 기회 있을 때마다 과시한다. 역시 인정욕구에서 발현되는 것이다.

부의 축적은 과시하기 가장 좋은 확실한 증거가 되고, 남들로부터 인정받기 가장 좋은 증표나 다름없다. 그 때문에 자신의 부를 상대방이 몰라주거나 인정하지 않으면 이른바 '갑질'을 하게 되는 것이다.

누구나 부자가 되고 싶어 하는 후천적인 요인들도 있다. 문명이 발달하고 풍요로워질수록 더 많은 욕망이 생기고 다양한 욕구가 생기기 마련이다. 소형차를 타던 사람은 신형의 중형차를 타고 싶고 나아가 대형차, 외제차를 타고 싶은 욕구가 생긴다.

쉴 새 없이 기능과 성능이 향상된 신제품, 편리한 제품을 사고 싶은 욕구가 생기는 것은 당연하다. 그처럼 다양한 욕구들을 충족하려면 더 많은 돈이 필요하다. 부자가 돼야 자신의 욕망과 욕구를 마음껏 충족시킬 수 있기 때문에 부자가 되고 싶은 유혹에서 벗어나기 어렵다.

끊임없는 도전정신과 솟구치는 열정, 끝없는 성취욕을 평생 사업에 쏟아붓는 사람들이 있다. 우리는 그들을 향해 "죽을 때 짊어지고 갈 것도 아닌데 그렇게 어마어마한 돈을 벌어 무엇에 쓰려고 그러지?" 하며 질투 섞인 넋두리를 한다. 하지만 그것은 남들이 뭐라고 할 수 없는 그들의 인생관이며 삶의 의미이자 가치다.

부자가 아닌 사람들은 대체적으로 부자들을 미워한다. 역시 자신이 갖지 못한 것을 그들이 가졌기 때문에 시기와 질투가 작용하는 까닭이다. 하지만 부자가 모두 나쁜 사람은 아니다. 부자에는 여러 유형이 있다.

근검절약으로 꾸준히 저축하는 성실한 생활로 알찬 부자가 된 사람도 있고, 검소와 절약이 지나치고 인색하며 남들에게 폐를 끼치면서도 돈에 집착해서 구두쇠 소리를 듣는 부자도 있다.

그런가 하면 가난한 농부가 토지개발로 땅값이 엄청나게 뛰어 하루아침에 벼락부자가 되기도 하고, 전혀 기대하지 않았던 큰 유산을 상속받아 벼락부자가 되는 경우도 있다. 또 복권에 당첨되거나 뜻밖에 찾아온 기회를 놓치지 않아 운 좋게 부자가 된 사람들도 적잖다.

지탄받아 마땅한 부자는 탐욕을 멈추지 않는 부자들이다. 자신의 탐욕을 충족시키기 위해 반칙과 변칙을 서슴지 않고, 불법과 탈법을 사업수완으로 착각하고, 남의 것까지 빼앗아 부를 축적하는 인간들이다. 탐욕은 그릇된 욕망이며 분명한 죄악이다. 그런 부자일수록 과시욕이 심해 더욱 비난받는다.

모든 사람이 한결같이 오직 부를 추구하는 것은 아니다. 예술가나 학자와 같이 확고한 인생관과 가치관을 가지고 이루고 싶은 목표를 추구하는 사람들도 있고, 돈과는 상관없이 좋아하는 것을 즐기며 사는 사람도 있으며, 아예 아무것도 갖지 않는 무소유를 실천하며 사는 사람들도 있다.

하지만 대부분의 사람들은 부자가 되고 싶어 한다. 부의 축적이 곧 행복이라고 생각한다. 그러나 부자가 되고 싶다고 해서 모두 부자가 되는 것은 아니다. 그리하여 부자가 되는 길, 부자의 법칙, 부자의 습관, 부자의 심리 등을 다룬 온갖 실용서들이 서점에 가득 쌓여 있다.

내용은 모두 엇비슷하다. 성실, 근면, 겸손, 감사, 기회 포착, 긍정적인 마인드, 창조정신, 장인정신, 욕망 절제, 남 따라가지 않기, 잘할 수 있는 것을 해라, 적성에 맞는 것을 해라…… 등. 솔직히 그런 좋은 말들을 몰라서 부자가 못 되는 것은 아니다. 그것은 인생목표, 인생관, 추구하는 가치가 무엇인 가에 달려 있다.

인생목표가 부자가 되는 것이라면 다른 욕망들은 억제하고 오직 올바른 방법으로 돈 버는 일에만 매진해야 한다. 땀 흘려 벌지 않은 돈은 쉽게 사라진다. 만일 인생목표가 돈이 아닌 다른 것에 있다면 하는 일에 능력과 재량을 발휘하고 최선을 다해 그 분야의 전문가로 인정을 받아야 한다. 그러면 살아가는 데 부족하지 않을 만큼의 돈은 저절로 따라온다.

일본에서 경영의 신으로 불리는 마쓰시타 고노스케(松下幸之助)는 입지전적인 인물이다. 어린 나이에 전구, 전깃줄, 소켓 따위를 파는 조그만 전기용품점 점원으로 시작해서 마쓰시타 전기(松下電氣)를 설립하고 '파나소닉(Panasonic)'이라는 브랜드의 각종 전자제품으로 세계시장을 풍미했던 인물이다. 그는 이런 명언을 남겼다.

"나에게는 하늘이 준 세 가지 성공 비결의 은혜가 있다. 첫째, 가난한 집안에서 태어났기 때문에 부지런히 일해야 살 수 있다는 진리를 깨달았고 둘째, 약한 몸으로 태어났기 때문에 건강의 소중함을 깨달아 90세까지 건강을 누릴 수 있었으며 셋째, 초등학교도 졸업하지 못했기 때문에 이 세상의 모든 사람을 스승으로 삼은 것이다."

돈을 벌수록 과시하기보다 벼가 익을수록 고개를 숙이듯 그러한 겸손이 있어야 한다. 부의 축적은 혼자의 노력으로 이루어지는 것이 아니라 많은 사람들의 도움이 있었기에 가능했음을 깨달아야 한다. 돈을 많이 벌었다고 해서 지나치게 과시하고 쾌락을 즐기려고 하기보다 사회에 돌려줄 용기가 있을 때 참다운 부자로 존경받는다.

붉은 깃발

　붉은색은 중국에서는 금전을 상징한다. 그래서 돈을 전할 때는 붉은색 봉투에 넣어서 건넨다. 하지만 일반적으로 붉은색은 용맹, 투지, 투쟁, 열정 등을 상징한다. 따라서 계급투쟁이 최고의 이념이자 목표인 공산국가나 사회주의 국가에서는 붉은 깃발을 내세운다.

　우리나라의 국기(國旗)는 태극기, 일본의 국기가 일장기라면 중국의 국기는 오성홍기(五星紅旗)이고 베트남 국기는 금성홍기(金星紅旗)이다. '오성홍기'는 한쪽 모퉁이에 별이 다섯 개가 있고 바탕은 붉은색이며, '금성홍기'는 가운데 금빛 별 하나가 있고 바탕은 붉은색이다. 북한의 국기는 흔히 '인공기(人共旗)'라고 하지만 그들의 공식적인 명칭은 '홍남오각별기(紅藍五角별旗)'다. 깃발의 위아래는 굵은 남색 선, 중앙은 붉은색과 붉은 별이 있다.

　냉전시대에는 사회주의 국가 군대를 '붉은 군대'라고 불렀다. 사회에서는 공산주의와 사회주의를 추종하는 좌파를 가리켜 흔히 '빨갱이'라고 불렀다. 지금도 보수주의자들은 그들을 가리켜 '좌빨'이라고 부른다. 어찌 됐든 '붉은 깃발'이 공산주의와 사회주의를 연상케 하는 것은 부인할 수 없다. 하지만 요즘 이슈가 되고 있는 '붉은 깃발'은 그것과는 거리가 멀다.

왼쪽부터 오성홍기(五星紅旗), 금성홍기(金星紅旗), 홍남오각별기(紅藍五角별旗)

최근 대통령을 비롯한 정치권과 경제계에서 '붉은 깃발'이라는 말이 한동안 회자됐다. 물론 이념적인 이슈는 아니다. 경제 분야를 비롯해서 지나치게 각종 규제가 너무 많아 국가 발전의 발목을 잡고 있는 불합리한 현상을 빗대어 쓰는 표현이다. 정식 용어로 말하자면 '붉은 깃발법'인데 편의상 붉은 깃발이라고 말하는 것이다. 붉은 깃발과 붉은 깃발법은 그 의미가 크게 다르다.

'붉은 깃발법(Red Flag Act)' 또는 '기관차량법(Locomotive Act)'은 1865년 영국에서 빅토리아 여왕 통치 시기에 제정된 법이다. 당시 산업혁명의 발상지인 영국은 자동차까지 만들게 됐는데, 증기기관차처럼 석탄을 연료로 움직이는 증기자동차였다.

그 당시 영국에서는 마차가 가장 대중적인 교통수단이었는데 증기자동차가 등장하자 마차조합을 비롯해서 마차업자들이 큰 위기를 맞게 됐다. 자칫 실직의 위기에 놓인 그들이 집단적인 항의를 계속하는 바람에 정부가 마차업을 보호하기 위해 '붉은 깃발법'을 제정한 것이다.

그런데 이 법의 내용이 지금 생각하면 저절로 웃음이 나올 정도다. 한 대의 자동차는 반드시 운전사와 석탄을 때는 기관사 그리고 기수(旗手) 등 세 명이 운행해야 하며, 속도는 최고속도 시속 6.4킬로미터, 시가지에서는 시속 3.2킬로미터로 운행해야 한다는 것이다. 시속 3.2킬로미터라면 사람이 바쁘게 걸어가는 속도보다도 느리다.

'붉은 깃발법'에 따라 운행되는 런던의 증기자동차

당시 증기자동차는 시속 30킬로미터까지 달릴 수 있었는데 사람이 걷는 속도로 운행하면 당연히 마차보다 훨씬 느리다. 더욱이 자동차의 약 5미터 앞에서 낮에는 붉은 깃발, 밤에는 붉은 등불을 든 기수가 의무적으로 서서 자동차의 속도를 조절하며 운행을 선도하도록 규정했으니 자동차 산업은 보호받는 마차에 밀려 위축될 수밖에 없었다.

어처구니없게도 이 법은 1896년까지 30여 년간 유지됐다. 그 때문에 자동차를 사려는 사람들이 크게 줄어들어 영국의 자동차 산업은 독일, 프랑스, 미국에 비해 매우 뒤처지고 말았다.

최근 우리나라에서 '붉은 깃발법'이 이슈가 되고 있는 것은 산업현장과 기업들에 대한 지나친 규제 때문이다. 붉은 깃발법의 지나친 규제로 영국의 자동차 산업을 망쳤듯이 각종 규제를 과감하게 개혁해야 경제가 발전할 수 있다는 것이다.

너무나 타당한 주장이다. 하지만 대통령까지 나서서 규제개혁과 경제혁신의 필요성을 강조해도 좀처럼 성과와 변화가 나타나지 않고 있다. 대한 상공회의소 회장은 각종 규제개혁을 완화해달라는 요청서를 정부에 무려 39번이나 제출했지만 아무런 변화가 없다고 하소연했다.

경제가 큰 위기를 맞고 있는데 왜 지나친 각종 규제가 좀처럼 완화되지 않는 걸까? 물론 그 까닭은 여러 가지가 있겠지만 그 가운데 하나로 우리의 고질적인 관료주의를 빼놓을 수 없다.

관료주의는 사전적으로 '관료사회에 만연해 있는 독선적, 형식적, 획일적, 억압적, 비민주적인 행동양식이나 사고방식'이라고 풀이하고 있다. 그러한 속성에 익숙해 있는 관료들에게 각종 규제는 효능이 좋은 무기로 작용한다.

관련 기업이나 기관, 단체 등의 각종 인허가, 통제, 지휘, 단속, 감독, 조사, 감사를 비롯한 절대적인 권한을 가진 관료들은 자신들의 우월적 위치를 의도적으로 활용해서 존재감을 나타내거나 남용하고 오용하는 사례가 적잖다. 의도적이든 아니든 이른바 '갑질'을 하는 것이다.

또한 그러한 우월적 지위를 과시함으로써 부당한 대가를 기대하기도 한다. 이를테면 갖가지 향응, 접대, 과다한 선물, 경조사비, 뇌물 수수 등에서 자유롭기 어려울 뿐 아니라 의도적으로 요구하는 경우까지 있다.

이러한 이른바 '꽃보직'에 있는 관료들에게 각종 규제개혁은 자신들의 당당한 권한과 우월적 지위를 박탈당하거나 축소되는 것과 다름없다. 따라서 그들은 소극적, 형식적, 복지부동, 시간 끌기 등으로 은근히 저항할 것이 분명하다.

최근 서울대 행복연구센터가 중심이 되어, 지난 1990년부터 현재까지 약 30년간 국내 6개 종합 일간지에서 기사 제목에 '울분'이 들어간 321건을 분석했더니 울화와 분통이 터지는 울분 유발자 1위가 정부조직과 관료였다.

관료들이 관료주의의 타성이 젖으면 복지부동, 무사안일 등 자신의 직무는 대충하면서 외부의 위협으로부터 자신의 지위 따위를 지키는 일에만 급급한 보신주의(保身主義)에 빠지는 속성이 있다. 그 때문에 일찍부터 동서양을 막론하고 "관료들에게는 영혼이 없다."는 말을 듣기도 했다.

결론적으로 말하면 관료사회의 혁신적 변화와 국가 발전에 헌신하려는 열정이 없으면 각종 규제개혁은 만족할 만한 큰 성과를 기대하기 어려운 것이 현실이다.

온건과 중도는 왜 설 자리가 없을까

"왼쪽에 있으면 좌파, 오른쪽에 있으면 우파, 앞에 서면 선동세력, 뒤에 서면 배후세력, 가운데 있으면 핵심세력."

인터넷에 떠도는 유머다. 아니, 유머가 아니라 진담처럼 느껴진다. 어찌된 일인지 사회는 갈수록 파벌화, 세력화, 집단화되고 있다. 끼리끼리 뭉치면서 자신들은 무조건 모두 옳고, 자신들과 이념이나 견해가 다르면 무조건 노골적으로 적대시한다.

어디에나 중간층은 있기 마련이다. 하지만 사회는 중간을 용납하지 않는다. 온건보수, 중도보수, 온건진보, 중도진보도 있으련만 그런 미지근한 태도로는 도무지 발붙일 곳이 없다. 그뿐만 아니라 회색분자나 경계인으로 끊임없이 비난을 받거나 아예 사람 취급조차 받지 못한다.

정치권에서도 보수와 진보가 첨예하게 대립하는 가운데 중도노선을 표방한 정당이 등장했지만 국민들로부터 적극적인 호응을 얻지 못했다. '중용(golden mean)'이라는 낱말은 한쪽으로 치우치거나 기울지 않는 떳떳한 태도를 말하지만 지금 사회에서는 통하지 않는다.

'목소리 큰 놈이 이긴다.'는 불합리한 논리가 팽배해서 한쪽으로 분명히

강경론자(hard-liners)인 '매파(the Hawks)'와 온건론자(soft-liners)인 '비둘기파(the Doves)'를 묘사한 그림. 중도론자(the center)는 '도크파(dawk; dove+hawk)'라고 부른다. 참고로 좌파(진보)는 the Left Wing, 우파(보수)는 the Right Wing, 중도는 Center라고 한다. 1789년 프랑스 대혁명 후 열린 국민공회에서 의장석을 기준으로 왼쪽에 급진파인 자코뱅당이, 중도파인 마레당이 가운데에, 보수파인 지롱드당이 오른쪽에 자리 잡은 것에서 유래했다.

치우쳐서 강경한 태도를 나타내야 하고, 자신과 주장이 다른 상대방에게는 공격적이어야 살아남는다. 중도나 온건은 우유부단하고 줏대가 없다고 매도당하기 일쑤다.

왜 이렇게 사회가 살벌해졌을까? 왜 이렇게 한쪽으로 확실하게 기울어야 하고, 자기들끼리 굳게 뭉쳐 자신들과 견해가 다른 반대 세력과 치열하게 대립하는 것일까?

그 이유는 여러 가지가 있을 것이다.

먼저 오늘날의 시대 상황과 결코 무관하지 않다. 디지털 정보통신 시대에 살면서 개개인 누구라도 자신의 주장을 온라인을 통해 개진할 수 있게 됐다. 그뿐만 아니라 사회적 이슈에 대한 자신의 주장에 보다 큰 반응과 호응을 얻기 위해 거칠고 격렬한 표현, 지나치게 과장되고 자극적인 표현으로 동조자들을 세력화시키려고 한다.

또한 그에 대해 상반된 주장을 펴는 반대자들도 비슷한 과정으로 집단화되고 세력화되어 첨예하게 대립하면서 뚜렷한 주관이 없는 많은 사람들이 이리저리 휩쓸리고, 비교적 균형 있는 견해를 가진 중도의 '침묵하는 다수'는 묻혀버리고 마는 것이다.

사회의 양극화 현상도 빼놓을 수 없다. 이념의 대립, 가진 자와 못 가진 자, 노사갈등, 세대 간의 갈등 등 사회는 심각한 양극화 현상으로 몸살을 앓고 있다. 양극화는 상대방을 노골적으로 적대시하는가 하면 중간, 중도, 온건을 용납하지 않는다.

그러나 무엇보다 가장 큰 요인은 '자기정체성(自己正體性, ego-identity)'의 상실에 있다. 정체성(identity)이란 국어사전에서 '어떤 존재가 본질적으로 가지고 있는 특성'으로 풀이하고 있다.

어떤 존재는 어느 개인을 가리키는 것이 아니다. 국가와 민족, 사회조직, 단체, 문화와 예술에도 정체성이 있다. 물론 개인 각자에도 정체성이 있다. 그러한 개인이 가지고 있는 정체성이 '자기정체성'이라고 할 수 있다.

자기정체성은 '나는 누구인가?' 하는 의문에서 비롯된다. 자기 자신만의 독특함, 개성, 성격 등을 자각하면서 형성되는 개인의 주관적인 특성, 사고방식과 행동 등을 말한다. 하지만 안타깝게도 우리들, 특히 젊은 세대들 대부분이 자기정체성을 확립하지 못하고 있다.

어렸을 때는 부모의 과잉보호로 자신의 판단에 따른 선택과 결정의 기회를 잃고 말았으며, 자기정체성 형성에 가장 중요한 시기인 청소년기에는 치열한 학업 경쟁과 입시 위주의 일방적인 주입식 교육으로 인성이니 개성이니 적성을 생각해볼 여유조차 빼앗겼다.

예컨대 개인의 주관적인 판단이 배제된 일방적인 주입식 교육에서 시험문제는 거의 대부분 사지선다형(四肢選多型)의 객관식 문제들이다. 어떤 문제를 제시하고 네 가지 비슷한 답을 열거하여 그 가운데 정답을 찾는 문제다. 예시된 네 가지 비슷한 답 가운데 하나의 정답이 있고 나머지 세 가지는 오답이다.

이러한 주입식 교육과 객관식 문제를 처리하는 습성이 오랫동안 지속되면서 오늘날 젊은 세대들은 오직 한 가지만 옳고 나머지는 모두 틀렸다는 이분법적 논리에 매몰되고 말았다. 즉 자신의 주장이 옳다고 생각하면 나머지 주장들은 모조리 틀렸다는 맹목적인 독선에 빠지게 된 것이다.

더욱이 젊은 세대들은 일찍부터 인터넷과 SNS 등의 사이버 공간에 익숙해진 세대들이다. 어느 전문가의 지적처럼 사이버 공간은 다중인격체(多重人格體, multiple personality)들로 채워진 공간이다. 자율적 인식을 소유한 자아(自我, ego)가 소멸된 개인들이 마치 단말기와 같은 존재로서의 역할을 할 뿐이다.

자기정체성이 희박한 존재들이 사이버 공간을 통해 이러한 분열된 성격의 다중인격체들과 소통하면서 더욱 자기정체성을 잃고 휩쓸리고 휘말려 무조건 어느 한쪽 편에 서게 되는 것이다. 그럼으로써 자신의 소속감과 존재감을 가지려 하고 사회에서 소외되지 않으려는 것이다. 역시 사이버 공간에서도 중간이나 중도는 설 자리가 없다.

인구 구성이나 경제 계층을 설명할 때 '항아리형'이라는 용어가 있다. 경제력에 따라 계층을 분류할 때 상류층과 하류층은 항아리의 윗부분과 아랫부분처럼 좁고 중산층이 항아리의 불룩한 중간부분처럼 넓고 커야 안정된 사회다. 이념도 그와 다르지 않다. 한쪽으로 지나치게 치우쳐 극단적으로 양분된 사회가 아니라 균형 잡힌 견해를 가진 중간계층이 많아야 건강한 사회 발전을 기대할 수 있다.

민중의 소리가 곧 신(神)의 소리다

우리는 국가의 구성원을 가리킬 때 국민, 대중, 민중 등의 여러 표현을 쓴다. 하지만 그러한 표현에는 서로 차이가 있으며 의미가 다르다.

'국민(國民)'은 국가의 구성원이 될 수 있는 법적 자격을 가진 사람들을 말한다. 이를테면 '대한민국 국민'라고 말하듯이 국적(國籍)이 있어야 국민이 될 수 있다.

'대중(大衆)'은 국민과 같이 결집된 공동체적 개념이 아니라 불특정 다수를 가리킨다. 일반적으로 현대 산업사회를 구성하는 대다수의 사람들을 대중이라고 말한다.

따라서 대중은 개인적이며 수동적인 다수로서 감정 표출이나 비합리적 사고가 특징이며 자유로운 의사표현이 얼마든지 가능하다. 흔히 말하는 '대중문화'는 대중들에 의해 형성되는 문화다. 신문, 방송, 영화, 드라마, 패션, 광고 등과 같이 대중들의 보편적인 취향과 욕구가 반영되는 문화다. 그리하여 대중은 권리와 의무 등의 구속력이 없으며 정치적인 부담도 없는 자유로운 대다수의 자연인들이라고 할 수 있다.

'민중(民衆)'은 대중과는 그 의미가 사뭇 다르다. 민중은 불특정 다수라는 점에서는 대중과 같지만 일반적으로 피지배층이라고 할 수 있는 노동자, 농민 등이 주체가 된다. 이들은 국가라는 공동체 구성에 중요한 위치에 있지만 주체세력이 되지 못하고 지배계층으로부터 억압과 착취를 당해온 계층이다. 그 때문에 이들은 항상 지배층, 유산계급 등과 대치하는 개념에서 피지배층, 무산계급으로 존재하는 것이 특징이다.

옛말의 '백성(百姓)'은 큰 뜻으로 보면 나라의 구성원인 국민이라고 할 수 있지만 그 범위를 좁히면 민중에 더 가깝다. 백성은 벼슬이 없는 상민들을 이르는 말로 서민(庶民), 서인(庶人), 민생(民生), 민초(民草)를 가리킨다. 즉 피지배층, 무산계급에 대해 보편적으로 백성이라고 지칭했던 것이다.

또 한 가지 주목할 것은 '인민(人民)'이다. 영어로는 국민과 인민 모두 people로 표기한다. 인민이라는 표현은 원래 민주주의의 주체를 나타내는 용어로 사용됐지만 20세기에 들어서면서 공산주의 국가들에서 적극적으로 사용하면서 본래의 의미에서 멀어지게 됐다.

북한의 공식 명칭은 조선민주주의인민공화국(Democratic People's Republic of Korea, DPRK), 중국의 공식 명칭은 중화인민공화국(People's Republic of China)으로 두 나라 모두 '인민'을 내세우고 있다.

공산주의와 사회주의에서 지칭하는 인민은 일반적으로 농민과 노동자들로 남을 착취하지 않는 무산계급을 뜻한다. 예컨대 지주, 자본가, 관료, 성직자 등은 남을 착취하는 자들로 인민에 포함되지 않는다.

무산계급이란 자본주의 사회에서 노동자나 농민들처럼 재산이 없으며 자신의 노력만으로 생활하는 하층계급, 피지배층을 말한다. 흔히 부르주아와 대치하는 프롤레타리아라고 하는 계층이다.

사회주의 국가들이 무산계급이라는 용어를 선호하게 된 것은 마르크스가 사회적 용어로 사용한 것이 단초이다. 사실 공산주의나 사회주의 국가들은 무산계급을 국가의 기반으로 한다. 그렇게 보면 민중은 예전의 백성, 사회주의 국가의 인민과 비슷한 의미를 지닌다고 할 수 있다.

왕정 국가든 근대적인 국가든 지배층은 소수에 불과하고 피지배계층이 절대다수다. 또한 유산계급은 소수이고 무산계급이 절대다수다. 나라의 존망을 좌우하는 전쟁이 일어났을 때 앞에 나가 싸우는 전사들도 민중이다. 하지만 소수 지배층의 억압과 유산계급의 착취로 절대다수인 민중은 항상 멸시당하며 큰 고난과 고통을 겪으며 살아왔다.

어찌 됐든 역사를 창조하고 이끌어가는 것은 결국 민중들이다. 따라서 지배층이 오만과 독선으로 민중을 무시하거나 유산계급이 절대다수의 무산계급을 무시하고 이익 추구에만 집착하면 반드시 나라가 흔들린다. 민중이 분노해서 폭발하면 혁명이 일어나고 나라가 바뀐다.

지배층의 권력이 막강하던 시대에도 이러한 진리를 일찍이 깨닫고 절대적인 지배자에게 두려움 없이 충고한 인물들이 있었다. 그들 가운데 8세기경 영국의 교육자이자 신학자였던 에얼흐위네 앨퀸(Ealhwine Alcuin, 라틴어로 알퀴누스)을 빼놓을 수 없다.

그는 당시 서로마제국의 카롤루스 대제(샤를마뉴 대제, 카를 대제, 찰스 대제, 카를 1세)에게 "민중의 소리는 곧 신(神)의 소리입니다(vox populi vox dei)."라는 내용의 서신을 보냈다. 민중의 목소리를 결코 외면해서는 안 된다는 절실한 충고였다. 이 말은 12세기 영국의 역사가이자 베네딕트 수도사인 맘스베리의 윌리엄(William of Malmesbury)이 처음 언급한 것으로 알려져 있지만 사실은 앨퀸이 원조이다.

최고의 절대 권력자였던 카롤루스 대제는 앨퀸의 충고를 무시하지 않았

에얼흐위네 앨퀸(오른쪽). 왕실 학교의 사제이자 교육자로서 카롤루스 대제에게 종교와 교육 문제를 자문했다. 그는 과학과 신앙과 전례 연구에 전념하였으며 카롤루스 대제 황실 전례 개혁의 주체였다. 갈리아에서 〈로마 미사 전례 성서〉를 개정하고 교황 하드리아누스 1세가 카롤루스 대제에게 보낸 〈그레고리오 미사 전례 기도집〉을 당시의 갈리아 관습과 조화시키면서 여기에 부록을 첨가했다.

다. 당시는 교황의 권력이 막강했던 시대였지만 그는 제왕권과 교황권을 무리 없이 조화시켜 서로마제국 부흥에 탄탄한 기틀을 마련했다. 그뿐만 아니라 신분과 계급에 얽매이지 않고 과감하게 지식인과 문화예술인들을 등용해서 이른바 '카롤링거 왕조 르네상스(Carolingian Renaissance)'를 꽃피우게 한 황제이기도 하다.

그는 스페인을 제외한 서유럽의 거의 전역을 정복해서 광활한 영토를 통치했던 용맹한 전쟁영웅이기도 했지만, 문맹이었음에도 지식 탐구에 천착해서 낮에는 전투와 통치에 매달리고 밤에는 지식을 쌓는 데 몰두했던 인물이기도 하다. 그리하여 문무(文武)를 겸비하고 식견을 크게 넓혀 민중의 소리에도 남달리 귀를 기울였던 위대한 군주였다.

옛말에도 '민심은 천심이다.' '백성을 멀리하면 나라가 망한다.' '백성은 나라의 근본이다.'와 같이 민중의 가치와 중요성을 강조하는 격언들이 많다. 요즘 정치인들이 입만 열면 겉으로는 "국민이……." 운운하지만, 속으로는 당리당략과 사리사욕에 집착하는 언행불일치의 이른바 '유체이탈 화법'을 구사하는 경우가 대부분이다.

지배층이 피지배층인 민중을 먼저 배려하고 가진 자들은 못 가진 자들을 먼저 배려하는 역지사지(易地思之)의 진정성을 가져야 나라가 발전하고 국민들이 기대하는 올바른 방향으로 나아갈 수 있다.

7

정의
그리고
현재와
미래

justice, present, future

정의는 결국 이기는가

미국의 정치철학자인 하버드 대학 마이클 샌델(Michael J. Sandel) 교수의 저서 《정의란 무엇인가Justice》는 우리나라를 비롯한 37개국에서 출간된 세계적인 베스트셀러이다. 그가 우리나라를 방문하여 야외광장에서 특별강연을 할 때 무려 1만 5000여 명이 모였다. 청중의 대다수는 젊은 세대들이었다. 젊은이들이 얼마나 '정의'에 관심이 큰지 말해주는 장면이다.

'정의(正義)'를 간단히 정의(定義)하기는 쉽지 않다. 정의에는 철학적, 정치적, 도덕적, 이념적으로 다양한 해석과 견해들이 있기 때문이다. 또한 인간 개인으로서의 정의가 있고 사회적인 정의가 있다. 우리들이 어느 사람을 가리켜 '정의로운 사람' '정의감이 투철한 사람'이라고 말하는 것이 개인의 정의다.

하지만 그보다 국가와 사회, 공동체와 그 구성원들이 추구하는 사회적 정의가 가치와 비중과 영향력이 크기 때문에 그러한 공동의 정의가 주목을 받고, 일반적으로 정의를 얘기할 때는 사회적 정의와 공동체의 정의를 말한다.

우리나라만 하더라도 새로운 정권이 들어설 때마다 어김없이 '정의로운 나라'를 내세웠다. 심지어 전두환 군사정권도 권력을 장악한 뒤 처음으로 내세운 통치이념이 '정의사회 구현'이었다. 그러나 공동체의 정의가 제대로 실현됐는지에 대해서는 항상 의문이 뒤따른다. 그것은 우리나라뿐만이 아니다.

전쟁은 어떠한 경우에도 결코 정의로운 행태가 아니지만, 전쟁을 일으키는 쪽에서는 정의를 내세우고 패배했던 쪽에서도 보복전이나 탈환전을 벌이며 정의를 외친다. 어느 나라든 독재정권들도 그들의 일방적인 강압 통치를 정의로 포장한다.

오직 자신들만 옳다는 극단주의자들도 자신들의 주장과 행동은 정의라고 목청을 높인다. 테러집단, 폭력집단, 마약조직 등도 자신들의 규율에 따른 정의가 있다. 예컨대 그들에게 배신은 불의가 되고 철저하게 보복한다. 그들에게는 조직에 대한 충성과 복종이 정의다. 하지만 그들이 저지르는 갖가지 범죄행위는 정의일 수 없으며, 그들 패거리만의 정의는 정의가 아니다.

원래 정의는 철학에서 개인에게 요구되는 덕성이자 덕목이었다. 하지만 인구가 밀집돼 사회의 규모가 커지고 복잡하고 다양해지면서 구성원들의 이해관계와 갈등이 커짐에 따라 사회적, 공동체적 정의가 중요해졌다.

그에 따라 시대 상황이나 환경의 변화, 공동체가 추구하는 이념에 따라 정의의 개념도 다양성을 갖게 됐다. 이를테면 수천 년 동안 서로 갈등하고 대립하고 있는 이스라엘과 팔레스타인의 정의는 서로 다를 것이다. 북한 정권에서는 당과 지도자에 대한 무조건적인 충성이 정의지만 그것이 대한민국에서도 정의일 수는 없다.

고대 그리스의 철학자 헤라클레이토스(Heracleitos)는 "불의(不義)가 없으면 정의를 알지 못할 것이다."라는 말을 남겼다.

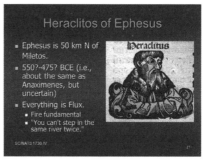

"만물은 유전(流轉)한다(Everything is flux)."라는 말로 유명한 에페수스의 헤라클레이토스는 '불'을 사물의 변화를 일으키는 기본 요소로 보았다.

사회가 불안정하고 혼란스러울수록 불의가 만연하기 마련이다. 오늘날의 사회가 그러한 상황인지 모른다. 불의가 넘쳐나기 때문에 정의에 대한 관심이 갈수록 높아지고 있는지 모른다.

어느 사회든 일반적으로 공동체가 정의를 실현하려면 공정, 공평, 평등이 수반돼야 한다고 말한다. 민주사회라면 더욱 그렇다. 국가의 정치이념이나 정책 수행은 물론, 특히 법의 집행에서 권력의 간섭을 받지 않고 신분과 지위와 성별에 관계없이 공정하게 이루어져야 사법기관이 추구하는 최고 덕목인 정의가 실현된다.

모든 사람이 공평한 기회를 가질 수 있어야 하며, 평등한 권리를 가져야 정의로운 사회가 될 수 있다. 그래야만 국가와 사회를 신뢰할 수 있으며 구성원들도 의욕을 갖고 자신이 하는 일에 충실하고 국가와 사회의 이익에 적극적으로 기여한다. 그렇다면 지금 우리의 현실은 어떠한가?

국정농단 핵심인물의 딸이 "돈도 실력이다."라며 시험도 치르지 않고 명문대에 들어가 젊은이들이 크게 분노했다. 대학에 가기 위해 사교육까지 마다하지 않고 숱한 돈을 쏟아붓고 밤낮없이 공부에 매달렸던 허탈감은 말로 표현할 수 없었을 것이다. 불공정도 이보다 더한 불공정이 없다.

지난해 평창 동계올림픽에서 여자 아이스하키 남북 단일팀이 성사되자 젊은 세대들이 분노했다. 비인기 종목의 서러움에도 오직 올림픽 출전의 꿈을 안고 얼음판에서 묵묵히 연습에만 몰두했던 대표팀의 몇몇 선수는 일생일대의 기회를 박탈당하고 북한 선수들에게 올림픽 출전을 양보해야만 했다. 남북 화해도 좋지만 젊은이들은 불공정과 불공평에 분노했던 것이다.

'신의 직장'으로 불리는 공기업과 대기업에 힘 있는 자들의 일자리 세습이 드러나면서 젊은이들은 울분을 터뜨렸다. 가혹한 취업난에 시달리며 신용불량자로 내몰린 젊은이들은 공정하고 공평한 기회를 박탈당한 현실에, 흙수저는 흙수저로 대물림되는 불평등에 분노했다.

법(法)조차 정의가 의심받고 있다. '유전무죄 무전유죄'라는 자조적인 탄식이 여전히 유효하고 성차별도 개선되지 않는다. 권력 앞에 무기력한 법 집행은 불공정, 불공평, 불평등이 우리의 현실임을 실감하게 하고 있다.

경제적 불평등은 얘기를 꺼낼 필요도 없다. 다보스 포럼(Davos Forum)도 경제 불평등의 양극화가 앞으로 10년 안에 세계적으로 최대의 위협이 될 것이라고 했다. 강자에게는 약하고 약자에게는 강한 불공정·불공평·불평등이 지배하는 사회, 공공성을 상실한 사회, 권력의 논리가 정의를 짓밟는 사회에서 진정한 정의의 존재감은 찾아보기 어렵다.

미국의 저명한 정치철학자 존 롤스(John Rawls)는 그의 《정의론》에서 정당화될 수 없는 불평등이 존재하지 않는 상태를 추구하는 것이 정의라고 했다. 공정(公正)으로서의 정의를 강조한 것이다. 오늘날의 세계는 오히려 그것과는 반대 방향으로 가고 있는 듯한 느낌이 든다. 그래서 이 시대가 정의에 대한 목마름이 더욱 간절한지도 모른다.

그럼 어떡해야 정의에 대한 갈증을 해소할 수 있을까? 그것에 대한 염원으로 마이클 샌델의 《정의란 무엇인가》에 큰 관심을 갖게 했지만, 뜻밖에도 막상 그는 명확한 해답을 제시하지 않고 있다.

다만 그는 역사적으로 이어져온 정의에 대한 여러 개념들을 소개하며 인간사회의 옳고 그름, 정의와 부당함, 평등과 불평등 등을 비교하면서 우리들로 하여금 스스로 정의가 무엇인지 판단하도록 하고 있다. 어쩌면 오늘날의 정의를 알기 쉽게 몇 마디로 규정하기 어렵기 때문인지도 모른다.

샌델의 《정의란 무엇인가》의 부제는 'What's the right thing to do?', 즉 '무엇이 올바른 행동인가?'이다. 인간이 실천해야 할 올바른 행동들이 무엇인지 알면 정의가 무엇인지 알 수 있다는 의미일 것이다.

샌델의 은근한 주장에 귀를 기울여보면 그것은 무엇보다 공동선(共同善)이며 공공의 도덕성이다. 정치가 마치 도덕윤리와는 아무런 연관도 없는 것처럼 도덕성을 박탈하고 사람들을 무기력과 혼란에 빠뜨리고 있는 현실에서 도덕성이 실천돼야 공동체의 정의가 살아날 수 있다는 것이다.

독일의 세계적인 영장류학자인 마이클 토마셀로(Michael Tomasello)도 그의 《도덕의 기원A Natural History of Human Morality》에서 인간의 도덕성이 인류를 번성시켰다는 확신에 찬 견해를 밝히고 있다.

그는 이보다 먼저 펴낸 《생각의 기원》에서 인류는 혼자서는 살 수 없는 것을 깨닫고 타인의 입장에서 바라보는 능력, 즉 '공감'의 중요성을 터득하면서 '나'가 아닌 '우리'라는 공동체 의식을 가졌던 것이 놀라운 인류 진화의 밑거름이 됐다고 지적했다. 《도덕의 기원》은 여기서 한 걸음 더 나아가 인류가 어떻게 '공정'과 '정의'로 도덕적 행동을 구조화했는지를 탐색하고 있다.

의심할 여지 없이 정의는 도덕성이다. 개인 각자의 덕성은 말할 것도 없고 수많은 인간이 어울려 사는 복잡한 국가와 사회에서 공정, 공평, 평등이라는 도덕성이 상실되면 정의는 존재할 수 없다.

정의가 실현되려면 사회적 약자들에 대한 배려가 필요하다. 그것은 불평등한 약자들을 평등으로 끌어올려 평준화함으로써 공평한 사회를 만드는 데 기여한다. 온 사회에 팽배한 분노가 가라앉아야 정의가 싹을 틔울 수 있다.

세계적인 지성으로 손꼽히는 미국의 법철학자 마사 누스바움(Martha Nussbaum)은 저서 《분노와 용서: 적개심, 아량, 정의》에서 분노를 내려놓아야 정의에 이른다고 했다.

어쩔 수 없고 참을 수 없는 분노라고 하더라도 분노가 정의는 아니다. 더욱이 보복적 분노, 정의로 위장한 원한과 적개심은 결코 진정한 정의가 될 수 없다. 용서가 있어야 정의가 살아난다.

남아프리카공화국에서 흑인 최초로 대통령에 당선된 넬슨 만델라(Nelson Mandela)는 백인들의 억압적인 지배하에 흑인들에 대한 극심한 차별로 무려 26년 동안이나 감옥에 갇혀 있었다. 하지만 그는 흑인들에게 원수와 같았던 백인들을 용서함으로써 인류의 평화와 정의를 실현했다.

19세기 미국의 대표적인 시인 롱펠로(Henry W. Longfellow)는 "인간은 부당해도 신은 공정하다. 결국 정의가 승리한다."고 했다.

신은 종교적인 신일 수도 있겠지만, 그것이 자연이나 세상의 이치일 수도 있다. 정의는 끊임없이 짓밟히고 터무니없이 위장되기도 하지만, 끊임없이 잡초처럼 되살아난다. 그리하여 인간세상을 발전시켜나간다. 때로는 무척 시간이 걸리더라도 기어이 정의는 살아난다. 결국 정의가 이기는 것이다. 그것은 '사필귀정(事必歸正)'이기도 하다.

재판은 과연 진실을 밝히는 것인가

 고대 그리스의 한 창녀가 큰 죄를 저지르고 법정에서 사형 판결을 받을 위기에 놓였다. 그때 변호인이 그녀를 앞으로 불러내 귓속말로 무엇인가 지시했다. 그러자 그녀는 윗도리를 감싸고 있던 얇은 옷을 찢고 가슴을 노출하더니 마침내 옷을 모두 벗어버렸다. 그와 동시에 변호인이 울부짖으며 판관들에게 그녀의 아름다움을 인정해줄 것을 호소했다. 판관들은 그녀의 미모와 아름다운 몸매에 넋을 잃고 무죄를 선고했다.

 중세 유럽에서는 이른바 마녀사냥이 성행했을 때 그에 따른 마녀재판이 끊임없이 열렸다. 기독교가 자신들의 부패와 비리를 감추고 교세를 확장하려는 의도에서 비롯된 마녀재판은 처음에는 기독교를 믿지 않는 여성 주술사나 마법사 등 무속인들이 대상이었지만, 차츰 교회에 나가지 않는 돈 많은 과부들이나 미혼여성으로 확대됐다.

 그뿐만 아니라 마침내는 남자를 유혹한 여성, 음란하고 방탕하다고 판단되는 여성들도 마녀로 몰렸다. 명색이 재판이지 일방적이었다. 무조건 예수와 대립하는 마녀로 낙인찍어 처형했다. 처형은 가혹했다. 여자를 벌거벗겨 산 채로 매달아놓고 군중들 앞에서 불태워 죽이는 화형이었다. 남자들에게는 대단한 구경거리였다.

14세기부터 17세기까지 약 50만 명의 여성들이 마녀로 몰려 처형됐다. 나중에는 종교재판이 아닌 민중법정으로 바뀌었지만 여전했다. 오래전 공산주의 국가들의 인민재판과 같은 것이었다. 군중 대다수가 "죽여라!" 하면 처형했다. 프랑스의 구국소녀 잔 다르크도 주술을 외웠다는 구실로 마녀재판에 걸려들어 화형당했다.

17세기 초, 이탈리아의 천문학자 갈릴레오 갈릴레이(Galileo Galilei)도 코페르니쿠스의 지동설을 옹호한다는 이유로 종교재판을 받아야 했다. 그 무렵 기독교는 지구가 세상의 중심이며 태양이 지구 주변을 돈다는 천동설을 적극 지지했기 때문에 이단자가 된 것이다.

그는 일방적인 재판에서 유죄판결을 받았을 뿐 아니라 감형을 받기 위해 "나는 비로소 천동설이 맞는다는 사실을 깨달았다. 맹세코 지동설을 포기할 것이며 저주하고 혐오한다."고 거짓 고백까지 했다. 하지만 그는 재판이 끝나고 자리에서 일어서며 혼자 중얼거렸다. "그래도 지구는 돈다."

그렇다면 고도로 문명화된 오늘날의 재판은 진실을 밝혀내는 재판인가? 반드시 그렇다고 아무도 장담하지 못한다. 오늘날의 재판은 철저하게 규정된 법률에 의거한다. 법에는 성문법(成文法)과 관습법(慣習法)이 있다. 성문법은 입법기관이 제정한 법률이며 관습법은 특별한 형식은 없지만 오랜 전통과 관행적으로 지켜온 도덕윤리나 질서와 같이 합리화된 올바른 행위 등이 기준이 되는 불문법(不文法)이다.

성문법은 한번 제정되면 수시로 개정하기가 쉽지 않다. 사회현상은 새롭게 생겨나기도 하고 빠르게 변하기 때문에 그것을 빠짐없이 성문법에 수용하기는 어렵다. 그럴 때 관습법이 성문법에서 정한 법률을 대신하는

Code of Hammurabi

- Code of 282 laws inscribed on a stone pillar placed in the public hall for all to see

- Hammurabi Stone depicts Hammurabi as receiving his authority from god Shamash

- Set of divinely inspired laws; as well as societal laws

- Punishments were designed to fit the crimes as people must be responsible for own actions

- Hammurabi Code was an origin to the concept of "eye for an eye..." ie. If a son struck his father, the son's hand would be cut off

- Consequences for crimes depended on rank in society (ie. only fines for nobility)

'탈리오의 원칙'이 새겨진 함무라비 법전. '이에는 이, 눈에는 눈'이라는 소위 탈리오의 원칙은 고대 바빌로니아 법률에서 피해자가 받은 피해 정도와 똑같게 범죄자를 벌주도록 한 원칙으로, 무제한의 보복을 제한하기 위한 것이었다.

경우가 많다. 요즘은 '국민정서'도 재판에 큰 영향을 미친다.

성문법은 기원전 2600년경 뛰어난 문명을 이룩했던 수메르(Sumer)에서 인류 최초로 탄생했다. 대략 4600년 전이다. 그때 이미 자유 평등 정의의 개념을 담아 법률을 만들었으니 대단한 일이다. 그리고 긴 세월이 흘러 오늘에 이르기까지 과연 재판이 정해진 법에 따라 평등하고 공평하고 정의롭게 이루어져왔다고는 아무도 믿지 않는다.

봉건시대에는 세계 어느 나라나 법률이 있었지만 군주와 제후의 판단이 곧 법이었으며, 귀족과 지방관리까지 자신의 주관대로 법을 행사했다. 우리나라도 이미 고조선 때에 '8조법금(八條法禁)'과 같은 초보적인 율령이 있었다. 이는 고구려에서 더욱 세분화되기는 했지만 역시 규정된 율령 이외에는 지배층의 판단이 곧 법이기는 마찬가지였다.

근래에 와서 삼권분립이 확립되고 사법부가 간섭 없이 독자적으로 법적 판단을 했지만, 독재국가에서는 역시 집권자의 판단이 절대적인 영향을 미쳤다. 따라서 정의, 공평, 평등은 장식품에 불과한 경우가 적잖았다. 때로는 집권층의 필요에 따라 권력기관이 범죄를 조작하기도 하고, 이념에 따라 편향적인 판결을 서슴없이 자행하기도 했다.

더욱이 권력자는 권력으로, 가진 자는 재력으로 사법부의 판단을 혼란시켜 법망을 벗어나는 사례들이 너무 많았던 것이 사실이다. 그래서 힘없는 자, 가진 것이 없는 자들이 '유전무죄 무전유죄'라는 자조적인 유행어를 만들어내지 않았던가.

우리나라에서 최근에도 이른바 '재판 거래'가 큰 이슈가 되고 있지 않은가? 사법부가 정권의 요구에 따라 재판을 한없이 미루고, 부당한 요구에 맞춰 판결을 내린 사례들이 문제가 된 것이다. 흔히 말하는 사법농단이다. 사법부가 목표하는 준법, 정의, 평등, 공평이 한때나마 모두 무력해진 것이다.

또한 뚜렷한 확증 없이 정황증거만으로 법적 판단을 내리는 경우도 매우 많다. 예컨대 성폭행의 경우, 가해자와 피해자만 아는 은밀한 행위여서 확실한 증거를 찾아내기 어려울 때 정황증거만으로 판단한다. 그 과정에서 피해자의 일관된 진술이 범죄 여부의 중요한 판단 근거가 된다. 그 때문에 억울하게 누명을 쓰게 되는 가해 용의자들도 있다.

〈이별의 길*One Potato, Two Potato*〉이라는 1960년대 미국 영화가 있다. 인종차별이 극심했던 미국 남부에서 흑인 남성과 백인 여성의 진정한 사랑을 다룬 작품이다. 그들은 결혼을 약속하고 관계기관에 혼인신고를 하려고 했지만 남자가 흑인이라는 이유로 거절당한다.

흑백영화로 제작된 래리 피어스(Larry Peerce) 감독의 〈이별의 길〉(1964) 포스터 그들은 소송을 제기해서 법적으로 결혼을 보장받으려고 한다. 이 사실이 알려지자 백인 중심의 지역사회가 맹렬하게 비난하고 나선다. 흑인 남성이 의도적으로 백인 여성을 유혹해서 신분 상승을 도모하려는 술책이라며 그들의 결혼을 결사반대한다.

그러자 판사가 재판이 열리기 전에 이들 남녀의 관계를 빈틈없이 철저하게 조사했고, 이들의 사랑이 진실임을 알게 된다.

이윽고 재판이 열리자 판사는 다음과 같은 판결을 내리고 곧바로 퇴정한다.

"어느 시대나 그 시대를 지배하는 주된 사고방식이 있습니다. 우리는 그 사고방식에 도전할 수는 있어도 거역할 수는 없습니다. 따라서 두 사람의 결혼은 허가할 수 없습니다."

이것이 관습법이다. 법률에 규정도 없고 두 남녀의 결혼에 아무런 하자도 없지만, 미국 남부의 관습과 관행과 질서를 무시할 수 없다는 것이다. 우리로 말하면 '국민정서'를 외면할 수 없다는 것이다. 그러나 관습법의 행사에는 재판관의 주관적 견해가 크게 작용할 수밖에 없다.

영국의 작가이자 컨설턴트인 헥터 맥도날드는 저서 《만들어진 진실》에서 '진실'에는 99개의 얼굴, 즉 헤아릴 수 없이 많은 모습이 있다고 했다. 그리고 진실을 말하는 사람들은 자신의 의도와 목적에 맞게 진실을 편집한다는 것이다. 법정이라고 해서 다를 리 없다. 원고와 피고의 진술이 확실한 진실(fact)이라는 보장이 없다.

시대와 상관없이 재판을 맡은 법관들의 양심과 용기, 확고한 정의감이 법률보다 더 중요하다. 더욱이 법관들이 이념적으로 편향되거나 편견을 갖고 있으면 공정한 재판을 기대하기 어렵다.

법관들의 주관적 판단이 판결과 형량에 미치는 영향은 법 규정 이상이다. 고대 유다왕국의 '솔로몬의 재판'과 같은 지혜와 슬기, '포청천' 같은 정의감과 용기를 가졌을 때 공정하고 올바른 판결을 기대할 수 있다.

최근의 자료에 따르면 우리나라 사법부의 독립성은 OECD 34개국 가운데 28위로 최하위 수준이다. 이유가 무엇이든 부끄러운 현실이다.

그러나 설령 정의롭지 못한 재판, 부당한 재판, 잘못된 재판이 있더라도 그것은 일부에 불과하다. 대부분의 판사들은 공정하고 타당한 판결을 내리고자 최선을 다한다. 물론 판사가 양심껏 최선을 다했지만 어쩌다 오판을 할 때도 있을 것이다. 그렇더라도 사법부는 민주주의 최후의 보루이다.

역사상 대표적인 가짜 뉴스

요즘 '가짜 뉴스(fake news)'가 판치고 있다.

가짜 뉴스란 사실(fact)이 아닌 것, 사실을 왜곡한 것, 사실이 아닌 것을 사실인 것처럼 위장한 것, 전혀 근거 없고 터무니없는 뉴스 따위를 일컫는다. 근래에 와서 가짜 뉴스가 성행하게 된 것은 인터넷이나 SNS 등 각종 온라인 매체들의 영향이 크다.

누구나 자신의 견해나 주장 따위를 얼마든지 온라인 매체에 올릴 수 있는 손쉽고 편리한 기회를 악용해서 허위, 과장, 터무니없고 근거 없는 의혹, 유언비어 등을 유포하면서 수많은 가짜 뉴스들이 쏟아져 나오게 된 것이다.

그 까닭은 여러 가지다. 오로지 관심을 끌기 위해서, 자기만 옳다는 독선, 증권가의 이른바 '낱장 광고(전단지)'처럼 일부 세력이 부당한 경제적 이익을 얻기 위해서 또는 정치적 이익을 도모하기 위해 일부러 가짜 뉴스를 유포하는 경우도 있다. 이유가 어떠하든 교묘한 가짜 뉴스는 전혀 근거가 없거나 사실을 그럴듯하게 왜곡함으로써 많은 사람들이 얼핏 그것을 사실과 진실로 착각하게 해서 여론을 왜곡한다.

역사를 살펴봐도 전 세계적으로 가짜 뉴스는 끊임없이 생겨났다. 이를 테면 '거짓 정보'도 가짜 뉴스라고 할 수 있다. 적대관계에 있는 상대국에 거짓 정보를 퍼뜨려 그 나라 국민들을 분열시키고 혼란에 빠뜨린 뒤 전쟁을 일으키거나, 첩자를 침투시켜 조작된 거짓 정보로 내부 분열을 노렸던 역사적인 사례들이 적잖다. 우리나라 조선시대에 있었던 수많은 당쟁도 그러한 사례들이 빠지지 않는다.

하지만 역사상 대표적인 가짜 뉴스의 하나로 손꼽히는 것이 18세기 프랑스 루이 16세의 왕비였던 마리 앙투아네트(Marie Antoinette)에 대한 가짜 뉴스다.

마리 앙투아네트는 신성로마제국 황제 프란츠 1세와 합스부르크 공국 마리아 테레지아 여왕 사이에서 태어났다. 여왕은 무려 16명의 자녀를 낳았는데 마리 앙투아네트는 15번째였다. 그녀는 14세에 프랑스 황태자와 정략결혼해서 그가 루이 16세로 왕위에 오르자 프랑스 왕비가 됐다.

루이 16세는 황태자 시절부터 무뚝뚝하고 내성적인 성격이었으며 외모도 볼품이 없었다. 성적(性的)으로도 문제가 있어서 7년 동안이나 아이를 낳지 못했다. 젊고 발랄했던 마리 앙투아네트는 자연히 만족스럽지 못한 결혼생활과 온갖 규범에 얽매인 궁중생활에 심한 스트레스와 외로움을 느낄수밖에 없었다.

결국 그녀는 정신적 압박감이 주는 고통을 사치와 허영으로 풀려고 했다. 값비싼 보석들에 집착했고 궁중에서 쉴 새 없이 귀족들과 호화로운 파티를 열었다. 또한 궁전의 일부를 자신의 취향대로 개조하느라고 엄청난 공사비를 퍼붓는다는 사실이 알려져 민중들의 불만을 샀다.

더욱이 그 무렵에 뜻하지 않게 '목걸이 사건'이 일어나 세상을 떠들썩하

게 했다. 교황청의 대
주교가 마리 앙투아
네트의 환심을 사려
고 당시로서는 어마
어마한 거액인 160
만 루블짜리 목걸이
를 선물하려다가, 거

마리 앙투아네트와 그녀의 목걸이

래 과정에서 목걸이가 감쪽같이 사라진 사건이었다. 나중에 재판을 통해
목걸이 구입을 알선했던 귀족 부인의 사기행각으로 밝혀져 마리 앙투아네
트와는 무관한 사건이었다.

하지만 그렇지 않아도 민중들로부터 미움을 사고 있는 마리 앙투아네트
가 엄청난 거액의 뇌물까지 받는다는 사실에 민중들은 더한층 분노했고,
게다가 스웨덴 귀족과의 염문설까지 퍼지면서 왕비의 사치와 방탕한 생활
에 프랑스 전국이 분노로 들끓었다.

그 무렵 프랑스는 루이 16세의 실정(失政)으로 국력이 쇠락하고 나라가
혼란에 빠져 수많은 국민들은 굶주림에 시달리고 있었는데, 불나는 데 기
름 끼얹는 소문이 나돌았다. 그 소문의 진상은 이러했다.

민중들의 분노가 심상치 않자 마리 앙투아네트가 시종에게 민중들이 분
노하는 까닭이 무엇인지 물었다는 것이다. 그러자 시종은 민중들이 굶주
림에 시달리기 때문이라는 것을 우회적으로 표현해서 "빵이 없어서 그럽
니다. 빵을 달라는 것입니다."라고 대답했다. 그 말에 마리 앙투아네트는
어이가 없다는 듯이 "아니, 빵이 없으면 케이크를 먹으면 될 거 아냐."라고
했다는 것이다.

이처럼 국민들의 비참한 생활과 고통을 전혀 모르며 사치와 방탕에 빠

져 있는 그녀에 대한 민중들의 분노가 마침내 폭발하고 말았다. 민중들이 앞다퉈 거리로 뛰쳐나와 1만여 명이 정치범들이 갇혀 있는 바스티유 감옥을 습격했다.

이것이 1789년 시작된 '프랑스 대혁명' 또는 '프랑스 시민혁명'이라고 일컫는 역사적인 대혁명의 시발점이었다. 분노로 가득 찬 민중들은 자유(파란색)·평등(하얀색)·박애(빨간색)를 상징하는 삼색기(三色旗)를 휘날리며 하나로 뭉쳐 삽시간에 프랑스 전국을 불길처럼 휩쓸었다.

이 시민혁명으로 마침내 프랑스 왕정은 무너지고 루이 16세는 1793년 1월에 사형 판결을 받고 단두대에서 처형됐다. 시민혁명의 불길이 거세지자 마리 앙투아네트는 국외로 도주하다가 성난 시민들에게 붙잡혔다. 그리고 1793년 10월, 시민군의 공개재판에서 사형 판결을 받고 콩코르드 광장에서 수많은 시민들이 지켜보는 가운데 단두대에 올라 공개 처형됐다. 그녀의 나이 37세였다.

그런데 훗날 프랑스 역사를 연구하는 학자들은 마리 앙투아네트에 대한 당시의 온갖 소문과 평판이 크게 과장됐다는 사실을 밝혀냈다. 그녀는 평판과는 달리 무척 상냥하고 동정심이 많았으며 빈민들의 삶에도 관심이 많았다는 것이다. 그뿐만 아니라 당시 왕비를 비롯한 여성들은 정치에 참여할 수 없도록 법으로 규정하고 있어서 마리 앙투아네트의 정치적인 행위는 전혀 없었다는 것이다.

더욱이 "빵이 없으면 케이크를 먹으면 되잖아."라는 말을 한 적이 없다는 것이다. 결국 누군가 악의적으로 퍼뜨린 헛소문이라는 것이다. 그리하여 프랑스 대혁명을 촉발한 마리 앙투아네트의 어처구니없고 철없는 말 한마디는 역사상 대표적인 가짜 뉴스의 하나로 손꼽히게 된 것이다.

오늘날도 프랑스 국기는 자유·평등·박애를 상징하는 삼색기다. '박애(博愛)'는 모든 사람을 평등하게 사랑한다는 뜻으로 여기에는 프랑스어로 톨레랑스(tolerance), 즉 관용의 정신이 포함된다.

하지만 프랑스 대혁명 당시 시민군이 내걸었던 '박애'는 그러한 폭넓은 의미보다 민중들의 단결, 단합, 시민군의 동지애, 우애 등을 강조한 슬로건이었다는 것이 역사학자들의 일반적인 견해다.

최근 스위스 제네바에서 열린 소더비 경매에서 마리 앙투아네트가 애용했던 다이아몬드 진주 펜던트가 약 3600만 달러, 우리 돈으로 약 412억 원에 낙찰됐다는 흥미로운 소식이 전해졌다. 예상 낙찰가는 200만 달러였는데 무려 18배나 더 비싸게 팔린 것이다. 소더비 측에 따르면 진주가 들어 있는 장신구 경매가로는 이 펜던트가 사상 최고가를 기록했다고 한다.

마리 앙투아네트는 처형당하기 전에 자신이 갖고 있는 값비싼 보석들을 가족이나 친척들에게 넘겨줬다고 한다.

과연 마리 앙투아네트가 그처럼 엄청나게 비싼 목걸이를 애용할 정도로 사치스러웠는지, 한 나라의 왕비라면 그 정도의 보석 치장은 당연한 수준인지 우리는 모른다. 더욱이 역사는 언제나 승자의 편이라는 것을 감안하자.

동양철학과 서양철학의 근본 차이

철학이란 주로 인간과 인간성의 본질을 탐구하는 학문이므로 동양과 서양이라는 지역적 차이가 있을 수 없다. '인간이란 무엇인가?' '나는 누구인가?'와 같은 의문에 무슨 차이가 있겠는가.

하지만 사고방식이나 관점에서 동양과 서양의 차이가 있을 수 있으며, 그에 따라 동서양의 철학에도 차이점이 존재하는 것이 사실이다.

철학을 간단하고 쉽게 설명하기는 무척 어렵고 관념적일 수밖에 없기 때문에 제쳐두고, 일반적으로 지적하는 동양철학과 서양철학의 근본적인 차이를 살펴보는 것이 더 효과적일 것이다.

우선 서양철학이 이성적 탐구에 치중했다면 동양철학은 감성적 탐구에 더 치중했으며, 서양철학은 우주를 비롯해서 온갖 사물과 인간 등 눈에 보이고 존재하는 것들의 본질을 집중적으로 탐구했으며, 동양철학은 눈에 보이지 않아도 어떤 감(感)이 존재하는 것에 대한 탐구에 더 많이 집중한 듯하다.

따라서 서양철학은 직선적이고 명사(名詞) 위주이며 시간이나 상태 등에 더 관심이 컸으며, 동양철학은 곡선적이고 동사(動詞) 위주이며 움직임이나 흐름, 변화 등에 더 관심이 컸다는 차이점을 지적하기도 한다.

또한 서양의 정서는 개인주의적 사고인 데 비해 동양의 정서는 집단주의적 사고를 기저로 하고 있어서, 서양철학은 '나'를 주체로 해서 인간의 정체성 탐구에 힘을 기울였으며, 동양철학은 '우리'에 중점을 두고 타자(他者)와의 관계, 즉 인간관계의 탐구에 더 많이 노력했다고 할 수 있다.

인간의 본질을 추구하는 데 있어서 나와 자아(自我, ego), 만물을 지배하고 구성하는 질서와 원리를 탐구하는 로고스(logos)의 의미와 가치는 매우 크다. 하지만 인간이 남들과 더불어 사는 사회적 동물인 만큼 타자와의 관계를 탐구하는 것도 철학이 추구하는 매우 중요한 목표이다. 따라서 동양철학이 탐구하는 '관계'에 대해서 좀 더 구체적으로 설명함으로써 동양과 서양의 철학적 차이를 대신하고자 한다.

동양철학에서의 타자와의 관계, 인간관계에는 참다운 인간성과 윤리 등의 도덕성이 요구된다. 법이 개입하지 않더라도 가족, 이웃, 사회, 국가 등과의 인간관계에 도리(道理)와 윤리 등 도덕성이 확립돼야 원만한 관계와 질서가 유지되고 소통과 배려, 화기애애한 인간관계가 이루어진다는 것이다.

이를테면 공자(孔子)의 인(仁), 석가모니의 자비(慈悲) 등이 인간관계에서 각자가 행해야 할 도리를 강조하는 것이다. 도가(道家)의 무위(無爲)도 다르지 않다. 무위란 남에게 양보하는 것이 인간관계의 가장 효과적인 도리라는 것이다.

무위를 내세우는 도가에서는 되도록 남들과 다투거나 견해차가 있더라도 논쟁을 피한다. 때를 기다려 적절한 시기에 자신의 견해를 제시하고, 남들이 자신의 말을 경청해줄 때 남들과 다른 반대 의견을 내놓는다. 그렇게 하면 모든 것을 성취할 수 있다는 것이 무위다.

이러한 도덕성을 집약한 것이 오상(五常), 즉 인의예지신(仁義禮智信)이다. 공자의 유교에서 말하는 인간이 갖춰야 할 다섯 가지 도리이자 덕목이다. 사람들이 어질고 착한 마음가짐으로 억지를 부리지 않고 불의를 멀리하고 의롭게 살아가며, 예의를 지키고 남을 존중하고, 순리에 따라 지혜롭게 살아가고, 서로 신의를 지키면 우애가 넘치는 아름다운 인간관계를 만들 수 있다는 것이다.

아울러 염치(廉恥)를 강조한다. 염치란 체면을 생각하거나 부끄러움을 아는 마음이다. 자신의 인간다운 체면을 중요하게 여기고 부끄럽고 수치스런 일을 하지 말라는 것이다. 또한 국가에 충성하고 부모에게 효도하는 충효사상도 강조한다.

자신보다 남을 먼저 생각하고, 자신이 양보하고 한 걸음 물러서면 우애가 넘치고 화목한 인간관계가 형성될 수 있다는 것이다. 이처럼 동양철학은 타자와의 관계를 매우 중요하게 여겨왔기 때문에 동양인들의 삶에도 정서적으로 '관계'가 인생관이나 가치관에 깊숙이 스며들어 있다.

예컨대 중국, 일본, 우리나라의 국민정서를 살펴보면 그러한 타인과의 관계가 하나의 국민성처럼 체질화돼 있다.

중국은 그들의 말로 '콴시'가 은연중에 삶을 지배하고 있다. 콴시는 관계(關係)의 중국어 발음이다. 인간관계에서 서로 관심을 갖는 사이를 말하는 것으로, 정치인이나 유명 스타에 대한 일반적인 관심이 아니라 서로 배려하고 챙겨주는 관계를 뜻한다고 한다.

따라서 중국에서는 콴시를 형성하지 못하면 어떤 일도 제대로 할 수 없다고 한다. 흔히 말하는 인맥관리가 안 되면 좀처럼 도움을 받지 못하지만,

인간관계에 콴시가 형성돼 있으면 가족이나 혈육 못지않게 당연한 것처럼 적극적으로 챙겨주기 때문에 아무리 어려운 일이라도 모두 원하는 대로 해결이 된다는 것이다. 말하자면 중국인들의 콴시는 인간관계에서 하나의 커넥션(connection)이라고 할 수 있다.

하지만 단점이 없는 것은 아니다. 콴시가 아닌 타인과의 관계에는 철저히 무관심하다. 오래전에 중국의 한 마을에서 마을 사람 몇 명이 집 바깥의 탁자에 둘러앉아 카드놀이를 하면서 그 바로 옆에 어떤 남자가 갑자기 쓰러져 의식을 잃었는데도 쳐다보지도 않는 모습이 해외토픽이 된 적이 있었다.

남의 일에 무관심한 이런 태도를 중국에서 오불관언(吾不關焉)이라고 한다. 나는 상관하지 않는다는 뜻이다. 하찮은 일까지 남의 일에 너무 관심을 갖는 것도 바람직하지 않지만 냉정할 정도로 철저히 무관심한 것도 문제다. 이 사건은 당시 중국에서도 사회적 이슈가 되어, 남을 위한 희생적인 의인(義人)과 선행들을 대대적으로 홍보하면서 지금은 많이 개선되어 가고 있다.

일본의 경우 타인과의 관계에서 정서적 핵심은 일본말로 '와(わ)', 즉 화(和)다. 그들의 '와'는 어떤 전체 안에 들어 있는 구성원으로서 구속되는 것을 뜻한다. 따라서 일본인들에게는 소속감이 대단히 중요하다. 그들은 소속감을 긍지와 가치로 여기며 자신이 소속된 국가와 사회 등 공동체의 정해진 규칙에 철저히 순종하며 자신을 낮춘다.

그뿐만 아니라 자신이 소속된 공동체가 원만하게 유지되려면 구성원들이 스스로 공동체에 피해와 부담을 주는 행위를 삼가야 하며, 그런 행위를 부끄러워해야 한다고 생각한다. 그러한 일본인들의 정서와 생활 질서를 잘 나타내주는 것이 이른바 '메이와쿠(迷惑)'다.

메이와쿠는 우리말로 '폐(弊)'와 같은 뜻이다. 즉 남에게 폐를 끼치지 말라는 것이다. 일본인들은 메이와쿠에 철저하다. 쉽게 볼 수 있는 일본인 특유의 줄서기가 좋은 예이다. 그들은 남에게 폐를 끼치지 않기 위해 질서를 지키고 줄을 서서 자기 차례를 기다린다.

가족이 외국에서 테러에 희생되거나 큰 사고를 당해 국민들이 큰 관심을 갖게 됐을 때, 유가족은 한결같이 "국민들에게 폐를 끼쳐 죄송하다."거나 사고 수습을 위해 노력한 국가에 대해 "정부의 노력에 감사한다."고 말한다. 그처럼 자신을 낮추고 공동체의 소속감을 앞세우는 것이다.

어떻게 보면 메이와쿠는 집단주의의 특성이기도 하다. 하지만 그러한 메이와쿠가 경쟁력을 떨어뜨리는 단점이 있음에도 일본을 세계적인 경제 대국으로 만들었는지 모른다. 길을 걷다가 우연히 어깨만 부딪쳐도 시비가 붙는 우리로서는 되새겨볼 만하다.

우리 민족의 전통적인 정서는 '정(情)'이다. 정은 남들과 친밀감, 유대감으로 맺어지는 애정이다. 남녀의 사랑, 가족 사랑, 나라 사랑 등도 모두 그 밑바탕에 깔려 있는 것이 정이다. 또한 정은 남들에 대한 배려이며 베풂과 나눔이기도 하다. 따라서 정은 국가와 사회와 이웃을 따뜻하고 흐뭇하게 해주는 원동력이다.

그리하여 정은 한번 맺어지면 좀처럼 끊어지지 않는다. "고운 정, 미운 정 다 들었다."는 말처럼 상대가 미워져도 쉽게 정을 끊지 못한다. 그래서 우리는 "그놈의 정 때문에……."라는 말을 자주 쓴다. 정 때문에 바람직한 결단을 못 내리거나 원치 않는 일에 휘말렸을 때 하는 말이다.

그러나 안타깝게도 오늘날 사회는 갈수록 정이 메말라가고 있다. 그 기저에는 여러 이유들로 사회가 각박해지고 살벌해지는 까닭도 있겠지만, 지나친 이기주의와 욱하는 충동적인 감정에 매몰돼 있기 때문일 것이다. 동양철학이 강조하는 '관계'가 절실히 요구되는 현실이다.

4차 산업혁명 시대, 노동은 종말을 맞는가

4차 산업혁명(The 4th Industrial Revolution)이라는 용어는 2010년 독일이 발표한 '하이테크 전략 2020'에서 열 가지 프로젝트의 하나로 '인더스트리4.0'을 제시하면서 제조업과 정보통신의 융합을 뜻하는 의미로 처음 등장한 것으로 알려졌다.

하지만 4차 산업혁명이 세계적인 이슈로 떠오른 것은 2016년 1월 스위스 다보스에서 열린 세계경제포럼(WEF)이었다. 흔히 '다보스 포럼'으로 불리는 이 포럼이 4차 산업혁명을 메인 의제로 제시하면서 현재 세계경제의 핵심으로 부각된 것이다.

다보스 포럼은 4차 산업혁명에 대해, 디지털 혁명에 기반을 두어서 물리적 공간, 디지털 공간, 생물학적 공간의 경계가 무의미해지는 '기술융합의 시대'로 정의했다. 기술융합이 상당한 의미를 지니게 된 것이다.

기술은 과학의 발전, 특히 공업의 발전에 의해 이루어진다. 역사적으로 본격적인 기술혁명, 즉 산업혁명이 이루어진 것은 18세기에 들어서였다. 세계경제포럼의 회장이며 저명한 경제학자인 독일의 클라우스 슈바프(Klaus M. Schwab)는 기술혁명을 다음과 같이 정리했다.

철도와 증기기관의 발명 이후 기계에 의한 생산이 이루어진 시기를 1차 산업혁명(1760~1840), 전기와 생산조립 등 대량생산 체계가 구축된 시기를 2차 산업혁명(19세기 말~20세기 초), 반도체와 메인프레임 컴퓨팅(1960년대 초), PC(1970~1980년대), 인터넷의 발달을 통한 정보기술 시대를 3차 산업혁명으로 정리한 것이다.

이어서 그는 "우리는 지금 우리가 살아왔고 일하고 있던 삶의 방식을 근본적으로 바꿀 기술혁명을 눈앞에 두고 있다. 이 변화의 규모와 범위, 복잡성 등은 지금까지 우리가 경험했던 것과 전혀 다르다."고 전제했다.

그러면서 우리가 직면하고 있는 4차 산업혁명에 대해, 3차 산업혁명을 기반으로 디지털과 바이오 산업, 물리학 등 3개 분야의 융합된 기술들을 경제체제와 사회구조를 급격히 변화시키는 기술혁명으로 정의했다. 한마디로 '패러다임의 전환'을 뜻하는 것이다.

패러다임(paradigm)은 일반적으로 어느 한 시대의 공유된 견해나 사고방식을 지배하고 있는 이론적 틀 또는 개념의 집합체를 의미한다. 패러다임의 특징은 연속성이 없고 혁명적 교체가 일어난다는 것이다. 또한 시대에 따라 패러다임이 갑작스럽게 바뀌는 것을 '패러다임의 전환'이라고 한다.

지금까지의 산업혁명은 수공업에서 기계공업으로 바뀌는 등 그야말로 획기적인 기술혁명이었다. 하지만 4차 산업혁명은 3차 산업혁명에서 이루어진 최첨단기술들을 융합하고 결합해서 새로운 산업을 개발하는 것이어서 산업혁명이라기보다 '패러다임의 전환'이 타당한 것 같다.

그 때문에 4차 산업혁명에 대해 부정적인 견해를 가진 학자와 과학자들도 적잖다. 그들은 지금까지 산업혁명은 대략 100년마다 일어났으며, 3차 산업혁명이 최근에 일어나서 아직도 진행 중인데 4차 산업혁명이라고 지칭하는 것은 적합하지 않다고 주장한다. 특히 현재 일어나고 있는 놀라운 변화들은 3차 산업혁명인 '정보화 혁명'의 연장선에 불과하다는 것이다.

하지만 그러한 견해차는 중요하지 않다. 오늘날의 기술혁명이 3차 산업의 연장선에 있든 새로운 패러다임이든, 분명한 것은 현재 최첨단기술의 다양한 융합이 이루어지고 있으며 첨단산업에 놀라운 변화가 일어나고 있다는 것이다. 따라서 이 시대를 사는 우리에게도 새로운 환경에 적응할 수 있는 '발상의 전환'이 반드시 필요하다.

클라우스 슈바프는은 4차 산업혁명의 핵심기술로 다음과 같은 10대 선도 기술을 제시했다.

- 물리학 기술_ 무인운송수단, 3D 프린팅, 첨단 로봇공학, 신소재
- 디지털 기술_ 사물 인터넷, 블록체인, 공유경제
- 생물학 기술_ 유전공학, 합성생물학, 바이오 프린팅

슈바프는 이러한 기술을 기반으로 클라우드 컴퓨팅, 스마트 단말, 빅데이터, 딥러닝, 자율주행차 등의 산업이 크게 발전할 것으로 전망했다. 슈바프의 10대 선도 기술이 완벽한 정설이라고 단정하기는 어렵지만 이미 우리에게 익숙한 기술들이다.

전문가들의 견해에 따르면 4차 산업혁명은 분명히 3차 산업혁명을 기반으로 해서 초연결성(Hyper connected), 초지능화(Hyper intelligent)의 특성을 가지고 있다고 한다. 사물 인터넷(IoT), 클라우드 등 정보통신기술(ICT)을 통해 인간과 인간, 사물과 사물, 인간과 사물을 서로 연결하고 빅데이터와 인공지능 등으로 보다 지능화된 사회로 발전하게 된다는 것이 4차 산업혁명이라는 것이다.

역시 클라우스 슈바프의 저서 《4차 산업혁명》에 따르면 사물 인터넷은

사물(제품, 서비스, 장소)과 인간을 연결하는 새로운 기술융합으로, 사물과 인간이 연결되는 환경에서 생성되는 다양한 데이터를 처리하기 위한 클라우드 컴퓨팅, 빅데이터 산업이 활성화되고 여기에 인공지능(AI)이 더해져 다양한 서비스 제공이 가능하게 된다고 했다.

특히 4차 산업혁명의 환경에서 공유경제(Sharing Economy)는 전문적인 첨단기술과 크게 관련이 없는 보통사람들도 큰 관심을 가질 만하다. 다국적 여행 알선업체 트리바고, 익스피디어, 아고다 등이 잘 알려진 공유경제 시스템으로 운영된다. 트리바고(Trivago)를 국내업체로 알고 있는 사람들이 많지만 독일 회사다. 한 달 평균 1억 2000만 명에게 여행 서비스를 제공하고 있다.

그 밖에도 세계 숙박시설 알선업체 에어비앤비(AirBnB)는 하루에도 무려 100만 개의 숙소를 알선하고 있다. 스마트폰을 기반으로 한 승차 공유 서비스 우버(Uber)도 잘 알려져 있으며, 온라인 백과사전인 위키피디아(Wikipedia)도 공유경제의 산물이다.

우리나라에서도 공유경제는 그 활용범위가 넓어지며 빠르게 확산되고 있다. 숙박이나 운송뿐 아니라 사무실, 도구, 의상, 지식, 재능, 취미 등 다양한 분야에서 서로 협업하며 빌려 쓰고 나눠 쓴다.

특히 4차 산업의 핵심기술 가운데 하나인 블록체인(block chain) 기술이 큰 관심을 받고 있다. 비트코인으로 대표되는 가상화폐(암호화폐)가 이 기술에 의해 운용되고 컴퓨터 게임과 스마트폰에도 활용되고 있다.

하지만 4차 산업혁명과 관련해서 가장 큰 관심은 일자리 문제다. 이러다가 앞으로 인간의 노동이 종말을 맞는 것이 아닌지 우려하는 목소리가 높다.

혁신적인 기술융합이 실용화되면서 인간이 수행하던 많은 일자리가 자동화되고 인공지능과 로봇 등으로 대체되면 그만큼 일자리가 크게 줄어들 것을 우려하는 것이다. 일자리가 줄어들면 노동시장이 침체되고 임금격차가 커져 사회적 불평등이 심화될 수 있다.

다보스 포럼에서도 4차 산업의 활성화로 선진국과 신흥 시장에서 약 710만 개의 일자리가 사라지고, 4차 산업과 관련된 약 210만 개의 일자리가 창출돼 약 500만 개의 일자리가 감소할 것으로 전망하고 있다.

가장 큰 타격을 받게 되는 직군은 사무관리직이다. 반면에 전문지식이 필요한 직군에서는 일자리가 늘어나서 경영·금융 서비스 분야에서 약 50만 개, 컴퓨터·수학에서 40만 개, 건축공학에서 34만 개의 일자리가 창출될 것으로 예측했다. 제조업 분야에서는 인건비가 저렴한 개발도상국으로 생산기지를 옮기는 리쇼어링(reshoring) 현상이 일어날 것으로 예상했다.

우리나라도 예외일 수 없다. 일시적으로 일자리가 줄어들 것이다. 2016년 매일경제신문사와 딜로이트 컨설팅이 실시한 한국형 4차 산업혁명에 따른 고용 효과의 분석에 따르면 인공지능과 로봇 등으로 2025년까지 164만 개의 일자리가 감소하고 최대 64만 개가 증가할 것이라는 전망을 내놓았다. 결과적으로 약 100만 개의 일자리가 줄어든다는 것이다.

그러나 너무 공포감을 가질 필요는 없다. 처음으로 영화가 등장했을 때 연극은 종말을 맞게 될 것이라고 했고, TV가 처음 등장했을 때 영화는 사라지고 말 것이라고 했다.

하지만 연극은 아직도 살아 있으며 뮤지컬 등으로 발전적인 변신을 꾀하고 있다. 영화는 화면이 좁은 TV에 맞서 스크린을 대형화하고, TV에서는 체감하기 어려운 스펙터클 영화를 만드는 등의 노력으로 더욱 발전하고 있다.

'한국디지털금융포럼'의 김정기 대표는 "일자리 감소를 걱정만 하고 있을 것이 아니라, 국가는 새로운 패러다임과 시대적 요구에 맞는 일자리를 창출하고 개인들이 각자 창의력을 발휘해서 기술혁명 시대에 적응할 수 있는 일을 스스로 창안하고 고안해낸다면 충분히 극복할 수 있다."고 확신한다. 김 대표가 말하는 '일'은 직업(job)이 아니라 자신이 수행할 수 있는 일(work)이다.

인간을 비롯한 모든 생물의 진화는 주어진 환경에 적응하기 위해 발전적으로 변화하는 것이다. 환경에 적응하면 살아남고 적응하지 못하면 도태되거나 절멸한다. 우리는 이미 새로운 패러다임인 4차 산업혁명이라는 환경 변화를 맞고 있다. 어떡해서든 새로운 환경에 적응해야 살아남을 수 있다.

인간은 지금까지 그렇게 주어진 조건들에 적응하며 번성해왔다. 아무리 기계가 발달하고 모조리 자동화된다고 하더라도 그것을 만드는 기술은 인간들의 노동으로 탄생한다. 그뿐만 아니라 기계를 조종하는 것도 인간이다. 일자리가 줄어들면 머리를 짜내 또 그만큼 일자리를 창출하는 것이 인간이다.

인간이 지구에서 멸종하지 않는 한 노동은 영원히 종말을 맞지 않을 것이다.

인공지능은 인류에게 위협적인 존재가 될까

지난 2011년 미국의 유명한 TV 퀴즈 프로그램인 '제퍼디(Jeopardy)' 퀴즈
쇼에 IBM이 개발한 슈퍼컴퓨터 왓슨(Watson)이 등장해서, 74회나 연속 우승
한 퀴즈왕 등 퀴즈의 달인들과 대결을 벌였다. 결과는 왓슨의 압도적인 승
리였다. 인공지능이 퀴즈왕들을 당당히 물리친 것이다.

2016년에는 인공지능 바둑 시스템인 '알파고(AlphaGo)'가 바둑 세계 랭킹
2위였던 우리나라의 이세돌 9단과 대결을 벌여 전 세계의 관심을 끌었다.
많은 사람들이 결국 이세돌 9단이 무궁한 수(數) 싸움에서 알파고를 이길
것으로 예상했지만 결과는 4:1로 알파고의 승리였다. 그 이듬해에 알파고
는 바둑 랭킹 세계 1위인 중국의 커제(柯潔)마저 3:1로 물리쳤다.

인공지능(AI, artificial intelligence)의 위력과 기세는 실로 대단하다. 최신 가전
제품의 대부분이 인공지능 기능을 탑재하고 있으며 인터넷 게임, 스마트
폰, 카메라의 자동 '얼굴인식' 기능, 음성인식 기능, 자동차 자율주행 등 놀
라운 발전을 거듭하고 있다.

어찌 됐든 인공지능은 인간의 뛰어난 지능이 개발해낸 기계인데 오히려
인간의 지능보다 더 뛰어난 지능을 갖추게 될 것이 틀림없다. 그처럼 완전

무결한 인공지능 시대가 오면 인간은 어떻게 될 것인가? 인간이 창조한 인공지능이 인류를 위협하는 존재가 될 것인가?

인공지능은 인간의 지적 능력을 컴퓨터를 통해 구현하는 기술이다. 인간은 지능을 통해 사물을 인식하고 판단하고 추론하고, 문제를 해결한다. 그리고 그것을 말(언어)과 행동으로 표출하거나 학습한다. 인공지능은 이러한 인간의 두뇌활동과 지적 능력을 이해하고 컴퓨터로 구현하는 기술이다. 인공지능의 기능은 크게 외부 정보의 인식, 지식의 체계화, 학습의 세 가지로 나눌 수 있다.

인공지능에는 인간처럼 자유로운 사고(思考)가 가능한 자의식을 지닌 '강(强)인공지능(strong AI)'과 알파고나 의료 분야에서 각종 암의 맞춤 치료에 활용되고 있는 왓슨과 같이 어느 특정 분야에서 특화된 형태로 개발되는 '약(弱)인공지능(weak AI)'이 있다.

약인공지능은 인간 능력의 한계를 보완하고 각종 산업에서 생산성과 효율성을 높이는 데 널리 활용되고 있다. 하지만 최근의 연구 추세는 강인공지능의 기능을 더욱 향상시키는 데 집중되고 있다.

일찍이 서양에서는 일(노동)하지 않는 삶은 무의미하며, 노동은 인간의 숭고한 가치로 존중됐다.

인간은 당연히 노동을 해야 한다. 그리고 노동의 대가로 생존을 이어간다. 하지만 노동이 인간의 권리는 아니다. 생존과 행복을 위해 노동을 멈추지 않고 있을 뿐이다.

따라서 인간에게는 노동하지 않고서도 잘살 수 있다면 얼마나 좋을까 하는 오랜 꿈이 있다. 또한 조금이라도 더 편하게 살고 싶어 하는 것이 거의 모든 인간의 공통된 심리다.

3차 산업혁명으로 컴퓨터가 등장해서 인간의 노력을 크게 줄여주더니, 그동안 인간이 창조한 여러 기술들을 융합시켜 인공지능을 창조함으로써 일을 크게 줄이고 편하게 살 수 있는 꿈을 실현시켜주고 있다.

더욱이 강인공지능의 발전에 집중하고 있다는 것은 인공지능이 인간처럼 여러 일을 수행할 수 있는 능력을 갖게 하려는 것이다. 어느 틈에 그러한 인공지능 만능시대가 빠르게 다가오고 있다. 이미 인공지능은 인간의 지능을 넘어서는 능력을 지녔을 뿐만 아니라 인간의 감정 파악까지 가능한 수준에 이르렀다.

한 가지 알아둬야 할 것은, 인공지능과 로봇을 혼동하는 사람들이 많은데 사실 이 두 가지는 서로 기능이 다르다. 물론 대부분의 로봇들이 인공지능을 탑재하고 있지만, 인공지능은 어떤 정보를 입력해서 해석하고 그 결과를 출력하는 정보처리 기능이다. 로봇은 어떤 부위의 구동기를 제어하는 하드웨어이며, 인공지능과 로봇은 서로 묶여 있는 것이 아니라 상호보

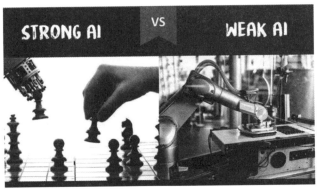

강인공지능(strong AI)이란 약인공지능(weak AI)에 대비되는 의미로 만들어진 용어이다. 약인공지능은 어떤 특정한 한 가지 분야의 주어진 일을 인간의 지시에 따라 수행하는 인공지능을 말하며, 이러한 약인공지능의 제한된 기능을 뛰어넘어 더 발달된 인공지능이 바로 강인공지능이다. 일반적으로 강인공지능이라고 불리는 것에는 인공일반지능(artificial general intelligence)과 인공의식(artificial consciousness)의 두 가지가 있다. 인공일반지능이 더 발전한 형태가 인공의식이다. 현실의 과학계에서 연구 대상이 되고 있는 강인공지능은 주로 인공일반지능이며, SF에서 나오는 강인공지능의 경우에는 그보다 한층 더 발전한 인공의식인 경우가 많다.

완 관계라고 할 수 있다.

현재 인공지능 개발의 대세는 강인공지능을 더욱 발전시키기 위해 컴퓨터공학자와 로봇과학자들은 말할 것도 없고 언어학자와 심리학자들까지 적극 참여하고 있다는 것이다. 그들이 모든 전문지식과 기술을 융합시켜 나가면, 2030년에는 원숭이 지능 수준의 인공지능 로봇을 만들어낼 것으로 전망한다.

이어서 2040년대에는 인간의 지능에 가까운 로봇이 등장할 것으로 예측하며 그러한 로봇에 '마음의 아이들(Mind Children)'이라는 이름을 붙였다. 이 로봇은 인류의 정신적 자산인 지식과 문화와 가치관을 모조리 물려받아 다음 세대에 넘겨주는 기능까지 갖추게 된다는 것이다.

그뿐만 아니라 이 지능 로봇이 마침내 인간의 능력을 넘어서게 되고 자기 스스로 논리를 만들어낼 수 있는 능력까지 지니게 된다는 것이다. 그리하여 2050년대에는 지능 로봇이 지구의 주인공이 될 것이며, 인류의 미래가 인간이 낳은 후손보다 사람의 마음을 물려받은 로봇에 의해 발전하고 계승될 것이라는 놀라운 견해를 내놓고 있는 실정이다.

과연 예측대로 그러한 시대가 다가올지는 좀 더 두고 봐야겠지만, 그러한 수준의 지능 로봇이 등장해서 스스로 지식을 습득하고 연구하고 판단한다면 그것은 기계가 아니라 살아 있는 인공지능 생명체라고 할 수 있다. 이 새로운 생명체가 인간을 위협하는 존재가 되고 인간을 지배할 것인가?

과학의 발전은 쉽게 가늠할 수 없는 것이어서 그러한 인공지능 생명체가 탄생하는 시대가 올지도 모른다. 어쩌면 지구보다 수억 년, 수십억 년이 앞선 외계의 행성에 지적 생명체가 있다면 틀림없이 지구의 인간과 비교할 수 없는 문명을 이룩했을지 모른다.

그럼에도 아직까지 그들이 지구에 아무런 신호도 보내지 않는 것은, 그들이 이룩한 짐작조차 할 수 없는 과학문명이 오히려 어떤 계기에 그들을 절멸시켰기 때문일지도 모른다. 하지만 아직 우리는 그렇지 않다. 아무리 인공지능이 발전해도 인간을 위협하지는 못할 것이다.

인공지능이 발전할수록 생활이 편리해지고 여유가 생기겠지만 그만큼 나태해질 것이다. 나태함은 인간을 황폐하게 만든다. 하지만 인간은 무엇인가 생각하고 행동하지 않으면 못 견디는 속성이 있다. 인간은 마침내 그 여유 있는 시간을 무엇인가 학습하거나 생산성 있는 일거리를 찾는 데 쓸 것이다.

더구나 인공지능이 확산되면 인간은 일자리를 잃게 될 것이 틀림없다.

우리나라만 하더라도 4차 산업과 인공지능으로 벌써부터 일자리 걱정이 커지고 있다. 최근 한국사회보장학회의 조사 연구에 따르면 특히 여성, 저소득층, 고학력층일수록 노동시장에서 위험을 크게 느낀다는 분석 결과가 나왔다.

그러나 인간에게는 아무리 환경이 불리하더라도 그것에 적응하는 뛰어난 능력이 있다. 평균적으로 일자리는 줄어들겠지만 인공지능 분야에서 기술을 더욱 향상시키는 일을 하거나 새로운 일거리를 창출해서 위기를 극복할 것이다.

또한 인공지능 로봇이 스스로 감정을 조절하고 상대방의 감정까지 파악할 수 있는 능력을 갖게 되더라도 어디까지나 차가운 기계에 불과하다. 인간과 인간 사이에 오가는 따뜻한 정과 우애와 친밀감, 유대감을 인공지능 로봇은 결코 가질 수 없다. 사랑의 열정과 그 설렘과 환희와 그리움, 남녀의 접촉에서 오는 그 따뜻한 온기와 짜릿함을 인공지능은 도저히 느낄 수 없을 것이다.

그뿐만이 아니다. 인간의 판단은 항상 단정적이고 확실한 것은 아니다. 숱한 망설임과 모호함, 직관, 경험 등을 합쳐 내리는 종합적인 판단이다. 따라서 인간의 판단은 결과적으로 대부분 어림짐작에서 나온다. 그리하여 시행착오와 실수도 많이 저지르지만 그것이 인간미이며 삶의 일부다. 인간은 원래 그렇게 사는 것이다.

냉철하고 정교하고 지극히 과학적인 인공지능은 아무리 발전해도 도저히 그러한 인간미까지 탑재할 수는 없다. 더욱이 인공지능 컴퓨터를 통한 지능의 구현은 결국 인간이 입력하기 때문에 결과를 나타내는 출력 역시 확률에 의존할 수밖에 없다. 인간의 그 다양하고 복잡하고 숱한 경험을 모두 감당하기에는 한계가 있다.

따라서 인공지능은 일시적으로 인간에게 위협적인 존재가 되겠지만 결코 인간을 지배할 수는 없을 것이다. 아울러 인간이 스스로 창조한 인공지능의 위협감을 지속적으로 실감하게 되면 인공지능의 기능을 인간이 위협을 느끼지 않도록 개선하고 새롭게 창조하게 될 것이다.

플래카드와 현수막 그리고 피켓

　집회의 자유가 보장돼 있는 민주국가에서 집단적인 각종 시위는 매우 흔한 일이다. 집단시위를 하는 목적이나 목표도 다양하다. 우리나라의 경우만 하더라도 '이게 나라냐!' 하는 구호를 내세우며 정권교체를 외쳤던 대규모 촛불시위를 비롯해서 정치와 관련된 시위가 많이 벌어진다.

　그런가 하면 불의·불평등·불공정 등에 맞서 다양한 시민사회 단체의 시위가 끊이지 않고, 대학생들이 학교 측의 부당한 교육행정에 항의하는 학내 시위도 적잖다. 또한 오직 자신들만의 권익을 추구하는 집단이기주의적인 시위도 자주 일어난다.

　지난날 우리나라의 각종 시위는 무척 격렬했다. 시작 무렵에는 비교적 질서를 유지하다가 물대포를 앞세운 경찰의 지나치게 강경한 진압이 도화선이 돼서 갑자기 쇠파이프와 투석이 난무하고 경찰차를 부수는 등 걷잡을 수 없는 아수라장으로 변했던 경우도 적잖았다.

　TV 보도를 통해 자주 볼 수 있는 외국의 시위도 예외가 아니다. 때로는 질서를 유지하는 시위도 있지만 과격한 진압작전이 전개되면 순식간에 폭도들로 변하면서 폭동으로 번지는 경우도 자주 볼 수 있다.

하지만 최근 우리나라에서 일어나는 각종 시위는 더없이 질서정연하고, 시위대가 머물렀던 장소에 휴지 한 장 남기지 않는 우리의 시위 수준에 외국인들도 놀란다.

이러한 질서정연한 요즘의 집단시위에는 빠짐없이 자신들의 요구를 내세우는 플래카드, 현수막, 피켓, 깃발 등이 등장한다.

그렇다면 플래카드, 현수막, 피켓 등은 서로 어떻게 다를까? 그게 그거 아닌가? 그렇지 않다. 그것들이 서로 어떻게 다른지 그 차이를 살펴보는 것도 흥미 있을 것 같다.

'플래카드(placard)'는 원래 대문에 붙이는 광고물 또는 벽에 설치한 선반이라는 뜻의 프랑스어라고 한다. 그 유래는 이러하다.

16세기 초 유럽은 교황을 정점으로 하는 기독교의 권력이 막강했던 종교 시대였다.

그러나 교회가 돈을 받고 면죄부를 파는 등 기독교의 횡포와 비리가 만연하고 갈수록 부패하고 타락하자, 독일의 성직자 마르틴 루터(Martin Luther)가 앞장서서 공개적으로 반기를 들었다. 1517년에 그는 교회의 면죄부 판매에 대한 부당성, 교황청과 교회의 갖가지 부패를 강력하게 비난하는 〈95개조의 반박문〉을 만들어 비텐베르크 대학의 교회 정문에 붙였다.

그뿐만 아니라 라틴어로 된 그 반박문을 교황청에 보내고 독일어로 번역하여 대량으로 인쇄해서 민중들에게까지 배포했는데, 그 반응이 대단했다. 결국 그 때문에 마르틴 루터는 교황청으로부터 파문당했지만, 이는 종교개혁의 도화선이 됐으며 마침내 기독교가 구교(가톨릭교)와 신교(개신교)로 나뉘는 계기가 됐다.

당시 플래카드란 용어는 없었지만 루터가 교회 정문에 붙인 반박문을

〈95개조의 반박문〉을 붙이는 마르틴 루터

플래카드의 효시로 보고 있다.

플래카드가 구호, 호소문, 선전문 등으로 진화한 것은 마르틴 루터가 반박문을 붙인 지 10여 년 뒤였다. 종교개혁에 대한 열망은 프랑스에서도 들불처럼 번져가며 긴박한 상황들이 쉴 새 없이 벌어졌다.

1534년 10월 17일 밤, 마침내 파리 시내의 모든 거리는 말할 것도 없고 왕이 있는 궁전에까지 일제히 교황청과 교회와 사제들의 부패와 타락을 비난하며 종교개혁을 부르짖는 호소문이 나붙었다. 바로 이 놀랄 만한 사건을 '플래카드 사건'이라고 부르면서 처음으로 '플래카드'라는 용어가 등장한 것이다.

프랑스의 왕 프랑수아 1세는 르네상스 운동에는 호의적이었지만 종교개혁에 대해서는 우유부단한 태도를 보였는데, 구교도들이 황제로 하여금 신교를 반대하는 분명한 태도를 표명하도록 자극하기 위해 조작한 공작이었다는 얘기도 있다. 어찌 되었든 그 사건 뒤 프랑수아 1세는 종교개혁에 반대하는 입장을 분명히 했다.

오늘날 플래카드는 어떤 주장·호소·입장 등을 알리는 선전문이나 구호, 광고나 홍보용 도구로 널리 활용되고 있다. 시위대의 경우는 일반적으로 넓고 긴 천(헝겊)에 큰 글씨로 자신들의 주장, 호소, 요구 따위를 밝히고 막대에 끼워 두 사람이 들거나 맨 앞줄에 나란히 선 여러 사람들이 가슴 아래쪽에 펼쳐 들고 행진하기도 한다.

'현수막(懸垂幕)'이라는 용어도 있다. 우리는 흔히 플래카드와 현수막을 혼용한다. 플래카드를 우리말로 바꾼 것이 현수막으로 알고 있는 사람들도 적잖다. 하지만 차이가 있다.

플래카드는 보편적으로 가로로 된 형태를 말한다. 플래카드가 서양에서 유래했기 때문이다. 알파벳을 비롯한 서양의 문자들은 거의 대부분 가로로 쓴다. 따라서 플래카드의 원형은 당연히 가로일 수밖에 없다. 그러나 한글, 한자, 일본어 등의 동양 문자는 가로쓰기뿐 아니라 세로쓰기가 가능한데 세로로 된 형태가 현수막이다. 예컨대 높은 건물의 옥상에서부터 밑으로 길게 족자처럼 드리운 형태가 현수막이다.

시위대의 경우는 각종 깃발과 피켓도 사용한다. '피켓(picket)'은 우리말로 하면 '팻말'이다. 사각형의 널빤지나 두껍고 빳빳한 종이 등에 구호를 써서 손에 들고 다닐 수 있는 시위도구다.

과거에는 밑부분에 작은 각목을 붙여 치켜들기 편리하게 만들었지만 요즘은 그냥 들고 다니기 편한 크기의 사각형 팻말이 대부분이다.

시위도구는 아니지만 홍보수단으로 배너도 널리 쓰인다. '배너(banner)'는 대개 세로가 긴 깃발 형태로 길거리 가로등 높이의 2미터쯤 되는 곳에 매달아 깃발처럼 나부끼며 시선을 끌게 한다. 또한 배너를 거치대에 걸어 건물이나 점포 앞에 세워놓기도 한다.

'웹 배너(web banner)'도 있다. 인터넷 등의 온라인에 직사각형의 작은 광고를 올리는 것이다.

시위도구든 홍보용이든 요즘의 플래카드, 현수막, 피켓, 배너 등을 보면 인쇄나 색채 등이 선명하고 무척 깔끔하다. 그뿐만 아니라 사진이나 무늬, 도형 등이 들어가기도 한다. 인쇄술이 발달하면서 실사출력(實寫出力)이 가능해진 덕분이다.

요즘 널리 유행하는 '실사출력'이란 실물의 모습(사진 등)을 대형 프린터를 이용해서 인쇄하는 기술이다. 천이나 종이뿐 아니라 유리, 벽면 등 어디든지 가능하다. 실사출력에 사용되는 소재를 '시트지'라고 하는데 접착용과 비접착용이 있다. 비접착용 시트지가 플래카드나 현수막 등에 쓰인다.

배아는 유전자인가, 세포덩어리인가

   20세기 중반을 넘어서면서 유전공학이 크게 각광을 받기 시작했다. 특히 유전자의 편집과 조작으로 인간의 각종 난치병을 극복할 수 있다는 가능성이 입증되자 가장 유망한 미래의 과학으로 획기적인 발전을 거듭하고 있다.

   더욱이 각종 동물의 복제가 성공을 거두면서 인간복제의 우려와 윤리적인 문제들이 제기돼 한층 더 관심을 집중시키고 있다. 유전공학적 기술의 핵심으로 줄기세포, 특히 배아줄기세포가 있기 때문에 윤리문제가 강력하게 제기되고 있는 것이다.

   '배아(胚芽)'란 정자와 난자가 수정된 후 인체의 조직과 기관으로 분화하기 위한 마무리 단계에 있는 세포를 말한다. 배아가 여성의 자궁에 착상하면 태아로 발달한다. '줄기세포(stem cell)'는 배아의 발달과정에서 신체의 각종 기관으로 분화하기 직전의 근간이 되는 세포로 '간(幹)세포'라고도 한다.

   이러한 줄기세포는 스스로 분열하는 특성이 있어서 마침내 신체의 각종 조직과 기관을 구성하는 세포로 분화하는데, 아직 분화하기 직전에 있는 미분화 상태의 세포라고 할 수 있다.

하지만 곧 신체의 각종 조직과 기관으로 발달할 수 있는 기능을 갖추기 직전 단계의 줄기세포를 기술적으로 적절히 이용해서 난치병이나 노화 (老化)돼 제 기능을 못하는 세포들을 대체하고 재생할 수 있기 때문에 그에 대한 연구가 경쟁적으로 활발하게 이루어지고 크게 각광을 받고 있는 것이다.

줄기세포에는 인간 배아를 이용한 배아줄기세포(embryonic stem cells)와 혈구세포를 끊임없이 만드는 골수세포와 같은 성체줄기세포(adult stem cells), 인간 체세포를 이용한 만능유도줄기세포(iPS cells)가 있다.

배아줄기세포는 배아 내부의 세포덩어리에서 분리해낸 줄기세포로 신체의 어느 조직이나 기관으로도 분화할 수 있는 뛰어난 기능이 있으며 세포증식도 가능하기 때문에 심장병을 비롯한 각종 난치병 치료에 이용할 수 있다. 줄기세포를 대표하는 세포이지만, 인간복제의 가능성까지 내포하고 있고 배아를 희생시키는 윤리적 문제를 안고 있다. 배아를 생명체로 보느냐, 그냥 생물학적 세포덩어리로 보느냐에 따라 윤리문제도 크게 증폭된다.

성체줄기세포는 배아가 이미 신체의 조직과 기관으로 분화한 세포들에서 얻어내는 줄기세포다. 이미 분화해서 성체가 됐지만 그 가운데 피부나 골수, 제대혈 등에 일부 미분화한 세포가 남아 있는 것을 찾아낸 것이다. 줄기세포지만 배아줄기세포에 비해 이용할 수 있는 범위가 피부나 힘줄, 혈구 등으로 제한적이라는 것이 단점이다.

또한 추출해낼 수 있는 줄기세포의 분량이 아주 적고 분리해내기도 어려운 단점도 있다. 하지만 거부반응이 없고 윤리적인 문제가 없기 때문에 다양한 방법으로 활용되고 있다.

만능유도줄기세포는 이미 분화가 끝난 인체의 체세포에 특정한 유전자를 주입하는 기술로 인위적인 자극을 줘 발생계통이 비슷한 인체의 장기들이 분화가 가능하도록 유도하는 세포이다. 자신의 체세포로 만들기 때문에 거부반응도 없고 윤리적 문제도 없다는 장점이 있다.

이미 널리 알려진 줄기세포 주사도 있다. 인체의 배, 엉덩이, 허벅지의 지방에서 추출한 성체줄기세포를 농축시켜 얼굴이나 가슴 등의 성형에 이용하는 것이다. 지방을 그냥 주입하면 괴사하지만 줄기세포와 함께 주입하면 지방이 죽지 않고 잘 유지된다고 한다. 다만 정교하게 주입하지 못하면 지방세포가 뭉쳐 괴사하는 부작용도 있다.

줄기세포와 관련해서 윤리적인 문제로 끊임없이 논란이 되고 있는 것이 배아줄기세포다. 배아를 어떻게 판단해야 할 것인가? 배아는 유전자인가, 그냥 세포덩어리인가? 사실 이 문제는 간단하지 않다.

배아는 정자와 난자가 결합해서 수정된 분명한 유전자다. 여성의 자궁에 착상시키면 부모의 유전자를 함께 지닌 태아로 발달하고, 태아는 일정한 기간을 거치며 아기로 성장하는 생명의 씨앗이다.

달걀은 아직 닭이 아니지만 틀림없는 생명체다. 씨앗 그 자체는 보잘것없지만 땅에 심으면 뿌리를 내리고 싹이 트고 잎이 자라는 엄연한 생명체다. 배아도 그와 다르지 않다.

다만 아직 여성의 자궁에 착상되지 않은 상태로 인체의 조직과 기관으로 발달하기 직전에 있는 세포덩어리다. 비유하자면 아직 땅에 심지 않은 씨앗을 생명체로 볼 것인가, 아닌가 하는 문제와 같다. 어쨌든 분명한 생명체인 유전자가 담겨 있는 세포덩어리라는 데 문제가 있는 것이다.

장미 꽃씨를 심으면 마침내 장미꽃이 핀다. 누가 뭐라고 해도 꽃씨는 틀림없는 생명체다. 그런데 아직 땅에 심지 않은 꽃씨 그 자체를 꽃이라고 할 수 있을까? 꽃씨를 아직 땅에 심지 않으면 꽃을 피울 수 없듯이, 여성의 자궁에 착상시키지 않은 인간의 배아는 그저 세포덩어리인데 사람이라고 할 수 있을까? 바로 이에 대한 판가름이 논란의 핵심이다.

어떠한 이유로든 성행위를 통해 얻은 배아를 기증하는 도너(여성, donor)도 윤리적으로 자유로울 수 없으며, 생명체인 배아의 희생과 인간복제도 가능하다는 심각한 윤리문제는 단지 윤리문제에서 끝나지 않는다. 배아가 생명체가 아니라면 법적으로 불법인 낙태도 다시 논란이 될 수 있다.

이러한 윤리문제들이 제기됨에 따라 지난 2015년 세계 각국의 학자들은 오직 연구 목적으로 기증받은 배아만 실험에 사용하고, 실험이 끝나면 철저하게 폐기하기로 합의했다. 또한 여성에게 이식하지 않은 배아에서 줄기세포를 분리하고 배양해서 얻는 배아줄기세포의 복제는 난치병 치료에만 허용하고 있다.

배아줄기세포의 윤리문제는 결코 쉽게 끝나지 않을 것이다. 따라서 현재 윤리적으로 문제가 없는 성체줄기세포에 대한 다양한 연구가 활발하게 진행되고 있다. 엄연한 생명체인 유전자 조작의 윤리문제에 대해서는 뒤의 '후성유전자'에서 좀 더 구체적으로 다루고자 한다.

유전공학과 우생학은 무엇이 다른가

　유전공학이나 우생학은 모두 '유전'을 근거로 하고 있지만 그 성격과 본질은 크게 다르다. 유전공학은 당연히 과학이지만 우생학은 실증적인 과학이라기보다 인문사회학적인 개념으로 봐야 한다.

　인간의 개체들이 지니고 있는 형질들이 후손들에게도 유전된다는 사실은 이미 기원전부터 인식하고 있었다. 소크라테스를 비롯한 고대 그리스의 철학자들은 남녀의 몸속에서 나오는 액체(정자와 난자)가 결합해서 자신들과 닮은 후손이 태어난다는 유전의 개념을 알았지만 더 이상 크게 진전시키지는 못했다.

　그러다가 19세기 말에 이르러 찰스 다윈의 《진화론》에서 생명체의 유전적 진화를 깊이 알게 된 영국의 인류학자 프랜시스 골턴(Sir Francis Galton)이 우생학이라는 용어를 창안해내면서 우생학이 태동했다. 그는 찰스 다윈의 아주 가까운 친척이기도 하다.

　'우생학(優生學, eugenics)'을 간단히 설명하면 우수한 유전자는 보존하고 열등한 유전자는 제거해야 한다는 이론이다. 이미 동식물의 우량교배를 통해 더욱 우량한 품종을 개발하는 것을 목격한 골턴은 인간도 그처럼 인위적인 우량교배를 통한 선택적 출산으로 우량한 종(種)으로 육성할 수 있다는 강력한 주장을 펼쳤다.

그는 또 그러기 위해서는 생존에 불리한 정신적, 신체적 장애인들이나 두뇌와 능력이 열등한 인간들을 격리시키고 우량한 인간들끼리 결혼시켜 더욱 우량한 후손을 낳게 해야 한다고 주장했다.

그는 저서 《유전적 재능Hereditary Genius》을 통해 좀 더 구체적으로, 명망 있는 남성과 부유한 여성의 결혼이 계속해서 이어지면 탁월한 재능을 지닌 인종을 만들 수 있다고 주장했다. 또한 그것은 인종을 개선하는 과학이기 때문에 국가가 정책적으로 적극 추진해야 한다고 주장했다.

그의 이러한 주장은 일면 설득력이 있어서 당시 서구사회에서 상당한 지지를 받으며 확산됐다. 미국에도 후생학회가 생겨나고 상류계급이 우월한 유전적 재능을 가지고 있기 때문에 부(富)와 사회적 지위를 가지게 되는 것은 당연하다며 골턴의 우생학을 적극 지지했다.

그들은 정신장애·지적장애·간질병자 등은 유전적으로 열등하므로 결혼을 못하게 하고 결혼했더라도 자녀를 낳지 못하게 해야 한다는 주장을 펼쳐, 그에 호응하는 미국의 여러 주에서 불임법(不姙法)이 제정돼 20세기 중반이 넘을 때까지도 존속했다.

그런데 우생학이 유럽에서 한창 팽배하던 민족주의와 맞물리면서 참담한 비극적 결과를 가져왔다. 게르만족의 우월성을 내세운 열렬한 민족주의자 히틀러가 나치의 일치단결을 위해 먼저 신체장애자, 정신장애자, 성소수자 등을 철저하게 격리시키고 나아가 유대인들을 열등한 종족으로 몰아 야만적인 대량학살을 자행했던 것이다.

그리하여 우생학은 이론적 본질에서 벗어나 각종 차별을 합리화하는 근거가 됐으며, 인종차별주의와 결합하면서 인종 갈등과 국가 간 갈등의 불씨가 됐을 뿐 아니라 심각한 인권침해로 맹렬한 비난을 피할 수 없게 되고 말았다.

현재 우리나라에서는 대학입시에 매진하고 있는 고3 학생들이 학교에 따라 우반과 열반으로 나눠 공부하는 경우가 있다. 객관적인 학업성적을 기준으로 나누기 때문에 큰 문제가 되지는 않지만 아이들을 우열로 나눌 수 있을지 의문스럽다.

학업성적은 열등하지만 체력과 운동신경이 빼어나 유능한 스포츠 선수가 될 수 있는 청소년도 있고, 공부는 못하지만 컴퓨터 솜씨는 월등한 청소년도 있을 수 있다. 따라서 인격체를 우열로 나누는 특별한 기준은 있을 수 없다. 우리들이 흔히 말하는 금수저, 흙수저에서 흙수저는 열등한 인간이란 말인가.

미국의 세계적인 무용가 이사도라 덩컨은 아일랜드 출신의 세계적인 극작가이자 독설가로 유명했던 버나드 쇼를 연모했다. 덩컨의 부모가 아일랜드계여서 그에게 더욱 집착했는지 모른다. 덩컨은 무용가답게 몸매가 뛰어났고, 버나드 쇼는 두뇌는 뛰어났지만 나이도 많고 몸매는 비쩍 말라 보잘것없었다. 마침내 덩컨이 버나드 쇼에게 구애의 편지를 보냈다.

"당신과 내가 결혼한다면 당신의 지성과 나의 몸매를 닮은 훌륭한 인재들이 태어날 거예요. 결혼해요."

그러자 버나드 쇼가 그녀에게 답장을 보냈다.

"나처럼 못생긴 얼굴과 당신처럼 텅 빈 머리를 가진 아이가 태어날 수도 있소."

그렇다. 몸에는 수만 개의 유전자가 있으며, 누구에게나 우월한 유전자와 열등한 유전자가 섞여 있다. 우월한 남녀가 결합하더라도 얼마든지 열

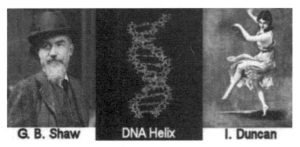

버나드 쇼와 이사도라 덩컨 이야기는 아인슈타인과 메릴린 먼로의 이야기와 같다.

등한 후손이 태어날 수 있다.

우생학이 여러 가지 사회적 문제로 지탄받던 1970년대에 새롭게 등장한 것이 유전공학이다. 어떻게 보면 이론적인 우생학이 실증적인 과학으로 대체됐다고 볼 수 있다. 하기는 그보다 훨씬 전부터 생명공학이 부각되면서 유전자 연구가 이미 궤도에 올라 있었지만, 유전자의 활용과 조절을 목표로 하는 유전공학이 새로운 과학으로 각광을 받기 시작한 것이다.

'유전공학(genetic engineering)'은 유전학의 한 분야로 유전자의 구조와 기능을 인위적인 기술을 통해 인간에게 유익하도록 인공적으로 재조합하거나 조작하고 조절하는 새로운 과학이다.

'유전'은 부모가 지니고 있는 형질들이 후손에게 전달되는 것으로, 인체의 세포 안에 들어 있는 유전자(DNA)가 전달됨으로써 이루어지는 현상이며 생명체의 자연적인 현상이다. 하지만 그 때문에 유익하지 못한 유전자들도 전달되는 데 문제가 있었다.

이를테면 각종 암과 같이 특정한 질병을 지닌 유전자가 후손에게 그대로 전달되기도 하고, 정상적인 생존에 장애가 되는 갖가지 악성 요소나 열등한 유전자들도 전달될 수 있는 것이다. 이처럼 부모로부터 숙명적으로 물려받은 인체에 해로운 부정적인 요소들을 원천적으로 해결할 방법은 없을까?

결국 해결할 방법은 근원적으로 장애요소를 지닌 유전자를 간섭하는 방법이 최선이었다. 유전공학은 그러한 관점에서 출발한 것이다. 그리하여 유전자를 인위적으로 조작하고 편집하고 재조합할 수 있는 다양한 유전자 조작기술들이 각종 동물실험을 거쳐 개발됐다.

인위적인 유전자 조작기술로는 줄기세포가 대표적으로 각종 난치병 치료에 활용하고 있으며, 인공수정과 클로닝(cloning) 등도 유전자 조작기술을 이용한 것이다. 또한 자주 논란이 되고 있는 유전자변형농산물(genetically modified organism; GMO)도 여기에 해당된다. 요즘은 유전자 조작을 통한 수명 연장, 노화 방지 등에 대한 연구도 활발하게 진행되고 있다.

영아살해는 모성본능인가

　'모성본능'은 대부분의 포유류 암컷들이 지니고 있는 본능적인 행동 양상으로, 자신이 낳은 새끼에 대한 헌신적이고 무조건적인 모성애로 발현된다. 어미가 자기 몸의 영양분으로 젖을 만들어 새끼에게 먹이는 헌신과 희생은 끈끈한 유대감과 친밀감을 강화시키며 어미와 새끼 사이의 떼어놓을 수 없는 애착관계로 이어진다.

　그것은 자기 종(種)의 번성을 위한 자연선택이기도 하다. 어미와 새끼 사이에 본능적인 애착관계가 없으면 무기력한 새끼는 생존의 위기에 놓일 수밖에 없어서 종의 번성에 절대적인 영향을 미치기 때문이다. 인간도 이러한 자연선택에서 예외일 수 없다.

　사자를 비롯한 맹수들은 우두머리 수컷이 무리를 이끌며 자신들의 영역을 지킨다. 하지만 언젠가는 새로운 강자가 등장하는 법. 어느 날 우두머리보다 더 강한 수컷이 나타나 우두머리 수컷을 쫓아내고 그 어린 새끼들까지 모조리 물어 죽인다. 이는 젖먹이 새끼들을 없애 암컷이 다시 발정하게 함으로써 자신의 새끼를 낳게 하려는 본능적인 행동으로, 역시 종의 번성과 직접적인 관련이 있다. 말하자면 동물의 영아살해는 하나의 성적 전략으로 볼 수 있다.

그러나 그것은 암컷의 의지와는 전혀 관계가 없으며 외부 요인에 의해 자행된 것이다. 사실 연약한 여성의 모성본능은 강력한 외부 환경이나 여러 외부적 요인들 앞에 무력할 수밖에 없다.

인류의 진화사에서 원시인류와 초기인류의 영아살해(infanticide)는 흔한 일이었다. 먹거리를 찾아 끊임없이 이동생활을 하던 그들에게 태생적으로 발육이 부진하거나 장애가 있는 어린아이는 여간 부담이 아니었다. 긴 세월 동안 노동에 장애가 돼 어미조차 생존의 위협을 받게 되고 무리 전체의 원활한 활동에 피해를 주기 때문에 차라리 살해했던 것이다.

고대 그리스의 스파르타는 소수정예의 강력한 전사들에 의해 유지되던 도시국가였다. 그곳에서는 아기가 태어나면 국가의 검사관들이 아기의 건강 여부를 검사해서 미숙아나 장애아는 가차 없이 절벽 아래로 던져 살해하는 것이 국가정책이었다.

역사시대에 들어와서도 가난한 서민들은 가족의 생존을 위해 영아를 살해했다. 영양실조로 젖이 안 나오는 어미를 살리기 위해서 영아를 없애야 했다. 가난한 서민일수록 별다른 즐거움이 없기 때문에 부부관계가 빈번해서 자녀를 많이 낳는다. 흔한 말로 식구(食口)를 하나라도 줄여야 다른 식구들의 생존에 도움이 됐던 것이다.

종교적인 의식도 영아살해의 주요 원인이었다. 여러 문화권에서 그들이 섬기는 신에게 제사의식을 거행할 때 영아를 제물로 바치는 관습이 있었다. 가부장사회의 아들선호사상 역시 영아살해에 크게 한몫했다. 아들을 낳지 못하고 딸만 여럿 낳은 상황에서 또 딸이 태어나면 눈물을 머금고 죽여야 했다.

이처럼 거의 모두 외부적 환경과 요인들 때문에 영아가 희생됐으며 오늘날도 크게 다르지 않다.

근친상간으로 태어난 아이는 재빨리 흔적을 감추려는 부모의 손에 살해되는 경우가 많았다. 부모가 원치 않는 임신으로 태어난 아이들도 그러한 불행을 겪기 일쑤였다.

근래에 와서 크게 논란이 되고 있는 '낙태'도 엄격하게 말하면 영아살해다. 태아는 확실한 생명체다. 낙태는 인위적으로 태아를 제거하는 살인행위다. 그 때문에 낙태를 법적으로 금지하고 있지만 갖가지 여건으로 아이를 낳을 수 없는 여성이 원하지 않는 임신을 하게 됐을 때의 정신적 고통은 감당하기 어렵다.

더욱이 시기를 놓쳐 아이가 태어났을 때 여성의 정신적·육체적 고통은 말할 수 없이 커지고, 그 아이를 원만하게 양육할 보장이 없다면 여성의 장래를 위해서도 임신중절이 바람직할지도 모른다. 그리하여 낙태금지법에도 불구하고 찬반논쟁이 끊이지 않고 있으며 암묵적으로 낙태시술이 만연하고 있는 것이 현실이다.

이러한 수많은 사례들로 미루어보면 영아살해는 보편적으로 외부 요인 때문에 자행되지만 이유가 무엇이든 어머니가 스스로 모성본능을 포기하는 경우도 적잖다. 그렇다면 모성본능은 한계가 없고 무조건적인 자기희생일까? 전혀 보상을 기대하지 않는 순수한 어머니와 자식 사이의 애착관계일까?

그에 대한 반론도 만만치 않은 것이 사실이다. 프랑스의 소설가이자 평론가인 시몬 드 보부아르는 일찍이 그녀의 저서 《제2의 성》에서 "젠더(gender)로서 여성의 역할이나 품성은 태어나는 것이 아니라 남성들에 의해 만들어진 것이다."라고 했다.

오랜 세월 이어졌던 남성중심의 봉건사회에서 남성들은 젠더로서의 여성을 동등하게 생각하고 존중한 것이 아니라 남성에게 필요한 성적(性的) 도구, 아이 낳는 기계, 남성에게 복종하며 온갖 도움을 제공하는 '제2의 성'으로 학습되고 길들여진 존재로 보았다. 보부아르의 이러한 주장은 상당한 설득력이 있어서 여성들의 전폭적인 지지와 함께 여성해방운동의 밑거름이 됐다.

그렇다면 여성의 모성본능이나 모성애도 태생적인 여성의 본능이 아니라 후천적으로 학습되고 길들여진 것일까? 우선 선뜻 동의하기 어렵다. 동물의 수컷과 암컷은 몸집이나 힘의 차이에 따라 약간의 역할 차이가 있지만 거의 똑같이 사냥에 참여하고 먹이를 구하는 활동을 한다. 무리 안에서 하는 행동에도 별 차이가 없다.

하지만 암컷들은 태생적인 모성본능으로 새끼를 보호하고 양육한다.

인류도 그와 같았을 것이다. 그에 따라 어머니의 모성본능은 의도적으로 학습되고 길들여지는 것이 아니라 여성의 본능 그 자체로 기정사실화되고 아무런 의심 없이 고정관념이 된 것이 아닐까?

그럼에도 그에 비판적인 주장들이 끊임없이 이어지고 있다. 대표적으로 미국의 세계적인 인류학자 세라 블래퍼 허디(Sarah Blaffer Hrdy)를 들 수 있다. 그녀는 방대한 분량의 저서 《어머니의 탄생 Mother Nature》에서 모성본능의 허구성을 지적하고 있다.

그녀는 동물의 세계에서 어미와 수컷의 영아살해는 흔한 일이며, 역시 동물인 인간의 영아살해가 적잖았다는 것을 설명하려면 먼저 모성본능에 대한 고정관념을 버려야 한다는 것이다. 더욱이 모성본능을 기정사실화하면 어미에 의한 영아살해와 오늘날의 낙태를 설명할 수 없다고 했다.

그것은 무엇보다 먼저 태생적인 성적 전략과도 무관하지 않다고 말한다. 암컷(여성)은 기회가 주어지는 대로 새끼(자녀)를 많이 낳으려고 하지만, 그보다는 새끼의 숫자가 적더라도 살아남아 번성할 수 있는 새끼를 선호한다는 것이다.

그러기 위해서는 새끼가 태어나 생존할 수 있는 최선의 환경, 어미 자신의 운(運), 건강 상태, 위험요소, 먹이 확보에 적당한 무리의 개체 수 등 다양한 요소를 어미가 본능적으로 잘 파악해서 새끼를 살해하거나 다양한 요소들에 적합한 살아남을 수 있는 새끼를 키우려는 선택이며 전략일 뿐, 선천적인 모성본능이 있을 수 없다는 것이다.

이어서 그녀는 미국의 유명한 저널리스트 스테파니 쿤츠(Stephanie Coontz)의 《진화하는 결혼Marriage, a History》을 인용해서, 모성본능이 고정관념이 되어 여성들도 거부감 없이 받아들이게 된 것은 18~19세기 산업혁명 이후 남자는 가정경제를 책임지고 여자는 가정을 책임지는 구조가 정착되면서부터라고 주장했다.

그녀뿐 아니라 진보적인 학자들, 특히 여러 여성 학자들이 모성본능은 여성의 본성이 아니라 남성들이 자신의 유전자를 지닌 후손들을 헌신적으로 키우도록 학습시킨 결과라는 주장을 펴고 있다.

과연 어떤 주장이 더 타당성이 있는지 판가름하기는 힘들다. 하기는 진화나 유전자 등과 같은 생물학적 기능은 다양하면서도 변이적 특성이 있기 때문에 영원한 정설은 있을 수 없다. 판단은 우리 인간들의 몫이다. 하지만 분명한 것은 어떠한 이유로든 모성본능은 틀림없이 존재하고 있다는 사실이다.

얼마 전에 30대 후반의 나이에도 아무런 일도 하지 않고 빈둥거리는 아들에게 어머니가 "뭐라도 좀 해라." 하며 걱정하자, 잔소리 그만하라며 발끈해서 어머니를 흉기로 무참히 살해한 사건이 있었다.

　우발적으로 범행을 저지른 아들이 도망치려 하자 고통 속에서 죽어가는 어머니가 "애야, 옷 바꿔 입고 도망쳐라." 하고 마지막 말을 남겨 많은 사람들의 심금을 울렸다. 아들 때문에 죽어가면서도 도망치는 아들이 붙잡힐까 봐 피 묻은 옷을 바꿔 입으라고 했던 어머니의 애틋한 심정은 모성본능을 빼놓고는 설명할 수 없다.

지능과 성격은 유전되는가

최근 일본에서 'DNA 궁합'이 젊은이들에게 큰 인기를 얻고 있다는 보도가 있었다. 궁합은 사주팔자 따위의 무속적인 요소들로 특정한 남녀의 결혼 운세를 점쳐보는 것인데 DNA 궁합이라니?

대규모 맞선을 주최하는 업체가 미리 참가자들의 DNA를 분석해서 서로 적합성이 큰 남녀가 짝이 되도록 하는 것이 DNA 궁합이라는 것이다. 이러한 DNA 매칭은 이미 2008년 스위스에서 시작돼 현재 50여 개 나라에서 약 200만 명이 이용하고 있다고 한다.

DNA 궁합은 운세를 따지는 무속적인 궁합과는 비교할 수 없을 만큼 매우 과학적이며 적절한 짝을 결합시키는 데 큰 도움이 될 듯도 하다.

결혼 상대로서의 적절한 짝이란 어떤 짝일까? 무엇보다 우수한 유전자를 가진 자녀를 낳을 수 있는 짝이다. 우수하다는 것은 건강하고 우량한 신체와 탁월한 지능을 지닌 유전자일 것이다.

DNA 매칭에서는 실제로 그런 성과가 나타나고 있다고 한다. 일본의 어느 전문가는 "마음의 움직임에는 반드시 일정한 DNA의 작용이 배후에 있다."고 했다. 그리고 보면 인간의 지능과 성격도 유전되는 것이 틀림없다.

지능이나 성격은 뇌의 작용으로 형성된다. 뇌는 엄청난 숫자의 뇌세포들로 이루어져 있으며 유전자(gene)는 세포의 핵 속에 들어 있는 염색체를 구성하는 DNA의 일부지만 흔히 유전자를 DNA라고도 한다.

인간은 약 2만~3만 개의 유전자를 가지고 있으며 후손에게 유전된다. 인체의 모든 형질이 후손에게 유전되니까 지능이나 성격이 유전되는 것은 어쩌면 당연하다.

하지만 생물학적으로 지능이란 대체 무엇인지 분명하게 정의하지 못하고 있는 실정에서 지능이 유전되는지 아닌지를 알아낸다는 것은 쉬운 일이 아니었다. 그 때문에 불과 7년 전인 2012년에 와서야 유전자가 지능은 물론 뇌의 크기까지 좌우한다는 연구 결과가 나왔다.

이어서 지능은 뇌의 신경세포들을 연결해주는 시냅스(synapse)와 관련이 있는 것으로 알려졌다. 또한 뇌과학자와 유전학자들의 꾸준한 연구를 통해 우리의 뇌에서 지능에 관여하는 1000개가 넘는 유전자를 찾아냈다.

그뿐 아니라 지능이 높은 사람이 평균적으로 똑똑하고 오래 살며 사회적으로나 경제적으로 성공할 확률이 높다는 사실도 알아냈으며, 지능에 관여하는 유전자들의 변이에 의해 알츠하이머·자폐증·우울증·정신분열 등의 신경장애가 발생한다는 사실도 밝혀냈다.

더욱 놀라운 발견은 자식의 지능을 결정하는 것은 어머니의 유전자라는 사실이 밝혀진 것이다. 아버지는 지능이 아무리 높아도 자식의 지능에는 전혀 기여하지 않는다고 한다. 여성은 크고 활발하며 큰 영향력을 가진 우성(優性)의 X염색체가 두 개인데 남성은 하나뿐이기 때문이라는 것이다.

영국 케임브리지 대학 연구진은 동물 실험을 통해서 추리·생각·언어와 같은 대뇌피질의 지능 유전자는 오직 어머니에게서만 물려받고, 아버지의 유전자는 지능과는 관련이 없는 섹스·음식·공격성향 등에 쏠려 있다는 사

역사상 손꼽히는 천재로 평가받는 윌리엄 제임스 시디스. 1898년 미국 뉴욕에서 러시아 유대계 이민자의 아들로 태어났다. 그의 지능지수는 250~300(비율지능 기준)으로 알려졌다.

실을 알아냈다. 따라서 자녀의 지능은 어머니의 영향이 절대적이라는 것이다.

그러나 지능의 높고 낮음을 계량화하기는 어렵기 때문에 평가기준을 어떻게 할 것인가 고민하다가 등장한 것이 우리가 '지능지수'라고 말하는 IQ(intelligence quotient)다. IQ 지능검사는 20세기 초에 등장한 이래 검사방법을 놓고 여러 차례 수정과 보완을 거쳐 현재에 이르렀다.

그에 따라 IQ가 지능의 높낮이와 동일시되고 있지만 IQ의 형성에는 유전뿐 아니라 여러 외적인 요소들이 작용하기 때문에 정확성과 유효성 논란이 끊이지 않았다.

지능과 성격도 유전되는데 왜 한 어머니가 낳은 형제가 서로 지능에 차이가 있고 성격도 다른가? 심지어 일란성 쌍둥이도 서로 차이가 있는 것은 왜일까?

이러한 의문들에서 유전이 지능에 미치는 영향이 어느 정도인지 수치로 계산해보기 위해 '유전가능성 계수(heritability coefficient)'가 만들어졌다. 구체적으로 말하면 지능지수의 차이에서 유전적 차이가 작용하는 비율이 어느 정도인지 살펴보기 위한 것이다.

그리하여 어린이와 어른, 형제자매, 쌍둥이, 쌍둥이지만 서로 떨어져 살았던 경우 등을 대상으로 많은 학자들이 오랫동안 조사 연구한 끝에 유전가능성 계수는 약 10분의 5, 즉 약 50퍼센트라는 결과를 내놓았다.

그리고 나머지 50퍼센트는 보편적으로 외적인 조건들과 환경의 차이에서 온다는 것이다. 그 50퍼센트 가운데 20퍼센트는 어머니가 임신했을 때의 환경에 따른 자궁의 상태, 나머지 30퍼센트는 외적인 조건들과 환경이라는 견해를 내놓은 학자들도 있다.

또한 유전자에는 우성과 열성이 있다. 예컨대 검은 눈동자와 파란 눈동자의 부모가 낳은 아이는 검은 눈동자일 확률이 높은데 검은 눈동자가 우성이기 때문이다. 그에 따라 같은 형제라도 여러 가지 외적인 차이가 있을 수 있다.

과거에는 가난한 집 아이가 공부를 잘한다는 속설이 있었다. 지금은 오히려 잘사는 집 아이들이 공부를 잘할 확률이 높다. 예전에는 가난한 아이들은 어떡하든지 가난에서 벗어나기 위해 이를 악물고 열심히 공부해서 좋은 성적을 얻었지만, 요즘은 부모로부터 다양하고 적극적인 지원을 받는 잘사는 집 아이가 공부를 잘할 확률이 높을 수밖에 없다.

이처럼 외부 환경이 지능에 크게 작용하는 것이다. 더욱이 아버지의 지능은 유전되지 않지만 환경에는 보편적으로 아버지가 절대적인 영향을 미친다. 아버지의 경제력, 학력, 사회적 지위, 훈육, 성격과 사고방식, 행동 등이 모두 자녀의 성장과정에서 큰 영향을 미치는 것이다.

결과적으로 유전은 지능에 크게 관여하지만 유전이 100퍼센트 지능을 결정하는 것은 아니라는 것이다. 지능의 차이에는 외부 환경의 영향이 매우 크게 작용한다. 또한 우리의 지능은 수치로 계량하기 어렵다. 사고능력과 언어능력이 뛰어난 사람이 있는가 하면 계산능력이 뛰어난 사람이 있듯이 지능은 다양하게 발현되기 때문이다.

지능이 유전되듯이 성격도 유전된다. '성격'은 사전적으로 '환경에 대해 특정한 행동양상을 나타내고 그것을 유지하고 발전시킨 개인의 독특한 심리체계'라고 풀이하고 있다. 하지만 지능과 마찬가지로 성격 형성에도 환경의 영향이 크다. 무엇보다 아이가 성장해서 독립할 때까지 부모에게 의지하므로 부모의 가치관이나 성격의 영향을 크게 받을 수밖에 없다.

그렇지만 적극적, 소극적, 내성적, 외향적, 사교성, 모험심 등은 유전된다고 한다. 또한 어머니의 조울증이나 울화병 같은 감정 기복은 대체적으로 딸에게 유전될 확률이 50~70퍼센트 정도로 높은 것으로 알려졌다.

특히 우울증은 어머니로부터 유전될 확률이 높다고 한다. 우울증은 정신질환이기도 하지만 심리적으로 성격의 극단적인 형태라고 할 수 있다. 어머니가 우울증 유전자를 자녀에게 전달하는 것이 아니라 뇌에서 감정을 관장하는 신경전달물질 세로토닌을 전달하는 것이다.

세로토닌 유전자에는 긴 유형과 짧은 유형이 있다고 한다. 짧은 유형의 유전자를 물려받으면 갖가지 정신적 충격이나 스트레스에 약해서 우울증에 걸린 확률이 높다는 것이다.

하지만 유전자가 모든 성격을 결정하는 것이 아니라 50~60퍼센트 정도 관여하고 역시 교육, 학습, 경험 등의 외부 환경이 성격 형성에 크게 작용한다. 예컨대 미국의 어느 범죄학자가 흉악범들의 성장과정을 조사했더니 어렸을 때 부모에게 심한 학대를 받고 성장한 경우가 압도적으로 많았다.

실제로 영국의 한 심리연구소가 범죄와 관련 있는 유전자를 찾아내기도 했다. 어느 특정한 유전자에 변이가 있는 사람이 어려서 학대, 부모 이혼, 가정폭력과 같은 나쁜 환경에 노출됐을 때 특정한 유전자의 변이가 없는 사람보다 범죄를 저지를 확률이 9배나 높은 것으로 나타났다는 것이다.

결론적으로 우리의 지능이나 성격도 분명히 유전된다. 하지만 그에 못지않게 외부 환경의 영향을 크게 받는다. 좋은 환경이 남보다 뛰어난 지능

과 바람직한 성격 형성에 기여한다고 볼 수 있다. 그래서 누군가 '유전은 북
(鼓)이고 환경은 북채'라고 했다. 아무리 좋은 북이라도 북채를 두드리는 사
람의 솜씨가 좋아야 제 소리를 낼 수 있다는 것이다.

GMO 식품의 모든 것

슈퍼 옥수수라는 말을 들어본 적이 있을 것이다. 식량난에 허덕이는 북한 주민들을 돕기 위해 일반 옥수수보다 병충해에 강하고 성장력이 훨씬 강해 수확량이 크게 늘어난 슈퍼 옥수수를 농학자가 개발해서 북한에 보급하여 화제가 됐었다.

개발자는 김순권(金順權) 박사다. 옥수수 박사로 불리는 그는 아프리카의 식량난 해결에도 크게 기여해서 여러 차례 노벨상 후보에 오르기도 했다. 그는 가축사료용 슈퍼 옥수수도 개발해서 축산농가에 널리 보급하고 있다. 그러한 슈퍼 옥수수가 바로 GMO 옥수수다.

GMO(genetically modified organism)에 대해서는 이미 잘 알려져 있다. 동물이나 식물의 유전자를 조작해서 효율적으로 변형을 시키거나 다른 종의 유전자와 혼합시켜 성장력과 생산성을 크게 강화시키는 유전자 조작기술이다. 아직 콩, 옥수수, 사탕무, 면화 등 활용범위가 제한적이지만 그것들을 원료로 하거나 첨가한 식품들은 헤아릴 수 없을 정도로 다양하다.

그러한 식품들을 GMO 식품, 유전자 변형 식품, 유전자 재조합 식품, 유전자 조작 식품 등 갖가지 명칭으로 부르고 있다. 문제는 그러한 유전자 변형 식품들이 인체에 해로울 수 있다는 주장이 제기되면서 지금까지도 논란이 그치지 않고 있는 것이다.

20세기 후반 들어 유전공학이 비약적으로 발전하면서 줄기세포를 비롯한 유전자의 조작, 편집, 재조합 기술이 크게 발달했다. 그에 따라 유전자 복제, 각종 난치병 치료 등에 획기적인 성과를 거두고 있다.

GMO는 1990년대에 들어와 본격적인 연구가 시작됐으며 이러한 유전자 조작기술에 근거한 것이다.

물론 유전자 조작기술보다 훨씬 앞서 '육종(育種)'이라는 새로운 기술이 발전을 거듭해왔다. 1만여 년 전부터 야생동물을 길들여 개, 말, 양, 염소 등과 같은 가축으로 발전시킨 것이 육종의 시초라고 말하는 것처럼 그 역사는 사뭇 길다.

특히 20세기에 들어와서 육종은 여러 나라에서 국가적인 지원을 받으며 크게 성장했는데, 기존의 품종을 생산적으로 개량하거나 새 품종을 육성하는 데 그치지 않고 아예 새로운 품종을 만들어낼 만큼 발전했다.

육종의 주요 기술은 동식물의 성장조건을 기술적으로 최적화해서 성장력과 생산성을 높이는 것뿐 아니라 특정한 영양물질의 공급, 이종교배, 종자 혼합, 다른 품종과의 결합 등을 통해 전혀 새로운 품종을 만들어내는 등 다양하다.

이를테면 소를 개량해서 특별히 젖을 많이 생산하는 젖소나 육질이 훨씬 좋은 비육우 등의 새로운 품종을 개발하고, 돼지 등의 우량품종을 만들어내는가 하면, 두 식물을 접목시켜 지금까지 없었던 전혀 다른 새 품종을 개발하는 등 동식물의 성장과 품질 개량에 크게 기여하고 있다. 우리의 주식인 쌀도 끊임없이 다양한 방법으로 개량되면서 맛과 품질이 뛰어난 신품종들이 지속적으로 등장하고 있다.

이러한 육종이 유전공학의 유전자 조작기술과 결합하면서 GMO가 탄생하게 된 것이다. 알려진 바로는 미국의 다국적 생화학 제조업체인 몬산토(Monsanto)사가 1996년 제초제에 내성을 갖도록 유전자를 조작한 콩을 대량으로 생산하기 시작하면서 GMO의 상업적 재배가 본격적으로 시작됐다고 한다.

몬산토사는 특히 농산물 품종개발에 주력하면서 유전자 변형 종자 시장 점유율이 90퍼센트에 이를 정도로 거대한 기업으로 발전하고 있다. 말하자면 지금 우리가 먹고 있는 식품의 거의 대부분이 GMO 식품이라고 해도 과언이 아니다. 따라서 그만큼 GMO 식품의 유해성 여부에 대한 논란도 커지고 있는 것이다.

어떤 특정한 작물을 재배할 때 그 작물의 주변에는 갖가지 잡초들이 무성하게 자라기 때문에 제초제를 살포한다. 그런데 독성이 강한 제초제가 특정 작물에 스며들어 시들고 말라 죽는 등 큰 피해를 입게 된다. GMO는 특정 작물의 유전자 조작을 통해 제초제에 내성을 갖게 한 것이다.

또한 그와 같은 방식으로 식물 성장에 치명적인 장애물인 병해충에 대한 저항력을 강화시켜 피해를 줄일 수 있으며, 특정한 영양분을 강화시켜 성장력을 크게 높여주는 것이 GMO의 특성이다. 그에 따라 식량이 크게 증산되고 품질을 개선시킬 수 있기 때문에 GMO가 새로운 기술로 각광을 받으며 본격적으로 상업화되고 있는 것이다.

GMO의 성과는 대단히 크다. GMO가 개발됐을 때 인류의 식량문제를 해결할 수 있는 길이 열렸다며 온갖 찬사가 쏟아졌다. 특히 식량난으로 고통받고 있는 아프리카에서는 김순권 박사의 슈퍼 옥수수 보급으로 큰 희망을 안고 있다.

하지만 인체에 대한 유해성 여부가 확실히 검증되지 않아서 아직은 콩,

옥수수, 면화, 사탕무 등으로 품종이 제한적이다. 그럼에도 이들 품종을 이용한 식품은 매우 다양하다. 품종이 제한적이라고 해도 콩과 옥수수는 쌀, 밀, 보리와 함께 세계 5대 곡물이다. 콩과 옥수수는 주식으로 이용됨은 물론 그것이 첨가된 가공식품의 종류는 거의 무한대에 가깝다.

GMO 콩과 옥수수를 원료로 사용했거나 첨가한 가공식품은 엄청나다. 전체 가공식품의 약 60퍼센트가 GMO 식품이라는 통계도 있다. 거기다가 가축의 사료로도 쓰인다. GMO 사료를 먹고 성장한 소고기와 돼지고기를 우리들이 먹는다.

그런데 GMO의 유해성이 아직 검증되지 않아 위험성을 안고 있는 것이다. 따라서 우리나라를 비롯한 여러 나라에서 식품에 GMO 포함 여부와 비중을 의무적으로 표시하도록 해서 소비자에게 선택권을 주고 있다. 다행이랄까, 국내산 농축산물에는 GMO가 없다.

그러면 GMO는 어떻게 만들어질까?

알기 쉽게 얘기하면 동물이나 식물의 유전자 가운데 제초제와 병해충에 강한 형질만을 추출해서 콩이나 옥수수 같은 다른 생물에 이입하는 방식이다. 예컨대 갖가지 실험을 통해 개구리나 뱀과 같은 동물들에서 제초제와 병해충 등에 강한 유전자를 찾아냈다면 그것만을 추출해서 콩과 옥수수 등에 이입시켜 재조합함으로써 유전자를 조작하는 것이다.

그리하여 성장의 장애요소들이 제거된 콩이나 옥수수는 성장력이 활성화돼 생산량이 크게 늘어나고 건강하게 성장한 작물의 품질도 눈에 띄게 좋아져, 당연히 상품성이 무척 높아진다. 그리고 그러한 콩과 옥수수 등을 원료로 하거나 첨가한 GMO 식품들이 매우 다양한 범위에서 대량생산되고 있는 것이다.

그에 따라 GMO 작물의 재배를 허용하는 국가들이 크게 증가하고 있으며 품종도 점점 늘어나고 있다. 아울러 GMO 작물, GMO 식품들이 그들 나라의 국가기관으로부터 안전성에 대해 정식으로 인증을 받아 판매되고 있다. 더욱이 제초제나 병충해뿐만 아니라 곰팡이를 비롯한 각종 질병이나 기후에 따른 스트레스 등을 극복하고 비타민 성분을 강화시킨 GMO 작물들이 개발되고 있다.

우리나라는 아직 유전자 조작 작물의 재배를 허용하지 않고 있다. 하지만 외국에서 국가기관으로부터 인증받고 판매가 허가된 GMO 작물을 수입하고 있으며, 그것을 재료로 한 GMO 식품들이 널리 판매되고 있다.

GMO의 장점들만 본다면 식량 증산에 크게 기여하고 우리에게 품질 좋은 식품을 제공한다는 긍정적이 효과가 뛰어나기 때문에 각광을 받을 만하다. 하지만 인위적인 유전자 재조합, 특히 전혀 이종교배가 불가능한 동물과 식물의 유전자를 섞어 재조합하고 조작해도 아무런 부작용이 없을까? 인체에 아무런 해가 없을까?

이에 대해 GMO가 등장할 때부터 많은 과학자들이 의문을 갖고 인체에 미치는 유해성과 안전성에 관련된 다양한 실험과 연구를 진행하고 있으며 그 결과를 내놓고 있다.

우선 GMO 작물 시장을 주도하고 있는 미국 몬산토사의 유전자 조작 옥수수 가운데 3종이 인체의 신장과 간 기능에 명확한 악영향을 미치며, 지금까지 인간이나 동물들의 먹거리에 전혀 포함돼 있지 않은 새로운 물질이 발견됐다는 연구 결과가 나오기도 했다.

지금도 그 새로운 물질이 인체에 어떤 부정적인 영향을 미치는지 연구가 계속되고 있다.

과학자들은 동식물의 자연적인 유전 구조를 인위적으로 변형시키면 반드시 해로운 요소들이 드러난다고 지적하고 있다.

동식물의 어떠한 유전자든 그 유전자가 지닌 독자적인 기능을 하지 못하고 다른 생물체에 이전되면 예상치 못한 부작용이 나타난다는 것이다. 또한 그러한 인위적인 신품종의 개발이 생물의 다양성을 훼손한다고 우려하는 학자들도 있다.

동물(쥐)을 이용한 GMO 작물의 실험에서 면역력을 떨어뜨리고 뇌를 축소시키며 위벽이 확장되는 유해성이 나타났다는 연구 결과도 나왔다. 제초제나 병충해에 저항하는 변형된 유전자를 이용한 GMO 작물이나 식품을 먹으면, 모든 동물의 내장에 있는 박테리아도 항생제에 저항하는 성질을 갖게 되는 부작용이 생겨 질병 퇴치능력을 크게 떨어뜨릴 수 있다는 경고도 있다.

그뿐만 아니라 변형되고 조작된 유전자가 들어간 GMO 식품을 지속적으로 먹으면 인체에 유전적 손상을 가져오고, 예측할 수 없는 부정적인 생화학적·생리적 현상이 나타날 수 있는 잠재력이 충분하다는 것이다. 예컨대 식물의 꽃가루는 4킬로미터 넘게 날아가 번식하는데, GMO 작물의 꽃가루가 멀리 날아가 교배했을 때 전혀 예상치 못했던 돌연변이가 나타날 가능성이 충분하다는 것이다.

그 밖에도 우리들이 특정한 식품을 먹고 알레르기 반응을 일으키는 경우가 있듯이 슈퍼 옥수수에 알레르기 반응을 일으키는 사람도 있으며, GMO 식품이 기형아 출산, 간 기능 이상, 발육 저하 등을 가져올 수 있다고 강력하게 경고하는 과학자들이 있다.

최근 GMO 작물과 식품에 대한 논란의 초점은 크게 유해성과 동등성 또는 동질성의 대립으로 좁혀볼 수 있다.

GMO 식품의 유해성을 미리 예방해야 한다고 주장하는 쪽에서는 유전자 재조합 식품은 유전자 조작이라는 새로운 기술을 통해 자연 상태에서 존재하지 않는 품종을 개발했다는 것을 문제 삼는다.

GMO 작물은 지금까지 없었던 새로운 품종이기 때문에 식품의 안전성을 보장할 수 없으므로 안전성이 검증될 때까지 GMO 식품의 개발과 유통을 금지해야 한다고 주장한다.

한편 동등성과 동질성을 주장하는 쪽에서는 GMO 식품이 지금까지 발전해온 '육종'과 크게 다르지 않다면서, 육종을 통해 새로 개발된 품종이 안전성에 문제가 없다면 GMO 식품도 별다른 문제가 있을 수 없다고 주장한다.

어느 쪽 주장이나 일리가 있다. GMO 식품이 대세를 이루고 있는 현실에서 먼저 해결해야 할 문제는 하루빨리 과학자들의 합의로 안전성에 대한 확실한 검증이 이루어져야 한다는 것이다. 그때까지는 소비자가 스스로 판단해야 하는 고충이 따를 것이다.

위약효과란 무엇인가

　모든 동물 가운데 몸집과 비교했을 때 인간의 뇌가 가장 크며 그만큼 뇌용량도 압도적으로 크다. 뇌용량이 크다는 것은 지능이 뛰어나다는 것을 말해주고, 뇌에 엄청난 세포조직이 활성화돼 있다는 것을 말해준다. 따라서 인간의 뇌는 무게가 몸의 2퍼센트에 불과하지만 무려 20퍼센트의 에너지를 소모한다.

　우리는 뇌작용을 통해 다양한 정보를 처리하고 수많은 상황들에 대해 이성으로 합리적인 판단을 함으로써 시행착오를 줄이고 풍부한 감정을 갖는다. 뇌의 정보 분석과 판단은 곧 우리의 '마음'이 되어 심리상태로 발현한다.

　인간의 심리상태는 저마다의 환경과 상황에 따라 개인차가 있지만 거의 모든 사람들에게 비슷하게 나타나는 공통성도 있다. 그러한 심리적 공통성 가운데 하나가 '플라세보 효과(placebo effect)', 즉 위약효과(僞藥效果)다. 라틴어에서 유래한 플라세보는 '내가 기쁘게 해주겠다'는 뜻이라고 한다.

　간단히 말하면 위약효과는 의사가 가짜 약을 주었을 때 환자가 진짜 약으로 믿고 복용함으로써 긍정적인 효과를 얻는 것을 말한다. 물론 모든 질환에 위약효과가 있는 것은 아니며 외상에는 전혀 기대할 수 없다.

제약회사에서 신약을 개발하고 임상실험을 할 때 보편적으로 임상대상자들을 두 파트로 나눠, 한 파트에는 아무런 약효가 없는 밀가루나 설탕 따위로 만든 가짜 약을 주고 다른 파트에는 새로 개발한 진짜 약을 줘서 그 효과를 실험하는데 가짜 약을 먹었는데도 분명히 위약효과가 나타난다고 한다.

몸에 이상이 있어서 약을 먹든 병원에 가든, 어떠한 상황이 주어지면 뇌가 특정한 물질을 분비하는데 주로 진통에 효과가 있는 물질이라는 것이다. 그러한 물질이 분비되면 신체가 그것을 감지해서 실제로 통증이 줄어드는 경우가 많기 때문에 위약효과는 의학적으로도 검증된 병리현상이다.

하지만 위약효과는 어디까지나 심리적 효과일 뿐이다. 이를테면 알코올 성분이 없는 음료를 술꾼에게 제공하고 좋은 술이라고 하면 자꾸 마시다가 정말 취하는 경우가 많다는 것이다. 그처럼 약을 먹거나 병원에 들어서면 이미 심리적으로 치료가 된다는 느낌을 받는다는 것이다. 약이나 병원이 병을 낮게 해준다는 인식이 경험을 통해 마음속에 자리 잡고 있기 때문이다.

의학적으로 검증되지 않은 민간요법이 치료효과가 있다고 굳게 믿거나 믿고 싶은 심리도 마찬가지다. 어린아이가 배가 아플 때 엄마가 배를 쓰다듬어주며 "엄마 손은 약손이다." 하고 되풀이해서 말하면 정말 배가 낫는 듯한 느낌, 몹시 아파하는 아이를 엄마가 안아주면 통증이 줄어드는 느낌, 이러한 것들은 아무런 약도 먹지 않지만 일종의 위약효과라고 볼 수 있다.

주술사의 주술이나 무당의 굿 따위에도 위약효과가 있다. 그들이 낮게 할 수 있다는 강력한 암시에 진짜로 나을 것 같은 느낌을 갖는다. 말하자면 환자의 마음이 긍정적으로 바뀌면서 최면이 되고 자기 확신을 갖게 되는 것이다.

신앙인들의 기도에도 상당히 긍정적인 효과가 있다. 무엇인가 간절히 기구하며 기도를 하면 우선 마음의 위안을 얻고 편안해진다. 그리하여 어떤 가시적인 성과가 나타나면 신(神)이 자신의 기도를 들어주었다고 기뻐한다.

위약효과란 의사와 환자, 치료하는 자와 치료받는 자 사이의 신뢰관계가 형성되고 믿음이 있을 때 심리상태가 안정되며 질환이 낫는 듯한 느낌을 얻는 것이며 실제로 치료효과를 가져오기도 한다.

플라세보 효과와 반대되는 개념으로 '노세보 효과(nocebo effect)'가 있다. 노세보는 플라세보와 반대 개념의 라틴어로 '너에게 해로울 것이다'라는 의미라고 한다. 그렇게 부정적인 말을 하고 아무런 작용도 하지 않는 가짜 약을 주면 복용하고 얼마 지나서 정말 두통 따위의 병적 증상이 나타난다고 한다.

따라서 병원에서 의사가 약을 처방하면서 이 약이 효과가 뛰어나지만 심각한 후유증이 나타날 수 있다고 하면, 환자는 부정적인 예상이 심화돼 치료 결과에 심각한 영향을 미칠 수 있다고 한다. 그만큼 심리상태가 우리를 지배하는 것이다.

'가르시아 효과(Garcia effect)'도 있다. 어떤 특정한 음식을 먹고 체하거나 심하게 구토했던 경험이 있을 때, 그 음식을 기피하고 마지못해 먹으면 속이 불편해지는 효과를 말한다. 또 흔히 '낙인 효과'라고 하는 '스티그마 효과(stigma effect)'도 있다. 도벽이 있다거나 거짓말쟁이 등으로 부정적인 낙인이 찍힌 사람은 실제로 그런 행동을 되풀이하게 되는 현상을 말하는 것이다.

다만 플라세보 효과든 노세보 효과든, 가짜 약을 주면서 환자에게 거짓말을 하는 윤리적 문제가 지적되고 있다. 하지만 위약효과가 환자에게 긍정적 마음가짐을 갖게 하고, 그러한 긍정적인 태도가 삶에도 좋은 영향을 준다는 것이 위약효과가 기대하는 바람직한 가치가 될 것이다.

후성유전자란 무엇인가

　2003년에 여러 나라 과학자들에 의해 인간 게놈지도(Human Genome Project)가 완성됐다. 몸에 존재하는 무려 30억 개의 유전정보를 해독할 수 있게 된 것이다.

　몸의 유전자는 23쌍의 염색체 속에 DNA라는 분자구조로 존재한다.

　생명체의 유전자는 거의 영구불변으로 후대에 그대로 전달된다. 하지만 예외가 없는 것은 아니다. 어떤 계기 때문에 특정한 유전자가 변화를 일으키기도 하고 돌연변이가 되기도 한다. 생명체의 진화는 그러한 돌연변이에 의해 발전적으로 변화를 일으키는 것이다. 또한 특정한 유전자가 퇴화하기도 한다.

　이처럼 DNA의 염기서열은 변화하지 않고 그대로 있는 상태에서 변이된 유전자가 발현하는 것이 '후성유전자'라고 할 수 있다. 후천적으로 나타났기 때문에 후성(後成)유전자 또는 후생(後生)유전자라고 부르며, 그러한 유전자의 후성 변이현상과 조절을 연구하는 학문이 '후성유전학'이다. 엄밀히 따지면 유전자가 변화하는 것이 아니라 유전자가 들어 있는 세포가 변화를 일으키는 것이다.

그럼 후성유전자는 왜, 어떻게 발현하는 것일까? 그것을 생물학적으로 설명하자면 매우 복잡하지만, 생물학자나 유전학자들이 대표적으로 내세우는 좋은 본보기가 일란성 쌍둥이의 경우다. 일란성 쌍둥이는 유전자가 완전히 똑같아서 생김새뿐 아니라 모든 신체적 특징과 특성이 똑같아야 한다.

하지만 실제로는 반드시 그렇지 않다. 틀림없이 같은 유전자를 가졌지만 성장하면서 생물학적으로 똑같은 형질을 갖지는 않는다는 것이다. 얼굴 생김새는 서로 비슷할지 모르지만 질병에도 차이가 있고 키나 체격, 성격, 행동성 등에도 차이가 있을 수 있다는 것이다. 왜 그럴까? 바로 후성유전자의 영향이라는 것이다.

미국의 리처드 프랜시스(Richard C. Francis)가 쓴 《쉽게 쓴 후성유전학》이나 독일의 베른하르트 케겔(Bernhard Kegel)이 쓴 《후성유전학》 등에 따르면 후성유전자가 발현하는 원인은 외부 환경, 먹거리, 오염물질 등이 변이를 일으키기 때문이라고 한다.

물론 외부 환경에는 여러 가지가 있다. 먹거리나 오염물질도 외부 환경에 포함시킬 수 있다. 고산지대에 사는 부족과 사막에 사는 부족의 유전자는 서로 차이가 있을 것이다. 또한 몹시 추운 한대지방과 항상 더운 열대지방에 사는 부족도 유전자 차이가 있다. 이와 같은 자연환경이 유전자 변이에 영향을 미칠 수 있고, 육식을 주로 하는 종족과 채식을 주로 하는 종족에도 유전자 차이가 있다.

특히 요즘 문제가 되고 있는 미세먼지를 많이 자주 흡입하는 사람, 오염물질과 관련된 직업에 종사하는 사람, 탄광에서 일하는 광부 등도 유전자 변이의 가능성이 높고, 석면이나 라돈 등의 공해물질에 많이 노출되면 유전자 변이로 각종 암 질환이 나타날 수 있다.

그 밖에도 외부 환경은 무척 다양하다. 경험이나 습관, 영양결핍, 심한 스트레스 등도 후성유전자 발현에 영향을 미친다. 심한 스트레스가 암 발생의 한 원인이라는 것은 잘 알려진 사실이다. 반드시 그런 것은 아니지만 각종 암은 유전성 질환에 들어간다. 하지만 후성유전적 질환이어서 일찍 발견하면 치료에 좋은 성과를 걷을 수 있다.

후성유전자 또는 후성유전학이 최근에 와서 큰 관심을 끄는 이유는 유전자 조작으로 후성유전자를 발현시킬 수 있기 때문이다. 후성유전자도 일단 발현하면 후손에게 그대로 유전된다. 그런데 문제가 있는 유전자를 조작하거나 제거할 수 있다면 질병 퇴치에도 크게 기여할 수 있을 것이다.

2018년 11월, 중국의 젊은 과학자가 세계 최초로 유전자를 편집한 아기를 태어나게 하는 데 성공해서 세계적인 화제가 됐었다. 아기의 부모는 에이즈(AIDS)를 일으키는 HIV 바이러스 보균자여서 역시 태어나는 아기에게도 에이즈가 대물림할 수 있는 상황이었다.

젊은 과학자는 부부에게서 배아(胚芽)를 받아 유전자를 편집해 아내의 자궁에 착상시킨 것이다. 그리하여 쌍둥이 여자 아기가 태어났는데 유전자를 편집했기 때문에 에이즈에 걸리지 않을 것이라고 한다.

그러나 이 실험은 당장 많은 사람들을 충격에 빠뜨리고 윤리적 논란을 불러일으켰다. 배아는 정자와 난자가 만나 수정된 뒤 아직 인체의 여러 조직과 기관으로 분화되기 직전의 상태를 말한다. 따라서 과학자들은 이 단계를 아직 '사람'이라는 생명체로 보지 않기 때문에 실험이 가능하다고 말한다.

하지만 세계의 유전과학자들은 연구 목적으로 기증받은 배아만 사용하고 실험이 끝나면 폐기시키기로 합의했다. 다시 말하면 그러한 합의를 무시하고 인간 배아를 여성의 자궁에 착상시켜 윤리적으로 큰 문제가 된 것이다. 자궁에 착상시키면 곧 태아로 발달하기 때문에 인간이 인간을 만드는 충격적인 사실에 비난이 쏟아지는 것이다.

그뿐만 아니라 HIV 바이러스를 담고 있는 유전자를 잘라내고 편집해서 쌍둥이가 앞으로 에이즈에 걸리지 않을 수는 있겠지만, 그러한 유전자 조작이 예상치 못했던 돌연변이를 일으켜 예측할 수는 없지만 언젠가 다른 질병을 유발하거나 발육에 이상이 올 수도 있다는 것이다. 아무튼 유전자 조작은 윤리적 문제를 비롯해서 많은 문제점을 안고 있는 것이 사실이다.

그렇다면 어떻게 유전자를 편집하고 조작할까?

여기에 사용되는 기술이 이른바 '유전자 가위'다. 전문용어로 '크리스퍼' 유전자 가위라는 이 기술은 문제가 있는 특정한 유전자를 찾아내 양쪽 가닥을 마치 가위처럼 잘라내고 필요한 유전자 조각을 넣어 다시 붙이는 놀라운 기술이다.

이미 동식물 실험을 통해 성공한 이 기술이 윤리적, 의학적 논란에도 불구하고 인간에게까지 응용된 것이다.

동식물의 유전자 편집과 조작은 인간의 생활에 큰 도움을 줄 수 있겠지만, 사람이 사람을 만들게 된다면 그 뒤에 벌어질 충격적이고 경악할 만한 상황은 예측조차 하기 어렵다. 아직은 각종 규제로 통제되고 있지만 언젠가는 그러한 사태가 우리를 위협하게 될지 모른다.

과학자들이 후성유전자의 특성을 완전히 파악하는 것은 인류의 장래를 위해서 반드시 필요한 일이다. 하지만 유전자 편집이나 조작이 질병의 치료라는 목적을 넘어서면 인간에게 큰 재앙을 가져올 수 있음을 잊어서는 안 된다.

따라서 리처드 프랜시스가《쉽게 쓴 후성유전학》에서도 지적하고 있듯이, 유전과 환경이 상호작용을 한다는 것을 안다면 어떻게 환경을 개선하고 무엇을 먹을 것인가, 생활습관은 어떻게 개선할 것인가를 먼저 고민하고 그 구체적인 대책들을 마련하는 것이 합리적인 순서가 될 것이다.

비만과 요요현상

예전에 아주 가난했던 시절에는 좀 뚱뚱한 사람이 풍채가 좋은 사람, 경제적으로 잘사는 사람, 여유로운 사람, 덕망이 있는 사람 등으로 호감을 주었다. 하지만 오늘을 사는 현대인들에게 비만은 큰 정신적 압박감이 되고 있다.

특히 신체관리에 민감한 여성들에게 비만은 각종 암 못지않게 맞서 투병해야 할 질병처럼 여겨지고 있다. 심지어 여학생들이나 젊은 여성들은 정상 체중인데도 뚱뚱하다고 스트레스를 받을 정도로 예민하다.

일반적으로 자신의 체중이 정상 체중보다 20퍼센트 이상 높을 때 비만으로 분류한다.

사실 비만은 정신적 압박감뿐 아니라 고혈압, 당뇨, 심혈관 질환, 관절염, 류머티즘, 호흡곤란, 우울증 등 각종 성인병을 비롯한 만병의 근원이기도 하다. 비만의 원인은 유전이나 호르몬 불균형 등의 체질적 이유도 있지만 과다한 영양 섭취와 설탕 섭취, 잦은 패스트푸드 섭취, 운동 부족 등 여러 가지 원인이 있다. 그 가운데서도 식생활 습관과 운동 부족이 가장 큰 원인으로 손꼽힌다.

　이유가 무엇이든 자신이 비만이라고 판단되면 남녀노소를 가리지 않고 크게 스트레스를 받아 나름대로 갖가지 방법으로 체중을 줄이려고 노력한다. 특히 몸매에 가장 예민한 여성들의 대표적인 감량방법은 흔히 말하는 다이어트(diet)라고 할 수 있다.

　'다이어트'는 한마디로 말하면 살 빼기다. 총체적으로는 체중을 줄이려는 것이지만 부분적으로 뱃살, 허리, 팔뚝, 허벅지 등 특정한 부위의 살을 빼려는 노력도 다이어트에 포함된다. 가장 좋은 다이어트 방법은 지속적인 운동과 식이요법을 병행하는 것인데, 다이어트를 하는 대부분의 사람들은 식단조절 등의 식이요법을 가장 선호한다.

　다이어트라는 말뜻도 식단, 식이요법 등을 나타내는 것이기도 하다. 결국 비만은 몸이 사용하는 열량보다 음식물 섭취 등으로 흡수하는 열량이 더 많아서, 그 남은 열량이 지방(脂肪)으로 축적되고 저장되면서 살이 찌는 것이다.

　따라서 흡수하는 열량을 줄이기 위해 아침식사를 거르거나 소식(小食)을 하고, 간식과 설탕 섭취를 피하는 등 음식물 섭취를 극도로 자제함으로써 체중을 줄이는 것인데 열량 흡수가 그만큼 줄어드니까 일시적으로 가시적인 효과가 있는 것이 사실이다.

　하지만 오랫동안 다이어트하기는 어려울 뿐 아니라, 지속적으로 음식물 섭취를 극도로 자제하는 데서 오는 거식증(拒食症)으로 몸이 보기 흉할 정도로 지나치게 마르는 현상이 오기도 한다. 또한 허기증을 견디지 못하고 폭식(暴食)을 함으로써 더욱 살이 찌고 섭식장애와 같은 부작용과 갖가지 후유증에 시달리기도 한다.

　그뿐만 아니라 식이요법으로 살이 빠졌다가도 어느 시점에 이르면 체중이 빠르게 원래의 비만 상태로 돌아가거나 오히려 갑작스럽게 그보다 더 살이 찌기도 한다. 이러한 현상을 '요요현상(yoyo effect)' 또는 '웨이트 사이클링(weight cycling)'이라고 한다.

요요(yoyo)는 두 개의 작은 바퀴를 연결하는 축에 줄을 감아 요령 있게 줄을 당기면 팽이만 한 크기의 바퀴가 위아래로 올라갔다 내려갔다 하는 장난감이다. 다이어트를 하면 체중이 빠졌다가 다시 복원되는 것이 그와 비슷하다고 해서 미국 예일 대학의 철학교수가 요요현상이라는 이름을 붙였다.

그럼 다이어트하는 여성들이 흔히 경험하는 요요현상은 왜 일어날까?

그것은 몸이 태생적으로 지니고 있는 신진대사 메커니즘과 관련이 있다. 꾸준한 다이어트로 음식물 섭취를 절제해서 칼로리를 줄이면 몸은 그에 반응해서 스스로 기초대사량도 줄인다는 것이다.

그러다가 체중이 많이 감량돼 다시 원래의 식단이나 식사량으로 돌아가도 이미 기초대사량에 익숙해진 몸은 저절로 칼로리 소비를 줄이기 때문에 몸속에 칼로리가 남게 되고, 이 잉여 에너지가 지방으로 몸속에 축적돼 빠르게 체중을 증가시킨다고 전문가들은 말한다.

이러한 현상은 이미 여러 나라에서 연구진들에 의해 입증된 바 있다. 일정 기간 동안 에너지 섭취를 억제하고 나면 체내의 지방량이 초기 수준으로 복귀하거나 초과할 때까지 과식하는 경향이 나타난다는 것이다.

그렇다면 몸의 신진대사 메커니즘에는 왜 원래의 체중으로 돌아가려는 요요현상이 있을까? 이는 인류의 진화과정과 밀접한 관계가 있다.

영국 허더즈필드 대학의 매튜 헤인스 교수는 최근 그가 온라인 매체에 기고한 〈살 빼기는 왜 그처럼 힘들까?〉라는 글에서, 몸의 생리작용은 초기인류의 생존수단이었던 수렵채집 생활방식에 적합하도록 진화해왔다고 지적한다.

수렵채집 생활은 규칙적인 음식물 섭취와는 거리가 멀다. 사냥을 하지 못할 때가 많고 열매나 견과류 따위를 찾아내지 못할 때도 많다. 그럴 때는 굶을 수밖에 없다. 그러다가 사냥물을 포획하거나 식물성 먹거리를 찾아내게 되면 그동안의 허기를 채우려고 폭식을 하게 된다. 육식동물이 굶주림과 폭식을 번갈아 하는 생활과 다를 바가 없었던 것이다.

그러한 과정에서 굶주릴 때는 근육단백질이 에너지로 전환해서 체내에 저장돼 있는 지방을 지킨다는 것이 헤인스 교수의 주장이다. 따라서 그처럼 지방을 아끼도록 진화한 사람은 계속 살아남아 유전자를 후손에게 물려줄 가능성이 더 컸다는 것이다.

다시 말해 체내에 저장된 지방을 아끼는 능력은 굶주리는 기간에도 유리하게 작용했으며 그러한 유전자가 오늘날의 우리들에게도 전해졌다는 얘기다. 몸은 일단 지방이 생기면 지키도록 설계돼 있어서 다이어트를 하더라도 일정 기간이 지나면 다시 원래의 체중으로 복귀하는 요요현상이 일어난다는 것이다.

더욱이 오늘날의 현대인들은 항상 먹거리가 풍부한 환경에서 생활하면서 지방 섭취가 크게 늘어났으면서도 많이 움직이지 않기 때문에 체내의 에너지를 적절히 소비하지 못하는 탓에 인류 전반에 걸쳐 전례 없는 수준의 비만을 유발하고 있다는 것이다.

우리의 체질이 그러하다면 오늘날의 우리는 비만을 피하기 어렵다. 다만 몇 가지 방법이 있다면 무엇보다 몸을 많이 움직여 체내의 에너지를 소모하는 것이다. 그것이 규칙적인 운동이다. 하루에 10분씩이라도 쉬지 않고 꾸준히 운동하고 많이 걷는 것이 최선의 방법이다.

아울러 갑작스럽고 과다한 다이어트보다 식단을 조절하는 식이요법과 규칙적인 식생활을 하면서 꾸준히 소식을 하는 것이 체중을 줄이거나 적정 체중을 유지하는 데 도움이 된다.

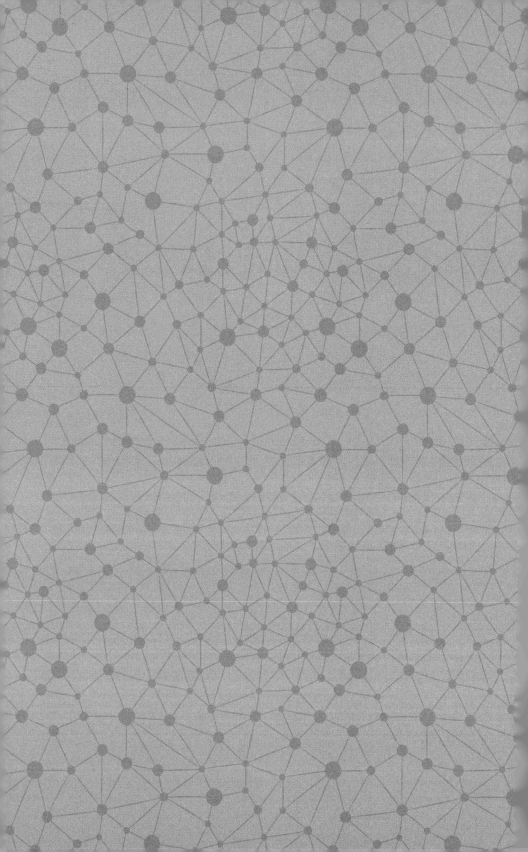

성(性)과 권력의 함수관계

얼마 전 우리에게도 잘 알려진 중국의 톱 여배우 판빙빙(范冰冰)이 탈세혐의로 여러 달 동안 감금되어 있다가 엄청난 과징금을 물고 풀려났다는 보도가 있었다. 그와 관련해서 온갖 추측과 의혹이 난무하는 과정에서 중국인들이 크게 놀랄 만한 충격적인 폭로가 터져 나와 더욱 관심을 끌었다.

판빙빙이 현재 중국의 권력서열 2위의 막강한 권력자와 내연관계였으며 그들의 성관계를 촬영한 동영상까지 갖고 있다고 폭로자가 주장한 것이다. 아울러 판빙빙은 그 권력자의 비호 아래 갖가지 비합법적인 수단으로 어마어마한 재산을 축적했다고 주장했다.

물론 사실 여부는 아직까지 공식적으로 확인되지 않고 있으며 우리가 굳이 알아야 할 이유도 없다. 하지만 전혀 근거 없는 거짓 주장이라고 매도하기는 어렵다. 중국에서는 판빙빙뿐 아니라 인기 있는 여배우, 여가수, TV의 여성 앵커나 아나운서 등이 거의 모두 권력자들과 내연관계 또는 애인관계를 맺고 있다는 것이 공공연한 비밀이었다.

그뿐 아니라 그러한 위치에 있는 인기 있는 남자들도 권력자의 부인들과 밀접한 관계를 맺고 있다는 것이다. 많은 인기인들이 권력자와 내연녀,

내연남, 정부(情婦), 정부(情夫) 관계인 것이다. 물론 공식적으로 밝혀진 것은 아니지만 인기인들은 그럼으로써 권력자들의 비호 아래 자신의 지위를 보장받고 더욱 성장할 기회를 갖는다는 것이 이미 오래전부터 널리 퍼져 있는 소문이다.

예로부터 중국의 권력자나 부자들은 수많은 처첩을 거느리는 것이 자신의 권세를 과시하는 수단이었다. 개혁개방 이후 중국에는 수많은 신흥 부자들이 생겨났는데 그들은 경쟁하듯 되도록 많은 애인을 두려고 했다. 심지어 어느 신흥 부자는 무려 100명이 넘는 여대생들을 애인으로 거느리고 온갖 향락과 방종을 즐기다가 그 방탕한 생활이 알려지면서 사회적으로 큰 지탄을 받기도 했다.

하기는 예로 든 중국의 경우만 그런 것이 결코 아니다. 세계의 어느 나라 어느 사회든 성과 권력은 뗄 수 없는 밀접한 관계에 있으며, 권력을 가진 자들은 의도적이든 아니든 자신의 권력을 이용해서 다른 욕구보다 성적인 욕망을 달성하려는 성향이 강하다. 대체 왜 그런 것일까?

권력은 남을 자신의 뜻대로 움직이거나 지배할 수 있는 공인된 힘이다. 또한 다른 사람을 그 사람의 의사와 관계없이 복종시키거나 지배할 수 있는 힘, 타인을 강제할 수 있는 힘이기도 하다.

권력에는 정치적 권력과 사회적 권력이 있다. '사회적 권력'이란 국가가 행사하는 권력이 아니라 개별적인 일상생활과 인관관계에서 관철되는 권력이라고 전문가들은 말한다. 쉽게 말하면 어느 분야에서든 우월적 지위도 권력이고, 남보다 재물을 더 많이 가진 부(富)도 권력이며, 스승과 제자 관계처럼 지배적 위치에 있는 것도 권력이다.

소설가 윤흥길은 그의 작품을 통해 그러한 권력을 상징해서 '완장(阮章)'

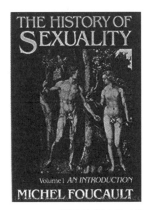

으로 표현했다. 완장이란 자격이나 지위 등을 나타내기 위해 팔에 두르는 띠다. 스포츠 팀의 주장이든 학급반장이든 군대의 지휘관이든, 완장을 차게 되면 사람이 달라진다. 지위의 높낮이와 관계없이 스스로 자신에게 부여된 역할을 행사하려고 한다. 그것 또한 일종의 권력이다.

《성의 역사》(1978) 표지

봉건사회와 가부장사회에서는 남자가 권력을 가졌다. 윗사람과 아랫사람, 나이 많은 사람과 적은 사람, 부모와 자식 등 모든 인간관계에 권력이 존재한다. 그래서 프랑스의 철학자 미셸 푸코 (Michel Foucault)는 "사람 사이의 관계는 모두 권력관계다."라고 했다. 성(性) 도 사람 사이의 관계인 만큼 권력과 무관할 수 없다.

미셸 푸코는 평생 동안 권력의 본질과 속성을 추구하며 특히 권력과 성의 관계를 깊이 있게 탐구했던 철학자다. 그는 역저 《성의 역사》를 통해 성과 권력의 밀접한 관계를 피력했다. 그는 "성의 개념이 고정된 무엇을 나타내지 않고 수많은 의미, 수많은 방식, 수많은 목적을 가지고 어떤 종류의 권력을 배분하는 도구로 사용돼왔다."고 했다.

또한 "성은 부르주아가 자기 확인과 그들 자신의 주도권을 확립하기 위해 활용한 자기의 기술체계다."라고도 했다. 부르주아는 지배층, 우월적 지위에 있는 자, 남보다 많이 가진 자, 즉 권력자를 상징적으로 대표한다고 볼 수 있다.

어떤 형태로든 권력을 갖게 된 자들은 그것을 인정받고 싶어 하고, 과시하려 하고, 남들을 지배하려고 하며, 그것에 걸맞은 대우를 받고 싶어 한다. 남들이 알아주지 않으면 이른바 '갑질'을 하거나 "내가 누군지 알아?" 하며 자신의 존재감과 우월감을 드러내려고 한다. 그것이 권력을 가진 자의 속성이다. 성과 권력의 밀접한 관계도 이러한 권력의 속성과 남용에서 비롯된다. 왜 그럴까? 그 본질은 무엇일까?

무엇보다 성과 권력의 밀접한 관계에는 선천적 요인과 후천적 요인이 있다.

먼저 선천적 요인은 무리지어 사는 동물들의 서열 본능이다. 무리 동물들은 뚜렷한 서열에 의해 지배되고 단결되고 짝짓기가 이루어진다. 보편적으로 무리에서 가장 몸집이 크고 힘이 센 수컷이 무리를 이끄는 '우두머리 수컷' 또는 '알파 수컷'이 된다.

무리에서 우두머리 수컷의 권력은 절대적이다. 무리에 속해 있는 개체들의 생사(生死)를 좌우하고, 암컷들을 지배하며 짝짓기의 최우선권을 갖는다.

사회적 동물인 인간도 예외일 수 없다. 그 크기와 범위가 어떻든 권력을 갖게 되면 서열의식에 따라 우두머리 수컷의 본능이 작용한다. 자신에게 부여된 권력을 인정받으려 하고 과시하려 하고 지배하려고 한다.

그러한 우두머리 수컷의 본능에는 암컷들을 거느리고, 암컷의 의사와 관계없이 당연하게 일방적으로 짝짓기하려는 본능도 포함된다. 더욱이 수컷은 자신의 유전자를 되도록 널리 퍼뜨리려는 강렬한 본능이 있다. 이 같은 성본능은 그 무엇보다 우선한다.

후천적 요인으로는 첫째, 목표의 상실이다. 특히 크고 막강한 권력을 성취했거나 성공했거나 기대 이상의 재산을 축적했거나 갑자기 큰돈을 번 졸부들이 더욱 그러하다. 말하자면 자신이 꿈꾸고 추구해왔던 어떤 목표를 달성하면 만족스런 성취감과 함께 목표가 사라지는 상실감을 갖게 된다.

사회적 권력을 가진 자들이 모두 그런 것은 아니지만, 어떤 목표 또는 목적의식을 상실하면 거의 본능적으로 쾌락을 추구하려는 욕망이 뒤따른다. 쾌락으로 상실감과 허탈감을 채우려는 것이다. 그리하여 음주와 향응, 도박, 마약에 빠지기도 하지만 거의 대부분 원초적 욕망인 성적 욕망에 탐닉하게 된다.

둘째, 자신감이다. 크든 작든 권력을 가지면 그와 함께 자신감도 갖게 된다. 자기 자신에게 부여된 권력이 허용하는 지배력도 자신감을 갖게 하지만, 마침내 권력을 얻기까지의 과정이 자기 능력이나 역량에 대한 자신감을 더욱 북돋아준다.

그뿐만 아니라 그러한 과시적 자신감이 성(性)과 결부되면 자신이 상대방의 위에 군림할 수 있고 얼마든지 제압할 수 있다는 착각을 한다. 또한 상대방도 권력자가 자신에게 개인적인 호감과 관심을 가져주는 것을 은근히 기뻐할 것으로 착각한다. 요즘 화제가 되고 있는 성직자나 교사 등의 이른바 '그루밍(grooming) 성폭력'도 그러한 경우다.

어찌 되었든 권력을 가진 자가 우월적 지위를 이용해서 성적으로 접근하여 자신의 목적을 성취하면 내연관계를 맺거나 그 대가로 금품을 제공하거나 상대방의 신분과 지위를 상승시켜주기도 한다. 학교에서는 교수나 교사가 성적 관계의 대가로 학생의 실력과 상관없이 성적을 올려주기도 한다.

이러한 행위는 자신의 권력에 대한 과시이기도 하고 상대방에 대한 보상이기도 하고 입막음이기도 하다.

누군가 권력은 '빌려 입은 옷'이라고 표현했다. 권력은 결코 영원한 것이 아니다. 더욱이 분명히 알아야 할 것은 어떤 경우든 성과 권력의 부적절한 관계는 언젠가 어떠한 형태로든 반드시 들통이 난다는 사실이다. 그리하여 권력을 가진 자가 파멸하는 사례가 자주 있으며, 상대 여성도 정상적인 생활이 거의 불가능한 지경에 이르러 자신의 인생을 그늘지게 한다.

현명한 권력자들은 쾌락 추구를 멀리하고 더 큰 목표, 새로운 목표를 세워 도전한다. 큰 부자들은 자신의 재산을 사회에 환원하거나 남들을 위해 병원, 학교, 박물관, 미술관을 세우는 등 사회에 기여하고 베푸는 일에 앞장선다.

미국의 카네기와 록펠러와 같은 세계적인 갑부들이 그러했으며, 근래에도 빌 게이츠나 워런 버핏 등의 갑부들이 그러하고, 중국(홍콩)의 톱 배우 청룽(成龍)과 저우룬파(周潤發)도 최근 자신의 전 재산을 사회에 기부해서 화제가 됐다.

성(性) 체위의 역사

　성 체위를 얘기하려는 것은 단순히 재밋거리를 제공하려는 것이 아니다. 성은 인간의 원초적이고 유전적인 본능이다. 그에 따라 인간의 성적 욕망과 성의식(性意識)은 어떻게 변화해왔는지, 바로 성 체위의 역사가 잘 알려주고 있기 때문이다.

　오늘날의 현대인들이 가장 선호하는 성 체위는 정상위, 후배위, 여성상위라고 할 수 있다.

　후배위는 남자가 여자의 엉덩이 쪽에서 행위를 하기 때문에 남성 주도적이다.

　여성상위는 남자가 눕고 여자가 그 위에서 기마자세로 행위를 하는 체위로 여성 주도적이다.

　반면에 정상위는 보편적으로 여자가 눕고 남자가 그 위에서 행위를 하지만 서로 얼굴을 닿을 듯이 마주보며 몸을 밀착시키거나 껴안으면서 친밀감과 만족감을 함께 느끼게 되는 남녀평등의 체위하고 할 수 있다.

　재미있는 것은 순서가 어떻든 이 세 가지 체위를 섞어가며 섹스하는 것이 어느 인종이나 국가를 막론하고, 오랜 옛날부터 전 세계가 거의 공통이라는 사실이다. 먼 옛날 인종 사이의 교류나 왕래가 전혀 없었던 시대에 어떻게 그럴 수 있었을까?

그에 대해 미국의 저명한 인류학자 루이스 모건은 그것을 '문화의 보편성'이라고 했다. 문화의 보편성이란 어느 시대 어느 지역과 상관없이 인간의 삶에 공통적으로 나타나는 문화적 요소를 말한다. 이를테면 밀과 같은 곡식을 일정한 땅에서 재배하는 경작은 1만여 년 전에 인류 최초로 중동 지역에서 시작됐지만, 거의 비슷한 시기에 중동 지역과는 전혀 관련이 없는 전 세계의 아홉 곳에서 경작을 시작했다는 것이다.

그와 같이 인간의 성 체위 역시 문화의 보편성으로 전 세계의 모든 인간이 서로 비슷한 체위를 즐기게 됐을지 모른다. 거부할 수 없는 인간의 욕망인 성을 행동으로 옮기는 다양한 성 체위의 역사는 매우 길다.

어느 학자가 "성은 억압과 진보를 되풀이한다."고 말했듯이 인간의 성행동이 문화적 차이, 종교, 윤리도덕, 사회환경, 지배층의 성의식 등에 따라 끊임없이 억압되고 통제되는 과정에서 성 체위도 변천을 거듭할 수밖에 없었다.

이러한 변화를 잘 표현했던 영화가 바로 〈장미의 이름〉〈연인〉〈티베트에서의 7년〉〈에너미 앳 더 게이트〉 등으로 유명한 프랑스의 장 자크 아노(Jean Jacques Annaud) 감독이 선보인 영화 〈불을 찾아서〉(1981)이다.

인간은 선사시대부터 다양한 체위를 즐겼다. 선사시대의 인류가 남긴 동굴벽화들에 다양한 체위로 성행위를 하는 그림, 남자의 과장된 음경 그림 등이 자주 보인다고 고고학자들은 말하고 있다.

매우 일찍부터 인간이 다양한 성 체위를 구사한 것은 그만큼 원초적 본능인 성적 욕망이 강렬했다는 것을 말해준다. 동물과 다름없이 오직 후배위로만 성행위를 하던 인류가 초기인류에 이르러 지능이 더욱 높아지면서

8만 년 전 어떤 원시인 마을이 있었다. 이 마을에 살던 원시인들은 다른 부족과 늑대들의 습격으로 불을 꺼뜨린다. 이에 마을 청년 세 명이 불을 찾아 떠난 후 온갖 고난을 겪다가, 식인종에게 붙잡혀 있던 여성을 구해준다. 이들은 그 여성이 사는 마을에 가서 불을 피우는 방법을 전수받고 고향으로 돌아온다. 그리고 청년 중 한 명이 그 여성과 이어져 짝이 되는데, 여성과의 성관계 도중 예전에는 겪어본 적이 없는 사랑이라는 감정을 느끼게 된다. 정상위의 체위였기에 서로의 표정을 읽을 수 있어 그랬던 것이다.

성행위에서만 경험할 수 있는 '쾌감'을 터득하게 된 것에서 비롯된다. 다시 말하면 한층 더 강렬한 쾌감을 얻으려고 성행위 자세를 갖가지 형태로 바꿔보면서 다양한 성 체위가 생겨나게 된 것이다.

선사시대의 인류도 그러했지만 문명이 탄생한 이후에는 더욱 다양한 체위를 만들어냈다. 서기 79년 이탈리아의 베수비오 화산 대폭발로 땅속에 묻혀버렸던 고대도시 폼페이를 18세기에 와서 발굴했을 때, 고고학자들은 크게 놀라지 않을 수 없었다.

화산재 밑에 거의 원형 그대로 묻혀 있던 당시의 주택들에서 한결같이 온갖 체위로 성행위 자세를 취하고 있는 벽화들이 쏟아져 나왔기 때문이다. 그래서 발굴자들은 폼페이가 향락과 퇴폐에 빠져 있던 타락한 음란의 도시였다고 말한다. 하지만 그것은 고대인들도 그만큼 성적 욕망이 강렬했다는 반증이기도 하다.

고대 인도의 성전(性典)으로 알려진 《카마수트라》는 4~5세기경에 등장했는데 이 책에는 무려 수백 가지의 성 체위가 묘사되어 있다. 과연 인간에게 수백 가지의 체위가 가능할까? 솔직히 그 가운데 대다수의 체위는 마치 곡예와 같아서 실제 성생활에서 활용하기는 어렵다.

《카마수트라》는 인도의 지배적인 종교인 힌두교의 전파를 목표로 하고 있다. 인간들이 외면할 수 없는 성생활의 중요성을 강조함으로써 힌두교

《소녀경》 표지

에 관심을 갖게 하고, 성은 새로운 것을 창조하는 힘이며 신에 접근하는 수단이라는 것을 강하게 내세웠던 것이다. 따라서 수백 가지의 체위도 관심을 가질 만한 창조적인 것들이 많다.

고대 중국의 성의학서 《소녀경(素女經)》은 그 등장 시기에 대해서는 여러 견해가 있지만 잘 알려진 성교육 교재다. 전설적 인물인 황제(黃帝)와 성(性)에 해박한 소녀의 선문답 형식으로 구성된 이 교재에는 수십 가지의 체위가 등장한다. 특히 몸에 해로운 7가지 체위와 이로운 8가지 체위까지 소개하고 있다.

《소녀경》은 결코 음란서적이 아니다. 당시 중국에서 절대적인 종교였던 도교(道敎)의 자연주의 사상과 고대 중국의 의학을 바탕으로, 인간의 삶에서 결코 빼놓을 수 없는 성생활을 어떻게 영위해야 불로장생하고 건강하게 살 수 있는지 알려주려는 것이 주제라고 할 수 있다.

어떤 이유로든 이미 고대사회도 성 체위가 상상 이상으로 다양했던 것을 보면 문화의 보편성에 따라 전 세계가 비슷했을 것이다.

하지만 중세의 유럽은 사뭇 달랐다. 중세 유럽은 기독교가 지배하는 강력한 종교 시대였다.

《구약성서》에 나오는 도시 소돔과 고모라가 성적 퇴폐로 하느님의 엄중한 징벌을 받았듯이, 기독교는 근본적으로 금욕을 신앙생활의 바탕으로 삼았다. 그에 따라 기독교는 쾌락 추구를 경계하면서 성생활을 철저하게 통제했다. 즉 쾌락을 위한 성행위를 통제하고 오직 출산을 위한 성행위만 허용했다. 그뿐만 아니라 성 체위도 정상위 한 가지만 허용했다.

은밀한 사적 행위인 성행위의 행태까지 구체적으로 통제하는 것이 실제

가능했는지, 그러한 지침이 제대로 지켜졌는지는 알 수 없다. 하지만 한 가지 분명한 것은 만족스런 쾌감을 얻기 위한 다양한 성 체위는 관심 밖으로 밀려나고 크게 위축됐을 것이다.

어느 종교는 효율적인 성생활을 권장하고, 어느 종교는 철저하게 통제했다는 것이 무척 아이러니하다. 19세기 아프리카에 진출해서 기독교를 전파하던 선교사들은 아프리카 거의 모든 부족들의 성 체위가 여전히 동물적인 후배위 한 가지뿐이라는 사실에 놀랐다.

선교사들은 그들에게 고상하고 인간적이라며 정상위를 강력하게 권유했다. 그들도 새로운 성 체위에 호감을 가지게 됐는데 '정상위'라는 표현이 어색했는지 '선교사 체위'라고 불렀다. 문명과 단절된 아프리카 오지의 일부 부족들은 여전히 후배위를 고수하고 있는 것으로 알려졌다.

20세기에 와서 인간의 성 행태는 획기적인 변화를 맞게 됐다. 변화의 근원은 두 차례에 걸친 세계대전이었다. 전쟁터였던 유럽에서 여성들은 침략군과 점령군들에게 수없이 겁탈당했으며 때로는 그들을 환영하며 스스로 섹스를 제공하기도 했다. 또한 젊은 병사들은 무분별한 섹스로 각종 성병에 시달려야 했다. 전쟁으로 말미암아 성윤리와 질서가 송두리째 무너진 것이다.

그러나 더 획기적인 변화는 미국에서 일어났다. 미국은 다민족 국가지만 청교도들이 건국한 나라인 만큼 전통적으로 매우 보수적이었다. 하지만 연인원 1000만 명이 넘는 미군이 세계대전에 참가하면서 보수적이었던 성의식이 크게 흔들렸다.

전쟁터에 나가는 군인들은 어쩌면 다시는 고향으로 돌아오지 못할 수 있다는 위기감과 불안감으로 유럽으로 출국하기 전 닥치는 대로 섹스를 했다. 대부분의 여성들이 그들의 심정을 이해하고 애국적(?)으로 너그럽게 받아들였던 것이다.

더욱이 제2차 세계대전이 마냥 길어지면서 군수품 공급이 가장 시급한 국가적 과제였지만 젊은 남성들 대다수가 전쟁터에 나갔으니 노동력이 크게 부족했다. 결국 여성들이 공장으로 나가 턱없이 부족한 노동력을 메웠다.

집 안에만 있던 여성들에게 바깥세상은 별천지였다. 활기에 넘친 그녀들은 남편과 연인이 전쟁터에 나가 혼자 있게 된 외로움과 성적 욕구를 해소하기 위해 가까이 있는 남성들과 주저하지 않고 섹스를 했으며, 이러한 풍조는 널리 퍼졌다. 이를테면 미국 여성들의 이러한 성적 태도가 성 개방 풍조의 시원이 된 것이다.

제2차 세계대전이 끝나고 세월이 흐르면서 혼란에 빠져 있던 여러 나라들이 안정을 찾고 경제가 빠르게 성장했으며 젊은 세대들도 활기를 되찾았다. 그와 함께 성 개방 풍조가 세계 곳곳으로 빠르게 퍼져나갔다. 쾌락 추구를 위한 성행동이 새로운 트렌드가 됐던 것이다.

결과적으로 성 체위 그 자체는 중요하지 않아 뒷전으로 밀려났으며 성적 행태와 방식이 주도적인 위치에 오르게 된 것이다. 예컨대 고대사회부터 있어왔던 오럴 섹스(oral sex)는 삽입성교 직전의 기본적인 성행위로 자리 잡았다.

또한 여성의 항문에 삽입하는 애널 섹스(anal sex), 사디즘(가학증), 마조히즘(피학애), 셋이 함께 즐기는 트리플 섹스, 그룹 섹스, 서로의 합의에 의해 섹스 파트너를 바꿔가며 즐기는 스와핑(swapping)을 비롯해서 성 보조기구의 활용 등 갖가지 자극적인 성적 변태행위들이 크게 늘어나고 있다.

그뿐 아니라 최근에는 외국에서 섹스 돌(sex doll), 섹스로봇 등 실질적인 여성 신체가 아니라 여성 대용기구들까지 등장해서, 그것을 이용한 섹스를 즐기는 남성들이 늘어나고 있다고 한다. 오랜 역사와 함께 변천을 거듭해온 성 체위는 오늘날 성적 행태에 밀려 그 필요성과 중요성이 갈수록 희박해지고 있다.

팬티의 역사

지난날에는 빨래를 마당의 빨랫줄에 널어놓았다가 도둑맞는 일이 잦았다. 요즘처럼 풍요로운 시대에도 빨래를 밖에 널었다가 도둑맞는 경우가 있다. 빨래를 모두 훔쳐가는 것이 아니라 여자 속옷이나 팬티만 훔쳐간다. 절도행위를 하다가 붙잡힌 어느 젊은 남성의 집에서는 무려 200개가 넘는 여성 팬티가 나왔다. 젊은 여성을 겁박해서 팬티만 빼앗아간 사례도 있다. 도대체 왜 이런 해괴한 일이 벌어질까?

서양에서 팬티(panty)는 여성용만 뜻한다. 남성용은 그 형태에 따라 여러 가지 다른 이름들이 있다. 이 항목에서 말하는 팬티도 여성용으로 이해하면 된다.

팬티는 여자가 옷을 입을 때 가장 먼저 입고, 벗을 때는 가장 마지막으로 벗는 속옷이다. 팬티까지 벗으면 알몸이 된다. 팬티는 여성의 가장 은밀한 부위를 가려주는 속옷이기 때문에 남자들은 팬티를 보면 여성의 음부를 상상하게 되고 거의 본능적으로 성적 충동을 느낀다.

때로는 묘한 전율과 쾌감마저 느끼는 남자들이 있다. 몇 차례 이러한 경험을 하면서 오직 여성의 팬티에만 집착하는 남자들이 있는데 이러한 비정상적인 성적 취향을 페티시즘(fetishism)이라고 한다.

팬티의 역사는 그리 길지 않다. 문명과 문화가 가장 앞섰던 유럽에서도 중세에 이르기까지 팬티는커녕 속옷조차 입지 않았다. 겉에 입는 옷이 의상의 전부였다. 그나마 여성들은 두꺼운 겉옷과 얇은 겉옷을 겹쳐 입어 몸을 따뜻하게 하고 자신을 보호했던 것이 고작이었다.

고대 로마의 젊은 여성들은 의도적으로 속살이 훤히 비치는 얇은 겉옷을 입어 은밀한 부위까지 고스란히 드러냈다는 기록도 있다. 고대와 중세 시대에 여러 민족들이 치열한 정복전쟁을 치를 때, 여성들은 아예 매우 간편한 겉옷을 입었다고 한다. 끊임없이 뒤바뀌는 침략자들이 부녀자를 닥치는 대로 겁탈했기 때문이다.

거추장스러운 겹겹의 겉옷을 제치느라고 조금이라도 시간이 지체되면 급박한 상황의 침입자들이 차라리 여자를 죽여버리고 다른 여자에게로 달려가기 때문이었다. 따라서 침입자가 달려들면 재빨리 하체를 드러낼 수 있게 간편한 겉옷을 입었던 것이다.

물질문명이 크게 발달했던 18세기에도 위생에 대한 관념이 거의 없었다. 건물 위층에 사는 사람들은 배설물(대소변)을 비롯한 온갖 오물을 창문 밖으로 쏟아버렸다. 양산이 처음으로 등장한 것도 햇볕을 막기보다 그러한 오물을 뒤집어쓰지 않기 위해서였다. 길바닥에 질펀한 오물들을 피하려고 굽이 높은 구두 하이힐도 그때 처음으로 등장했다.

겨우 19세기 빅토리아 여왕 시대에 와서야 보건과 위생에 대한 관념에 눈을 뜨면서 보온, 위생, 신체보호 등을 위해 비로소 속옷을 입기 시작했다. 소재는 순모(wool)여서 따뜻했지만 두껍고 투박해서 부드러운 속옷이라기보다 겉옷을 겹쳐 입은 것이나 다름없었다. 가난한 서민들은 그조차 입을 수 없었다.

이때까지도 팬티는 개념조차 없었다.

우리나라 조선시대의 여성들은 속옷으로 '고쟁이'를 입었다. 겉치마 안에 속속곳, 다리속곳, 속바지, 단속곳을 순서대로 입었다. 너무 많아 무척 불편하고 거추장스러웠을 것이다.

가장 밑에 입던 속속곳도 밑이 터지고 가랑이 통이 넓어 오늘날 팬티의 기능이 전혀 없었다. 그래서 여성들은 은밀한 부위에 넓은 띠를 두르거나 헝겊으로 가려야 했다.

일본의 여성들은 전통적으로 겉옷 기모노 외에는 아무것도 입지 않았다. 20세기에 와서야 남자들이 생식기를 가리던 '훈도시' 비슷하거나 기저귀 비슷한 헝겊으로 일부 여성들이 은밀한 부위를 가렸다.

19세기 말에 이르러 유럽에는 실크를 비롯해서 다양한 의류 소재들이 늘어나고 보건위생 관념도 높아졌다. 특히 여성들이 생리가 끝난 뒤의 불순물, 냉, 요실금 등으로 은밀한 부위가 불결해지고 습진이나 가려움증으로 시달리자 세균 감염을 방지하기 위해 아주 짧고 부드럽고 밀착성이 있는 팬티 형태의 속옷이 등장했다.

더욱이 그러한 팬티 형태의 속옷이 여성의 은밀한 부위를 감춰주고 보호해주는 기능이 강조되면서 다양한 소재를 이용한 갖가지 형태의 팬티가 본격적으로 등장하기 시작했다.

여성들의 가슴을 가려주는 브래지어(brassiere)도 20세기 초에 등장했다. 처음에는 가슴을 고정해주는 부분에 고래수염을 넣었으며 오늘날처럼 크기나 디자인이 다양한 형태로 발전한 것은 훨씬 뒤였다. 아무튼 팬티도 브래지어와 쌍벽을 이루며 경쟁하듯 비약적인 발전을 거듭했다.

오늘날의 팬티는 소재도 다양하지만 디자인이 더없이 다채로워졌는데 그 트렌드를 눈여겨볼 필요가 있다. 솔직히 남들에게 보여주지 않는 의상인데 왜 그처럼 다채로워질까?

그 까닭은 몇 가지가 있다. 첫째는 당연히 편안한 기능성이다. 둘째는 여성 패션이 신체밀착형으로 바뀌며 스키니가 유행하면서 팬티의 라인이 겉으로 드러나지 않도록 끈 팬티나 T팬티 등으로 점점 작아진 것이다.

셋째는 남들에게 보이지 않으니까 과감하고 야릇한 팬티를 입어 스스로 심리적 만족감을 얻을 수 있기 때문이다.

하지만 그러한 이유들보다 더 의미 있는 것은 점점 팬티가 섹시해지고 있다는 것이다. 팬티가 섹시하다는 것이 무엇인가? 남자의 성적 관심을 끄는 것이다. 따라서 팬티를 입는 여자들보다 남자들이 더 좋아할 만한 트렌드로 변화하고 여자들도 그러한 팬티를 선호하는 것이다.

그런 취향의 변화에 따라 끈 팬티나 T팬티가 큰 인기를 얻었으며 간신히 음부만 가리는 손바닥만 한 C스트링, 음부가 은근히 비치는 노출 팬티 등이 등장했다. 우리나라에서도 한때 크게 유행했지만 가는 끈으로 연결된 끈 팬티와 T팬티는 여성들의 체형에 잘 어울리지 않고 불편한 점이 많아서 요즘은 수요가 많이 줄어들었다고 한다.

특수한 팬티로는 과일로 만든 팬티도 있다. 제작과정은 잘 모르겠지만 얇은 과일막으로 돼 있어 남자가 핥고 빨아먹으면 팬티가 사라지고 음부가 드러나 섹스로 이어질 수 있는 팬티다.

이처럼 팬티들이 섹시해지면서 남자들의 관심이 더욱 높아져 팬티에 집착하는 페티시즘이 확산되고 있는 것이다. 페티시즘의 대상물은 팬티뿐만이 아니다. 여성의 종아리나 발가락에만 집착하는 경우도 있고, 학생 교복 따위의 여성 의상에 집착하는 것도 있으며, 심지어 여성의 배설물에 애착하는 경우도 있다.

그러나 페티시즘은 비정상적인 성적 취향이다. 그러한 그릇된 성적 집착은 자칫 정신질환으로 발전할 수도 있다. 예컨대 사이코패스가 냉정하게 살인하고 기괴하고 참혹하게 시신을 훼손하듯이 가학적인 성행위로 인간성을 파괴할 위험성을 내포하고 있다. 페티시즘은 그 대상물이 무엇이든 결코 바람직하지 못한 성적 집착이다.

교미와 섹스는 무엇이 다른가

　자기 종(種)의 보존과 번식은 생명체의 본능이자 본질이다. 보편적으로 생명체의 번식은 암컷과 수컷의 교접을 통해 이루어지지만 반드시 그런 것은 아니다.

　암수의 구별이 없어 유성생식이 불가능한 미생물도 있고 수컷이 필요 없는 생물도 있다. 개미나 벌 따위의 곤충은 최소한의 정자(精子)만 있으면 번식한다. 수컷이 없고 암컷만 있어서 단성생식으로 번식하는 생물도 있으며 암컷과 수컷 양성의 생식기를 모두 갖춰 스스로 번식하는 자웅동체 생물도 있다. 체외수정을 하는 생물도 있고 체내수정을 하는 생물도 있다.

　그러나 가장 확실하고 안전한 번식방법은 암컷과 수컷의 짝짓기를 통해 번식하는 것이다. 바꿔 말해 암컷과 수컷이 교미(交尾)를 통해 수컷의 정자를 암컷의 체내에 주입하는 양성생식이다.

　태초의 암컷들이 효율적인 번식을 위해 수컷을 만들어냄으로써 양성생식이 가능해졌지만, 처음부터 교미를 통해 수컷의 정자를 암컷의 체내에 주입한 것은 아니었다.

　더욱이 약 10억 년 전에는 지구상의 생명체들은 물속에 있었다. 따라서 초기에는 오늘날까지 남아 있는 물고기의 생식방법과 같았다. 암컷은 수억 개의 난자를 물속에 쏟아놓고 수컷 역시 수억 개의 정자를 쏟아놓아 물속을 떠다니다가 우연히 난자와 정자가 결합해서 수정되는 방법이었다.

대부분의 정자와 난자는 다른 물고기들의 먹이가 되었으므로 수억 개씩 쏟아놓았다. 그래야 확률적으로 몇백 개라도 살아남아 수정되고 후손을 이어갈 수 있었던 것이다.

처음으로 수컷이 암컷의 체내에 생식기를 삽입해서 정자를 넣어주는 교미가 탄생한 것은 약 5억 년 전이었다. 삽입성교를 한 첫 번째 동물은 뜻밖에도 상어였다.

수컷 상어는 예술이라고 표현할 만큼 아주 어렵고 복잡한 형태와 행동으로 생식기를 암컷의 총배설강에 삽입하고 사정함으로써 정자를 암컷의 체내 생식 시스템에 주입한다. 섹스의 혁명이 일어난 것이다.

약 3억 5000만 년 전에는 물속에서 살던 동물들 가운데 일부가 뭍으로 나와 파충류가 됐다. 대개 물가에 살았는데 육지는 물속보다 훨씬 위험했다. 대부분의 동물이 섹스를 하는 시간이 짧은 것은 늘 포식자에게 노출되어 있고 먹이를 쉴 새 없이 먹어야 하기 때문이다.

조류는 수컷이 암컷에게 올라타 날개를 퍼덕이며 교미한다. 날아오르지 않고 그런 상태를 오래 유지하기는 어렵다. 따라서 빨리 교미를 끝내야 한다.

파충류의 절정은 공룡이었다. 그들은 약 6500만 년 전 멸종하기까지 1억 5000만 년 넘게 지구를 지배했다. 성공적으로 번식했다는 얘기다. 하지만 공룡이 어떤 방식으로 교미를 했는지는 여전히 미스터리다.

공룡이 알을 낳는 것은 틀림없지만 무게가 40톤이나 나가는 공룡이 코끼리처럼 암컷의 뒤에 올라타 교미했는지 동물학자들은 확신하지 못한다.

그 엄청난 무게를 암컷이 견뎌내기 어려웠을 것이기 때문이다.

또 파충류의 수컷은 밖으로 돌출된 성기가 없다. 아주 작은 성기를 체내에 지니고 있다가 교미할 때 밖으로 밀려나온다. 꼬리가 길고 단단했던 공룡의 수컷이 암컷의 삽입구를 찾는 것도 어렵고 작은 성기를 제대로 삽입하자면 자세가 굉장히 난감했을 것이다.

뭍에서 사는 아주 미미한 하등동물이 아니라면 포유류 등의 고등동물을 비롯해서 대부분의 동물들은 암컷과 수컷이 교미를 통해 번식한다. 교미의 가장 대표적인 형태는 수컷이 자신의 생식기를 암컷의 생식기에 삽입해서 정자를 주입하는 방식이다. 좀 더 정확히 표현하면 '성교(性交)'가 맞다.

인간들이 듣기에 거북하지 않고 말하기 좋게 '교미'라는 말을 만든 것이다. 굳이 글자 풀이를 하자면 꼬리를 맞댄다고 할까? 하지만 터무니없는 것은 아니다. 인간의 성 체위로 말하자면 거의 모든 동물들의 성교 체위는 후배위다. 수컷이 암컷의 엉덩이 쪽에 올라타고 생식기를 삽입하는 자세다.

하늘을 나는 조류, 기어다니는 곤충, 네발로 엎드린 자세로 걷는 포유류 등 거의 모든 동물은 신체구조상 후배위보다 더 효율적인 짝짓기 자세는 없을 것이다. 자연선택에 의해 필연적으로 습득한 계통발생학적 체위일 것이다.

동물들의 교미에는 몇 가지 특성과 습성이 있다. 첫째, 암컷의 발정기에만 교미가 가능하다. 암컷이 발정하는 시기와 기간과 간격은 동물의 종(種)마다 다르지만 암컷은 발정기가 되면 냄새, 음부의 색깔 변화 등 스스로 수컷들에게 발정을 알리는 성적 신호를 나타낸다.

그에 따라 수컷들이 몰려든다. 역시 동물의 종마다 차이가 있지만 대체적으로 발정기가 짧기 때문에 수컷들은 필사적으로 달려든다. 무리의 우두머리 수컷이 독차지하기도 하고, 수컷끼리 격렬하게 싸워 승자가 암컷을 차지하기도 하고, 꾀 많은 수컷이 기회를 엿보다가 잽싸게 달려들어 덮치기도 하고, 의외로 늠름한 떠돌이 수컷이 교미 기회를 얻기도 한다. 모두 수컷의 번식본능에 따른 것이다.

둘째, 동물들의 교미는 암컷의 발정기에만 이루어지는 만큼 거의 모두 암컷의 임신과 출산으로 이어진다. 교미는 철저하게 번식을 위한 행위일 뿐이다.

셋째, 수컷은 교미가 끝난 뒤 상대한 암컷과 그가 낳은 자신의 유전자를 지닌 새끼에게도 아무런 책임을 지지 않는다. 물론 일부 조류와 몇몇 동물은 일부일처제로 새끼를 공동으로 돌보기도 하고 수컷이 양육을 맡기도 하지만, 대부분 전혀 책임지지 않는다. 암컷과 수컷이 홀로 생활하는 동물이나 서로 다른 무리일 경우에는 교미가 끝나면 대개는 수컷이 떠나버린다.

넷째, 동물의 교미에는 쾌감이 수반되지 않는다. 가끔 비교적 지능이 높은 영장류나 고등동물들이 찰나적으로 쾌감을 나타낸다고 하지만 검증된 것은 아니다. 역시 번식본능이 주도한 암컷과 수컷의 교접행위일 뿐이다.

다섯째, 대다수의 동물들이 교미하는 시간이 무척 짧다. 한 번의 교접이 몇 초에 불과하지만 그 대신 짧은 간격을 두고 수십 회씩 잇달아 교미하는 동물들도 있다. 극히 예외적으로 보노보 침팬지는 암컷의 발정기와 관계없이 일상적으로 교미한다. 이는 무리의 유대감과 친밀감을 다지는 사교수단이기도 하다.

이처럼 오로지 번식본능에 따른 동물의 교미와 인간의 섹스는 형태와 습성이 크게 다르다.

인류도 두 발로 곧게 서서 똑바로 걸을 수 있게 되기 전에는 유인원으로서 오직 번식본능에 따라 다른 동물들과 똑같이 교미를 했다. 하기는 그러한 DNA가 이어져 아프리카나 아마존 같은 오지에는 아직까지 교미의 체위인 후배위 한 가지만을 고수하는 일부 원시부족들이 있는 것으로 알려졌다.

물론 문명세계의 현대인들도 후배위를 매우 즐긴다. 섹스에는 인간들이 개발한 수많은 체위가 있지만 정상위와 여성상위, 후배위가 거의 기본 레퍼토리다. 물론 인간의 섹스도 본능적 행위지만 동물들처럼 반드시 번식본능과 연관되는 것은 아니다. 섹스의 99퍼센트가 쾌락 추구를 위한 성행위다.

동물의 교미와 인간의 섹스가 크게 다른 것은, 동물의 교미는 오로지 번식을 위한 본능적 행위지만 인간의 섹스는 애정행위라는 것이다. 남녀의 섹스는 일방적이고 강압적이거나 성매매의 경우가 아니라면 반드시 애정을 전제로 한다.

남녀 사이의 가장 뜨거운 애정은 사랑이다. 사랑하기 때문에 더할 수 없는 친밀감을 느끼고 애틋하게 함께 있고 싶어 하면서 자연스럽게 섹스로 이어진다. 따라서 동물들처럼 발정한 암컷과 수컷이 만나면 무작정 교미를 하는 것이 아니라, 인간의 섹스는 격렬한 애정표현이 우선한다.

편안하고 안정된 분위기에서 애무행위가 먼저 이루어진다. 그리하여 애정을 확인하는 과정에서 성적 욕구가 고조되고 섹스를 통해 희열과 만족감을 얻는 것이다. 그에 따라 남녀의 친밀감과 유대감이 더욱 돈독해진다.

물론 정상적인 인간의 섹스가 모두 그런 것은 아니다. 섹스가 숨은 목적이지만 애정을 위장하는 경우도 있고, 애정이 없어도 남녀가 성적 욕구를 교감하면서 낯선 이성과 곧바로 섹스를 하는 경우도 없지 않다.

더욱이 인간의 섹스는 번식본능보다 쾌락 추구가 훨씬 앞선다. 초기인류의 여성들이 배란기를 감추는 진화를 함으로써 언제든지 섹스를 할 수 있게 됐을 뿐 아니라 섹스를 통해 쾌감을 인식하게 되면서 섹스에 대한 관심과 욕구가 크게 높아졌다.

특히 남자들이 번식에 대한 부담이 거의 사라져 더욱 성적 관심과 욕구가 높아지면서 다양한 방법으로 섹스를 즐기려고 한다. 여성들도 굳이 예전처럼 수동적이지 않고 적극적이어서 성관계가 그 어느 때보다 쉽게 이루어지고 있다.

하지만 그 때문에 갖가지 성범죄가 광범위하게 일어나 사회적으로 큰 문제가 되고 있다. 음란물이 폭주하고, 채팅 등을 통해 임의의 이성에게 성적으로 접근하거나 성매매에 나서기도 한다. 성매매는 법적으로 금지된 이후 이른바 '풍선효과'를 가져와 오히려 음성적으로 더욱 교묘하게 확산되고 있는 실정이다.

사랑의 정체는 무엇일까

고대 그리스의 철학자 플라톤은 사랑에는 네 가지 종류가 있다고 했다. eros(육체적 사랑), philia(도덕적 사랑), storgay(정신적 사랑), agape(무조건적이고 숭고한 사랑)가 그것이다. 여기서 얘기하려는 것은 에로스, 즉 남녀 간의 사랑이다.

결론부터 말하면 남녀 간 사랑의 본질은 '성적 이끌림'이다. 그리스 신화에서 인간은 힘과 능력이 매우 막강해서 신이 인간을 두 쪽으로 쪼개놓았다고 한다. 그 때문에 자신의 잃어버린 반쪽을 찾는 것이 남녀의 결합이며 사랑이라고 봤다. 프랑스 철학자 피에르 테일라르 드 샤르댕도 "사랑의 강력한 힘에 이끌려 지구상의 모든 반쪽들은 다른 반쪽을 찾아내 하나의 완성된 세계를 이룬다."고 했다.

세상에는 동성애자나 양성애자 같은 성소수자도 있지만 이성 간의 사랑이 사랑의 본질이다. 자신의 잃어버린 반쪽을 찾는다는 구애(求愛)는 결국 성적 이끌림이며 종국적으로 사랑하는 남녀의 성행위를 통해 한 몸이 된다. 프로이트도 "아무리 순수한 사랑도 성적인 동기를 배제할 수 없다."고 했다.

따라서 사랑은 남녀가 한 몸이 된 결과이기도 하고, 자신의 짝을 찾는 절차와 과정이기도 하다. 어쩌면 결과보다 절차와 과정, 다시 말하면 사랑하는 과정이 더 중요할 수 있다. 그렇다면 사랑하게 될 이성과의 만남과 탐색과 결심 등은 어떻게 이루어지는지, 평생을 사랑 연구에 천착해온 미국의 저명한 동물행동학자이자 인류학자인 헬렌 피셔(Helen E. Fisher)가 쓴 《사랑의 해부학Anatomy of love》을 참고하겠다.

먼저 사랑에는 아주 먼 조상들로부터 유전돼온 짝짓기 본능이 작용한다는 것이다. 또한 자신과 가까이 있어서 자주 보거나 아주 친숙한 사이의 이성에게는 거의 매혹되지 않고, 선택되는 이성은 대부분 신체가 표준형이다.

키가 너무 크거나 작지 않고 너무 뚱뚱하거나 마르지 않은 표준형의 이성, 남자의 체격이 우람하고 근육형이라고 해서 여자가 반드시 매혹되는 것은 아니다. 또한 학력이나 환경 등이 서로 비슷한 수준의 이성을 사랑의 대상으로 선택하는 것이 대부분의 경우다.

어떤 계기로든 이성과 마주했을 때 불과 2~3초의 짧은 순간에 상대에게 한눈에 반해 푹 빠져버리는 경우가 있다. 그렇지 않더라도 서로의 눈길이 교차하면서 깜박거리지도 않고 강렬한 눈빛으로 한동안 얼어붙은 것처럼 응시한다면 서로 사랑의 불꽃이 점화된 것이다.

그런 다음, 서로 잠시 고개를 숙였다가 다시 상대를 바라보면서 미소를 띤다. 사랑의 감정이 결정을 내렸다는 몸짓 표현이다. 그다음은 대화로 이어지는데 사무적이거나 딱딱하지 않고 더없이 부드럽고 끈적끈적하다. 여자의 목소리에는 애교가 담겨 있다.

서로 얼굴을 마주보며 대화할 때 상대방이 머리를 만지면 무의식적으로 자신도 머리를 만지게 되는 것도 사랑의 느낌을 공유하는 표현이라고 볼 수 있다. 그렇다면 한눈에 반한다든가, 상대방 이성에게 한순간에 홀리고 빠져드는 현상은 왜 오는 걸까?

헬렌 피셔는 상대방 이성의 '냄새'가 사랑의 감정을 유발한다고 말한다. 상대방의 냄새를 맡는 것은 동물적 본능으로, 사랑하게 될 이성의 냄새에 본능적으로 이끌리기 때문이다. 물론 냄새를 물씬 풍기는 것은 아니지만 겨드랑이 등에서 분비되는 상대방 이성의 냄새가 자신도 모르게 후각을 통해 스며든다는 것이다.

충분히 근거 있는 주장이다. 어느 실험에서 여러 벌의 기혼 남성 와이셔츠를 걸어놓고 아내들로 하여금 냄새를 맡아 자기 남편의 와이셔츠를 골라보라고 했더니 모두 정확하게 자기 남편 것을 찾아냈다. 또 다른 실험에서도 남성들의 와이셔츠를 걸어놓고 미혼 여성들에게 자신이 좋아할 만한 남성의 와이셔츠를 골라보라고 했더니 대다수가 냄새를 통해 골라냈다.

그다음 절차는 서로 함께하는 시간을 많이 가지면서 많은 대화를 통해 상대방의 성격, 취향, 직업, 취미, 현재의 환경, 장래의 포부나 목표 등을 탐색한다. 그러나 진정한 사랑을 느끼고 있는 사이에서는 그러한 '조건'들이 서로 수용하고 적응하고 배려하기 위한 참고사항일 뿐 사랑의 감정에 급격한 변화를 가져올 결정적인 요인은 되지 않는다.

또 그다음 단계는 사랑이 무르익고 마음이 편안해짐에 따라 서로 어깨를 나란히 하고 걷거나 팔짱을 끼기도 하고, 바짝 다가서서 자연스럽게 몸을 맞닿게 한다. 앉아 있을 때는 남자가 다리를 꼬면 여자도 무의식적으로 다리를 꼰다. 마주 앉기보다 옆에 붙어 앉아 서로 몸을 밀착시키거나 기대려고 한다.

그쯤 사랑이 진척되면 밤늦게 헤어져서도 사랑하는 상대에 대한 생각에 빠져 잠을 못 이루기도 하고, 몇 시간 전에 헤어졌는데도 그리워지고 함께 있고 싶어진다. 그리하여 다시 만나면 여유 있게 함께 저녁식사도 하고 영화나 공연을 보기도 하지만, 단둘이 있게 되면 상대방 얼굴과 신체를 만지고 키스를 하고 포옹도 하게 된다.

이 과정에서 자칫하면 남자가 밤새도록 함께 있고 싶다거나 성적인 요구를 하는 경우가 많은데, 남자가 진정으로 여자를 사랑한다면 성적 충동이 사랑의 열정을 앞서지 않는다.

또한 신체를 접촉하면서 성적 욕구가 생기더라도 되도록 뒤로 미루거나 유보한다. 성적 관계를 서두른다면 사랑보다 성욕 해소가 여자와 사귀는 목적일 경우가 많다. 사랑의 종국적인 결과가 성관계라고 하더라도 진정으로 사랑하는 사이에서는 성적 욕구보다 설렘과 그리움이 우선한다.

하지만 남녀가 어느 순간 서로 강력한 성적 욕구를 갖게 되는 경우도 적잖다. 특히 성관계에 큰 부담을 느끼지 않는 요즘의 남녀들은 서로 좋아하기만 해도 성관계가 사랑의 표현이라도 되듯이 되도록 빨리 성관계를 가지려고 한다. 매우 잘못된 생각이다. 그런 관계는 결코 오래가지 못한다.

성경에서도 믿음, 소망, 사랑 가운데 으뜸은 사랑이라고 했다. 사랑 그 자체는 받는 것이 아니라 주는 것이라고 한다. 그러기 위한 사랑의 조건들을 제시한 전문가들이 많다. 참다운 사랑은 애정(열정)·친밀감·유대감이 삼위일체를 이뤄야 한다는 전문가도 있고, 배려·책임·존경·믿음·용기가 있어야 한다는 심리학자도 있다.

독일 태생으로 나치 치하를 벗어나 미국으로 망명해 활동했던 정신분석학자 에리히 프롬(Erich Fromm)의 《사랑의 기술The Art of Loving》은 사랑에 대한 최고의 명저로 손꼽힌다. 그는 이 책에서 "사랑은 감정이나 느낌이 아니며 의지, 노력, 결의, 판단, 약속이다."라고 강조했다.

지나친 감정이입으로 스스로 사랑에 도취돼서는 영원하기 어렵다. 사랑에는 객관성이 있어야 상대방을 객관적으로 이해할 수 있다. 그러기 위해서는 에리히 프롬이 강조한 객관적 요소들을 깊이 새겨볼 필요가 있다.

누구나 사랑받고 싶어 한다. 어떡하면 사랑받을 수 있을까, 어떡하면 사랑하는 사람에게 더 많은 사랑을 줄 수 있을까를 먼저 생각하는 것이 참다운 사랑을 영원히 이어갈 수 있는 지혜다.

아무리 사랑하는 남녀라도 그 열정에는 한계가 있기 마련이다. 헬렌 피셔는 열정의 유효기간은 2년 정도라고 했다. 2년이 지나면 차츰 시들해지며 권태기가 온다. 그리하여 평균적으로 결혼하고 약 4년 후에 이혼율이 가장 높다고 주장한다. 누구나 사랑을 받으려고만 하기 때문에 그런 결과가 오는 것이다.

열정이 식는다고 해서 참다운 사랑이 완전히 사라지는 것은 아니다. 남다른 친밀감과 유대감은 여전하다. 그에 따라 사랑이 '애착'으로 바뀔 뿐이다. 우리는 그것을 흔히 '정(情)'으로 표현한다. 나이가 들어 부부의 성관계가 소홀해지더라도 부부는 강한 애착심과 끈끈한 정이 있어서 죽을 때까지 원만하게 살아간다.

사랑의 정체, 사랑의 본질은 이성에 대한 '성적 이끌림'이다. 결코 거래될 수 없는 것이 성적인 관계다. 조건이 우선하는 사랑은 참다운 사랑이 될 수 없다. 갈수록 이혼율이 크게 높아지는 것도 그 때문일 것이다.

포르노는 왜 볼까

엄격한 규제에도 불구하고 각종 음란물이 범람하고 있다. 이른바 '야동'을 비롯한 포르노그래피, 자신들의 성행위를 직접 촬영한 셀프 동영상, 자신이 직접 올린 나체와 자위행위 영상 등이 온라인 매체에 넘쳐난다. 어떤 이유로든 그러한 음란물에 관심을 쏟는 사람들이 많으니까 점점 더 늘어나는 것이다.

포르노그래피(pornography)의 역사는 결코 짧지 않다. 중세 유럽에서 종교의 억압으로부터 벗어나 인간성을 회복하려는 인간 중심의 르네상스가 일어나면서 음란한 누드나 성행위를 그린 춘화(春畵)가 등장해서 많은 사람들의 큰 관심을 끌었다. 하지만 여전했던 종교 중심의 사회에서 강력하게 통제됐다.

18세기에는 다소 저속한 문학작품들에서 과감하게 성행위를 묘사했다. 특히 성직자나 귀족들의 방탕한 성생활과 위선을 그려내면서 음란출판물이 확산되기 시작했다.

19세기 영국의 빅토리아 여왕 시대는 음란물뿐 아니라 모든 성적 행위에 가혹한 통제를 강화했던 시기였다. 그럼에도 춘화나 출판물을 비롯한 음란물은 더욱 교묘한 방법으로 널리 퍼져나갔다. 요즘 흔히 말하는 '풍선 효과'였다.

20세기에 들어와 사진술이 발달하면서 여성의 나체나 성행위 모습을 담은 사진들이 획기적인 선풍을 일으키며 날개 돋친 듯이 팔려나갔으며, 더욱이 영상기술이 발달하면서 성행위를 영화처럼 촬영한 필름들에 많은 사람들이 열광했다.

내가 아닌 다른 사람들의 성행위를 바로 눈앞에서 훔쳐보는 듯한 영상 음란물은 많은 사람들을 성적으로 흥분시키기에 충분했다. 그것이 오늘날 동영상 포르노의 시초라고 할 수 있다.

오늘날의 포르노는 최첨단 영상기술을 이용해서 연출되고 전문적인 포르노 배우들에 의해 제작되기 때문에 그 극적 효과가 뛰어나서 하나의 대중문화로 자리매김하게 됐다. 남녀 구별 없이 한번 보면 또 보고 싶고 자주 보다가 중독되고 마는 각종 음란물, 우리는 왜 포르노에 빠져드는 걸까?

어찌 보면 그 이유는 매우 단순하다. 태생적으로 성본능을 지닌 인간은 성행동에 민감하고 늘 큰 호기심을 갖고 있다. 포르노는 그러한 성적 호기심뿐 아니라 관음증까지 충족시켜주기 때문이다. 자신이 아닌 다른 사람의 성행위를 훔쳐본다는 것은 자신이 성행위를 하는 것보다 더 짜릿한 쾌감과 즐거움을 준다.

더욱이 포르노에서의 성행위는 다양한 체위와 뛰어난 섹스 테크닉으로 파트너를 완벽하게 만족시키는 형태로 연출된 것이다. 클로즈업된 남녀의 성기, 더할 수 없이 화려하고 능란한 성행위가 뛰어난 영상기술을 통해 바로 내 눈앞에서 펼쳐진다면 그것에 몰입할 수밖에 없으며 성적 흥분과 충동을 견디기 어렵다. 그리하여 마침내 자위행위를 하거나 성적 파트너를 찾게 되는 것이다.

하지만 우리보다 성 개방이 앞선 서양에서는 그러한 성에 대한 본능적 관심으로 포르노를 찾는 것이 아니라 성에 대한 정보 부족을 주요 원인으로 지적한다. 시사주간지 《뉴스위크》의 칼럼에 따르면, 체계적이고 증거에 기초한 성교육의 부재에서 오는 공백을 포르노가 메워준다는 것이다.

영국의 대학생들을 대상으로 실시한 조사에서 두 명 가운데 한 명이 성교육 시간에 배우지 못한 것을 알고 싶을 때 포르노를 보는 것으로 나타났으며, 포르노를 통해 새로운 섹스 테크닉도 배운다고 했다.

성 개방이 앞선 유럽의 선진국에서는 평균적으로 10대 중반을 넘어서면 많은 청소년들이 성 경험을 하는 것으로 나타났다. 하지만 상대적으로 쉽게 이성을 사귀지 못하거나 성에 대한 두려움으로 20대가 돼서도 성 경험을 전혀 하지 못한 젊은이들도 많다. 그 때문에 성적 테크닉을 가르쳐주는 학원이나 개인교습소도 많다.

그들의 성교육이 실용적이고 구체적이라고 하더라도 교육은 교육이며 섹스 실습을 할 수 있는 것도 아니다. 그러한 성교육의 한계를 극복하기 위해 가장 성 개방이 앞선 북유럽의 덴마크는 몇 년 전부터 각급 학교의 성교육 시간에 아예 포르노를 보여주고 있다.

그에 대해 당연히 학부모들의 항의도 있었지만 그들의 성교육은 우리처럼 성의 절제에 있는 것이 아니라 성행위를 전제로 임신을 피하는 방법 등을 우선적으로 가르치고 있다. 포르노를 통해 실제적인 성행위의 모습을 보여주면서 학생들이 궁금해하는 질문들에 답해주고, 그릇된 성행위와 올바른 성행위를 일찍부터 가르치고 있는 것이다.

물론 포르노를 통한 성교육에 문제가 없는 것은 아니다. 청소년들이 성에 대한 정보와 테크닉 등을 포르노에 의존하면서 섹스의 현실과 환상을 제대로 구분하지 못하는 현상이 나타나고 있다는 것이다. 유럽의 여러 연구 결과에서 포르노 성교육이 청소년과 20대 초반의 젊은이들에게 부정적인 영향을 미치는 것으로 나타나기도 했다.

그뿐만 아니라 포르노 성교육이 긍정적인 효과보다 그릇된 성지식과 정보를 제공해서 비현실적 기대감을 갖게 하고, 위험한 성적 행동을 부추길 우려가 크다는 것도 문제점으로 지적되고 있다.

우리나라에서는 성교육과 거의 무관하게 포르노가 소비된다. 성교육보다는 성적 호기심이나 관음증 같은 성적 욕구가 훨씬 더 크다. 물론 그에 따른 갖가지 문제들을 그냥 넘겨버릴 수는 없다.

포르노를 자주 보면 무엇보다 더욱 무절제한 성적 행동을 하게 될 우려가 있으며, 성행위가 진지한 관계라기보다 한순간의 가벼운 성관계로 이어지기 쉽고, 성폭력의 가해자나 피해자가 될 위험성이 높다.

또한 지나치게 포르노에 집착하면 한층 더 고독감이 커지고, 성행위를 하더라도 성적 만족감이 크게 저하될 우려가 있다. 이를테면 남성 포르노 배우들의 음경은 대체적으로 지나치게 크다. 그것은 시각효과를 위해 평균치보다 훨씬 큰 배우를 선발하기 때문이다.

그럼에도 포르노를 보는 남성들은 자신의 음경이 평균치인데도 작게 느껴지고 실제로 왜소한 남성은 크게 위축될 수밖에 없다. 여성들도 포르노를 보면서 남성의 음경에 어떤 기준치와 기대감을 가졌다가 현실적으로 기대에 못 미치면 실망하는 경우가 많아서 남녀 모두 성행위를 기피하거나 만족감이 크게 저하될 우려가 있는 것이다.

청소년들의 포르노 몰입은 중독으로 이어져 정상적인 생활을 망칠 수 있다. 비정상적인 성적 관심으로 학업성적이 크게 떨어지고, 지나친 자위행위를 하거나 성적 충동을 참지 못하고 가까운 대상에게 성폭력을 행사할 우려가 크다. 젊은 세대도 크게 다르지 않다. 배우자가 있는 기혼자가 아니라면 포르노는 되도록 자제하는 노력이 필요하다.

관음증과 노출증은 병일까

관음증과 노출증을 모르는 사람은 없을 것이다. 또한 누구나 그것이 정상적인 행동이 아니라는 것도 잘 알고 있다. 그럼에도 굳이 거론하는 까닭은 그러한 풍조가 만연하고 있기 때문이다. 누군가 "SNS는 관음증과 노출증이라는 두 가지 심리가 만나는 곳이다."라고 했듯이 온라인에서는 심각한 상황에 이르러 있어서 결코 간과할 수 없는 것도 한 가지 이유다.

관음증이나 노출증은 모두 성적인 욕구와 관련이 있다. 성은 본능이기 때문에 성과 관련된 모든 행태는 호기심을 주기 마련이며, 인간이라면 누구에게나 관음과 노출의 기질이 있는 것이 사실이다. 다만 정도의 차이가 있을 뿐이다.

관음증은 다른 사람의 성적 행위나 벗은 모습을 몰래 엿보거나 훔쳐보며 성적으로 흥분하고 쾌감을 느끼는 증상이다. 꼭 벗은 모습은 아니라도 '몰카'처럼 여성들의 특정한 신체부위를 몰래 찍거나 미니스커트 차림으로 계단을 올라가는 여성의 하체를 뒤에서 훔쳐보는 것도 관음증 때문이라고 할 수 있다.

젊은 남성들이 주로 몰카를 찍는 이유로, 직장인들은 스트레스를 풀기 위해서, 대학생들은 성적 충동이 주요 요인으로 밝혀졌다. 몰카의 대상이 거의 모두 젊은 여성인 것을 보면 성적인 욕구가 절대적인 동기일 것이다.

일본에 '노조키'라는 핍쇼(peep show)가 있다. 원형의 작은 방 벽에 여러 개의 손바닥만 한 사각형의 유리창이 있다. 작은 방 안에 완전 누드의 젊은 여성이 들어와 갖가지 관능적인 몸짓과 성행위를 흉내 내는 몸놀림을 하는 것을, 비싼 입장료를 지불하고 들어온 관객들이 작은 유리창으로 들여다보는 것이다. 관음증 충족을 노린 전형적인 영업행위다.

역시 일본에 바닥이 모두 거울로 된 카페가 있다. 아주 짧은 미니스커트 차림의 젊은 여성이 테이블 가까이 다가와 차(茶) 주문을 받고 차를 가져올 때 바닥의 거울을 통해 노골적으로 여성의 깊숙한 속살을 들여다보는 관음증을 상업적으로 이용하는 것이다. 동서양의 온갖 스트립쇼도 마찬가지다.

우리나라에서도 신랑신부가 첫날밤을 치르는 방의 문풍지를 손가락에 침을 발라 뚫고 여러 명의 동네 젊은 처녀들이 훔쳐보던 전통적인 풍습이 있었다. 성교육의 기능도 있었지만 관음증 충족이 더 큰 이유였다.

뭐니뭐니 해도 영화는 관음증을 충족시키는 가장 대표적인 매체라고 할 수 있다. 영화에서는 관음을 아예 이념화시켜 관음의 욕망 해소를 목표로 하기도 했다. 대표적인 관음주의 영화감독인 앨프리드 히치콕(Sir Alfred Hitchcock)은 그의 작품 〈사이코〉에서 벽에 뚫린 구멍을 통해 엿보는 장면들을 담았다.

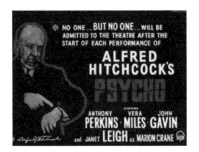

앨프리드 히치콕 감독의 〈사이코〉(1960) 포스터

사실 모든 에로 영화는 관음증을 충족시키는 것이 목표이며, 더욱 편리하고 간편해진 온라인 디지털 매체들의

'야동'이나 포르노 등의 음란물은 인간의 관음 욕망이 얼마나 큰가를 잘 말해주고 있다.

시각적 쾌락을 노린 이러한 관음적 영상매체들은 어김없이 여성이 관음의 대상이 된다. 더욱이 여자 몸의 주요 부위들을 클로즈업하여 여성을 사물화(事物化)하는 큰 문제점을 안고 있다. 물론 관음증은 거의 대부분 남성들이 여성을 엿보는 것이지만 남성을 엿보는 여성들이 없는 것은 아니다.

관음증은 일반적으로 성적 호기심이 강한 15세를 전후한 사춘기에 나타나서 차츰 만성화되는 경향이 있다. 영상매체나 공연 형태가 아닌, 그야말로 몰래 엿보고 훔쳐보는 관음증은 들킬지도 모른다는 아슬아슬함이 더욱 흥분시키고 성적 욕구를 자극하는 쾌감이 있기 때문에 거부하기 어려운 중독현상이 있다.

따라서 관음증은 성적 욕구와 관련해서 반복적으로 이어지고 그때마다 비정상적이고 변태적으로 성적 흥분을 느끼는 분명한 정신질환이며 일종의 성도착증이다. 조사에 따르면 남성의 약 12퍼센트, 여성의 약 4퍼센트가 관음증으로 의료기관에서 정신질환 진단을 받는다고 한다.

노출증은 자기 자신의 성기를 충동적으로 드러내 남들에게 보여줌으로써 성적인 만족을 얻는 증상이다. 정신의학자나 의사들은 노출증과 관음증, 즉 보여줘 만족감을 얻는 것과 훔쳐보는 것에서 만족감을 얻는 메커니즘은 같다고 한다. 두 가지 행태는 결국 같은 뿌리라는 것이다.

노출증은 거의 대부분의 남성한테서 나타난다. 여성 앞에 불쑥 나타나 자신의 성기를 드러내는 이른바 '바바리맨'이 대표적이라고 할 수 있다.

또한 노출증은 성행위의 전 단계로 보는 것이 보편적이며, 기습적인 노출을 목격하게 되는 상대방에게는 위협적이지만 그것이 폭력이나 성폭행으로 이어지는 경우는 거의 없다는 것도 특징이다.

노출증은 의식적·무의식적으로 상대방의 성적 관심을 끌기 위해 성기를 노출하는 경우도 있지만, 주로 여성인 상대방에게 혐오감과 공포감을 줌으로써 쾌감을 느끼는 경우가 대부분으로 전형적인 성격장애 증상이다.

노출증의 원인은 다양하다. 자신이 겪은 성적 학대 등 성적 트라우마가 있다든가 부모, 여동생, 누나의 성행위나 불륜행위를 목격한 경험이 있을 때, 지나친 자위행위가 노출증을 유발하기도 하는 것으로 알려졌다. 아울러 심각한 스트레스를 우발적인 노출행위로 표출하는 경우도 있다.

하지만 여성들 앞에서 자신의 성기를 노출하는 짜릿한 흥분과, 경악하는 여성들을 보며 성적 쾌감을 얻으려는 비정상적인 욕구가 가장 큰 원인이다. 노출증은 분명한 성격장애이며 성도착증의 정신질환이다. 대다수의 관음증 환자들에게서 노출증 증상도 나타난다는 정신의학적 분석이 그것을 입증하고 있다.

여성들은 노출증이 거의 드물다고 한다. 여성들은 노출을 충족시킬 여러 가지 방법이 있기 때문이다. 이를테면 점점 더 노출이 심한 의상을 착용하거나 노출이 아니라도 신체에 밀착되는 의상으로 몸매를 숨김없이 드러내거나, 심한 경우 브래지어나 팬티를 착용하지 않고 겉옷만 입는 것도 노출증과 관련이 있다.

그러한 행태에 대해 여성들은 자신감과 자기만족을 위한 것이라고 말하지만, 그 저의에는 본능적인 성적 욕구가 깔려 있다. 그리하여 남성들이 자신의 노출을 훔쳐보는 것을 불쾌하다고 말하면서도 그런 남성들의 성적인 시선을 은근히 즐기기도 한다. 물론 이러한 경우를 성격장애나 병적인 증상이라고 할 수는 없다.

관음증이든 노출증이든 자존심이 약하거나 성적인 능력에 열등감이 있을 때 자주 발현한다고 한다. 성행위는 은밀한 사적 행위기 때문에 남들의 성행동을 엿보려 하고, 충동적으로 자신의 성기를 여러 사람 앞에 드러내는 것이다. 일단 그러한 비정상적이고 일탈적인 욕구를 갖게 되면 멈추기 어려운 중독성을 지닌 의학적으로도 분명한 정신질환이다.

관음증의 역사적 사건을 하나 소개하고 이 책을 마치고자 한다.

11세기 영국 코번트리(Coventry)의 영주인 레오프릭(Leofric) 백작에게 고다이바(Godiva)라는 아내가 있었다. 레오프릭 백작은 자신의 영지에 있던 농민들에게 혹독하게 세금을 걷는 등 가혹하게 다루었는데, 백작부인은 이러한 남편에게 농민들의 어려움을 이야기하면서 세금을 내려달라고 간청했다.

레오프릭은 고다이바의 의견을 묵살한 채 여전히 농민들을 탄압했다. 하지만 고다이바가 포기하지 않고 계속 간청하자 그는 "만약 당신이 나체로 말을 타고 내 영지를 한 바퀴 돈다면 세금 감면을 고려해보겠다."고 농담 삼아 말했다.

그러자 고다이바는 고민 끝에 농민들을 위해 자기 한 몸을 희생하기로 한다. 영지의 농민들은 그녀가 자신들을 위해 그렇게까지 한다는 소문을 듣고 감동하여 모두 집 안으로 들어가서 문을 걸어 잠그고 커튼을 친 채 무거운 정적 속에서 얼른 나체 시위가 끝나기를 기다리기로 했다. 날이 밝자 그녀는 정말로 실오라기 하나 걸치지 않고 머리카락으로만 몸을 가린 채 말을 타고 영지를 돌아다녔다. 그런데 톰이라는 재단사는 욕망을 이기지 못하고 부인의 나체를 훔쳐보다가 그만 눈이 멀고 말았다고 한다.

관음증 환자(voyeur)를 뜻하는 '엿보는 톰(peeping Tom)'이란 단어는 바로 여기서 유래했다. 이후 이 말은 '엿보기 좋아하는 호색가(a peeping lecher)' '호기

지금도 코번트리의 로고는 말을 탄 여인의 형상을 하고 있고, 관련 상품도 꾸준히 나오고 있다. 그 대표적인 것이 고다이바 백작부인의 이름을 딴 수제 초콜릿인데, 이 회사에서 만든 초콜릿 상자의 뚜껑 안쪽에는 고다이바 백작부인의 실제 일화가 상세히 적혀 있다.

심이 강한 사람(a man of a curious disposition)'을 뜻하게 되었다.

결국 고다이바는 세금을 감면하는 데 성공했고, 농민들은 그녀의 희생 정신에 감동해 그녀를 존경했다고 한다. 지금도 '관행이나 상식, 힘의 역학에 불응하고 대담한 역(逆)의 논리로 뚫고 나가는 정치'를 빗대어 '고다이바이즘(godivaism)'이라고 한다.

알아두면
잘난 척하기 딱 좋은 시리즈!
HUMBLEBRAG HUMANITIES
A Perfect Book For Humblebrag Series

본래 뜻을 찾아가는 우리말 나들이

알아두면 잘난 척하기 딱 좋은 **우리말 잡학사전**

'시치미를 뗀다'고 하는데 도대체 시치미는 무슨 뜻? 우리가 흔히 쓰는 천둥벌거숭이, 조바심, 젬병, 쪽도 못
쓰다 등의 말은 어떻게 나온 말일까? 강강술래가 이순신 장군이 고안한 놀이에서 나온 말이고, 행주치마는
권율장군의 행주대첩에서 나온 말이라는데 그것이 사실일까?
이 책은 이처럼 우리말이면서도 우리가 몰랐던 우리말의 참뜻을 명쾌하게 밝힌 정보 사전이다. 일상생활에서
자주 쓰는 데 그 뜻을 잘 모르는 말, 어렴풋이 알고 있어 엉뚱한 데 갖다 붙이는 말, 알고 보면 굉장히 험한
뜻인데 아무렇지도 않게 여기는 말, 그 속뜻을 알고 나면 '아해'하고 무릎을 치게 되는 말 등 1,045개의
표제어를 가나다순으로 정리하여 본뜻과 바뀐 뜻을 밝히고 보기글을 실어 누구나 쉽게 읽고 활용할 수 있도록
하였다.

이재운 외 엮음 | 인문·교양 | 552쪽 | 28,000원

역사와 문화 상식의 지평을 넓혀주는 우리말 교양서

알아두면 잘난 척하기 딱 좋은 **우리말 어원사전**

이 책은 우리가 무심코 써왔던 말의 '기원'을 따져 그 의미를 헤아려본 '우리말 족보'와 같은 책이다. 한글과
한자어 그리고 토착화된 외래어를 우리말로 받아들여, 그 생성과 소멸의 과정을 추적해 밝힘으로써 올바른
언어관과 역사관을 갖추는 데 도움을 줄 뿐 아니라, 각각의 말이 타고난 생로병사의 길을 짚어봄으로써 당대
사회의 문화, 정치, 생활풍속 등을 폭넓게 이해할 수 있는 문화 교양서 구실을 톡톡히 하는 책이다.

이재운 외 엮음 | 인문·교양 | 552쪽 | 28,000원

우리의 생활문자인 한자어의 뜻을 바로 새기다

알아두면 잘난 척하기 딱 좋은 **우리 한자어사전**

《알아두면 잘난 척하기 딱 좋은 우리 한자어사전》은 한자어를 쉽게 이해하고 바르게 쓸 수 있도록 길잡이
구실을 하고자 기획한 책으로, 국립국어원이 조사한 자주 쓰는 우리말 6000개 어휘 중에서 고유명사와
순우리말을 뺀 한자어를 거의 담았다.

한자 자체는 단순한 뜻을 담고 있지만, 한자 두 개 세 개가 어울려 새로운 한자어가 되면 거기에는 인간의
삶과 역사와 철학과 사상이 담긴다. 이 책은 우리 조상들이 쓰던 한자어의 뜻을 제대로 새겨 더 또렷하게
드러냈으며, 한자가 생긴 원리부터 제시함으로써 누구나 쉽게 익히고 널리 활용할 수 있도록 했다.

이재운 외 엮음 | 인문·교양 | 728쪽 | 35,000원

영단어 하나로 역사, 문화, 상식의 바다를 항해한다

알아두면 잘난 척하기 딱 좋은 **영어잡학사전**

이 책은 영단어의 뿌리를 밝히고, 그 단어가 문화사적으로 어떻게 변모하고 파생 되었는지 친절하게 설명해주는 인문교양서이다. 단어의 뿌리는 물론이고 그 줄기와 가지, 어원 속에 숨겨진 에피소드까지 재미있고 다양한 정보를 제공함으로써 영어를 느끼고 생각할 수 있게 한다.

영단어의 유래와 함께 그 시대의 역사와 문화, 가치를 아울러 조명하고 있는 이 책은 일종의 잡학사전이기도 하다. 영단어를 키워드로 하여 신화의 탄생, 세상을 떠들썩하게 했던 사건과 인물들, 그 역사적 배경과 의미 등 시대와 교감할 수 있는 온갖 지식들이 파노라마처럼 펼쳐진다.

김대웅 지음 | 인문·교양 | 452쪽 | 22,800원

신화와 성서 속으로 떠나는 영어 오디세이

알아두면 잘난 척하기 딱 좋은

신화와 성서에서 유래한 영어표현사전

그리스·로마 신화나 성서는 국민 베스트셀러라 할 정도로 모르는 사람이 없지만 일상생활에서 흔히 쓰이고 있는 말들이 신화나 성서에서 유래한 사실을 아는 사람은 많지 않다. '알아두면 잘난 척하기 딱 좋은 시리즈' 6번째 책인 《신화와 성서에서 유래한 영어표현사전》은 신화와 성서에서 유래한 영단어의 어원이 어떻게 변화되어 지금 우리 실생활에 어떻게 쓰이는지 알려준다.

읽다 보면 그리스·로마 신화와 성서의 알파와 오메가를 꿰뚫게 됨은 물론, 이들 신들의 세상에서 쓰인 언어가 인간의 세상에서 펄떡펄떡 살아 숨쉬고 있다는 사실에 신비감마저 든다.

김대웅 지음 | 인문·교양 | 320쪽 | 18,800원

흥미롭고 재미있는 이야기는 다 모았다

알아두면 잘난 척하기 딱 좋은 **설화와 기담사전**

판타지의 세계는 언제나 매력적이다. 시간과 공간의 경계도, 상상력의 경계도 없다. 판타지는 동서양을 가릴 것 없이 아득한 옛날부터 언제나 우리 곁에 있어왔다.

영원한 생명력을 자랑하는 신화와 전설의 주인공들, 한끗 차이로 신에서 괴물로 곤두박질한 불운의 존재들, '세상에 이런 일이?' 싶은 미스터리한 이야기, 그리고 우리들에게 너무도 친숙한(?) 염라대왕과 옥황상제까지, 시공간을 종횡무진하는 환상적인 이야기가 펼쳐진다.

이상화 지음 | 인문·교양 | 360쪽 | 19,800원

철학자들은 왜 삐딱하게 생각할까?

알아두면 잘난 척하기 딱 좋은 **철학잡학사전**

사람들은 철학을 심오한 학문으로 여긴다. 또 생소하고 난해한 용어가 많기 때문에 철학을 대단한 학문으로 생각하면서도 두렵고 어렵게 느낀다. 이 점이 이 책을 집필한 의도다. 이 책의 가장 큰 미덕은 각 주제별로 내용을 간결하면서도 재미있게 설명한 점이다. 이 책은 철학의 본질, 철학자의 숨겨진 에피소드, 유명한 철학적 명제, 철학자들이 남긴 명언, 여러 철학 유파, 철학 용어등을 망라한, 그야말로 '세상 철학의 모든 것'을 다루었다. 어느 장을 펼치든 간결하고 쉬운 문장으로 풀이한 다양한 철학 이야기가 독자들에게 철학을 이해하는 기본 상식을 제공해준다. 아울러 철학은 우리 삶에 매우 가까이 있는 친근하고 실용적인 학문임을 알게 해준다.

왕잉(王穎) 지음 / 오혜원 옮김 | 인문·교양 | 324쪽 | 19,800원